近江天保一揆の基礎的研究

古川与志継 著

◇目　次

はじめに——保坂智著『百姓一揆と義民の研究』を導きの糸に——

近江天保一揆は天保一三年（一八四二）一〇月に発生した近江最大の百姓一揆で、野洲・栗太・甲賀三郡の農民が関係し、一揆に伴い処罰されたり取調中に亡くなった多くの人々が存在する。そして、その人々を「天保義民」と呼んでいる。今日でも旧野洲郡と旧甲賀郡の顕彰碑の前で、毎年一〇月一五日に天保義民祭が行われ、その人々の顕彰活動が続けられている。江戸時代の大事件として近江の歴史を考える上で、この天保一揆と天保義民についての調査研究は大切なテーマと考えられる。この大事件から一七五年が経過し、初期の顕彰活動の中で一揆の伝承も物語化したところがあり、その真実に迫ることは容易でないように思われる。

しかし、幕末期の一揆であるため史料は比較的多く残っており、私はこれまで機会を見て紹介してきた。本書では、それらの小論を中心に、近江天保一揆の基礎的史料を紹介しながら一揆の真実に迫りたい。それぞれの原題・初出についてはあとがきに記したとおりであり、筆者の研究の歩みを示している。このため、重複等も見られるが、敢えて書き直すことはしなかった。市町名等も初出時のままとした。野洲・栗太・甲賀三郡の位置や一揆関係地域周辺の地図は、第三章に一揆経路の略図として挿入し、二章に略年表を挿入した。また、一揆の全体は個別の章節では分かりにくいため、三章を最初に読まれることも有効かと思われる。カバー表紙の写真は、筆者が最初に一揆関係地として訪れた一九七二年一〇月一五日、三雲の伝芳山での天保義民祭の時の写真であり、カバー裏表紙は三上山の麓にある保民祠と天保義民碑前での二〇〇三年一〇月一五日の天保義民祭の写真である。

先ず、個別の紹介の前に、青木虹二氏の後を受け『編年百姓一揆史料集成』を完成させ、『近世義民年表』など基礎史料の取りまとめをし、研究成果をまとめてこられた保坂智氏の『百姓一揆と義民の研究』（吉川弘文館、二〇〇六年）を導きの糸として見ておきたい。保坂氏は、次のように記されている。

百姓一揆と義民について膨大な研究蓄積があるが、「一九七〇年代の人民闘争史・世直し状況論を最後として、その後百姓一揆研究に大きなうねりが存在しない」ことを確認した上で、「百姓一揆研究は、その時代の社会での民衆運動の展開と不可分な形で展開してきた。百姓一揆が最初に思い出されたのは、自由民権運動の最中であった。民権運動家は、自分たちの運動の先駆形態として百姓一揆をとらえ」、全国で百姓一揆の事例発掘が続き、民権家たちの百姓一揆イメージの中核には、佐倉惣五郎の物語があった。佐倉惣五郎以外にも埋もれた義民がいるはずであると、「全国百姓一揆＝義民物語の収集にあたった小室信介『東洋民権百家伝』（一八八三年）は、この時期の百姓一揆研究の最高峰であった。知識人、豪農の民権家たちにとって、民権伸張のために身を粉にして働く自分たちの姿を、近世百姓の困難を幕府に直訴することによって解決した惣五郎に合わせたのである。彼らにとって、理想的な百姓一揆は、この惣五郎の義民物語に代表される越訴であった」。

同時期、もう一つの百姓一揆像は、「百姓一揆を竹槍蓆旗としてとらえる見方である。それは、粗末な武器と粗末な旗で領主に立ち向かい、戦闘する姿であった」。竹槍は一揆の暴力性の象徴であった」。「自由民権期、義民と竹槍蓆旗という二つの百姓一揆イメージが成立し、その後変化を伴いながら定着していくことになる。そして、それは百姓一揆研究にある種のゆがみを生じさせることになる」としている。

この民権運動の熱気がおさまると、百姓一揆研究が沈滞するが、「百姓一揆の舞台となった農村では、確実に百姓一揆像が作られていった。それが各地に展開する義民顕彰活動である」とし、河邨吉三『天保義民録』（一八九三年）ほかを挙げている。この『天保義民録』は、近江天保一揆を広く知らせることになり、その後に大きな影響を与えた著作で、後述するように民権家による著作であった。

そして、「この義民顕彰活動は、資本主義の進展と近代的行政の展開によって旧来の農村秩序が解体していったことと関係がある。農村から地方改良運動などが展開するが、その運動などによって、かつて村のために生命をささげた義民がクローズアップされ」、義民を核として村の連帯と秩序維持を図ろうとしたとする。もう一つ、各地で発行された地方史誌類にも注目する必要があり、江戸時代で地域に起きた最大の事件は百姓一揆で、不可欠なテーマであったが、記述された一揆像は、暴動・暴徒としての一揆であることが多く、「一揆は悪政によってやむを得ず起きたのであるが、その方法は悪い形態である暴動となってしまった」とし、かって民権家がもっていた悪政転覆のための竹槍蓆旗の正当性は失われていた。

「一九一〇年代末から二〇年代にかけて、世界と日本では資本主義の矛盾が噴出し、大規模な民衆運動が発生した」。一九一八年米騒動、一九二〇年八幡製鉄所のストライキをはじめ大規模な労働争議、農村で小作争議が頻発した。このような民衆運動・社会問題の発生は、これらを追究しようとする学問を生み出すこととなり、「労働運動・小作争議を指導しようとする左翼からも、未然に防止しあるいは鎮圧しようとする政府・資本家・地主らからも求められ」、百姓一揆研究が展開した。

この時期、百姓一揆などの社会問題を追究する歴史学を社会史と呼び、社会史研究の中心人物の一人本庄栄治郎は、「其後時々諸国に蜂起した百姓一揆は、概ね皆この佐倉騒動を藍本となし、奉行若くは代官等の横暴苛酷の処置に会う度に、其利害関係を有する農民全体が相互に一致結合して、強制的に救済を求め、愁訴嘆願して、遂に聞届けられざるときは、勢止むことを得ず、竹槍蓆旗の大騒動を演ずるに至るのであって、即ち徒党・強訴・暴動の三段階を具ふるのが普通である」（『日本社会史』改造社、一九二四年、二四九頁）とし、義民型の一揆と竹槍蓆旗による暴動＝武装蜂起に注目した。

戦前の百姓一揆研究の代表黒正巌の『百姓一揆の研究』（岩波書店、一九二八年）は、百姓一揆の概念規定から、原因・闘争形態・運動構造・統計的処理・法規定・学者の見解まで分析した網羅的な研究書で、慶長八年（一六〇三）～慶応三年（一八六七）まで六五二件が収められた。闘争形態（「抵抗形態」）を越訴・強訴・逃散の三形態に分類したが、百姓一揆を否定的にとらえる見解であった。因みに、近江天保一揆については、原因は「検地役ノ非違」、形態は「強訴」、出典は『浮世ノ有様』および『天保義民録』としている。

百姓一揆を否定的にとらえる黒正の見解に対して、小野武夫らが批判し、百姓一揆革命性論争が展開した。マルクス主義者羽仁五郎『幕末における社会経済状態・階級関係および階級闘争』（岩波書店、一九三二年）で黒正を批判し、百姓一揆の意義は、封建的階級的関係の打倒のための闘争にあり、百姓一揆イメージは竹槍蓆旗と同様で、暴動を階級的に、革命的に読み替えたものとなった。「百姓一揆が封建制下の基本的階級闘争であることはいうまでもないが、それをすべて最終段階のブルジョア革命と結びつけるのは無理である。その階級闘争の段階別の到達点、闘争そのものの発展の経過などは、羽仁が否定した「細かい定義を与えたり、分類したり」することから始めなければならない」。百姓一揆の戦いを描き出し感動的であるが、最終的には敗北せざるをえないことが強調される時、百姓一揆敗北史観が成立し、百姓一揆窮乏史観を助長してしまった。

「羽仁の論文を一つの頂点として、三〇年代前半には数多くの一揆関係著作・論文、さらに史料集が刊行され、百姓一揆研究は隆盛を極めた。しかし、三〇年代後半になると、マルクス主義史学などに対する激しい弾圧、そして戦争の激化などにより、百姓一揆研究を含めた歴史学が壊滅していく」とする。

一九四五年の敗戦により日本軍国主義の崩壊、戦中の弾圧により息を潜めていた社会主義者・自由主義者らが運動を再開、合法化された労働運動も争議を展開し、農地改革を背景に農民運動も展開、歴史学はその一翼を担い活発化した。「戦後の日本にとって、軍国主義の基盤となった遅れた半封建的な構造の克服が、民主化を進める上で重要な課題となった。封建制への抵抗である百姓一揆が注目され、民主主義の原点として研究が進められた」。そして、「一九五〇年代前半、民主主義科学者協会歴史部会（民科歴史部会）は、草の根の革命的伝統を発掘し、それを人民自らが叙述するという国民的歴史学運動を展開した」。「この時期の百姓一揆研究は、農村や工場で行なう啓蒙活動と結びついており、研究そのものが民衆運動への参加でもあった。この運動を指導した林基は一九五五年に、『百姓一揆の伝統』を出版してその成果をまとめた」（新評論）。

この時期、全国各地で百姓一揆関係著作・史料集が刊行されている。百姓一揆研究は全国の郷土史家をもまきこんだ大きなうねりとなって展開した。林と並んでこの時期の百姓一揆研究を代表するものが、堀江英一『明治維新の社会構造』（有斐閣、一九五四年）で、百姓一揆の発展を代表越訴型――惣百姓一揆型――世直し一揆型となるとシェーマ化した。「幕末にはいってあらわれる第三の類型は商品生産者的中農層が分解をはじめて村役人層と没落する中農層を中核とする一般農民層とが分裂して、一般農民層が村役人層を攻撃する世直し一揆型である」とした。そして、「この後の百姓一揆研究は、一揆の闘争主体を抽出することに努力がそそがれ、分析の中心は村落の階層構成を明らかにすることに終始する論文が多くなった」とする。

五〇年代末から六〇年代にかけて、百姓一揆研究は停滞期に入った。その中で、林基は「宝暦――天明期の社会情勢」（『岩波講座日本歴史』近世四　岩波書店、一九六三年。のち『続百姓一揆の伝統』新評論、一九七一年に所収）で、①宝暦――天明期に維新変革へつながる革命情勢の原基的形態が出現したこと、②農民闘争に限定された視点を克服し、市民的反対派・平民的反対派の闘争や、権力内部の対立を積極的にとりあげ、立法やイデオロギーへ与えた影響など、人民総体としての闘争の到達点を明らかにしようとしたこと、③百姓一揆に限定すれば、藩領域を越える広域闘争に着目し、全藩一揆から広域闘争へという堀江シェーマとは異なる発展段階論を打ち立てた。なお、この時期に、松好貞夫著『天保の義民』（岩波新書、一九六二年）が発刊された。

六〇年代末から七〇年代の初頭にかけて、百姓一揆研究は再び活気を取り戻すが、背景に当時の社会・民衆運動の影響が見られる。ベトナム反戦運動、アメリカ国内の公民権運動、日本国内では七〇年安保闘争や沖縄復帰闘争、大学闘争など、歴史学関係では、「明治百年祭」への反対運動や、歴史教科書裁判支援運動などが展開し、百姓一揆研究は人民闘争史研究、世直し状況論として盛行した。「佐々木潤之介らの世直し状況論は、明治変革期を革命情勢の到来ととらえた。そして日本的ブルジョアである豪農が権力と共生した結果、革命を担える勢力は諸雑業に従事する生まれたばかりのプロレタリア的要素の半プロであり、この半プロと豪農の対立の激化から生ずる世直し「騒動」が革命情勢を作り出すというものであった」。

六〇年代末から七〇年代は、一揆研究の盛行を背景に、またそれを支える画期的な年表・史料集が刊行された時期であった。そして、七〇年代後半は、六〇年代末からの百姓一揆研究の隆盛と、良質な史料集の刊行をうけて、百姓一揆研究は着実な前進をとげた。青木美智男・深谷克己・山田忠雄等の研究があり、青木・深谷・山田らが編者の『一揆』（一～五　東京大学出版会、一九八一年）も発刊された。深谷克己『百姓一揆の歴史的構造』（校倉書房、一九七九年。増補改訂版一九八三年）は、百姓一揆を幕藩制国家・社会システムの中に位置づけようとし、幕藩制の正統イデオロギーである「仁政」と百姓一揆の関係など追求した。

しかし、八〇年代に入ると百姓一揆研究は停滞し、今日に至っている。背景には民衆運動の停滞があり、八〇年代末から九〇年代初頭にかけ、ソ連と東ヨーロッパの社会主義諸国が解体し、戦後歴史学、なかでも百姓一揆研究を体系付けていたマルクス主義歴史学の方法論への批判・懐疑に結びつき、百姓一揆研究の低迷をもたらした。とはいえ、「近世を代表する民衆運動である百姓一揆から近世社会を照射することは、現在でも近世社会を理解する上でも重要な課題であることは変わりないのである。そして、新しい民衆運動史研究、百姓一揆研究を求める動きも、大きなうねりではないものの存在しているように思う」として、一九九九年、テレビ東京系列で、近江国天保検地反対一揆を題材とした『天保義民伝』放映、二〇〇〇年神山征二郎監督『郡上一揆』の全国上演、その後同監督の秩父事件を描いた『草の乱』も制作されたことを取り上げている。そして、一九九六年長野県青木村で第一回が開かれた全国義民サミット、第九回滋賀県野洲市（二〇〇五年）など開催地の市町村が積極的に参加していることを取り上げ、「このような新しい百姓一揆や義民の研究に対する期待を、研究者の方が感じ取れていないのかも知れないのである」と指摘している。

「しかも、今新たに百姓一揆論を再構築するために、我々には有利な武器が存在する。それが歴史学と百姓一揆史料の蓄積である」、「百姓一揆は権力に抵抗したものであり、その指導者や参加者は罪人として処罰されたものである。また藩も藩政の恥部として百姓一揆の存在を覆い隠そうとしたから、百姓一揆の史料は極めて少ないという俗説がある。しかし現実には百姓一揆関係史料は膨大に存在するのである。しかも一揆が進行する過程で作成される文書、一揆終結後にその処理や処罰のために作られる書類から、一揆が情報として伝播する過程で書き留められた記録、あるいは後世に作られた物語的記録や義民顕彰関係史料など、その内容はじつに多様である」。そして、膨大な「史料群全体を史料学的に整理するという研究はいまだない。この史料学的な研究は、今後の百姓一揆研究進展のために急務であると考える」としている。

更に、百姓一揆研究を進展させるために二つの点に留意する必要があるとする。

「第一は幕藩制国家・社会の中に百姓一揆を正当に位置づけること」であるとする。そして、「近世の百姓一揆は、農民階級の特殊近世的な存在であり、百姓身分として身分統制を受けていた人々が起こす「一揆」という運動体なのであり、抽象的な農民一揆という理解では、その本質が見えなくなる。そして「百姓」の一揆として把握した時、彼らの組織や行動、その正当性意識などが明らかになるのである」とする。

「第二は百姓一揆の成立・変化・解体を百姓一揆の運動そのものから見ていくこと」であるとする。従来の百姓一揆の変化に関する研究は、経済決定論的な側面をもっていた。「経済史的分析によって抽出される階級・階層構成と、民衆運動としての百姓一揆との間にはずれが存在するのが当然である。そして経済史研究とは相対的に独自な民衆運動史、百姓一揆研究の必要性は、このずれを確認していくことにあると考える。そしてそのことによって堀江シェーマを乗り越える、新たな百姓一揆の発展段階論も可能となるのである」としている。

そして、義民の越訴と竹槍蓆旗＝暴動＝革命的蜂起という百姓一揆像を解体させることが必要で、「事実としての百姓一揆を分析するだけでは十分ではない。後世の人々が作り上げたフィクションとしての百姓一揆像、とりわけ義民物語に対する再検討が必要なのである」と指摘されていることを確認しておきたい。

このように指摘される百姓一揆と義民顕彰の全国的な動きに対して、次に滋賀県内での近江天保一揆の顕彰と研究はどのように進んできたのか見ておきたい。

第一章 近江天保一揆の顕彰と研究の歩み

百姓一揆の史料発掘や研究が自由民権運動とかかわって進められたことが指摘されているが、近江天保一揆の研究も、一揆から五〇年を意識して執筆、刊行された河邨吉三『天保義民録』[1]が注目される。しかし、事件の再発見はその以前に始まっている。

活字化されたものとしては、『京都滋賀新報』第三六九号、明治一五年（一八八二）八月一五日から第四二九号、一〇月二六日まで四四回にわたって連載された「三上颪琵琶激浪」（みかみおろしびわのあらなみ）第一章から第四四章が確認できる。その前段では、同紙第三四三号雑報に「紀念碑を建るの美挙云々を記せしをもて之に因みて其事を詳記」することを述べている。

そして、明治一五年七月一三日の『京都滋賀新報』第三四三号の雑報では、「義民の起念碑　甲賀郡の人民が旧幕府の圧制に苦しみ越訴せしをもって残酷の呵責を受け　非命の死を遂げし其の怨魂を慰めんと」有志が協力して記念碑を建てるというが、この顚末については自由民権家にとって断腸の思いの事情があるので、不日詳しく報告する旨を記している。その詳報が「三上颪琵琶激浪」で、その執筆は後に『天保義民録』を著した河邨吉三（川村吉蔵）とのことである[2]。

「三上颪琵琶激浪」では大久保今助の湖辺新開場丈量および今助が尾花川の出張所で病死のこと、天保四年（一八三三）二月中旬から千代與兵衛の見聞のこと、天保一二年（一八四一）一二月京都町奉行所へ湖水縁川々筋の村々役人の呼び出しと市野茂三郎の検分のこと、三上村庄屋平兵衛が杣中村文吉らと相談し庄屋大会実施のこと、一揆の勃発とその動き、一揆後の厳しい捕縛、平兵衛の捨て札・京都町奉行所での三郡村々への申渡・処罰者の概要までを記す。

明治一五年七月頃に義民の記念碑建立の動きが甲賀郡であったことを知ることができるが、それは自由民権運動に関係する人々の発起によったためか、計画は中断した(3)。

また、甲賀郡では一揆から五〇回忌の明治二四年(一八九一)になって三雲の横田山(伝芳山)に「天保義民之碑」を建設するための天保義民記念会を設置し寄付を募り始めるがまたも中断した。しかし、日出新聞に掲載された「甲賀蜂起録」第一〜第七が掲載された(4)。それは、掲載年からすると一揆から五〇回忌を意識したものと考えられる。

野洲郡では明治二六年(一八九三)三上山麓に天保義民を祀る保民祠を建造した。そして、明治二八年(一八九五)三月その東側に「天保義民碑」を建立し、野洲郡・甲賀郡の義民の遺族が参列し盛大な慰霊祭が執行された。「天保義民碑」の題額は近衛篤麿、撰文は川田剛、書は巌谷修である。

そして、甲賀郡では明治三〇年(一八九七)松田宗寿郡長を委員長とし、半ば官製の事業として碑の建設事業が再開された。「天保義民之碑」の向かって右側面には「明治三十一年歳在戊戌五月建」とあり、一八九八年一〇月一四日・一五日の両日に祭典が挙行された。当初碑文の揮毫は板垣退助と宣伝されたが、水口出身の書家で貴族院議員であった巌谷一六が行った。三雲の伝芳山今日でも一〇月一五日に碑前で旧甲賀郡内の天保義民祭が開催されている。

一方、因みに、天保義民之碑の向かって左側面には「甲賀郡有志者建一大碑弘傳遺芳、其事詳載川田博士文中」と記され、義民の事績は川田博士の文に記載されているとしている。川田博士の文とは三上山麓の天保義民碑に刻まれた川田剛の碑文を指すことが明らかである。二つの碑が一対をなしており、野洲郡と甲賀郡の連携を碑に刻まれた文字から確認できる。

さて、天保一揆研究に大きな影響を及ぼす『天保義民録』は、天保一揆から五〇年を意識して出版された。

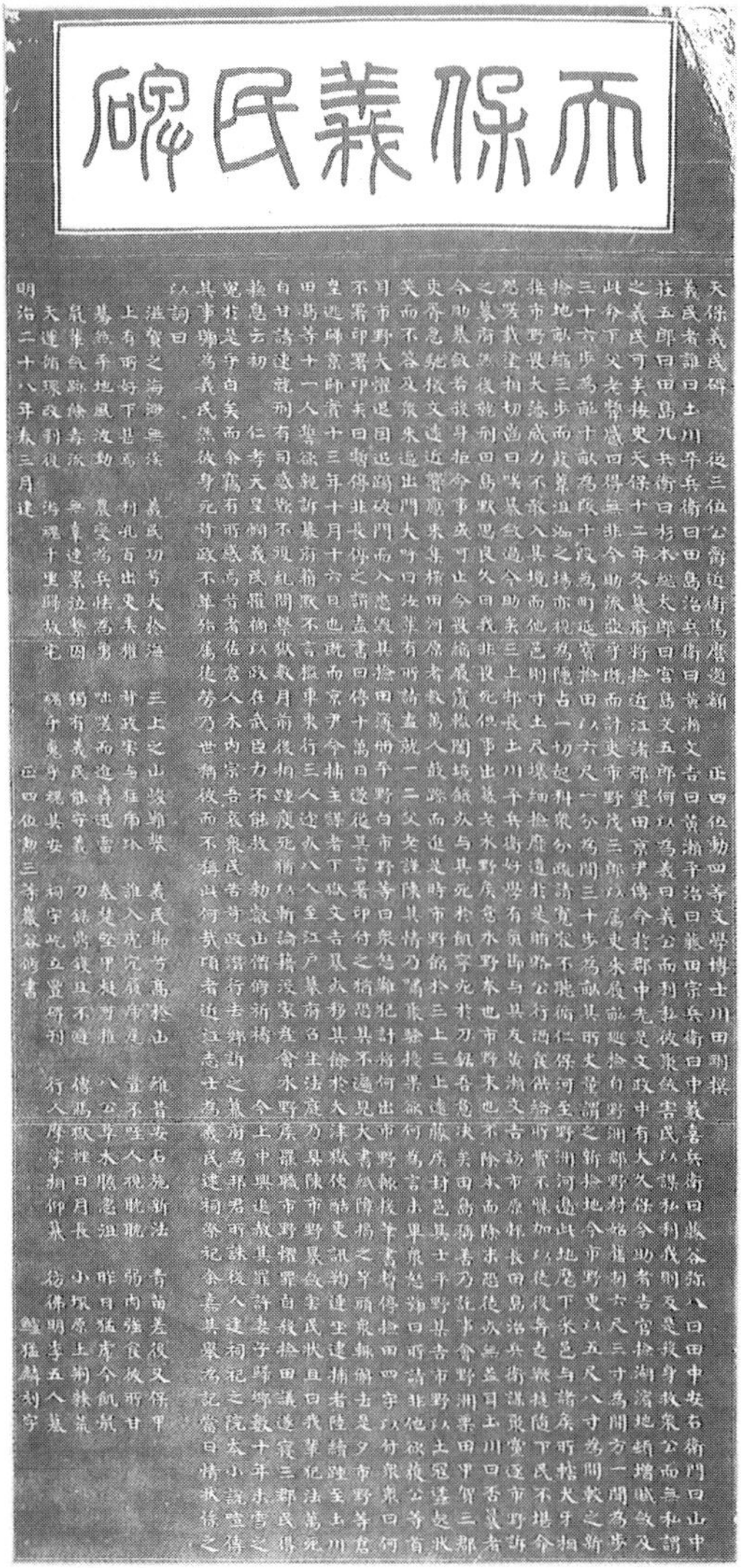

天保義民碑拓本

（第９回全国義民サミット資料集から）

明治二六年（一八九三）九月三日、東京の高知堂が発行所で、「将さに義民の祭典を挙けんとす、其際要する所あれは速に出版せよと」の郷友の求めに応じて、急ぎ稿本を印刷に付したと例言で記している。筆者兼発行者の河邨吉三（川村吉蔵）は、民権家で明治一五年（一八八二）大津自由党が結成されるとそれに参加し、同年京都滋賀新報に「三上颪琵琶激浪」を連載したその人であった。野洲郡中洲村（守山市新庄町）の人で、当時東京に寄留していた。巻頭には勝海舟と江馬正人の題字、水口確堂中邨鼎五の序を巌谷修の書で掲載している。杉浦重剛題詩、栗原亮一の序、根本正の序を収録している。野洲郡小篠原村沢口丈助、甲賀郡岩根村若柳久右衛門に聞き、玉田玉亭遺書・甲賀郡騒動風聞写・福島治郎兵衛遺書・甲賀騒動由来聞書、中村嘉兵衛・小山七郎兵衛蔵書の百足再来記等によっていること、栗太郡・甲賀郡・野洲郡の一三人に助けを得たと記している。今日では確認できない史料も確認して執筆されており、きわめて貴重である。

本文は、次の一一項に分けて記されている。

第一　京都町奉行所より江州の庄屋を召し検地を言渡す事
第二　幕吏市野茂三郎苛酷なる検地を行ふ事
第三　土川平兵衛・黄瀬文吉と救濟策を講する事
第四　土川・黄瀬及ひ田島治兵衛愁訴の計を定むる事
第五　三郡の庄屋戸田・水口の兩所に大會を開く事
第六　人民蜂起して市野茂三郎の旅舘を襲ふ事
第七　檢地十萬日延期の事
第八　京都町奉行より一揆の追捕として與力・同心を江州に出張せしむる事

第九　幕府闕源之進・戸田嘉十郎を大津に派遣し蜂起事件を糺問せしむる事
第一〇　數多人民鞭撲の下に斃れ怨氣獄上に立登る事
第一一　江戸大白州に於て土川平兵衛等を再び糾問し並に裁許申渡の事

そして、巻末の天保義民録拾遺では、一三人の義民を中心に出自等を紹介している。ところが、三上村の土川平兵衛と杣中村の黄瀬文吉・黄瀬平三郎の語り、平兵衛と市原村の田島治兵衛らの語りがそのまま記述されているなど、明らかに創作を免れない記述も多く、物語化されていることが見て取れる点は留意する必要がある。

更に、明治四〇年（一九〇七）になると松田郡長の要請、発案になる甲賀郡ゆかりの先人・偉人の墨跡を貼交ぜした屏風とセットとなる伝記集『鹿深遺芳録』（甲賀郡教育会、明治四〇年六月）が発刊され、天保義民も多く収録されている。そして、一九〇七年郡役所が所管して編纂を開始した『甲賀郡志』は、大正一〇年（一九二一）郡役所が廃止されたため郡教育会の所管となり、小島捨市（三雲村出身）が責任者となり、大正一五年（一九二六）二月に刊行され、天保一揆を大きく取り上げた。[5]『甲賀郡志』下巻の第十六編行幸啓及著名の史實に「第十三節甲賀騒動」として収録された。その中には、後日甲賀市史編纂時にも確認出来なかった史料もある。特に、森山氏所蔵雑記の「江州村々之もの共徒党一件科書」は甲賀郡で処罰を受けた人々の広がりを確認できる貴重な史料と考えられるが、確認できていない。中辻氏雑記・山村十郎右衛門氏日記（天保一三年一〇月一二日〜天保一四年五月四日）をはじめ、建會供養疏（天保一五年九月　大徳寺僧光譽　義民の横死を憫み、藩主加藤越中守明邦の聴許を得て義金を募り高一〇尺の無縁塔を同寺西隅に立て冥福を祈る。）、内貴寛治氏所蔵舊記、浮世有様、水口藩日記（明治二年七月一二日旧幕より咎をおおせ付けられた三六人の赦免）、「天保義民之碑」祭文（明治三一年一〇月一四日）と碑文（明治三一年五月）、三上村の「天保義民碑」碑文も収録されている。

昭和二年（一九二七）には『野洲郡史』が発刊された。[6]多くを『天保義民録』によっているが、「三上山邊騒動一件記録」（文久元年三月の写し）の抜粋や一揆後の取り調べに関する天保一四年一月三〇日付「差出申一札」（江頭共有文書）も収録している。

一揆から一〇〇回忌に当たる昭和一六年（一九四一）には、戦時中ながら顕彰の動きがあり、同年一月、三上尋常高等小学校校庭に土川平兵衛の石像が建立されている。石像台座背面に「発起 興農同盟 寄贈 東京市田中藤太郎 工匠 澤 勝治郎」と刻まれている。なお、現在「皇紀二千六百年春」（昭和一五年）建立の二宮金次郎の石像が並んで建っているが、保坂智氏は紀元二千六百年との関係を指摘されている。[7]

また、昭和一六年（一九四一）一〇月一五日、甲賀郡自治協会発行、編輯者小島捨市（三雲村柑子袋）の『天保義民』が確認できる。一六頁の小冊子であるが、巻頭に「甲賀騒動起って百年の昭和十六年十月十五日『天保義民碑』前で荘重厳粛な百年大祭を修する甲賀郡自治協会が、義民の奮ひ起つた顛末の『天保義民』を記念として贈呈する」とし、発端・騒動・処断・皇恩・碑文の順に記し、おわりに『天保義民録』に記された土川平兵衛の辞世の句が記されている。

そして、同年一二月に掲載された喜多村俊夫「近江検地史上に於ける天保年間湖東三上山検地の性格」[8]は、天保検地の性格を究明しようとし、一揆の原因となった「見分」を「検地」と位置づけ、その根本目的に「財政窮乏の救濟を目的とする新開見込地の高付、並に新検打出による出目の収公により幕府の収入増加を目指せる事」を第一に揚げている。また、大一揆が僅かに足掛け三日間の短時日を以て終末を告げたことについて、「最初から幕府の今回の檢地に対する根本的立場が薄弱であり、無理と知りつゝ強行した檢地であった事情が、檢地役人自身の非違の数々と重なり、自信喪失となり、容易く市野をして檢地の十萬日延期を誓約せしむるに至った重大なる原因であろう」とし、そして、「前述平野八右衛門の実質的援助の事は言う迄もない」ともする。やはり多くを『天保義民録』によっているようである。

なお、研究書ではないが、昭和五年（一九三〇）には藤森成吉著『蜂起』[9]が発刊され、昭和九年（一九三四）には宇野超爾（長司）著『戯曲 義民』[10]も発刊されている。異なる視点からの出版で、この時代を現している。

戦後の顕彰と研究

戦後になると、昭和二九年（一九五四）一〇月、天保義民 治兵衛碑が（甲賀市甲南町市原 西願寺）建立されている。昭和三五年（一九六〇）一月に発刊された『水口町志』[11]では、水口宿の大庄屋の「山村日記」により検地役人の入郡以降の動向が記され、一揆後の処罰にかかわり西内貴村百姓吉左衛門追放書も写真収録している。

特に、水口藩士井口多兵衛が大津で石原代官所手代本庄某（市野らに同行予定）と会い、本庄は、今度の検地はことのほか厳しく小物成見取などの引き上げをもくろんでいることを述べ、農民の情況を尋ねたのに対し、井口は、今回の検地について農民は「御慈悲之御見分」であると言い聞かされているので、もし小物成場の年貢引き上げというようなことだと面倒なことになる。「精々取押可致心得ニ候得共、御無慈悲之御見分与相成候而ハ騒立申間敷御請合ハ不被致」と答え、本庄が市野にこのことを伝えたことも記している。井口と山村はこの話をして「何分此儘ニ而ハ大変之元」になると噂さしあい、「十月の騒動はすでに年初のこの時期に検地の当事者たちによってさえ予測されていたのであり、水口藩士をして騒動をおこさないという保証はできないとまでいわせているのである」と指摘している。各村から提出した書付の雛形、東内貴の報告書の写も下巻に収録されており、戦後の研究の出発となるにふさわしい。

近江天保一揆・天保義民顕彰の歩み

1844年 9月	大徳寺僧光譽が義民のため五輪塔を建立(甲賀市水口町)。
1850年	杣中村西徳寺に6名の義民の供養塔を建立(甲賀市水口町杣中)。
1882年	甲賀郡内で義民碑建立の動きがある。
1889年 3月24日	西浦九兵衛之碑を建立(甲賀市甲南町杉谷　勢田寺)。
1892年 1月15日	甲賀郡内有志50回忌を期して慰霊碑建設資金募集に着手。 (日清戦争のため中断)
1892年 8月	鵜飼彦四郎式部之碑を門人が建立。(守山市立田町　立光寺)
1893年 9月	河郁吉三『天保義民録』を公刊。
1893年	三上山麓に保民祠を建立。
1895年 3月	野洲郡で保民祠の東側に「天保義民碑」を建立。
1898年10月	伝芳山に「天保義民之碑」建立(湖南市三雲)。
1926年10月15日	天保義民碑道標を三上村少年赤十字団建立。
1941年1月 (100回忌)	義民土川平兵衛の石像を三上小学校校庭に建立。 (発起興農同盟、東京の田中藤太郎寄贈)
1941年12月	真珠湾攻撃(太平洋戦争開始)
1954年10月	天保義民治兵衛碑を建立(甲賀市甲南町市原　西願寺)。
1962年12月	松好貞夫著『天保の義民』(岩波新書)を発刊。
1968年 2月	天保義民田中安右衛門碑を建立(甲賀市甲南町深川浄福寺)。
1982年 5月	天保義民140年を記念して土川平兵衛の供養塔を建立。
1991年10月15日	甲賀郡町村会天保義民150年法要を天保義民之碑前で執行。
1991年10月26-27日 (150回忌)	甲南町主催で天保義民150年祭開催。 矢川橋東詰にメモリアルパーク設置(甲賀市甲南町)。 この頃、野洲町三上を中心に、保民祠の再建・150年記念の義民祭・義民誌の発行・ミュージカルの上演などの計画が進められる。
1992年10月14日 ～11月23日	特別展『燃える近江　天保一揆150年』開催。
1992年10月15日	『夜明けへの狼火』天保義民150年顕彰事業実行委員会から発刊。
1992年10月18日	保民祠を再建し、天保義民150年祭を開催。
1992年11月29日	町民ミュージカル「鼓動野洲川を裂く」昼夜二回公演。
1998年 4月18日	天保義民針文五郎顕彰碑建立(湖南市針)。
1999年10月	映画「天保義民伝　土に生きる」全国農業協同組合中央会ほかが中心となって作成し、テレビ放映。
2002年10月19日	「天保義民土川平兵衛顕彰会」を結成し顕彰活動を進める。
2005年10月 8日	「熱く語ろう　地域の誇り　天保義民」矢川会館で開催。
2005年10月15日 ～11月20日	企画展『近江天保一揆とその時代』開催。
2005年11月19-20日	第9回全国義民サミット野洲市で開催。 義民一揆太鼓・基調講演・シンポジウム・交流会・史跡巡り。
2014年 2月22日	『甲賀市史』第3巻「道・町・村の江戸時代」刊行記念講演会。

【第９回全国義民サミット資料集に付加】

一九五〇年代末から六〇年代にかけて、百姓一揆研究は停滞期に入ったと言われるが、昭和三七年（一九六二）一二月二〇日、松好貞夫著『天保の義民』（岩波新書）が発刊され、近江の天保一揆が広く知られようになった。[12]

まず、ことのあらすじを紹介し、次いで、甲賀武士の分布や「惣」の結び付きから説き起こし、検地や錯綜した封建支配の実態、近江商人についても触れる。そのうえで、天保一二年一一月見分のための呼び出しやそれまでの経過などから始め、「天保一二年の冬」、「京都西町奉行所の口達」、「幕府派遣の見分使」、「徒党は衆愚の妄動か」、「四万農民の蹶起」、「強訴徒党」、「その後に来るもの」、「江戸北町番所の大白州」へと、一揆に至る経過・一揆の実態・一揆後のことを述べる。

終わりの章「一揆徒党と村の共同体」では、一揆後の総浚い式呼び出し、給毎に分断された政治構造に対し共同体としての村と村々の連合、田島治兵衛の郡中「座頭取締役」や土川平兵衛の野洲川筋「川上村々への触頭」の職と組織、庄屋大会に注目し「庄屋大会がかりに、肥物値段の引き下げ嘆願を、表面の名目に掲げたとしても、招集そのことには、最初からこの組織が動いたとみて、むろん間違いはなかろう」とする。そして、処罰の実態・一揆参加人数の村への割り当て強要から、「だれでもよい、その村の百姓であれば、それでよいのだ、名乗りをあげよと、不見識にも強談する幕府は」、「一切の責任をば、不特定多数者すなわち村に負わせておき」、「農村社会の共同体的な存在を肯定し、その優先順位を承認したものと、批判されるであろう」。この限りで、一揆を通じて「村共同体の存在規範を知ることができたのは」第一の収穫であるとする。

一円支配地でなかったこの地での一揆に対する「幕府政治の限界があり、そこにまた、弱小な筈の現地封建が持つ、抵抗の一線があった」。「拷問という不法の法による、首脳者の虐殺は、幕府の手がとどくかぎりでの、報復ないしは見せしめであり、現地側としては、その遺族を救済し、その手当を考えるだけが、この際の自己主張だったのである」とし、幕政の末期、集権と封建の矛盾ないし相剋（例えば江戸大阪もよりの上知令）に対する現地側の強い反撥の一事例としてこの一揆騒動に学んだのが第二の収穫であるとする。

第三の収穫は、現地の武家側に対する幕府の処置にかかわって、「幕府の威令は、どこにも行われなかった。この事実を知った」こととする。そして、「諸藩・諸家のよって立つ基盤は、徳川将軍の授封朱印にあるのではなく、村の共同的な生産体がそれであり、今度のような事件を経験するとき、かれらにはあらためて、実感の新たなるものが、あったであろう。天保という時代と、近江という国柄を前提して考えるとき、私にもまた特にその感が深い」と本文を結んでいる。

あとがきでは、『天保義民録』に教えられるところが多かったことを記す。しかし、同書の根本正の序文「此等の義民は、其心実に自由の理を解し、平等の権を重んずる者なり」との評価について、「明治の自由民権思想から、割り出した評価である」とし、「当面の一揆の指導者らに、いうところの自由や、平等についての理解や、まして、身命をなげうつまでの、主張があったとするのは、明らかに論理の行きすぎであろう」とする。むしろ強調していいのは、「数万の農民が、村役人らを中核にして、横につながる、その驚くべき、巨大なる共同の行動態勢でなければならない。武士階級が上下を問わず、しばしば心胆を寒からしめて、残忍な報復手段にうったえたのも、要は農民社会をつらぬく、共同の社会意識と、頑強なその行動性に畏怖しての、過剰なあがきからだったのである」とし、「庄屋らの村役人が、封建権力の暴政に抗議し、あるいはその手先になることを拒否し、むしろ進んで抵抗するばあい、そうした行為や行動が、いかほど反逆的であり、思い切って苛烈に膺懲されるたぐいのものであろうとも、そこにこそ、かえって「村の義民」としての像が、より明瞭に浮き彫りにされ、共同体の感謝と崇敬をあつめて、後世に永く顕彰されるのであった」とし、横田川畔の伝芳山の「天保義民之碑」をあげている。

『実録百足再来記』ほかの資料について列記しているが、「この時代の記録には、特に遠慮して記録したところや、真相を奥にしまいこんで、さりげなく物語る技巧などがあったり、また書名や題名がちがっていても、中身はたいてい一つの資料だったりして、それほどの異説や、新しい事実の提示があるわけではない」とも記している。

また、一九六四年（昭和三九）一〇月には、近江天保一揆をテーマとした歴史小説である徳永真一郎『燃ゆる甲賀』（光風社）が発刊されている。

一九六〇年代末から七〇年代には百姓一揆研究が活況を呈すると言われるが、甲賀では一九六八年（昭和四三）二月には、天保義民田中安右衛門碑が杣谷を見下ろす丘の上（甲賀市甲南町深川 浄福寺 発起は前年の三月四日）に建立されている。また、安右衛門の「別れの一本松」の場所も関係者により伝えられている。そして、堀井弥佐郎『天保義民と郷土の庄屋』[13]も作成されているが、著者は田中安右衛門の従兄弟堀井弥右衛門の曽孫とのことである。

旧野洲郡関係では、白井広次『天保の義人　土川平兵衛』一九六八年（昭和四三）が確認でき、一九七一年（昭和四六）三月には宇野宗佑『庄屋平兵衛獄門記』（青蛙房）が発刊され、大谷安彦「三上山騒動」[14]も同年の掲載である。

一九六七年には『甲南町史』が刊行され、第三章近世の村と農民の生活「第九節　天保の一揆」が記述されている。一九六七年（昭和四二）二月『滋賀県市町村沿革史』第弐巻が刊行され、以後滋賀県下の市町村で、市町村史の編纂事業が進められる中で、史料の発見も進んだ。主なものを挙げると、一九八四年に『草津市史』第二巻、一九七八年（昭和三七）に『野洲町史』第二巻通史編2、一九八九年（平成元）に『新修石部町史』通史篇、一九九〇年に『栗東の歴史』第二巻近世編が発刊され、一九九四年には『甲賀町史』通史編が発刊された。『野洲町史』第二巻通史編2では、大篠原共有文書中の「土川平兵衛書状」ほかを収録している。なお、『甲賀市史』第三巻 道・町・村の江戸時代の刊行は二〇一四年になる。

また、旧蒲生郡域での市野茂三郎の土地調査については、一九八三年の『竜王町史』下巻、一九八六年の『八日市市史』第三巻近世[15]、更に一九九九年の『蒲生町史』第二巻近世・近現代、二〇一三年の『近江日野の歴史』第三巻近世編にも記述されている。

一九八〇年代にはいると百姓一揆研究は停滞すると言われるが、天保一揆から一五〇年が近くなると、地域での顕彰活動が活発化する。一九八二年（昭和五七）五月、野洲町三上では天保義民一四〇年を記念して土川平兵衛の供養塔を建立し、寺井秀七郎『義民庄屋土川平兵衛』（一九八二年四月付）が土川平兵衛の徳を讃える会から発刊されている。一九八四年には、大篠原共有文書中に土川平兵衛の書状他が町史編さんに伴う史料調査で確認され、一九八七年、『野洲町史』第二巻通史編2で紹介された。また、一九八七年には、『ふるさと北内貴』追刊として倉田松三『甲賀騒動と久右ヱ門』が発刊されている。

そして、天保一揆から一五〇年を記念する顕彰活動が、甲賀郡と野洲郡で進められた。苗村和正「天保十三年十月十六日の三上村[16]」があり、一揆から一五〇回忌に当たる一九九一年の一〇月一五日、甲賀郡町村会が天保義民一五〇年法要を天保義民之碑前で執行し、一〇月二六日～二七日に、甲南町主催で天保義民一五〇年祭が開催され、矢川橋東詰にメモリアルパークが設置された。

この頃、野洲町三上を中心に、保民祠の再建・一五〇年記念の義民祭・義民誌の発行・ミュージカルの上演などの計画がなされた。一揆から一五〇年になる一九九二年には、一〇月一五日付けで『夜明けへの狼火』が天保義民一五〇年顕彰事業実行委員会から発刊された。執筆は野洲町史編纂委員の一人であり地元の郷土史家大谷雅彦氏で、地元の思いを込めて記されている。そして、一〇月一八日再建された保民祠の前で、天保義民一五〇年祭が開催された。また、一〇月一四日~一一月二三日野洲町立歴史民俗資料館で開催された特別展『燃える近江天保一揆一五〇年』は、地元の顕彰事業に対応する取り組みであった。更に、同年一一月二九日には町民ミュージカル「鼓動野洲川を裂く」が昼夜二回公演された。一九九一年~九二年にかけて野洲町・甲南町を中心に天保義民の顕彰が盛り上がりを見せた。

その後、一九九三年三月、近江史料シリーズ(8)『近江の天保一揆——記録集I——』が滋賀県地方史研究家連絡会編集で滋賀県立図書館から発行され、一揆の基本史料の一つ「百足再来記」をはじめ六点の史料の翻刻が収録され、『天保義民録』の復刻版も収録された。なお、近江天保一揆の関連文献リストや小林博氏による解題も付されており、近江天保一揆を研究する上で貴重な資料集となっている。

一九九六年一一月には長野県小県郡青木村で開催された第一回全国義民サミットに野洲町三上から代表が参加しており、顕彰活動の連携が図られるようになった。一九九八年四月一八日には、有志により天保義民針文五郎顕彰碑が湖南市針に建立された。一九九九年一〇月には映画「天保義民伝　土に生きる」を全国農業協同組合中央会ほかが中心となって作成し、テレビ放映された。

そして、二〇〇二年一〇月一九日、野洲町三上では「天保義民土川平兵衛顕彰会」を結成し顕彰活動を進めるようになった。二〇〇四年一〇月野洲町と中主町が合併して野洲市が誕生したが、二〇〇五年一一月に第九回全国義民サミットを開催することになり、野洲市と天保義民土川平兵衛顕彰会が中心となって準備を進めた。甲南町も合併により二〇〇四年一〇月甲賀市が誕生したが、旧甲南地域との連携を深め、義民サミットプレイベントとして二〇〇五年一〇月八日「熱く語ろう　地域の誇り　天保義民」が矢川会館で開催された。そして、一一月一九~二〇日第九回全国義民サミットが野洲市で開催され、義民一揆太鼓・基調講演・シンポジウム・交流会・史跡巡りなどで盛り上がった。義民サミット開催事業の事務局を野洲市歴史民俗博物館が担当し、博物館では一〇月一五日~一一月二〇日に企画展『近江天保一揆とその時代』を開催した。基調講演は「近江義民の特色と天保一揆」のタイトルで保坂智氏が講演され、筆者は認識を新たにした。(17)

また、近江天保一揆の展示は一九九二年の一五〇年目の特別展とこの義民サミットに伴う企画展を担当し、多くの史料を拝見させていただいた。(18) その史料の多くは野洲町立歴史民俗資料館、野洲市歴史民俗博物館の紀要等で紹介してきており、本書はこの様な取り組みの成果と言える。なおまた、『甲賀市史』の編さんに関わらせていただいた。(19)

以下冗長な史料紹介が中心であるが、近江天保一揆について考えていきたい。それぞれの初出等は後書きに記した。二回の展覧会の図録等も参照していただければ幸いである。

注

（1）河邨吉三『天保義民録』東京・高知堂　一八九三年（明治二六年）。小野武夫編『徳川時代百姓一揆叢談』上冊　刀江書院　一九二七年に再録。後掲『近江の天保一揆――記録集――』にも収録。

（2）『滋賀県百科事典』大和書房　一九八四年、苗村和正「河邨吉三」の項。

（3）『甲賀市史』第四巻明日の甲賀への歩み　二〇一五年　コラム①

（4）日出新聞 明治二四年（一八九一）一一月三日～一一月一一日、編年百姓一揆史料集成第一六巻所収
（5）「甲賀騒動」（『甲賀郡志』下巻第一六編第一三節 一九二六年（大正一五） 滋賀縣甲賀郡教育會。『甲賀市史』第四巻明日の甲賀への歩み　第二章第一節　二〇一五年
（6）「天保の農民騒動」（橋川正編著『野洲郡史』下 第三編第二九章　一九二七年　滋賀県野洲郡教育會
（7）『天保義民顕彰事業・第9回全国義民サミット』資料集　同サミット開催実行委員会　二〇〇五年
（8）『経済史研究』一九四一年所収。喜多村俊夫『近江經濟史論攷』大雅堂　一九四六年に再録。
（9）藤森成吉『蜂起』日本評論社発行（日本プロレタリア傑作選集）一九三〇年。『天保義民録』に基づき執筆された、四幕十七場の劇脚本。一九二八年八月成稿。野田村庄屋木村定八の家での検地役人を迎える準備場面から始め、江戸北番所の大白洲での平兵衛らの陳述でもって終わる。検閲のため文字が伏せられた所がある。
（10）宇野超爾（長司）著『戯曲 義民』東京・遺業顯彰會発行　一九三四年。全八幕各一場の戯曲。作者は守山町大字守山三十五番屋敷住。日本の孤立化が進む中で、「近代人の一特性をなせる唯物思潮に換ふるに、田園に発祥を起因せる唯心思潮」を強調し、農村の義挙、義民の義魂の描出を試みたという。一揆が成功し、三上山中腹の妙見堂に平兵衛の妻が夫の前途への不安を思いながらお礼参りをする場面で終わる。
（11）『水口町志』上巻第五章第二節「天保三上一揆」三六二～三七五頁　一九六〇年
（12）長く絶版になっていたが、一九九八年四月一七日、アンコール復刊された。
（13）あとがきでは、曾祖父弥右衛門の語りを収録し、その他は徳永真一郎著『燃える甲賀』を参考にしたと記されている。義民関係者の伝承に歴史小説が機能している一面が見えるように思う。
（14）『史翰』第五号　一九七一年六月に所収。執筆者は三上出身で、大谷家は市野茂三郎の本陣となった。
（15）『八日市市の近世史料』八日市市史第六巻補遺（一九八九年）に、天保一三年三月三日「沖野・長谷野新開場御見分御用留」金屋村庄屋金八が記録（野々宮神社文書）が翻刻し収録されている。なお山岡静枝「古文書ノート　沖野・長

谷野新開場御見分御用留」（『蒲生野』第二三号　一九八八年）も確認できる。

（16）『湖国と文化』第五四号　一九九一年一月　所収。苗村和正『日本史のなかの湖国』文理閣　一九九一年にも「近江天保一揆の軌跡Ⅰ」・「近江天保一揆の軌跡Ⅱ」・「近江天保一揆関係年表」が収録されている。

（17）保坂智「近江義民の特色と天保一揆」（『天保義民顕彰事業・第九回全国義民サミット』資料集　二〇〇五年）

（18）『燃える近江――天保一揆一五〇年――』野洲町立歴史民俗資料館　一九九二年。『近江天保一揆とその時代』野洲市歴史民俗博物館　二〇〇五年。

（19）『甲賀市史』第三巻「道・町・村の江戸時代」第四章第四節「天保一揆と甲賀」二〇一四年

第二章 近江天保一揆と野洲の村と人々

一、大篠原村と天保一揆　大篠原共有文書から

はじめに

天保一三年（一八四二）一〇月一四日から一六日にかけて発生した近江の天保一揆について、平成四年秋、一五〇年に当たるのを記念して地元三上で「天保義民百五十年顕彰事業実行委員会」を組織して顕彰に取り組まれ、保民祠の修築・『天保義民誌』の発刊・記念式典（百五十年記念義民祭）の開催を中心に多彩な記念事業が行われた。当資料館（野洲町立歴史民俗資料館）でも平成四年（一九九二）一〇月一四日〜一一月二三日にかけて『燃える近江——天保一揆一五〇年——』の展覧会を開催することができた。

この一揆については、「江戸幕府の理不尽な「検地」に抗議するため、あえて強訴徒党の禁制を犯す、たぐいまれな大一揆が勃発した。甲賀・野洲・栗太の三郡、三百余の村々をつなぐ、実に四万をかぞえる農民大衆の血みどろな抵抗運動であった。（中略）その川（野洲川）と川筋にまつわる農民たちの、生産と生活をかけての、はげしい階級闘争だったのである。[1]」として注目されて来た。

ところで、この一揆については、早くも明治一五年八月一五日（第三六九号）から明治一五年一〇月二六日にかけ

て、『京都滋賀新報』紙上に「三上颪琵琶激浪」と題して四五回にわたり事件の顛末が連載されている。この執筆者は、『天保義民録』を執筆した河邨（川村）吉三であったと言う。[2]その執筆の動機については、先行して甲賀郡に一揆にかかわった義民を顕彰する記念碑を建設しようとする動きがあったことにある。[3]次いで、天保一揆から五〇年目に近い明治二四年一一月三日から一一月一一日にかけ『日出新聞』紙上に「甲賀蜂起録」第一～第七[4]が連載された。そして、明治二六年（一八九三）九月東京の高知堂から、この近江天保一揆を広く明らかに、以後の近江天保一揆研究の中心的な著書となった河邨吉三執筆にかかる『天保義民録』[5]が発刊された。例言には添削し校正を加えようとしたが、「将さに義民の祭典を挙けんとす。其際要する所あれは速に出版せよ」との郷友の要請により稿本のまま印刷に付したと言う。一揆から五〇年を記念しての出版であったと考えられる。事件に関係した人々にも質問をし、今日では確認できない資料をも参考にし執筆された。自由民権運動の高まりの中で執筆され、河邨吉三その人も民権運動家として活躍していた。こうして、明治二八年三月三上村に保民祠と「天保義民碑」が立てられ、明治三一年五月三雲の伝芳山に「天保義民之碑」が建てられ[6]、毎年両方の碑の前で式典（「義民祭」）が行われていることは、周知のところであろう。勿論、大正五年刊行の『甲賀郡志』[7]や昭和二年刊行の橋川正編著『野洲郡史』[8]でも大きく取り上げられている。更に、『水口町史』をはじめ各市町村史で取り上げられている。

　また、喜多村俊夫の論稿[9]があり、松好貞夫『天保の義民』が発行され広く知られるようになったが、資料面を始め多くを『天保義民録』によっているようである。これらの多くの研究は、「百足再来記」をはじめとする後にまとめられた一揆記録を多用している。このような一揆記録を中心にするのでなく、また、『天保義民録』を初めとする自由民権期の百姓一揆観に多くを拠るのでなく[10]、一揆関係者に直接かかわる資料からこの大事件を見直す事が必要となっている。天保一揆を地域の資料からつぶさに確認して行くことは、一揆の実情に迫るために欠くことができない作業と考えられる。

ここに取り上げる大篠原共有文書は、昭和五九年野洲町史編纂計画に伴う資料調査で明らかになった資料群で、その内天保一揆にかかわる資料については、『野洲町史編さんだより』第八号[11]に一部を紹介し、『野洲町史通史編2』[12]及び『夜明けへの狼火　近江国天保義民誌』[13]にも取り上げられた。当館（野洲町立歴史民俗資料館）特別展展示図録[14]でも一部を紹介した。昭和六〇年二月の文書目録により天保の見分や一揆に関係する文書を抽出すると別表のとおりである。分類項目の面をはじめ若干

大篠原共有文書天保の見分および一揆関係文書目録

分類番号	年月日	文書名（内容）	差出人	受取人	形状・点数	
天保検地1	欠	湖水縁地他見分ニ付請書	庄屋甚兵衛外3名		継紙	1
天保検地2	（天保13）6.25	宿割帳			横帳	1
天保検地3	欠（天保13）	宿物品書上			横帳	1
天保検地4	欠（天保13）	見分ニ付諸覚（案文か）			横帳	1
天保検地5	欠（天保13）	見分役人書上覚			切紙	1
天保検地6	天保13.6	空地開新開ニ付書付	鏡村庄屋平助外4名	御見分御役人中	一紙	1
天保検地7	欠（天保13）	空地開外村引請ニ付書付			一紙	1
天保検地8	天保13.7	開田畑ニ付歎願書上	庄屋傳右衛門・甚兵衛外5名	御見分御役人中	継紙	1
天保検地9	天保13.7	開田畑ニ付歎願書上（反故）	庄屋傳右衛門・甚兵衛外5名	御見分御役人中	継紙	1
天保検地10	寅10.21	御触書請書状他送り状覚	入町村役人	大篠原村御役人中	切紙	1
天保検地11	（天保13）8.6	こへ物高値ニ付参会呼びかけの書状（写とも）	土川平兵衛	上永原村野依又右衛門	継紙	4
天保検地12	欠（8.10）	こへ物高値ニ付参会（浄勝寺へ）の廻状	大篠原村庄屋中	入町村外14ヶ村御役人中	継紙	1
天保検地13	（天保13）9.16	肥物一条ニ付参会（宝樹寺へ）の廻状	三上村外6ヶ村	入町村外13ヶ村	継紙	1
天保検地14	欠（天保13）	肥物値下ニ付覚	桜生村庄屋友之進外5ヶ村庄屋		一紙	1
天保検地15	卯正.16	尋儀有之ニ付人別帳持参の廻状	戸田村嘉十郎・関源之進	北桜村外11ヶ村	折紙	1
天保検地16	卯正.23	三上へ罷出者無之ニ付書付	庄屋甚兵衛外3名	関源之進・戸田嘉十郎	一紙	1
天保検地17	欠（天保14）	三上へ罷出候者ニ付口上書	年寄新左衛門	関源之進・戸田嘉十郎	一紙	1
天保検地18	欠（天保14）	三上へ罷出候者ニ付口上書	年寄新左衛門	関源之進・戸田嘉十郎	一紙	1
天保検地19	欠（天保14）	一揆当時の状況書上			折紙	1
天保検地20	欠（天保14）	三上へ罷出候者ニ付口上書			継紙	1
天保検地21	欠	三上へ罷出候者の状況覚（5名）			継紙	1
天保検地22	欠	一揆当時の状況人別改（表紙白紙）			竪帳	1
天保検地23	欠	見分役人への書付等書上（表紙白紙）			竪帳	1
村況1	天保13.6.21か	御尋ニ付奉申上候書付	大篠原村庄屋甚兵衛外6名	御見分御役人中	竪帳	1
村況2	欠（天保13）	御尋ニ付奉申上候書付			竪帳	1
村況16	欠（天保13）	御尋ニ付奉申上候書付	鏡村庄屋平助外2名		竪帳	1
村財政3	天保14.3.28	大津一件諸入用覚書			横帳	1
戸口42	欠（天保14）	人別帳			横帳	1
その他12	欠（天保14）	本文之通奉願上候			一紙	1
その他13	欠（天保14）	病気ニ付口上書	篠原村傳右衛門・年寄新左衛門		一紙	1
その他14	欠（天保14）	薬代内訳	菱屋多四郎	甚兵衛	一紙	1
その他15	欠（天保14）	菱屋多四郎勘定覚帳			横帳	1
絵図5	天保13.6.	新開場未開地指出し絵図（写）	庄屋甚兵衛外5名		64.4×93.2	1

の問題もあるが、以下この目録により出来る限り全貌を紹介したい。

一、大篠原村の概要

大篠原村は中山道沿いの集落で、守山宿と武佐宿の中間、野洲郡の北端蒲生郡鏡村に隣接する村である。東に鏡山をはじめとする山々が広がり北及び西側一帯に水田が広がっている。中山道は南西から北東に向かって集落を貫き、中山道の北側に独立丘陵「向山」がある。天井川の光善寺川が山手から北西に流下し、光善寺川は成橋川とも呼び、日野川に流れ込む。日野川は仁保川とも呼び、大篠原村は「仁保川筋枝成橋川通」「仁保川筋枝成橋川西縁」と記述されている。[15]

大篠原村は元和六年（一六二〇）から市橋氏（仁正寺藩　陣屋は日野町西大路に所在）の支配するところとなった。一揆が起こった天保

大篠原周辺地図（明治25・26年仮製）　（A 字天竺　B 字天徳）

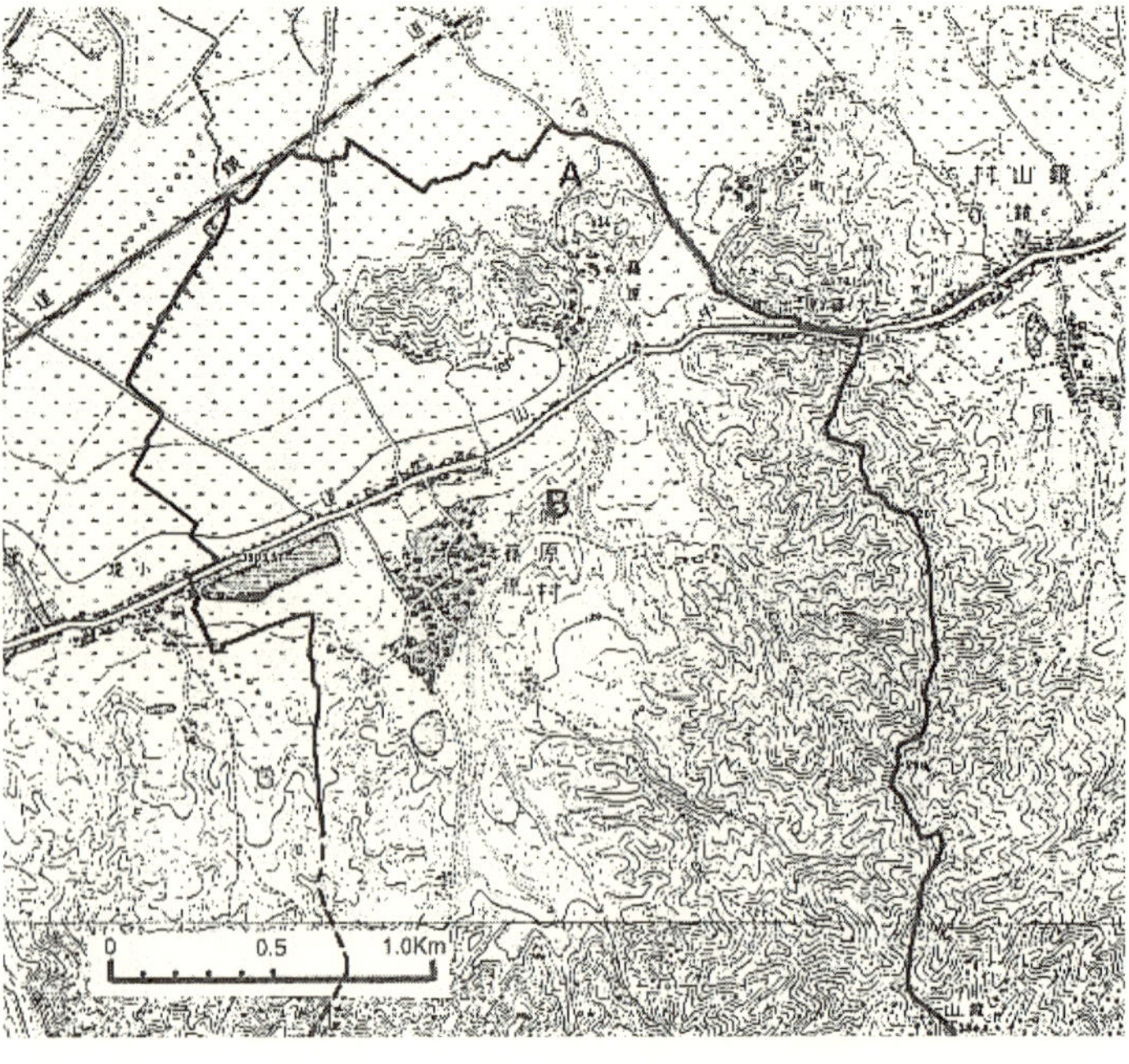

一三年も市橋主殿頭領分であり、大事件の発端となった見分役人中（幕府勘定役）に提出した村の概要書には、庄屋二名・年寄四名・百姓代一名が連名し、その内容によると次のとおりである。

広い殿林・殿山と銀で二石の山年貢を納め村林（字天徳の左右に広がる）があり、中山道の往還の長さは一〇七四間もあった。中山道の成橋川の南西たもとに一里塚が築かれていた。また、殿山の内に廟所（墓地）二カ所ある。

成橋川堤長さ一二二三間・稲荷川堤長さ四〇六間・燈心堤長さ一〇七間・野村井川長さ四八六間・樋尻川長さ七三九間・樋尻川枝長さ三八一間・井ノ上樋井川長さ三九〇間・稲荷井長さ四九八間・福万坊川長さ二九七間・天竺井長さ六三〇間・西溜長さ二六二間西方四〇間東方六〇間・東溜長さ一〇〇間東方六〇間・上溜廻り見二二〇間・蛙ヶ溜廻り見一一五間の外に小規模な溜三・井一二が書き上げられている。

家数九九軒、人数四八三人男二三四人女二四九人で、牛三四疋・馬三疋を飼っていた。京都をはじめ主要地への道程を記し、新田畑・野銭場・秣場・寺社除地・用水潰地代米類・井料米銀などは無いことを記している。

以上の通りであるが、集落は、明治初期の絵図[16]と同様、街道沿いとその山手、街道の下手の独立丘陵裾部の成橋、街道沿い北東村境の出町に

大篠原村土地の概要

区分	石盛	高	反別	高の比率
本田畑		1668石1斗 升 合	123町7反7畝12歩	100%
上　田	1石6斗	722. 0. 9. 5	45. 1. 3. 4	
中　田	1. 4	366. 9. 6. 4	26. 2. 1. 5	73.40%
下　田	1. 1	36. 0. 5. 3	12. 3. 6. 25	
荒起田	1. 1	363. 6. 3. 2	33. 0. 5. 22	21.80%
上　畑	1. 2	16. 1. 6. 0	1. 0. 4. 20	
下　畑	0. 8	9. 4. 1. 6	1. 1. 7. 21	4.80%
屋　敷	1. 2	53. 7. 8. 0	4. 4. 8. 5	
見取田畑	-	（取米）3. 8. 1. 2	2. 0. 5. 14	
	9ヶ所（岩倉・新畑・天徳・鉄砲山・勝坊寺・小路美野・西山・馬林・光ヶ谷）			

（大篠原共有文書　村況1・村況15による）

あった。集落の上手、成橋川沿いに荒れ地が多く、このような場所が当然見分の対象となった。

二、幕府見分役人への対応

請書

天保一三年（一八四二）一〇月一四日から一六日にかけて発生した近江の天保一揆は、天保改革の最中天保一二年一一月京都町奉行所へ湖辺及び川々筋村々の庄屋を召喚し、見分を申し渡したことに端を発している。大篠原共有文書中にも、京都で提出を命じられたと考えられる「御請書」の控え〔天保検地1〕が残されている。年月日や宛て名を欠くが、大篠原村庄屋甚兵衛代弥三郎（年寄）・新左衛門（年寄）代助二郎（百姓代）が出頭し押印したようである。本文は『天保義民録』所収の文とほぼ同様である。[17] この請書によると、湖水縁と仁保川・野洲川・草津川・高島郡知内川・百瀬川・石田川・鴨川・安曇川通りなどの御料私領村々地先の空地・堤外付寄り洲の新開となるような場所の見分であり、そのような場所を村々で絵図に記して見分の勘定方に差し出すことを命じられている。今回問題となった仁保川と野洲川沿いの村々のみではなく、草津川や湖西の川筋の村々なども明記されている。彦根藩領の河川は特に記されておらず、愛知郡・犬上郡・坂田郡・東浅井郡などの村々も京都へ呼び出しの対象となったか否かは明らかでない。しかし宇曽川・犬上川をはじめ彦根藩領が集中する地域の河川は含まれておらず、やはり彦根藩領は除外されていたと考えざるを得ない。

そして、「御請書」では、今回の見分が願人によるものでなく、公儀の見分であるので事実のままに取り調べ差し出すことを命じ、そうすれば「御仁恵の御沙汰も可有之間、心得違致間敷候」と命じられている。

見分役人の来村

『天保義民録』によると、天保一二年一二月、見分の先触れが仁保川筋の各村へ到着し、中旬〔天保一三年一月か〕には、市野茂三郎等一行四〇余人が野洲郡野村に到着し、小田村・江頭村から仁保川沿いの村々を中心に廻った。しかし、〔天保検地4〕[18]によると、正月一九日野村に到着し、日野辺りの村々を廻ったことを記す。そして、鏡村から六月一六日夜八ッ時大篠原村・入町村・長嶋村に廻札で「御勘定方新開御見分之義ニ付き申談義有之候間」と、村役人に宛てて一七日朝五ッ時鏡村旅宿まで出頭するよう多羅尾久右衛門手代杉本権六郎から命じて来た。このため、大篠原村では一七日早朝から「四地下人」〔村役人〕が会合し、田畑を高帳などで確認した。

ところで、鏡村の記録[19]によると、横関村・鏡村・山面村の三か村の申し合わせで、六月一六日から鏡村に宿泊を引き受け、見分役人は六泊して六月二二日朝安養寺村へ移ったことが分かる。そして、先記の通り〔村況1〕六月二一日夕方村の概要書を差し出したようだ。これと同じ記載様式で鏡村から差し出した文書の写〔村況16〕も収められている。大篠原村では、この鏡村の文書を参考に作成したと考えられる。因みに、鏡村は大篠原村と同様市橋氏の領地である。

「御尋ニ付奉申上候書付」と表題があるこの村の概要書では何を求められたのであろうか。まず、本田畑について記すが、多くの村明細帳が検地帳末の集計部分と同様に田畑屋敷の等級毎の集計を記しているのに比較すると、簡略である。見取田畑については合計面積・合計の取米・場所数の外に該当する字名を連記している。殿林・殿山・村林・往還長さ・廟所・各川や溜池・農業の間の余業・家数・人数・牛馬数・所々への道法を記す。その他該当が無く特別な記述は無いが、新田畑・野銭場・秣場・寺社除地・用水潰地代米類・井料米銀の記述を求めたようである。もちろん、報告の村がどの川筋の枝の何川のどちらの縁に当たるかは、表紙の村名書や報告者名記述の最初に記されている。各川堤については、川名・長さ・区間・堤の高さ・馬踏・根敷・川幅や何が川の枝かも詳しく記し、その他の用水川（水路・樋・出坪）や溜池についても細かく記している。この報告からも、本田畑については見分の対象外であろう事が看取される。

そして、見分役人の宿割帳〔天保検地2〕には、見分の役人は大篠原村には天保一三年六月二五日昼にやって来たことを記している。この宿割帳や見分役人の書上覚〔天保検地5〕によると次のとおりである。

役　職	人　名　・　人　数	宿割帳の人数	宿泊場所
御勘定	市野茂三郎　上下七人	（7）	常（浄）勝寺
御普請役	大坪本左衛門・藤井鉄五郎　上下八人	（4）	七兵衛
京勘定掛り	芝田清七・上田栄太郎　上下四人	（5）	治郎右衛門
大津御手代	舟橋恭助・古高周蔵		
信楽御手代	杉本権六郎・柴山金馬　上下八人	（9）	専（仙）助

宿ごとに御付手代一〜二名・道具方一名・配膳方二名、七兵衛以外の宿には洗方一名を割り当てた。また村役人以外に雑用方三名・小遣二名が対応に当たり、更に見分に当たっては筆方二名・御用方人足一二人（九人が一日、後は半日か）、用立人足四八人（二一人は一日、後は半日か）出た。宿ごとに刀掛け・たばこ盆・毛氈ほかを借用準備し〔天保検地3〕、御家来のたばこ料として金二両二歩（＝銭一〇貫文）、その他の諸費用が四五一匁五厘（三〇貫文余り）を必要とし、それに対し受取った宿銭は一貫九〇八文であった。[20]

見分の実状

大篠原村での見分の詳細については知ることはできないが、見分役人とのやり取りの一端を知ることはできる。〔天保検地23〕に収録された一番目の文書は、見分役人が大篠原村へやって来た日の天保一三年六月二五日付けで、大篠原村庄屋二名・年寄三名・百姓代一名から見分役人中へ提出された文書と考えられ、「新開可相成場所取調可奉申上旨為被仰渡」たのに対し、村役人が相談し空地開田畑一町・未開発場一町の村請けを願い出たものである。未開発場については、村方に引き競いになっては人数が少なく、そのうえ難場で容易に開発し難い場所があるので、「鍬下年季等之儀格別御勘弁奉願上」と願い出ている。

続いて同第二番目の文書は、空地開田畑一反歩に付き地代銀六匁、空地雑木小竹一反歩に付き地代銀二匁の上納を申し出た文書である。同様の文面で鏡村が提出した文書の写し〔天保検地6〕が残されており、この文面を元に作成されたことが予想される。〔天保検地7〕も同文面で、差出人以下の記載はなされていない。先に提出した空地開田畑一町・未開発場一町の村請け出願場所の地代銀上納を命じられやむを得ず提出した文書と考えられる。文面には鏡村と同様であるが、「右場所之儀者堤添薄地ニ而、(地)代銀上納之儀者御免奉願度候得共、村引請奉願候儀ニ而御座候間、冥加ヲ相弁可成丈出精仕、書面之反当ヲ以地代銀御上納仕度奉存候」と記している。雑木や竹が生えているような未開発場についてまで負担を願い出ざるを得なかったようである。

〔天保検地8・9〕は高請けした開田畑一町・未開場一町の対象場所を確認されたが反別が不足したことについて願い出た文書で、差し出し月が見分役人が他の村へ移動してからの七月となっている。大篠原村を過ぎ去って後にも高請地についての折衝が行われていたことが確認できよう。〔天保検地9〕は全面にばつ印を付すが、村方にて吟味したが残らず本田のように見え思わしき場所がないが、字天徳田畑にて二反歩を差し出すので認めてくれるよう願い出ようとしている。〔天保検地8〕は、やはり思わしき場所はないが、取り敢えず一町歩の高請けはするので、地面（場所）は先に差し出した通りで認めてほしいと願い出ている。これを見る限り、二反歩程度については回答する開発田畑が無いにもかかわらず、高請け（村請け）を強要されていたと言えよう。

見分に伴い天保一三年六月付けで提出された絵図[21]は、村の北側成橋川沿から長嶋村境付近にかけて「新開発田畑七反歩」、成橋川と三大寺谷との分岐点から山手（絵図の南）に「未開発壱町歩」と「新開発場三反歩　田畑共」が描かれている。前者が天竺、後者が字天徳に当たり、高請けした開田畑一町・未開場一町に相当する。[22]

三、肥物値下げをめぐる動き（事前の会合）

近江天保一揆の場合、野洲川下流部にあっては一揆に至る事前の会合の場として肥物値下げをめぐる庄屋会議が注目されて来た。以下に紹介する文書は、この動きにかかわるものである。

〔天保検地11〕は、天保一三年八月六日、土川平兵衛から野依又右衛門に宛た書状で、ほぼ同文のもの四点が残されている。〔天保検地11―1〕が原文書と考えられ、封の跡があり省略部分が無く、その上痛みも多い。〔天保検地11―2〕は不明な部分を二本の棒線で表し、宛名も「野依又右衛門」となってしまっている。野依又右衛門は、三上藩領であった上永原村の庄屋で、同藩領の庄屋として日頃からよく知り合った中であったのであろう。

文頭に「以手紙得御意候」とあるため、内容は解らないが野依又右衛門から土川平兵衛へ手紙が出されていたようである。三上村近辺の（組合）村々で寄り合いがあり参加者が承諾した事を受けて、上永原村近辺の（組合）村々に参会を願った文書で、相談事は先に一寸土川平兵衛から野依又右衛門へ話されたことであり、諸物価が値下げになっているのに肥物は高値で困っている。これは越前で（問屋が）買い占めを行っていることが原因で、このため取り調べを実施くださるよう願い出れば聞き届けていただけるのではないかと考えた。寄りは弁当持参で席料三二文、お茶程度で、下（野洲川下流）の村々は戸田村が五三ヶ村取締であるので、今日戸田村へ調整に行ったとある。挿入文のためかやや文意が取りにくいが、本格的に京都へ願い出るについては、五〇〇石以上の村は一朱、それ以下の村は二匁と決めたようだ。そして、小堤村外一五ヶ村に対し触れ出し急ぎ参会するよう依頼している。尚々書では、大篠原村当たりの庄屋に頼み触れ出すように依頼しており、このように記されているため、野依又右衛門は大篠原村庄屋にこの手紙を持参し、大篠原共有文書中に残されることになったものであろう。これによる限り、下（野洲川下流域か）の村々は戸田村庄屋が五三ヶ村取締であったようである。これを受けて、大篠原村周辺の組合村へ回状が廻され、相談することになったと考えられる。

〔天保検地12〕は「口演」と書かれた回状の控えで、日付は記されていないが、八月一〇日付の回状である。[23] 大篠原村庄屋中から入町村以下一五ヶ村に宛てた回状で、「下々村々五十三ヶ村」戸田村に参会肥物高値につき取り調べを願い出る儀につき、相談のうえ返答しなければならないため、一二日早朝大篠原村浄勝寺へ弁当持参で参会するよう通知している。八月一二日には大篠原村外一五ヶ村が大篠原村浄勝寺へ参会し、この件について相談したはずである。

つぎに、〔天保検地13〕の九月一六日付回状は、三上村外六ヶ村から肥物一条につき参会の苦労を労い、入町村外一三ヶ村相談の趣を返事にて承知したことを述べる。その上で肥物一条嘆願の儀につき今一応相談したいので、明一七日正五ツ時桜生村寳樹寺へ参会を依頼する回状である。小堤村・大篠原村両村が発信者・宛名ともに含まれている。翌日の参会通知の回状であり、委細は面会の上相談したいとする急回状である。これを受けて九月一七日、桜生村寳樹寺へ参会したと考えられるが、そこでの内容を記した記録は残されていない。しか

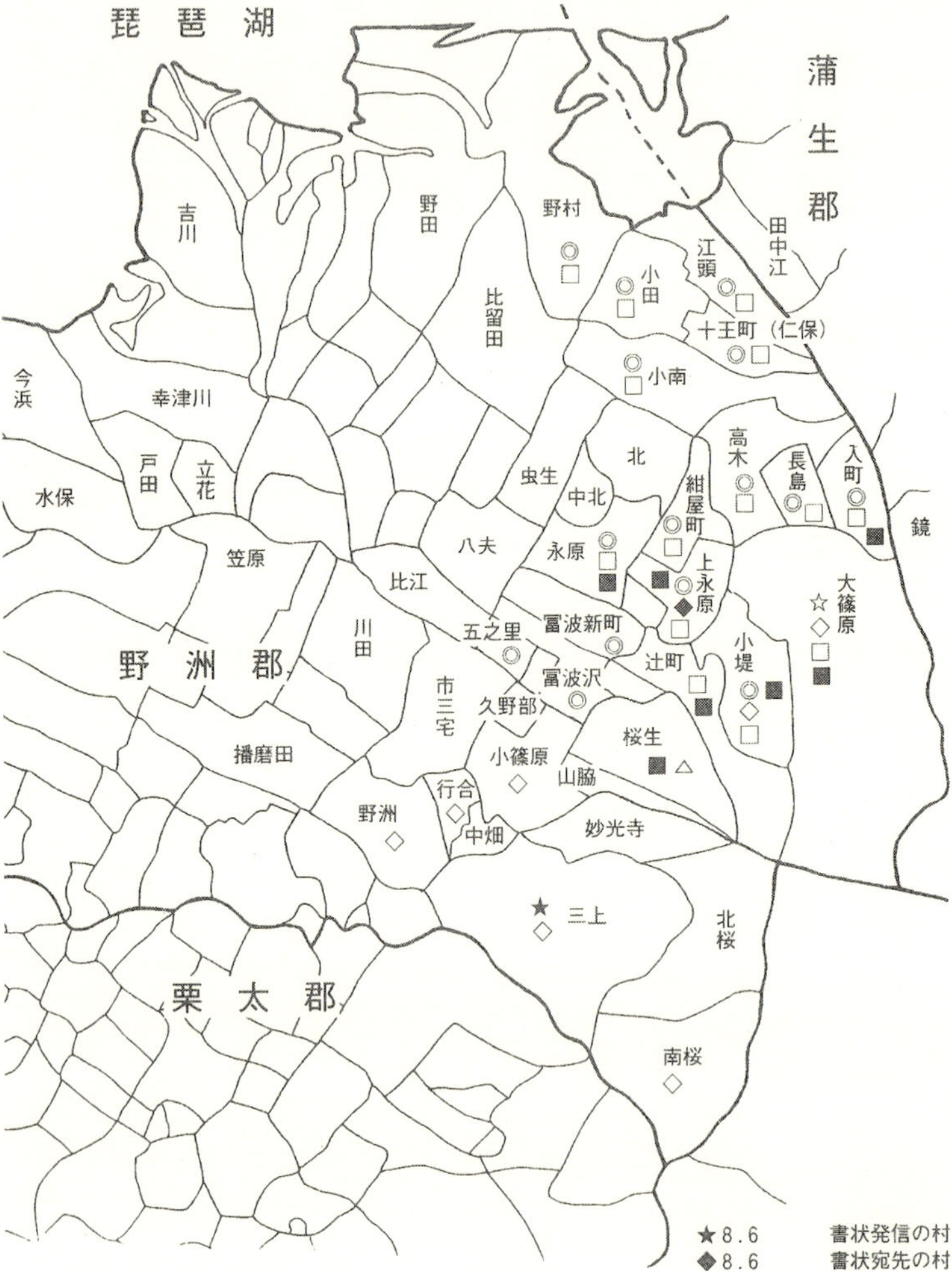

肥物値下げの出願関係の村々位置図

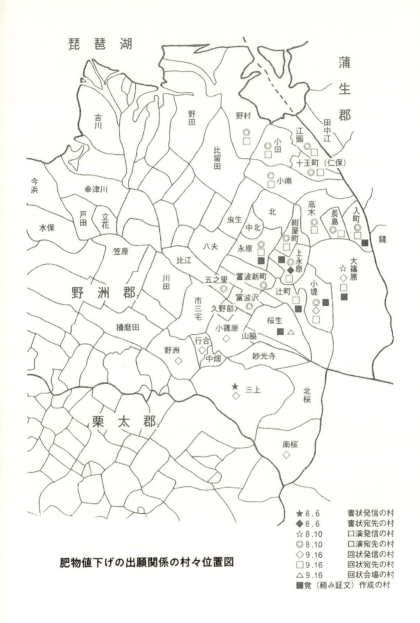

し、〔天保検地14〕の「覚」は、桜生村庄屋友之進を筆頭に、ほか五ヶ村の庄屋が作成した頼み証文の控えであり、九月一七日の参会の内容にかかわるものと考えたい。とするならば、宛名を欠くが、九月一六日付回状の発信の村で名前の見られない三上村・行合村・小篠原村・野洲村・南桜村その幾村かが宛名に入っていることが考えられよう。肥物値下げの出願を多人数で出ては難渋につき、「各々方村々物代」に委任関係を示す文書として重要である。[24] 九月一七日の会場となった桜生村庄屋が筆頭となっており、恐らく、九月一六日付の回状で呼びかけられ

（表）**肥物値下げの出願関係文書に現れる村**（☆発信の村）

村　名	8/6 土川平兵衛書状連記の村	8/10 口演	9/16 回状	覚（頼み証文）	天保 14 年正月 16
小堤村	◎	◎	◎☆	◎	○（小桜村？）
上永原村	◎◆書状宛先	◎	◎	◎	◎
大篠原村	◎◇触れ出し依頼先	☆	◎☆	◎	◎
入町村	◎	◎	◎	◎	
長嶋村	◎	◎	◎		◎
紺屋町村	◎	◎	◎		◎
永原村	◎	◎	◎		◎
冨波新町村	◎	◎			
沢　村	◎	◎			
五之里村	◎	◎			
高木村	◎	◎	◎		◎
仁保町村	◎	◎	◎		◎（十王町村）
小田村	◎	◎	◎		◎
小南村	◎	◎	◎		◎
野　村	◎	◎	◎		
江頭村	◎	◎	◎		
辻町村			◎	◎	
桜生村			◆会場の村	◎	
三上村	☆発信者		☆		
行合村			☆		
小篠原村			☆		
野洲村			☆		
南桜村			☆		
妙光寺村					◎
市三宅村					◎（三宅村）

（注記：天保 14 年の欄は、〔天保検地 15〕の回状に記された村）

た一五ヶ村中、会場となった桜生村や大篠原村を含む六ヶ村が呼応し、頼み証文を作成した控えではなかろうか。会合の内容について限定はできないが、肥物値下げを名目に見分の事が議論されたことであろう。

かくして、『天保義民録』によると、九月二六日、肥物値下げを表に庄屋の集会を開き、野洲郡・栗太郡北部一三〇余ヶ村が戸田村立光寺に集まったと言われる。(25)

四、一揆後の追及・取り調べ

〔天保一揆15〕は、天保一四年正月一六日付戸田嘉十郎・関源之進から野洲郡一二ヶ村へ、尋ねたいことがあるので、村々給々限り（村ごと支配毎）に人別帳を持って大津陣屋（代官所）へ出頭するよう命じた回状の写しで、村々給々限り村役人のうち一人ずつ、小前両三人ずつ、（名主・組頭）が招集された。大篠原村を含め一二ヶ村が連記されている。多くは先の回状に記された村々である。

〔天保検地16〕は、正月二三日付で関源之進・戸田嘉十郎に一揆の当日三上村へ「多人数人気被誘引罷出」大篠原村から人数に加わり罷り出た者は一切ないことを報告した文書の写しである。庄屋甚兵衛には右に墨線を引き、名前の下に別筆で「下紙」と記されている。また、庄屋甚兵衛・年寄新左衛門・組頭助次郎らの総代として年寄新左衛門となっている。庄屋甚兵衛を総代とできない状況があったのであろう。この庄屋甚兵衛は、『天保義民録』(26)に、大津での取り調べのため「野洲郡大篠原村庄屋甚七は鞭撲の下に斃れ死骸は家に歸る」と記されたその人であろう。

〔天保検地17・18〕は、ほぼ同様な文面で、岩蔵・嘉蔵・忠三郎・佐次郎・与三郎・平助の六人が人気に誘われ三上村まで罷り出たことを報告した文書の写しである。惣代として年寄新左衛門が報告しており、〔天保検地

18〕には「庄屋甚兵衛義入牢之上昨六日出牢相成候得共、当時庄屋名無御座候、此段下札ヲ以御断申上奉候」と注記されている。「昨六日」は、大津の公事宿の宿泊状況から考えると、二月六日ではないかと考えられる。岩蔵・嘉蔵・忠三郎については、「借家」との注記があり、また、この五人については、〔天保検地19・21〕により更に行動を知ることができる。岩蔵については、馬引きでその日守山宿より人気に誘われ三上村の鼻まで行った。嘉蔵は目立職で、その日野洲村辺まで行き人気に誘われ三上村鼻まで行った。忠三郎は馬引きで、守山宿へ行き人気に誘われ三上村鼻まで行った。佐次郎は往来働きをしており、その日守山宿まで行き、帰りがけ人気に誘われ三上村鼻まで行った。与三郎は小篠原村の庄七方へ行き、出火と思い妙光寺村鼻まで行ったことを記すが、平助については特に記載がなく明らかではない。馬引二名・往来働きをしている一名がおり、中山道の交通運輸にかかわる職のもの三名までが、理由を問わず三上村近くまで行ったことを確認できる。

それでは〔天保一揆20〕「乍恐口上書」については、「私義者・・・」とあるが、先の五人とは別人の口上書である。その内容については、蒲生郡と野洲郡の領境に住むものであること、武佐と守山の間「人足立場」をしている。三上村騒動について往来する旅人が噂し、妙光寺村は同領で「組郷」であるので、妙光寺村から心添えしてくれるよう言われていたので、騒動を知り驚き、もしや妙光寺村の者たちで加わった者がいないか領主へお届けすべきかと思い、私一人八ツ時前に出掛け七ツ時前に妙光寺村に着き庄屋忠三郎方へ行き、「別条無いか。領主へことを届けたか。若しや加わったものはいないか」とただした所、庄屋忠三郎が言うには、「そのことは心配無い。尤も三上村役人より公役様人足に貸してくれるように言って来たので、すぐに手配し差し遣わした所、最早必要無いとのことで、差し戻しになり帰村した」といわれた。このことを知り安心して帰村したと述べている。同領で「組郷」であるため妙光寺村庄屋忠三郎へ状況を確認にいったとあるため、恐らく同じ領地の村大篠原村庄屋と考えられる。その庄屋とは、事件に伴い入牢を命じられた庄屋甚兵衛その人であろう。

厳しい取り調べのため大津の公事宿に逗留を余儀なくされ、それらに伴う入用の記録が、「大津一件諸入用覚長（帳）」（村財政3）で、天保一四年三月二八日立合勘定をしたものである。それによると公事宿の宿払いをはじめ入用高金二〇両二歩が記録されている。中には、二月二六日「牢中ニ而薬料」が記され(27)、道中銭扣覚の中に「一、銭貮朱入　甚兵衛へ香典」とある。

「大津宿屋入用并小入用覚帳」（村財政6）(28)は天保一四年正月一八日夕飯から二月一〇日朝までの記録を中心とし、その間の宿泊者の実際について知ることができる。庄屋甚兵衛の宿泊についても確認できるが、二三日の夕飯には見えるが二四日の朝飯以後二月六日の昼飯までは甚兵衛の記載がない。帰村したとの注記もなく、先記のとおりこの間入牢していた可能性があろう。また、二月四日の朝飯の後に正

「大津宿屋入用并小入用覚帳」による宿泊の実態

（正月18日夕飯～2月10日朝飯まで）

庄屋	甚兵衛	1/18夕→1/23夕　2/6昼→
年寄	新左衛門	1/18夕→1/30朝　2/3夕→2/4朝　2/6朝→
年寄	小右衛門	1/18夕　1/29昼→2/4朝
百姓	代助次(二)郎	1/18夕→1/25朝　1/27夕→2/3夕　2/7昼夕
	弥三郎	1/18夕　1/22朝→1/23夕　2/7昼夕
	彦治(二)郎	1/19昼→1/30朝　2/3夕→2/7夕
	吉右衛門	1/19昼→1/26昼　1/29朝→2/3夕　2/8昼→
	彦六	1/19昼→1/21朝
	吉兵衛	1/22朝→1/23昼　1/24昼→1/28夕　2/3夕→
	専助	1/22朝→1/23昼　2/9昼→
	平助	1/24昼→1/28夕　1/29夕→2/4朝　2/6朝→2/7朝　2/8朝
	半次郎	1/26昼→1/28朝
	忠二郎	1/29昼→2/3夕
	源左衛門	2/1夕　2/2昼
	半平	2/3夕→2/5朝
	勇次郎	2/6朝→2/7朝
	藤七	2/7昼夕
	仁兵衛	2/8昼夕
庄屋	傳右衛門	2/9昼→
	この	2/9昼→
	孫左衛門	2/10朝
	おやえ	2/10朝
	おりき	2/10朝

月一八日から三月一〇日までの金銭出納の覚が記されている。この欄には二月八日にたび一足二七五文が「甚兵衛入用」として記されており、一一日夜「甚兵衛帰村ニ付」金五両を弥三郎が預かったことを記している。そして、一二日の事項として「甚兵衛船賃礼」二分二朱や「甚兵衛内女衆舟ちんたし（賃足し）」が記されており、おそらくこの天保一四年二月一二日甚兵衛は大篠原村へ舟にて帰ったものと考えられる。[29] 大篠原村の宿は、「大津一件諸入用覚長（帳）」から菱屋太四郎であったことが分かるが、「大津宿屋入用并小入用覚帳」の表紙裏には近隣の村の宿が記されている。長嶋村は木屋町「桝重」または「ミの利」、入町村は水上町「うをや与三郎」、辻町村は塩屋町「かいや伊兵衛」であったことが分かり、近隣の村々も大津への出頭を余儀なくされていたことを窺うことができる。

また、「菱屋太四郎殿勘定覚帳」〔その他15〕には二月一九日から二四日にかけての宿泊者を確認することができる。[30] そこには甚兵衛の名前は記されておらず、浄勝寺がこの間ずっと記されている。これも天保一四年の内容である可能性が高い。天保一三年八月一二日参会の会場となった浄勝寺が取り調べを受けた可能性が考えられる。また、〔その他13〕の口上書には、七兵衛・仙助（専助か）・甚兵衛・関右衛門・権助・紋治・喜左衛門・新兵衛の八名は病気のため参上しないことを大篠原村庄屋傳右衛門と年寄新左衛門から申し出た文書の控えで、宛て名も年月日も記されていない。[31] なお、甚兵衛に関しては、弘化三年三月の「五人組下調帳」（戸口29）には七兵衛組の中に「甚兵衛後家」の記載を認めることができる。

更に、〔天保検地22〕は表紙に記載がない竪帳で、表紙裏に石原代官へ村役人が出頭したところ、「三上村へ市野茂三郎様田地御改ニ付」甲賀郡百姓の人気に誘われて出た人数調べのため、村役人が村へ戻り一人一人調べ印を押させたことを記し、以下に男子九三人の一揆当日（一〇月一六日）の行動が記されている。[32] また、〔戸口42〕

とした表紙書も年号もない横帳には、表紙端に正月二九日に改め（調査し）た名前書であることを注記した付箋がつけられている。一五二名の男子の名前が記され、一一二名は名前の後に印が押され一二名は筆で丸印がなされている。甚兵衛は名前のみが記されており、当時大津にいたはずの新左衛門・助二郎・彦治郎は当然に名前のみで押印されていない。佐治郎は押印され名前の上に唯一付箋が付けられ、「此者守山迄荷上ニ参り野洲邊へ上下候」と記されている。この記載内容は、先に紹介した佐治郎の行動と対応すると考えられ、一揆当日（一〇月一六日）の行動を指すものであろう。この点から、この人別帳が天保一四年正月二九日の記録であることが分かる。

おわりに

肥物値下げを名目に集会を行ったことが言われていたが、このことに伴う集会の一端と組合村の結び付きの一端を確認することができた。天保郷帳[33]で野洲郡は八一ヶ村とされるのに対し、その広がりは十分明らかではないが、下五三ヶ村と言われた村々の集会が認められた。また、その元で三上村周辺の村々、大篠原周辺の村々のような一五ヶ村程度あるいはもう少し狭い単位での極めてスピーディーな連携の状況を確認することができた。その都度会場代を決め、本格的な京都への出訴に当たっては五〇〇石以上の村とそれ以下の村に分け負担金を決めていた。この出訴が行われたか否かは明らかではないが、この集会を通して見分について議論されたことであろう。

ところで、組合の村は固定的ではなく、村々の横の連絡・協議の単位と領主の側からした命令伝達の単位順序は、必ずしも同じではなかったようだ。肥物値下げを題目にした集会も、村々によって対応が異なり、呼応して参会する村とそうでない村があった。一面では、村々に主体性があったとも言える。村々の歴史的地理的環境の違いや領主との結び付きの違いなど村々の状況は個々に異なっている。村の指導者によっても異なりそうである。

松好貞夫は『天保の義民』(34)の終わりの章「一揆徒党と村の共同体」で、一揆後の総浚い式呼び出し、給毎に分断された政治構造に対し共同体としての村と村々の連合、田島治兵衛の郡中「座頭取締役」や土川平兵衛の野洲川筋「川上村々への触頭」の職と組織、庄屋大会に注目し「庄屋大会がかりに、肥物値段の引き下げ嘆願を、表面の名目に掲げたとしても、招集そのことには、最初からこの組織が動いたとみて、むろん間違いはなかろう」とする。村と村々の連合のほんの一部しか確認できていないが、如何に、地域の連携が図られていたか、今後、他村の場合や他の機会を比較検討する中で深めていければと思う。

一揆の原因となった「見分」を「検地」と位置づけ一揆を評価することが広く行われてきたが、延宝の検地などのような全面的な検地と評価することはできそうにないようだ。大篠原村ではどこが新開や開発すべき場所とされたか、具体的な絵図も残されていた。見分の対象は、本田畑全体ではなくやはりそれ以外の新開などであった。どの程度（如何に多く）を村々に承諾させるか、それは幕府の見分役人市野茂三郎にとって重要なことであった。村々にとっては如何に少なく押さえることができるかは、村の存亡に係わる重大事であった。この点では領主側の思いも村々に近いと考えられ、その実態についてもさらに究明していく必要があると思われる。

処罰の実態についてはあまり知ることができなかったが、取り調べの一端については知ることができた。村々にあっては一揆当日の男子の村人の行動を一人一人確認し報告をしていたことが明らかとなった。このような調査の上で大津代官所での取り調べが進められていった。この取り調べに伴う大津の公事宿への出頭・待機など村々の負担はかなりのものであったはずである。大篠原村の状況の一端を垣間見ることができた。

大篠原村は村高一六六八石余りにも及ぶ大きな村であり、周辺村々への影響もかなりあったものと考えられる。同じ領地であった鏡村（村高九五二石四斗八合）から情報を得るとともに、先に見分が行われた地域に陣屋があった領主市橋氏家臣からの指示などもなされていたことであろう。

今更ながら、分類の立て方や古文書の連環の把握をはじめ十分でないとも思われ文書整理の難しさを痛感するが、ささやかな本稿が、大篠原共有文書から天保の見分と一揆の実態に少しでも迫り、一揆に関係して処罰を受けた多くの人々への鎮魂の一助となれば幸いである。ここに紹介した大篠原共有文書は現在資料館に寄託を受け保管している。

なお、末筆ながら小稿を起こすについて、大篠原区をはじめ寺井秀七郎氏・大谷雅彦氏・畑中誠治氏の成果や援助に多くをよっている。記して感謝したい。

注

（1）松好貞夫『天保の義民』（岩波新書）一九六二年一一月
（2）苗村和正「河郁吉三」（『滋賀県百科事典』一九八四年七月）
（3）『京都滋賀新報』第三四三号雑報に「紀念碑を建るの美挙云々を記せしをもって之に因みて其事を詳記」すると述べている。
（4）編年百姓一揆史料集成第一六巻再録。
（5）小野武夫編『徳川時代百姓一揆叢談』上冊（刀江書院）に再録。一九九三年三月　近江史料シリーズ（8）『近江の天保一揆――記録集Ⅰ――』（滋賀県地方史研究家連絡会編、滋賀県立図書館刊）にも再録。
（6）祭文は明治三一年一〇月一四日。碑文は明治三一年五月。
（7）「甲賀騒動」（『甲賀郡志』下巻第一六編第一三節　一九二六年六月　滋賀縣甲賀郡教育會）
（8）「天保の農民騒動」（橋川正編著『野洲郡史』下第三編第二九章　一九二七年二月 滋賀県野洲郡教育會）

(9)「近江検地史上に於ける天保年間湖東三上山検地の性格」(『経済史研究』一九四一年一二月)。『近江經済史論攷』に再録(一九四六年一〇月　大雅堂)
(10) 保坂智「天保一揆——その虚像と実像」(日本の近世10『近代への胎動』一九九三年一月　中央公論社)
(11)『野洲町史編さんだより』第八号　一九八四年一二月
(12) 寺井秀七郎執筆「三上騒動」(『野洲町史』第二巻第五章第四節　一九八七年三月)
(13) 大谷雅彦執筆『夜明けへの狼火　近江国天保義民誌』一九九二年一〇月　天保義民一五〇年顕彰事業実行委員会発行。
(14) 平成四年度秋期特別展展示図録『燃える近江　天保一揆一五〇年』一九九二年一〇月
(15) 大篠原共有文書〔村況1〕。見分役人中(幕府勘定役)に提出した村の概要書。
(16) 野洲町史資料集第1冊『明治の村絵図』一九八六年三月
(17) 前掲『天保義民録』一〇頁。何故か「右は願人有之見分被差遣候」が脱落。
(18) 村の概要報告の下書きしたような用紙を横折りにして綴った帳面にメモ風に記されている。
(19) 国立史料館編『近江国鏡村玉尾家永代帳』一九八八年五月
(20)〔天保検地23〕。表紙一枚が白紙になっている文書で、見分に伴う文書三点とその後に肥物値下げにかかわる文書一点が、写し収録されている。
(21)〔絵図5〕。『野洲町史』第二巻巻頭及び展示図録『燃える近江　天保一揆一五〇年』三五頁に収録。
(22)〔天保検地2〕の帳末には天竺田(一七筆か)四反三畝二五歩、天竺畑四反(一二筆)が記されており、この分が見分により確認された開発田畑ともかんがえられるが、字天竺についてては新開発畑七反であり、それより多くなっており明らかではない。〔その他12〕は、「未開発壱番」の文字が認められ、見分にかかわる可能性を考えておきたい。なお、〔天保検地10〕は廻状で、関係するか否かは明らかでない。
(23)〔天保検地23〕の四番目に同文の文書が収められている。その文頭には「浄勝寺寄十三日」と付記し、八月一〇日の日付を付している。

（24）『野洲町史』第二巻三八八頁。頼み証文は国訴などで注目されている（藪田貫『国訴と百姓一揆の研究』一九九二年五月）

（25）この集会日についても、『百足再来記』では戸田村の集会については日を限定しておらず、甲賀郡の集会は八月二六日としている。しかし、『天保義民録』では九月二六日野洲郡・栗太郡・甲賀郡三郡の庄屋が戸田村と水口に分かれて同時に集会を開催したことになっている。集会の開催日自体についても、再検討が必要であると考えられる。

（26）前掲『天保義民録』一七一頁。甚七とあるが、文書のうえでは「甚兵衛」であり、甚兵衛と考えざるを得ない。

（27）この記載は支払日を示すものか。〔その他14〕は正月二八日から二月六日までの薬代の覚で、大津の宿屋菱屋多四郎から甚兵衛に宛てたものである。また、「大津宿屋入用并小入用覚帳」〔村財政6〕の帳末には二月七日から二月一〇日の「薬扣」が記されている。

（28）「同九日朝」として甚兵衛はじめ一〇人が二月九日夕飯の次に記されているが、二月九日朝はその前に記されているため、その記載は二月一〇日朝と考えられる。文書の表紙には年号がなく「正月十八日」とのみ記され、「天保十二年か」とのメモ書がされているが、内容的には天保一四年のものと考えざるを得ない。

（29）甚兵衛については、浄勝寺の記録では天保一四年二月一〇日四九歳で死去したことになっていることを安藤謙正氏からお教えいただいた。とすれは、二月一二日の帰村は、死去に伴うものであろう。

（30）「菱屋多四郎殿勘定覚帳」によると宿泊者（二月一九日昼飯～二月二四日夕飯）は次の通である。「大津宿屋入用并小入用覚帳」と同様の記載方法で、食事の取得者を記す。

浄勝寺	2/19昼→→→→→2/24夕
年寄新左衛門	2/19昼→2/20昼
百姓代助次郎	2/19昼

平　助	2/19昼		
半三郎	2/20昼（寺見舞）		
弥惣八	2/20昼（寺見舞）	2/24昼↓	
年寄小右衛門	2/20夕	↓　↓	2/24夕
彦四郎		2/24昼↓	

（31）この文書が大津の公事宿に滞在中に大津代官所に提出されたものであれば、宿泊の動向から見ると二月九日昼以降二月一九日以前の時期を一つ想定できる。

（32）この記録は後欠文書と考えられ、途中破り取った痕跡も確認され、村人男子全員の記載とはなっていない。文書の表紙書はなく、表紙裏に次の通り記されている。記載された村人は、付録末（四八頁）の表の通りである。

（表紙裏）

「大津石原御役所御差上ニ付、

村役中頭百生罷出候處、三上村へ市野茂三郎様田地御改ニ付、甲賀郡百姓人気ニ誘引人数相改ニ付、役中村方へ帰り人別相改之印取中候」

（33）開発により面積の広がりが予想された部分については、本田の一部についても見分が実施された。この場合は土地の丈量が行われた。江頭村では度々の折衝と坪刈までなされている（展示図録付録参照）。

（34）（1）に同じ。

【補注】初出は「天保一揆史料について（1）大篠原共有文書」（『野洲町立歴史民俗資料館研究紀要』第四号　一九九四年）で、（付録）に大篠原共有文書の翻刻を掲載した。文書の翻刻は、初出稿を参照されたい。

天保検地22　一揆当時の状況人別改記載の人々

番号	一揆当日の状況	人名	備考	番号	一揆当日の状況	人名	備考
1	字名天徳畠ケ麦蒔き仕候	文　治		47	肥持仕居候	治　助	
2	田地堀仕候	平右衛門		48	田地堀仕居候	周蔵事勘四郎	
3	同断仕候	倅兵太郎		49	同断仕居候	弟勘次郎	
4	田地堀仕居候	三右衛門		50	－	吉兵衛	－
5	田地堀仕居候	源　六		51	田地堀仕居候	平三郎	
6	住家ニ居申候	滝　蔵	－	52	田地堀仕居候	弥惣八	
7	麦蒔仕候	庄治郎		53	同断仕居	倅弥　蔵	
8	畑ケ麦蒔仕候	六兵衛		54	薬積仕居候	傳　七	
9	田地麦蒔仕候	徳右衛門		55	田地堀仕居候	倅忠　七	
10	同断仕候	倅徳　蔵		56	田地堀仕居候	源四郎	
11	－	彦次郎	－	57	田地堀仕居候	倅貞　蔵	
12	田地麦蒔仕候	金　七	－	58	田鋤仕居候	庄　蔵	
13	田地堀仕居候	八　内		59	田地堀仕居候	小　八	
14	田地堀仕居候	倅浅五郎		60	田地麦蒔仕候	喜左衛門	
15	田刈仕居候	新太郎		61	同断仕居候	沢次郎	
16	田地堀仕居候	弟石　松		62	田地堀仕居候	九兵衛	
17	－	神主和泉		63	八幡へ買物行申候	長五郎	
18	－	同倅左　京		64	田地堀仕居候	栄　蔵	
19	田地堀仕居申候	忠次郎		65	住家ニ居候	宇之助	
20	同断仕居申候	倅松次郎		66	肥持仕居候	弥三郎	－
21	田刈仕居候	仁兵衛		67	平助方ニ職仕居候	平　蔵	
22	同断仕居候	倅伊太郎		68	田地堀仕居候	茂　七	
23	同断仕居候	弟留次郎		69	田堀仕居候	倅太　七	
24	同断仕居候	弟為　吉		70	田地堀仕居候	新　七	
25	畑ケ麦蒔仕候	太郎兵衛		71	田堀仕居候	宅兵衛	
26	田地堀仕居候	吉郎兵衛		72	病　気	再次郎	
27	田地堀仕居候	孫左衛門		73	病　気	佐　助	
28	病気	利　七		74	臼スり	新次郎	
29	田地堀仕居候	藤五郎		75	田地堀仕居候	友次郎	
30	同断仕居候	倅藤　松		76	田堀仕居候	弟吉　蔵	
31	田地堀仕候	清助倅清蔵		77	田地堀仕居候	新　六	
32	肥持仕候	弥兵衛		78	田地堀仕居候	三十郎	
33	家麦踏仕候	松次郎		79	田堀仕居候	甚　蔵	
34	田地堀仕候	安右衛門		80	同断仕居候	弟留三郎	
35	住家桶や手伝仕候	岩　松		81	入町十蔵方ニ働キ居申候	七　蔵	
36	田刈仕居候	与　助		82	田地堀居申候	権　助	
37	田地堀仕候	関右衛門		83	同断仕居候	惣　吉	
38	肥持仕居候	倅吉　蔵		84	田地堀仕居候	与惣兵衛	
39	薬積仕居候	勇　吉		85	田地堀仕居候	伊兵衛	
40	田地堀仕居申候	吉右衛門	－	86	同断仕居候	弟惣次郎	
41	同断仕居候	倅晴次郎	－	87	田堀仕居申候	与三郎弟要助	
	（この間に、一枚破り取った痕跡あり）			88	同断仕居候	与三郎倅十蔵	
42	田地堀居申候	勇次郎		89	田堀仕居申候	久　助	
43	田地堀仕居候	源左衛門		90	同断仕居候	倅久　七	
44	病　気	彦四郎		91	田堀仕居候	弟宇之助	
45	肥持仕居候	与　八		92	田地麦蒔仕居候	平五郎	
46	田地麦蒔仕候	源　助		93	田堀仕居申候 （後欠か）	治三郎	

一揆当日の状況欄の－は記載なき場合で、一字下げで明示した人はその上の人と同じ印を使用している場合を示す。備考欄の－は押印なしの状態を示す。

二、江頭村・小南村と天保一揆 ——一揆の原因「天保検地」を中心に——

はじめに

天保一三年（一八四二）一〇月に発生した近江最大の百姓一揆は、甲賀郡から発生し野洲郡三上村へ押し寄せた。一揆の直接の行動は、一〇月一四日～一六日にかけての三日間であり、琵琶湖の周辺や湖に流れ込む各川筋の土地で新開地などの見分のため幕府から派遣された勘定所役人市野茂三郎に、見分（「天保検地」といわれる）の十万日延期を約束させ解散した。一揆は、数軒の村役人宅の打ち壊しを伴ったものの、強力な武力衝突もなく終わった。

幕府の新開地等の見分が初めてのことでなく、今回の見分が一揆を引き起こしかねないことは、幕府役人のやって来るころから心配された向きもある[1]。甲賀・野洲両郡の農民が中心であるが、栗太郡の一部も関係しその数は、四万人とも言われて来た。厳しく処罰された人々の中に村役人層が多く含まれ、一揆の舞台となった三上村の庄屋土川平兵衛が頭取とされたが、一揆参加者の多くは甲賀郡内の農民たちであった。特に、南甲賀杣川沿いと一揆経路沿いの村々からの参加が多かった。近時、甲賀郡・野洲郡それぞれで、地域毎や一郡単位の度重なる会議が行われたことが少しずつ明らかになりつつある。また、両郡ではそれぞれに義民の顕彰を行って来ている[2]。

ところで、この近江の天保一揆について青木美智雄氏は、天保の改革と関係して幕府は収納の増大をはかるため、「天保十三年には、荒地が多いといわれている近江国の琵琶湖畔の再検地を試験的に実施して、これを突破口に各地で大規模な検地を断行しようと意気ごんだ。これは鳥居忠耀の発案であった」。しかし一揆によって

「幕府が、近江検地をきっかけに各地で実施しようとしたもくろみは水泡に帰した」と、この一揆を高く評価されている。(3) また、松好貞夫『天保の義民』(4)では、この一揆を通して給毎に分断された政治構造に対し共同体としての村と村々の連合を評価した。

そして、それらの基礎となった河邨吉三執筆にかかる『天保義民録』(5)は、以後の近江天保一揆研究の中心的な著書となった。河邨は事件に関係した人々にも質問をし、今日では確認できない資料をも参考に執筆したという。自由民権運動の高まりの中での執筆で、河邨吉三も民権運動家として活躍していた。

野洲川流域にとってこの一揆は重大事件であり、もちろん関係する各市町村史で取り上げられている。しかし、従来の研究がそうであるように、資料面を初め多くを『天保義民録』によっており、その『天保義民録』がその多くをよっている資料に「百足再来記」をはじめとする後にまとめられた一揆記録がある。(6) 今日各地で一揆伝承が見直されている中で、一揆伝承の成立と変遷自体を見直すこととともに、この物語的一揆記録を中心にするのでなく、一揆関係者に直接かかわる地域の資料からつぶさにこの事件を確認し、一揆の実情に迫り、この大事件を見直すことが必要となっている。近時の市町村史編さんにより新資料も確認されて来ており、畑中誠治氏は、一揆の人数について「凡そ人数四千人余り」が実数に近いのではないかとされている。(7) 一揆とそれに関係した幕府の見分などの実態も明らかにして行く必要がある。

その一つの作業として、先に野洲郡内、ことに大篠原村の資料から一揆にかかわる地域の事前会議の動向を紹介し、また甲賀郡における動向の一端を紹介した。(8) ここでは、野洲郡北辺部日野川周辺の動向の一端を紹介し、検討したい。

一、『天保義民録』にみる幕府の見分

当時の記録である古文書には「見分」と記されているが、喜多村俊夫氏は、一揆の原因となった「見分」を「検地」と位置づけ、天保検地の性格を究明しようとした。(9)『天保義民録』をはじめとする研究書にもそのように記している。その根本目的に幕府の「財政窮乏の救済を目的とする新開見込地の高付、並に新検打出による出目の収公により幕府の収入増加を目指せる事」を第一に揚げた。

『天保義民録』によると、天保一二年冬一一月、京都町奉行所より江州琵琶湖辺及び川々筋の各村庄屋に宛て召喚状を発した。村々庄屋が京都町奉行所へ出頭したところ、近江国湖水縁り及び川々筋各村地先の空地又は堤外洲寄り地などの新開きと相成る可き場所を見立て御見分を仰せ出されたのでその用意をし沙汰を待つよう命じられ、それについての請書を提出させられた。請書には、見分の地域・範囲、従来と異なり幕府直々の見分であること、正直に取り調べれば「御仁恵の御沙汰も可有之間」と諭されていたという。

幕府役人市野茂三郎の見分については、一二月見分の先触れが仁保川筋の各村に到着した。仁保川北の集落で最下流の野洲郡野村から始まり、それより北に沿って溯り小田・江頭・仁保の三か村をへて蒲生郡田中江村から上は原村・西明寺村等の山奥の村々まで登り詰め、又南側の村々を順次に下り最下流の野田村へ至る達書であった。中旬に至って幕府の勘定方市野茂三郎、普請役大坪本左衛門・藤井鉄五郎、添役信楽代官多羅尾久右衛門の手代柴山金馬、大津代官石原清左衛門の手代山下五四郎、京都組同心芝田清七・上田榮三郎等江州検地役として竿取・縄引き等を引率して一行四十余人が野村に到着した。いよいよ田地の丈量する段になってその間竿長さ一一尺六寸の竿に一二尺二分の目盛ったものであったため、「人民の驚愕落胆は殆と名状す可らす、何れも胸を割るゝか如くなり」と記している。

また、野村のこととして、「市野等が野村に着するや、蒲生郡八幡より海老屋善兵衛なる料理屋来たり昼夜の仕出を為せり、是れ石原代官所より豫め達し置たる者と見たり」と、八幡の海老屋善兵衛による仕出しのことが記されている。

次に小田村においては、市野が入浴時に糠袋を命じたが、村人にはその用意がなく庄屋三崎佐太郎の老母の知恵で絹の袋に貳朱金を盛った糠袋を差し出したところ、「其翌日より厳酷變して慈愛となり、」「鬼の如き役人挙げて佛の如くになりけれは」、賄賂の行われるを知り、多くの賄賂をもって多少の田地は打ち出されても無難に済ませるようになったと記している。

そして、ここで取り上げようとする江頭村では、庄屋井狩三郎兵衛の家を本陣とし、小田村のことを知っていたので、「賄賂壱千余両の金を費やし遂には検地を為さすして済したり。此れより賄賂公行とはなれり。」とあり、市野に先立つ宿調べ役人の賄賂のこと、海老屋善兵衛の料理などに伴う出費のこと、実地の測量をしたのは七、八か村で、他は総て想像測量であったこと、「其例を挙れば村界四方を測量し而して検地帳の合計を見て此村方は何町何反歩の空地ありと認む、依て其請書を致す可し、否とあれば実地の測量せんと云ふ強談なり」とあり、例として蒲生郡弓削村・野洲郡野田村の場合を上げている。

二、江頭村の見分

江頭村の概要

江頭村は、日野川右岸にある村で、南は十王町村、北は水茎内湖の入り江に面し、朝鮮人街道が村内を通るとともに、湊があり蔵米問屋六軒などもあり、米の津出しの積み出し湊として交通の要衝であった。十王町村は仁

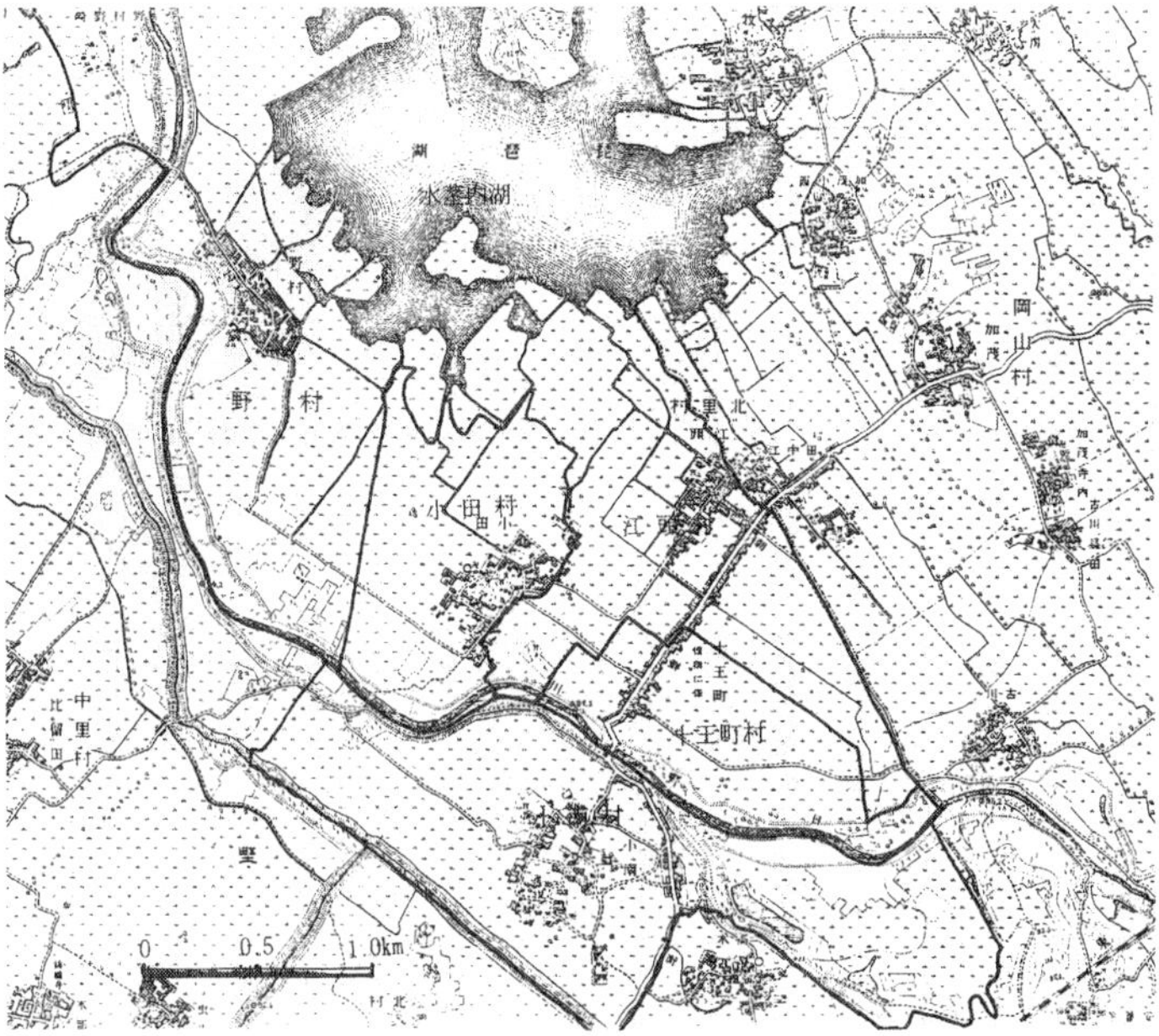

図１　江頭村・小南村周辺地形図（明治26年側図を使用）

保とも言い江頭村の枝郷・分郷として扱われていたが、江戸時代は支配が異なることが多かった。宝暦一〇年（一七六〇）九月の村明細帳では、[10]家数二三七軒、人数八八八人で外人数二〇三人とあり、高持百姓一五三軒・水呑百姓七五軒、蔵米並びに売買荷物請拂問屋六軒、舟帯船一八艘・小舟帯船二八艘（田地通舟）、商人として干鰯肥物売一三軒・米仲鹽屋小間物荒物類売一六軒・外に壱荷売七六人、職人は油屋二軒・紺屋三軒・傘張一二軒・桶屋三軒・臼作三人・畳指一人・指物屋二軒あり、この地域の交易の中心的な村の一つであった。「一、居村ゟ西北之田地湖水込上水損場」があることを記している。[11]土地については、延宝七年の検地帳が作られていたことがわかる。

江頭村の石高は、寛永石高帳では一〇三六石八斗六升八合で幕府領、元禄郷帳では一二九九石六斗一升一合（延宝七年の検地帳に対応すると考えられる）に増加し伊勢亀山藩領、天明村高帳では幕府領、のち一時陸奥棚倉藩領になったと思われ、天保八年郷帳では再び幕府領となり、江戸時代を通じて水茎の入江（水茎内湖）の干拓が進められた。

正保郷帳に村高のほかとしてみえる五石余り（五石六斗二升八合）はこの干拓による新田分と考えられ、宝暦元年（一七五一）の新田検地帳には、六反田・高曾根の四町四反余（高二二石余）が開発され、天保一五年（一八四四）の新田検地帳では更に二〇筆増え、八町三反余（高四一石余）が開かれている。[12]

江頭村見分の記録

江頭村に残されている見分関係の古文書（近江八幡市江頭共有文書）の原文は、先に三点を紹介したが、[13]一揆後の取り調べに関係した文書とともに次の七点が一綴りとなっている。

1. 高請ニ付歎願書（天保一三壬寅年七月付の「乍恐以書付奉歎願候」）
2. 高請ニ付願上書（天保一三壬寅年七月付の「乍恐以書付奉願上候」）
3. 小物成場之義ニ付歎願書（天保一三寅年一一月付の「乍恐以書付奉願上候」）
4. 卯（天保一四年）正月二三日付の「乍恐以書附奉申上候」
5. 天保一四年正月二〇日付「差出申一札」
6. 「口上書」と題する案文または控え
7. 関源之進・戸田嘉十郎宛「乍恐奉申上候書附」

この中で、最初の三点の文書が一括に包まれ保存されていたことが記されており、包

表１　江頭村・十王町村の石高表

	正保郷帳	元禄郷帳	天保郷帳
江頭村	1036.868 石	1299.611 石	1323.314 石
十王町村	487.698 石	470.367 石	470.367 石

紙の裏に「三上一件ニ付不用ニ相成候」ともある。以下、これらの史料内容を紹介しておきたい。

史料1．高請ニ付歎願書

天保一三壬寅年七月付の「乍恐以書付奉歎願候」と記された文書で、野洲郡江頭村と十王町村の村役人が見分役人中へ願い出ている。内容は次の通りである。

此度御見分「本田濱ノ前外廿五ケ所」および「宝暦度新田」を見分され、検地帳の「元反別畔引等」を差し引き残りの面積を高請するよう仰せ聞かされた。そこで、小前一同相談のうえ三町歩を高請することをお答え申し上げたところ、さらに説得を命じられ一同相談したが、何とか前の通りでお願いしたいとのことであったが、前の通りのみの願いでは恐れ入るので、押して相談し一町歩を追加し合計四町歩を高請けすることとし、それでもって落着するよう御普請役様方へ取り扱い下さるよう縋ったところ、尚又言い含められ高持一同を呼寄せ種々申し聞かせたところ、是非とも四町歩の御高請で残は御用捨をお願いしてくれるよう申しており、勿論右の地所については内実黙っておられない事情もあり、旁村役人共大いに当惑する場合もあったが、数度押返し相談し次のようにまとめましたのでお願い申し上げます。

表2　天保13年7月付高請歎願書（史料1、江頭共有文書）**による反別**

区　分	本田濱ノ前外廿五ヶ所	宝暦度新田	合　計
御検地元反別	11町3反2畝12歩	4町4反7畝12歩	15町7反9畝24歩
此御分見反別	23町5反4畝　6歩	6町2反4畝14歩	29町7反8畝20歩
(差引増加分)	(12町2反1畝24歩)	(1町7反7畝　2歩)	(13町9反8畝26歩)
三割引御用捨願分			8町9反3畝18歩
残り反別 (差引御高請反別)			5町　　5畝　8歩

即ち、五町五畝歩余（八歩）を高請することを決定したので、聞き届けて下さるよう願った。

その文末には願いのとおり聞き届け下されば、「小前一同奉悦村役共之願意も相立候様相成候ニ付、末々村方取締之重りニも相成候間、格別之御召を以願之趣御聞済ニ相成候ハヽ、御仁心之程徹骨髄難有仕合可奉存候」と述べている。

史料2．高請ニ付願上書

天保一三壬寅七月付の「乍恐以書付奉願上候」と題された文書で、先と同様江頭村と十王町村の村役人が見分役人中へ願い出ている。内容は次の通りである。

当村（江頭村）の「浦田濱ノ前外廿五ケ所并ニ宝暦度新田出町歩御高請可仕様被　仰聞」、段々相談のうえ三割引で五町五畝歩を御高請するよう願ったが聞き届け下されず、尚又数度申談じたが五町五畝歩で聞き済み下さるようお縋り願い上ます。

「樋ノ下外七ケ所」の出町歩四町五反余、是又昨日より段々に相談したが、百姓一統はこの場所は是非とも御断を願上るようにいう。それでは是迄の「御見分御手續之御趣意」もあるので相済がたい旨を段々言い聞かせ、一町歩を高請するようまとめましたので、何卒それで御聞済になるように書付をもって御歎申し上げ奉りますと記している。

先の文書（史料1）の五町五畝歩の高請でも認められず、この文書の提出を行い、更に一町歩の高請追加を申し出たようである。しかし、これでも話はまとまらなかったようである。

史料3．小物成場之義ニ付歎願書

天保一三寅年一一月付「乍恐以書付奉願上候」と題する文書で、一揆が勃発して後の天保一三年一一月「大津御役所⒁」へ江頭村の村役人が提出した願書である。これによると、江頭村の小物成場は、去る巳年（天保四年）御高入されるはずのところそのままになっていた。ところが、去丑年（天保一二年）暮、湖水縁川筋新開になるような場所を御見分になることを京都御役所で仰せ渡されお請し、当（天保一三年）正月中より川筋御見分御廻村され、七月中当村の御見分があった。

元来小物成場の面積の多分葭が消え沢に成り、葭生の場所の反別が不足になっていたので、御疑惑もあるとのことで詳しく御糺しがあった。尤、下々田場はかなり地広であったので、御改出に成った面積は、誠に極御切結の御改になり、所により水際から御縄入になり甚だ嘆かわしく存じ、御請町歩は三割引で仰せつけ下さるようお願いした⒂。それでも平均に引ならしたならば二割当り不足するよう存じられたが、三割引の上は後御願申し上げず段々御縋り申し上げたが一向御用捨下されないので、それでは村役人共も小前取締筋にも差し支え甚だ難渋している趣を申し立て再應願い上げたところ、漸々一割五歩御引下され、如何様に願ってもこれ以上町歩引方は成らないと仰せられ致し方もなく、只一同忙然として御請する取りまとめも成らず無益に日を送っていたところ、尚又厳しく催促を受け「歎息涙を落し」やむを得ないことと御請することになった。

それについては、去丑年（天保一二年）極月中京都御役所へ村々が召し出され御請けを仰せ付けられた時に、「新開場何連茂正路ニ申上候ハヽ、格別之御仁恵之御取計も有之候儀ニ候間、心得違不仕有躰御案内奉申上候様与之御申聞も御座候ニ付」、其意を心得えて正路に御案内申し上げたところ、以っての外の厳しい御取り計らいになり、大小の百姓共は昼夜心を痛めていた。その上、外村々とは別に当年御検地の所、「川筋御検地之砌迄」御冥加米を以て御年延を願うように仰せ付けられたので、小物成場の儀は余儀も無いが、今度御改出の向は外々の振合を以て取り計らい下さるよう願い上げたが、一向御承引されず、追々日数も相掛り致し方なく少々上納仕るよう申し上げた。

すると、これより前々御調出の分共一手に上納するよう言い聞かされ、そのまま七月二九日に出立され、「得与勘弁いたし可申出様被仰置候ニ付、追々御廻村村々へ増米仕申出候得共御聞届も無御座」、いよいよ「御書下ケ」の通り上納しないのであれば、再び江頭村へ引移り逗留の上申談ずべきと仰せ聞かされ、そうなっては村方入用等にも甚だ困り入り誠に抜き指しならないよう仰せ聞かされ、やむを得ず四〇石まで上納するよう申し上げたが、それでも御聞済なく、追って歩苅御試の上と仰せ付けられた。そして、九月二七日御試なされたところ余程の籾があったので、是非共六〇石上納するよう仰せ付けられ大いに当惑している。

これについて、当年は去る未年（天保六年）より去丑年（天保一二年）まで迄七ケ年の間毎年水腐し平均三分一の作方であって、漸今年八ケ年目にこのような作柄になった。これとても五月中旬大雨で水が込み上げ地低の分は皆無の場所もある。旁年々の水損も少なくない。その上江頭村浦田は波除けや隣村牧村・田中江村其外所々より石土等を買い込み地揚げをしなくては田地の相続も出来ず、その他豊凶に拘わらず地主より壱反別に「藻草泥代銀」三〇匁〜四〇匁を、小作へ世話しないことには土地が元の悪地になってしまう。これは他所より買い込む土が疲土であるので、夫々尽力し土を世話しなくては田地の相續ができず、ただ一通り御覧なされどんなによい土地にも思われたのであろうが、「多年ニ出精仕容易之儀ニ者無御座候」と苦労を述べている。「悪地ニ御座候得共地廣或者御石盛之訳柄を以百姓共向年丹精仕候仕合ニ御座候所」、厳重の御糺となっては御趣意にも劣り、耕作の身力も衰え悪地に立戻るようになっては、「村方困窮弥増歎ケ敷奉存候ニ付」と、「乍恐当　御役所様」には毎々御見分もしていただき「地所之振合大躰者御承知被為　成下候儀ニ奉存」、何卒以上の状況をお含みいただき「以後御仁恵之奉蒙　御取計度」と願い出ている。この文書が、実際に提出されたものであるかは明らかでないが、先の二点の文書以後の動きを知ることができる。

以上三点の文書からは、到底賄賂壱千余両の金を費やし遂には検地を為さずして済したなどと言うことはできそうにない。（天保四年）江頭村の小物成場は、御高入されるはずのところそのままになっていて、（天保十二年）湖水縁川筋新開可相成場所御見分になることを京都御役所で仰せ渡されお請けをし、天保一三年七月初旬から七月二九日まで江頭村に見分役人が在村し[16]、在村中に内湖沿いの土地を中心に見分し、検地が行われ、あまりにも増加が著しいため増加分の高請けについてやり取りを行い、市野が他の村へ移動後も交渉が継続されたが決着がつかず、再度天保一三年九月二七日、歩刈り御試となり、その結果収量が多かったため六〇石上納するよう命じられた。その後のやり取りについては特に記されておらず、交渉途中のまま一揆を迎えたと考えざるを得ないようである。

江頭村に見られるように、今回の市野茂三郎の調査「見分」については、新開場が著しい場合は細かく調査を実施しているようである。そして、必要に応じ宝暦元年（一七五一）に検地を受ける新田部分の検地も行っていると考えられる。そうでないと増えた分を確定できなかったであろう。そして、史料3に「当年御検地之所」とあるが、だれも全面的な検地とは考えていなかったであろう。それに対し、「川筋御検地」は別途実施することが想定されているらしい。「其上外村々与者別段当年御検地之所、川筋御検地之砌迄御冥加米を以御年延奉願候様可仕旨被仰付候ニ付」とある。「川筋御検地」がどの程度構想されていたのか、その実態については今後の検討を待ちたい。

見分の結果の処遇については、少し誇張があるとしても、村からは湖岸部の田地の多年にわたる維持の苦労が述べられ[17]、その多年の苦労を全く解せず、たまたまその年の状況・見た目のみで安易に判断されるのは不本意であり不適当である。また、正直に対応しているので御慈悲の対応があってもしかるべきとの思いが率直に表現されている。京都町奉行所で命じられた幕府の「御趣意」にもとり、後に見るごとく一揆に参加者は出さなかったものの、市野の要求は不当であると主張されている。

そして、市野の具体的な検地方法については、史料3の文書で「御改出に成った町歩は、誠に極御切結の御改になり、所により水際から御縄入になり甚だ嘆かわしく存じました」とのことであり、そのとおりとすればきびしい竿打ちであったことになるが、実態は明らかでない。

実に、江頭村は千両の賄賂で見分が済まされた訳ではまったく無かった。どうしてそんなことが記され、流布されるようになったのか、これについても、今後の検討が必要であると思われる。

一揆後の取り調べ

江頭村の一揆後の取り調べに関係しても、次の四点の資料があるので、併せて紹介しておきたい。

史料4は、卯（天保一四年）正月二三日付の「乍恐以書附奉申上候」と題する文書で、天保一三年一〇月一六日三上村へ多人数人気に誘引されまかり出たとき、江頭村からは人数に加わりまかり出た者は一切無いことを報告した文書で、庄屋兵右衛門・三郎兵衛、年寄五郎左衛門・弥左衛門の惣代として五郎左衛門のみ印を押し関源之進・戸田嘉十郎へ宛てている。

史料5は、天保一四年正月二〇日付「差出申一札」と題する文書で、天保一三年一〇月一六日三上村へまかり出たものは、地頭所よりのお尋ねの趣により村役人中より吟味があり、組合限り糺したがないことを申し上げた。

今般大津御役所において厳重お糺しにつき、尚又組合限り糺すよう命じられ吟味したがまかり出た者は一切無いと二五六人が連印した。組単位で、件は爪印となっており、庄屋年寄中に宛てたもの。

史料6「口上書」と題する案文または控えで、御勘定御留役戸田嘉十郎・関源之進から正月一七日大津へ出張、村役人のうち一人小前両三人ずつ出るよう差紙を頂戴し、翌一八日出津、一九日届けおき、正月二三日に差し上げた書付として前出史料4の文書を収録（差出人・宛て名は省略）し、二八日まで沙汰無く、二八日召し出され、一切まかりいでたものは無いことを申し上げたが聞き入れられず、今一応帰村しとくと吟味することを返答し帰村し、村方一人別に取り調べ大津へ出て次のとおり申し上げた。二月二日付で帰村の上厳密に調べたがまかり出たものは一切無いことを報告（文書を差出人宛て名なしで収録）し、九日呼び出しの上一先ず帰村し、一六日夕着にまかり出るよう命じられ一六日まかり出たところ、一八日御白洲にて請書を仰せ渡された。そして、請書の文面概要と思われるものを収録する。

この請書の文面には、新開一件に付き日延べの歎願に大勢がまかり出たとき人数に加わらなかったものの、肥物値下げを名目に会合し三上村平兵衛へ同心するなどとの書き付けをした。すべて一同の事ゆえ致し方なく調印したことを申し上げたとある。尤も請書の写しを願ったが許されなかったことを付記する。これによる限り、その実は明らかでないが、江頭村も肥物値下げを名目にした会合で、三上村平兵衛へ同心するという書き付けに加わり、みんなで連帯しての事であるので致し方なく調印したとの請書を出したことは間違いないようである。

史料7は、「乍恐奉申上候書附」と題する文書で、差出人の記載は無く関源之進・戸田嘉十郎宛である。先の史料6の文書中の二月二日付の書き付けに対応するものと考えられる。

以上、厳しい取り調べの一端を確認できるが、江頭村からは一揆の参加者は出さなかった。しかし、大津での請書に「肥物値下げを名目に会合し三上村平兵衛へ同心するなどとの書き付けをした」とあるように、江頭村も肥物値下げを名目にした会合に出席し、肥物値下げの頼み証文に同意したことになろう。積極的ではなかったとしても、少なくとも村々の動向に歩調を合わせ、村々の動きを制止する方向での動きはしなかったことは事実であろう。消極的ながら同調する村々の反応は、多くの村々の意見を取りまとめていくうえでなくてはならない存在ではなかろうか。

三、小南村の見分

小南村は、日野川左岸、十王町村の対岸にある村で、東西に長く、日野川と大溝川に挟まれ集落と耕地が広がる部分と東側光善寺川と日野川に挟まれた地域に大きく別れている[18]。市野の見分のとき、日野川沿いと東側光善寺川と日野川に挟まれた地域が開発可能な場所などとして問題とされた。小南村の「天保十三寅年日記[19]」により若干紹介しておきたい。

それによると、幕府の役人が正月二〇日京都を出て江頭村へ到着し、二一日は日野川河口の野村、二二日は小田村、二三日は十王町・江頭村、二四日は古川村・池田村、二五日から竹村・横関村という順に調査がなされることになった。しかし、見分も田植え中は延期を願い出たようであり、一時役人は大津まで戻ったようである。そして、五月八日から蒲生堂村（蒲生郡蒲生町）へやって来て見分を再開したようである。

六月二〇日頃横関・篠原（大篠原村）の村々が済み、六月二五日昼より高木村、二七日朝四ツ時より小南村へやって来たと記している。しかし、大篠原村へは六月二五日昼頃やって来てその晩は大篠原村で宿泊したことが分かっているので[20]、高木村は二六日である可能性が高い。

小南村では、まず「大かい（貝）」を見分され、中（昼）飯は現地（「新切所川端」）で済ませ、それより「大かい」残らず、「光善寺」が済んだ。これらの土地は、東側光善寺川と日野川に挟まれた地域である。それより直ぐに内領（集落の周辺部）を残らず見分し、宿へ入った。人数並びに宿は次のとおりであった。

勘定方	市野茂三郎上下	七人	弥右衛門宅
京方普請役	大坪元右衛門・藤井鉄五郎・小者二人	四人	弥平治宅
京西同心	柴田清七・山田庄太郎・小者二人	四人	彦右衛門宅
多羅尾手代	杉本権六郎・山田金馬・小者二人	四人	久兵衛宅
絵図書	野村彦三郎息子彦蔵	一人	久兵衛宅
代官	大塚忠右衛門・松林茂助・大塚謙三・若堂木村宇兵衛殿外に両人・鎗持草履取六人（上下共）	一二人	長平宅

（以上合計三二人、内代官一行が一二人）

「それ〻当村役人江示談、御公役被申けるハ、当村方見込場ハ光善寺、内領デハつはな・片かい、川中ニ而ハ中嶋・番沢・廣川原也。明ミな月ニ右見込場ぼんでん相立ると」、ざっと見分した上で新開見込場をまず示し、続いてその測量に入ると述べている。それより同日早朝より「廣川原」の「ぼんでん」[21]が済み、「番沢」へ移り半分ほど済したところ夕立となり、この日は中止となった。そして、明くる七月朔日は早朝から先の残を「ぼんでん」して内領は相済み、「光善寺」程が残った。二日は朝から雨ふりで、「示談大津御手代より段々御引合ニ相成、大そふ成事被申し故役人衆甚こまり、御代官様江申上一向検地帳相渡し不残地押を頼相談ニ相究り候得共、段々公役〻相談ニ相成、右光善寺又川中ニ而三丁八反之示談ニ相成」、役人衆中も仕方なく三町八反の請書を出した。その場所は、「一、光善寺　一、中嶋　一、番沢　一、廣河原　一、片かい」であった。この日大津より御手代衆四人家来四人〆八人が江頭村へお越しのところ、先役と話があるため二方は江頭村へ行かれたが残りの衆は小南村にお泊まりとなった。

そして、いよいよ三日早朝より差出し場所へ杭打をされ、「光善寺」から始まり「中嶋」・「廣河原」・「番沢」を済し、「片かい」へ行った所暮方になり、隣村比留田村へお越しというので荷物は昼より送ってあった。そして、四日早朝より残の分「片かい」へ御出になり、此日朝から四ツ時まで小南村にかかった。また、四日、代官が右の差し出し場所を見分確認された。そして、「此時之料理人八まん（幡）井筒屋・牧村魚喜也」とある。(22)

その後の動向については、四日昼より五日昼までが比留田村、昼より江頭村である。江頭村は仁保兼帯で大変難しく、日数は五日より二三日までであったと記している。ここでも、江頭村の見分はなかなか大変であったことを記している。

なるほど、小南村の場合は、開発場の面積については三町八反の示談が提示されたが、先ず土地の様子を確認した上で新開見込場をまず示し、続いてその場所を検地の方法で測量に入っているようである。そして、新開場の面積を決め該当の場所に杭を打っているようである。開発可能な場所がない場合には極めて短時日で移動している事も確認できる。小南村でも村人が予想したより多く求められたため、検地帳を渡して残らず「地押」（土地の調査）をお願いしょうとの声もあったようであるが、三町八反については全く該当する土地がなかった訳では無さそうである。

小南村での役人に対する食事の賄いは、近江八幡の井筒屋と牧村の魚喜であったことを記しており、村内の人々での賄いではなかったと記している。しかし、これが市野の指示によるものか、村や代官などの配慮によるものであるかは明らかでない。各宿での給仕は勿論、見分に伴う案内、「又人足ハ村方惣出也」とあり人足の負担などもかなりあった。なお、四月一九日は祭礼であったが、「川見分につき客法度」とされた。太鼓も同様（法度）であった。「盆ハ右公役ニ付淋し敷事也」とも記しているように、湖東地域一帯が人々の喜びであった祭りなどの行事内容についても自粛が求められた。

一揆後の取り調べについては、二月一九日に大層でない村方は相済み、小南村も済んだという。これは、江頭村が二月一八日請書を提出して取り調べが一応終了した事とも対応すると考えられる。

四、天保期の農政と日野川下流部の見分

以上、江頭村と小南村の見分の様子を見る限り、勘定方市野茂三郎は、幕府見分役人としてはしっかり見るべき所は見ていたのでないかと考えられ、忠実に厳密に見分され、着実に押さえられたからこそ、農民たちが汗水垂らして切り開き、土地の開発が進んで検地帳記載以外の耕地が増加していた村では、この見分が厳格であるほど、この見分に抵抗せざるを得なかったのではないかと思われてならない。

この見分に対する一揆について、賄賂などによる著しい不正に不満が爆発したものとの考えに止めるべきではなかろう。むしろ、著しい打ち出しこそが、農民的世界観に立つ限り許されないものであったのではなかろうか。だからこそ、見分の最初から水口藩士をして「精々取押可致心得候得共、御無慈悲之御見分与相成候而ハ騒立申間敷御請合ハ不被致」と、余り無慈悲な見分であったら農民が騒動をおこさないという保証はできないとまでいわせているのではなかろうか。(23) 賄賂などによる著しい不正が言われるほどはなかったとしても、この一揆の歴史的意義を減じるものではなかろう。

ここで問題となった幕府の年貢増徴と新田等の開発の推進とその把握の努力は、寛政改革およびそれ以降の農政の基調となったものの一つである。(24)文化文政期以降は農地の開発も上昇傾向にあり、天保期には江戸時代最大の山場を迎えるようである。(25)天保期の開発件数は非常に多いが、一件当たりの面積はごく小規模であると言われる。そのような小規模な農民自身による農地開発の成果を把握し、さらに開発をおしすすめさせて年貢搾取の基盤をいかに拡大するかが、この時期の土地・年貢政策の大きな課題であったと考えられ、天保の改革の中でこの政策も強力に推し進めようとされた。その一つが近江の湖水縁および川筋の見分であった。そして、その幕領における本格的実施が天保一四年六月に始まる御料所改革であり、勘定所吟味方役人の廻村による代官の督励をも実施しながら進められた。

御料所改革の以前で、近江天保一揆の直前、河内・摂津・播磨（天保一四年には大和宇陀郡も）の幕領を支配した代官竹垣三右衛門直道は、天保一二年閏正月から天保十三年五月にかけての日記に、新開場の見分およびそれの検地、新田開発の可能な地域の調査、荒地・取り下げ場の見分等を、かなり精力的に行っていることを記している。そして、摂津四郡に対しては勘定所の指示にもとづいて定免村の免上げ、免直しを実施しようとしている。

このような新田検地・高入れ・免上げ・免直し等の政策は、農民の年貢負担の増加となるため、農民の反発を引き起こしていた。天保一二年一一月三日の条に「当丑仮免状相渡候処、村々願筋申立、百姓共当地江相出よし之風聞有之」と、村々の農民が嘆願のため大坂の役宅にやってくるという風聞があり、その村々の不穏な動きに対する対応策を相談しており、更に、一一月六日の条には天王寺村の農民が、天保一二年の年貢が増加したので、相続銀五〇貫文の拝借を嘆願するように村役人に要求したが、庄屋五郎兵衛のためにその嘆願書が提出できなかったため、五郎兵衛宅を打ちこわしたので見分を願い出たことが記されている。

御料所改革については、直接の担当者である代官らの対応は、飛騨郡代豊田友直は、改革の趣旨は結構だが、その内実は苛酷に過ぎる（苛政である）と勘定所の処置を批判している。そして、勘定方の廻村にかかわって、「一体五公五民之御取箇者戦国之余風ニ而、聖賢之法ニはかなわす、況哉豊年を見掛見分いたし、干減をも不相立候之義者、実ニ峻厳苛酷絶言語候事也、士民農事に者、農具・肥之代其外高掛もの等有之、然ルニ右様酷烈御取箇ニ而者何を以父母妻子を養ん哉、弥右之法被行は、国民死地ニ陥と云へし、酷吏を以虎狼ニ比せしも思ひ当れり」と、どうしてこんな酷吏を用いられたのか、すぐに退け御仁恵が行き渡るべきであり、「下民之難渋・県令郡吏苦心之時と云べし」と書いている。(26)

このように、幕府の役人の中に意見の対立が認められた。現実には、竹垣直道や豊田友直は、見分→刈様（かりだめし、坪刈）→春法（ついほう、刈った稲穂を籾にする）を繰り返し、貯穀の見分、新田・切添田畑の検地を行っており、天保一四年閏九月水野忠邦らの失脚とともに御料所改革は中止になり、年貢増徴撤回要求の動きが始まるが、定免の増徴は撤回するが荒地起き返し・切添切開・畑田成・取り下げ場等は実施され、各地で増米が実施された。

先に見たごとく、江頭村にあっては市野らにより、新田の検地と坪刈まで実施はされていた。その成果は、一揆のため賦課の対象とは成らなかったようであるが、天保一五年（一八四四）五月の「新田検地帳」が残されており、この時八町三反余（高四一石余）が検地のうえ高入れされたようだ。

ここに見た天保期の動向の中で、一揆後の厳しい取り調べと処罰により多くの犠牲者義民を出すことを幕府側から強いられながら、幕府勘定所の政策に対し、十万日日延べ証文を勝ち取ったことは、天保一二年七月庄内藩領民の反対運動などにより三方領知替を幕府が撤回したことと共に、画期的な事件ではなかろうか。この見分が全うされた暁には、湖辺と川筋一帯の検地が用意されていた可能性も考えられる。一揆により、幕府の権威を失墜させ、近江で計画された年貢増徴政策を挫折させたことは、幕末期の政治過程や農民運動史の面などからも画期的なことであろう。

御料所改革中止以後の代官の対応に見られ、江頭村で市野らが執拗に追求したごとく、この見分は、農民たちの努力による新田開発などの耕地拡大の努力と成果を明らかにし、年貢増徴を意図したものと考えられる。そして、小南村や大篠原村の場合のように、川沿いの場所の開発の村請けによる推進の意図も見逃すことはできないのではなかろうか。勿論、新田部分の検地はなされたであろうが、やはりこの地域一帯の検地を意図したものではなかった。その評価を十分行う用意はないが、今後検討を深めて行きたい。

おわりに ――五尺八寸の間竿について――

『天保義民録』に野村でのこととして記されている、市野が用いた田地丈量用の間竿が長さ一一尺六寸の竿に一二尺二分の目盛ったものであったということについてはどうであろうか。検地の間竿は、享保一一年八月新田検地條目では六尺一分一間の積もりで、一丈二尺二分盛り込みの二間竿を用いることになっており、先記の竿を一間に換算すると、五尺八寸の間竿に検地本来の六尺一分の目盛りを打ったものということになる。これは、江戸時代の記録には記されていないことでなかろうか。

小南村でも検地帳を渡して調べてもらうより方法がないとも思わせたことは、検地竿が不当なものでなかった、少なくとも特に問題とされていなかったのではないか。勿論、江頭村でも一揆後の願いでも検地竿については特に問題視されていない。そのような不当な竿であったとすれば、それこそ幕府の権威、「公儀」の失墜以外の何物でもなく、儒教的支配理念に則った「公儀」の存立基盤を揺るがすもので、当時の農民にも受け入れられるものではなかったことぐらい認識されていたのではないか。当然に幕府がそのような不当な竿を使用することを求めたとは考えがたい。多くの百姓一揆が勃発し、市野茂三郎自体三河の加茂一揆の後を巡見して廻っている。[27]その当人が自ら用意するとは考えられないように思われる。

見分を極めて不当なことと印象付けることは、一揆の正当性を示すためには大変効果的であろう。一揆物語「百足再来記」には、「大久保伊麻助ト云者御公儀エ願ヒ、湖水縁川々筋空地洲寄新開場ヲ御見分ト言立、畑残らず五尺八寸の竿ヲ以テ是ヲ改ケル、」とあり、文政年中大久保今助の見分が五尺八寸の竿で改めたと記している。[28]このことが、事実かどうかは明らかでないが、明治一五年（一八八二）の「三上颪琵琶湖激浪」[29]は、文政年間大久保今助のこととして、今助の一行が近江へ来り野洲野仁保川筋の沿道より竿を入れはじめたが、「此竿たるや五尺八寸を以て一間と定めし新規のものにして従来用ひ来りし六尺三寸の竿に比すれば五寸の差を生じ」村民は呆れたと記す。そして、天保一三年の見分については、野洲郡三上村庄屋平兵衛が聞いたこととして、見分の様子を聞くと幕府の威光をかさに着て賄賂を貪り、そのことがない村は何かに付け苛酷に当たり、剰え竿を短くされるのを憂い賄賂を差し出し、役人衆が一泊されると賄い雑用野諸費額は銀一貫目より金二〇両位かかるなどのことを記す。ここでも、大久保今助の用いた竿が五尺八寸のものであったことを記し、市野の見分については、竿を短くされるのを憂い賄賂を差し出したことは記すが、五尺八寸の検地竿使用のことは記していない。

ところが、明治二六年発行の『天保義民録』では市野が最初に行動を始めた野村の事として、いよいよ田地の丈量する段になってその間竿長さ一一尺六寸の竿に一二尺二分の目盛ったものであったため、「人民の驚愕落胆は殆と名状す可らす、何れも胸を割るゝか如くなり」と記している。更に、「附言」で検地について解説を加え、享保一一年八月の「新田検地御條目」の重要な所を紹介し、竿取・検地手代・検地案内之百姓起請文前書を収録している。

これを見る限りでは、『天保義民録』の段階で市野が五尺八寸竿を用いたとされるようになったことになる。ただし、大坂に伝えられた近江の天保一揆の記録「浮世の有様[30]」では、天保一三年のこととして「六尺に餘程たらさる棹を用ひて、多打出せしと云」とあり、今後の検討も必要であろうが、地元史料で市野が五尺八寸竿を用いたとした江戸時代の記録は無いのではなかろうか。この不当な間竿使用のことと著しい賄賂の横行したということにより、一揆の正当性強調の槓杆となっているように思われる。この面についても、今後の検討を深めて行きたい。

注

(1)「山村十郎右衛門氏日記」、『水口町志』上巻第五章第二節 一九六〇年

(2)野洲町立歴史民俗資料館『燃える近江 天保一揆一五〇年』一九九二年

(3)青木美智雄『大系日本の歴史11 近代の予兆』一九八九年(小学館)

(4)松好貞夫『天保の義民』(岩波新書)一九六二年

(5)河邨吉三『天保義民録』一八九三年(東京・高知堂)、小野武夫編『徳川時代百姓一揆叢談』上冊(刀江書院)に再録、滋賀県地方史研究家連絡会編近江史料シリーズ(8)『近江の天保一揆——記録集Ⅰ——』一九九三年にも再録

(6)注(2)および(5)『近江の天保一揆——記録集Ⅰ——』、大谷雅彦『夜明けへの狼火 近江国天保義民誌』一九九二年(天保義民一五〇年顕彰実行委員会)

(7)畑中誠治「天保の一揆と栗東」(栗東町史編さん委員会編『栗東の歴史』第二巻近世編一九九〇年、畑中誠治『近世近江の農民』一九九四年(滋賀県同和問題研究所)

（8）拙稿「天保一揆史料について（1）大篠原共有文書」（野洲町立歴史民俗資料館『研究紀要』第4号一九九四年、本書第二章一）、「天保一揆史料について（2）――天保十三年藤谷氏日記――」（野洲町立歴史民俗資料館『研究紀要』第5号一九九五年、本書第四章一）

（9）喜多村俊夫「近江検地史上に於ける天保年間湖東三上山検地の性格」（『経済史研究』一九四一年、同氏『近江經濟史論攷』に再録　一九四六年）

（10）橋川正編『野洲郡史』下　一九二七年　滋賀縣野洲郡教育会

（11）但し、『野洲郡史』では内容は省略されているが、後述のとおりこの部分が市野の見分で問題とされた。

（12）日本歴史地名大系第25巻『滋賀県の地名』一九九一年（平凡社）

（13）注（2）展示図録付録「近江天保一揆資料」二～四に収録、以下これにより内容を紹介するが、図録の番号とは異なる。

（14）大津代官石原清左衛門役所か。この当時の江頭村の領主は旗本土岐氏。

（15）これについては、前出史料1．高請ニ付歎願書に記されている。

（16）後述のとおり、小南村の記録によると、四日昼より五日昼までが比留田村、昼より江頭村で、日数は五日より二三日までであったとする。日付のずれがあるが、二〇日前後江頭村に滞留したことは間違いない。

（17）因に、天保一一年「浦田皆無難毛引方帳」や天保一二年「田方皆無難毛引方帳」が残されている。また、天保一五年五月の「新田検地帳」が伝えられているようである。（昭和一六年「江頭所蔵文書什器目録」による）

（18）野洲町『明治の村絵図』野洲町史資料集第一冊一九八六年

（19）山本徳治郎家文書、この日記は美濃紙を横折りにして綴ったものであるが、日々書き綴ったものでなく、まとめて書き記されたものと考えられる。詳細は、別途報告したい。

（20）注（8）拙稿「天保一揆史料について（1）大篠原共有文書」

（21）安藤博『徳川幕府県治要略』に採録されている検地用具の一つ梵天竹を指し、梵天竹を立てて測量、検地することを指すものと考えられよう。

(22) 小南村の領主堀田氏宮川藩（陣屋は長浜市宮司町）の代官

(23)「天保三上一揆」（『水口町志』上巻第五章第二節 一九六〇年）

(24) 藤田覚『天保の改革』一九八九年、同『幕藩制国家の政治史的研究』一九八七年。以下、天保期の動向はこの著による。

(25) 小出博『利根川と淀川』中公新書

(26) 注（24）論文。「豊田友直日記」東京大学法学部法制史資料室所蔵

(27) 注（2）図録『燃える近江 天保一揆一五〇』。「騒立一件落着出張日記」菅沼家文書（豊田市郷土資料館所蔵）

(28) 注（5）『近江の天保一揆——記録集Ⅰ——』

(29)「三上颪琵琶湖激浪」は『京都滋賀新報』明治十五年八月十五日第三百六十九号（第壱章）～（第四十五章）に連載された天保一揆の紹介記事。

(30)『日本庶民生活史料集成』第十一巻 一九七〇年（三一書房）

[付記] 江頭共有文書の閲覧には、井狩鐘一氏・河野宗左衛門氏や（故）井狩唯一氏にお世話になり、小南村の記録については山本徳治郎氏にお世話になった。また、大谷雅彦氏・寺井秀七郎氏をはじめ多くのかたがたにお世話になった。末筆ながら、記して感謝したい。最後に私事ながら、平成四年一〇月一四日～一一月二三日にかけて野洲町立歴史民俗資料館で実施した『天保一揆一五〇年』の展覧会を担当させていただいた。また、このとき一揆の舞台となった地元三上では、天保義民百五十年顕彰事業実行委員会を組織し多彩な記念行事が行われた。私が近江天保一揆について取り組むようになったのは、畑中誠治先生からの影響なくしては考えられない。ささやかな一文を先生へ捧げ記念としたい。

【補注】本稿の初出は、「近江天保一揆について——一揆の原因「天保検地」を中心に——」（畑中誠治教授退官記念論集『近江歴史・考古論集』滋賀大学教育学部歴史学研究室 一九九六年）である。

三、小篠原村・市三宅村と天保一揆

はじめに

近江天保一揆は、天保一三年（一八四二）一〇月一四日から一六日にかけて起こった近江最大の百姓一揆として広く注目されている。甲賀郡甲南町付近ではじまり、野洲郡三上村に滞在していた幕府の見分役人市野茂三郎を目指して一揆勢が押し寄せ、見分の一〇万日日延べを認めさせ一揆はおさまった。しかし、その後の幕府の取り調べは厳しく、取り調べ中になくなった人々、江戸送りになった人々をはじめ、多くの人々が処罰を受けることになった。現在でも毎年一〇月一五日には、野洲郡と甲賀郡に分かれて義民顕彰が行われている。

この一揆については、自由民権運動の高まりの中、一揆から五〇年目の記念を強く意識し発刊された河邨吉三の『天保義民録』[1]が公にされ、広く知られることになった。その後の研究は、この書に依拠することが多く、地域の諸史料が十分活用されてきたとは言い難いように思われ、地域の史料に基づく一揆の実態の解明と一揆像の再構成が課題であると考えられる。このため、ささやかながら一揆関係史料を本紀要等に紹介してきたところである[2]。

野洲・栗太・甲賀郡の人々に大きな影響を与えずにはおかなかった近江最大の百姓一揆は、三上村に近接した小篠原村にとっても大事件であった。そもそも、事件の発端となった市野の一行は、日野川流域方面やその北側を調べ、野洲郡の村々を調べながら、この小篠原村でも見分を行い、三上村に移って後事件となり一揆の舞台となった。ここでは、野洲の部落史編さんにかかわって小篠原村の歴史をひもとくことがあり、その中で明らかになった小篠原村の動向および同藩領であった市三宅村の動向を、灰谷家文書を中心に紹介したい。灰谷家は仙台領中野村（八日市市）に居住し、屋号を松前屋と称し、肥料・穀物問屋や薬屋を営むとともに、中野村の庄屋や仙台領諸村の大庄屋を勤めた家である。[3] 灰谷東衛門は、後述するとおり、一揆が起こった天保一三年の一月六日付で大庄屋仮役を拝命している。[4]

小篠原村・市三宅村の概要

小篠原村は中山道と朝鮮人街道が分岐するところにある村で、北は冨波沢村・久野部村と、東は桜生村・山脇村に接し、南は妙光寺村・中畑村に、西は行合村と

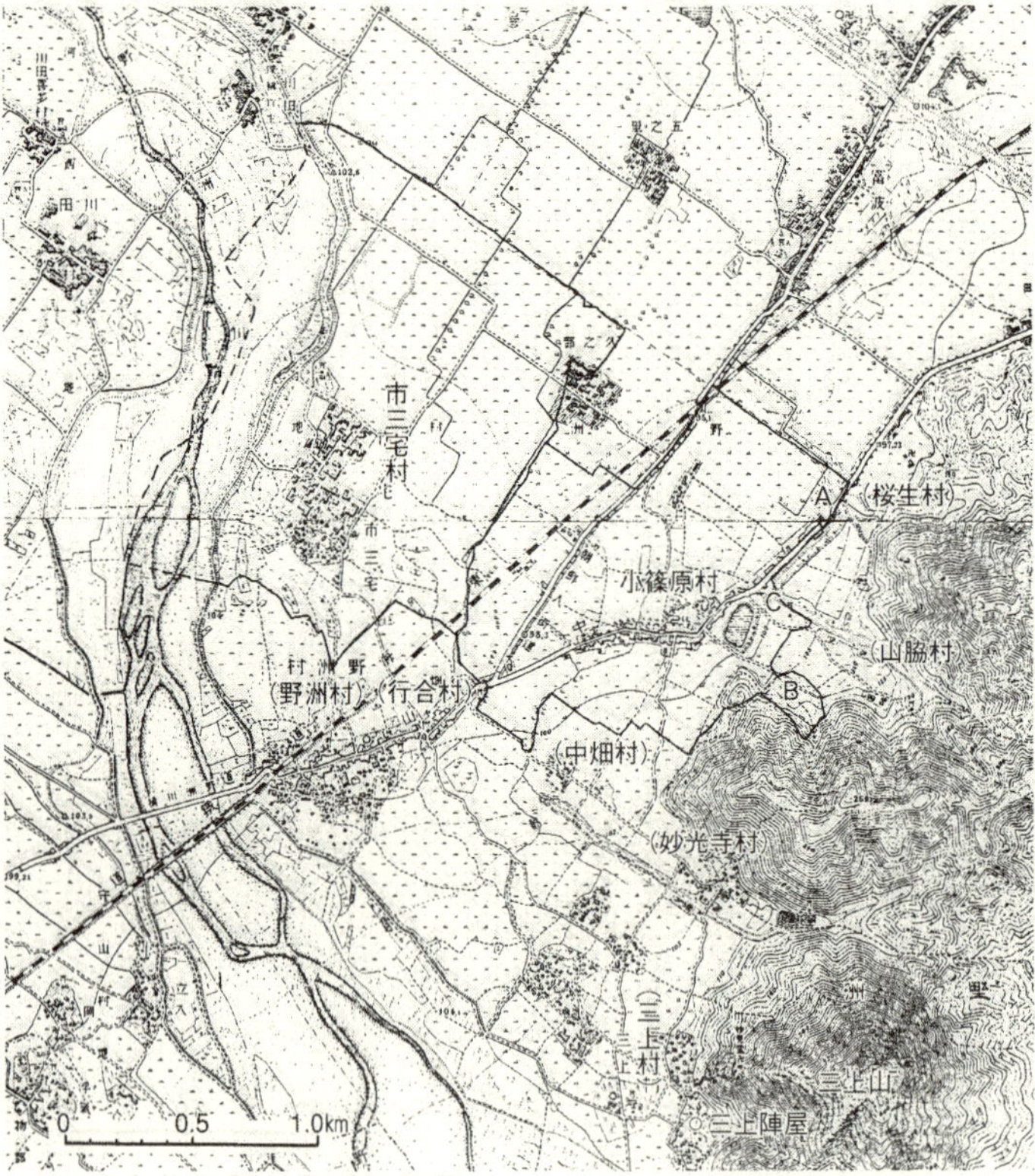

市三宅村小篠原村周辺地形図（明治 25, 26 年測図）A 地蔵　B 野々口　C 堤下

市三宅村に接していた。市三宅村の南には野洲村があり、西は野洲川が流れ、北は五之里村・比江村などと接していた。野洲村は中山道が通り、野洲川の通行にかかわって橋懸け役が負荷され、野洲村の南東、妙光寺村の南が、天保一揆の舞台となった三上村である。天正一九年（一五九一）四月、徳川家康に与えられた在京賄料としての近江の九万石知行のなかに、小篠原一二七三石七升、市三宅村一四三六石七斗二升が記され、以後徳川氏の支配になったものであろう。慶長七年の検地帳では、小篠原村の村高一二五五石九斗八升で、市三宅村の村高一四〇四石八斗であったことが分かる。寛永一一年（一六三四）八月には小篠原村（五〇〇石）・市三宅村（六五七石二斗六合）と蒲生郡七か村で合わせて五〇〇〇石が伊達氏に加増され、仙台領は慶長六年（一六〇一）の在京賄料の蒲生郡の五〇〇〇石を合わせて近江で一万石を支配することになった。近江の仙台領の大半は蒲生郡にあり、明暦以降上羽田村（八日市市）に陣屋を置いた。寛永石高帳では小篠原村高一二五六石九斗、うち七五六石九斗が稲垣摂津（越後三条藩）、五〇〇石が松平陸奥守（仙台藩領）となっている。市三宅村高一四〇四石八斗の内は、五〇〇石が稲垣氏、六五七石二斗六合が松平陸奥守（仙台藩領）、代官観音寺支配が二四七石五斗九升四合であった。

稲垣氏は市三宅村（五〇〇石）・南桜村・北桜村をはじめ野洲郡に多くを支配した。元禄一一年（一六九八）稲垣家領は旗本斎藤氏領となり、相給のまま幕末まで続くことになる。稲垣氏領は延宝七年（一六七九）の検地を受けており、石高八〇六石二斗九升五合に小物成高九斗二升を加え八〇七石二斗一升五合となっている。仙台領の五〇〇石を加え、一三〇七石二斗一升五合となっている。仙台領は五〇〇石のままで、延宝の検地を受けていない。慶長の検地は六尺三寸の竿を使用し、延宝検地では六尺一分の竿となっており、同一の村内で格差が生じている。元禄一一年市三宅村でも村高一四五四石八斗の内七九七石五斗九升四合が斎藤家領となり、残り仙台領はそのままであった。市三宅村は野洲川沿いの村であるため、問題となった幕府勘定方の見分にあたっては、その対象となることが早くから予想された。

『天保義民録』の中での小篠原村

『天保義民録』の記述にあたっては、執筆時生存していた一揆当時の小篠原村庄屋澤口丈助(5)から話を聞いたことが記されている。近隣の村々に比して小篠原村関係の記述が幾つか認められることから、この澤口丈助の語りがその中に反映している可能性が考えられる。『天保義民録』(以下、義民録と記す。)には次のようなことが記されている。

一八四二年九月二六日水口で開かれた甲賀郡の庄屋の大会議と対応して、戸田村の立光寺で開かれた仁保川筋の数か村を除く野洲郡と栗太郡の北部の村々の庄屋の大会議で、土川平兵衛が肥物値段引き下げを表向きにして検地の嘆願をする手続きを説明したとき、席上の周旋をした庄屋たちの中に小篠原村庄屋苗村安右衛門・同庄屋澤口丈助が記されている。(義民録七五頁)

仁保川筋の検地を終わり幕府の役人市野茂三郎が小篠原村にやって来たのは、一〇月六日であるとしている。小篠原村は相給で仙台領の庄屋が苗村安右衛門、旗本斎藤家領の庄屋が澤口丈助であることを示し、小篠原村に着いた市野の一行は、村中の田畑を見廻り例の想像測量にて強談を試みたが、澤口丈助は実地の見分を願うと言って強談に応じなかったので、市野も止むを得ず実地の測量を始めた。その時調べたところは斎藤家領の田地のみで仙台領には手を下さなかった。仙台領と斎藤領とが入り交じっているため検地は大変面倒で、三日間にして漸く二町余歩を検査し一反八畝歩を打出した。そこで、一〇月一〇日の夜市野は俄に澤口丈助を召して、甲賀郡の検地を終り野洲川下も村々を見分する時再び来て見分すると申し渡して、一一日に出立して三上村に移ったと記している。

また、一揆の後取り調べのため甲賀郡では八〇余名が召喚され、野洲郡では二〇余名が守山駅出張所同駅脇本陣辻八兵衛方より切紙を受け、守山へ出、京都町奉行所へ引かれ二条城の獄に繋がれたとある。この中にも、小篠原村庄屋苗村安右衛門・同庄屋澤口丈助が記されている。（義民録一二九頁）そして、三上村において市野の本陣に乱入し荷物書類などを破棄した者の中に顔に痣がある者一人と坊主頭の者一人が居たとの風説を聞き、取り調べを受け無実の難にあった者の一人に小篠原村の久蔵が記されている。（義民録一三九頁）

大津での取り調べの結果一二人の人々が江戸送りになるが、その時大津の獄に残された人の中に小篠原村庄屋苗村安右衛門・同庄屋澤口丈助が記されている。（義民録一八〇頁）

大津の獄に残った谷口庄内・鵜飼彦四郎外八人は、門前払いにて闕所、江戸十里四方・近江国御構いとなったと記し、更に、小篠原村百姓三人は皆手錠押込のことと記されている。（義民録一九五～一九六頁）しかし、市三宅村の記述はない。

小篠原村の見分

天保一三年一〇月幕府の見分役人市野茂三郎の一行は野洲郡の村々を調べて回った。一〇月一八日小篠原村仙台領庄屋苗村安右衛門、肝煎利右衛門・庄七から仙台領の大庄屋灰谷東衛門と仮大庄屋久保甚平に宛てた口上書⑹には、次のように記されている。

（史料一）

乍恐口上書を以御達奉申上候

一、此度湖水縁河筋之外新開可相成場所御見分為御糺　御公役市野茂三郎様外御四方様御廻村被為遊候ニ付、前々旅宿迄村絵図・検地帳・免状可差出様被　仰渡差出し申候、扨過ル七日当村手近き小堤村御旅宿、翌八日当村御泊りとの噂ニ付、七日之夜其段御注進仕候処直々各様御出役被成下、然ル処九日之夜当村御泊り之旨同日四ツ時ニ御触到来、無間茂当村江御移り、村境ゟ直々御見分被為在、九日・十日二夜御泊り、翌十一日九ツ時当村御出立先々御見分村方中畑村江御案内送り上申候

一、当村被為在御見分候之義、先御合給様方延宝七年新御検地之外荒場所、尚又当村廟所下タニ御双方村持小松立荒野御座候、右両様共御見分之上御竿被相入荒野小松立之場所八反七畝六歩与被相入、尤田畑新開ニ不相成地所与御高覧哉、冥加銀差上双方村請ニ被相諭し、依之当村御引払後先々御旅宿迄相慕御冥加銀差上御用済之御窺仕候処、右様之場所掛り御座候村方者御調中御用済ニ不相成趣ニ付、御上宿迄日々朝暮窺ニ罷出居候旁御届ケ延引ニ罷成、然ル処十六日朝五ツ時野洲川筋上郷村与相見へ数ヶ村人数夥敷御旅宿三上村へ押掛、不存寄変化大騒動驚入、当村者三上村江拾町斗之道法ニ御座候間、追々当村へ押込候へ者自然村方之者騒立人気相移り右場所江立行候哉与制道ニ心配当惑罷在候処、壱人茂右場所江不罷出、同日七ツ時ニ相鎮り申候、隣村変化之御注進乍仕跡式御注進不仕不束御免可被下候、先右ニ付而ハ当村御用済ニハ無之候得共暫々御吟味延与乍恐奉愚推候、依而此段御承引迄と御達奉申上候、以上

野洲郡小篠原村

天保十三年

肝煎 庄　七㊞

寅十月十八日

同 利右衛門㊞

庄屋 苗村安右衛門㊞

大庄屋
灰谷　東衛門殿
仮大庄屋
久保　甚　平殿

この文書に則して見ると、市野茂三郎の見分のため事前に旅宿へ村絵図・検地帳・免状を差し出すよう命じられたこと、一〇月七日に小堤村泊、八日に小篠原村泊との噂であるので七日の夜仙台領大庄屋に注進したところ直ぐにお越しいただいたこと、公役市野は九日の夜小篠原村に御泊まりと四ツ時にお触れがあり、間もなく小篠原村へ移られ村境より直々御見分になり、九日・一〇日二夜御泊まり、翌一一日九ツ時出立になり、中畑村へ案内し送ったことが分かる。

そして、小篠原村の見分の内容は、相給の斎藤家領の延宝七年検地帳のほか荒れ場所、廟所下の双方村持ち小松立荒野を見分の上竿を入れられ、八反七畝六歩とされたが、開発が容易でないため、冥加銀を双方の村請けにするように言われた。その後小篠原村を引き払われ、先々の旅宿へ窺っていたが、用済みになる前に一揆になったことがわかる。ともかく、斎藤家領の実地調査があったものの、仙台領の実地調査はなかったことは間違いないようである。

また、天保一三年一二月、小篠原村仙台領庄屋苗村安右衛門、肝煎利右衛門・庄七から仙台領の大庄屋三名に宛てた願書[7]には次のように記されている。

（史料二）

（包紙）「　上　　　小篠原村」

乍恐口上書を以奉願上候

一、江州野洲郡小篠原村過ル十月御公役御見分被成置候ニ付、九月晦日之夜同郡阿（安）治村御旅宿江村役人共御呼出し有之被仰渡之趣村方御検地帳・免状并田畑其外荒場所河筋何ケ所間数村絵図明細ニ仕分ケ可指出様被仰渡御双方共昼夜打寄仕立差出申候、然ル処九日当村御見分ニ相成其段御注進仕候処、各様早速御出役被成下候上、御双方巻打ニ御竿可被相入義難計旨御直々御熟談申上、兼而愚察仕候通御入会之村方御田地茂入交りニ而、字堤下タ・初メ字野々口・字地蔵右三ヶ所此方様御田地茂既ニ一打ニ竿可被相入処、此方様御田地ハ領主窺之上下知ヲ以御返答申上候迄御猶予被成下度段々押而相断申候ニ付、入交り之御田地反別悉ク相除き分間被相入、其砌御出役中ニ為御案内御直々申上候、何れ之御領分ニ而茂御竿入之上多少共被召上候義承り、当村ハ御入会ニ御座候得共此方様分御構無之、乍憚各様御熟談之通りニ相成奉喜悦候

一、此度御公役湖水縁河筋新開場御見分御紀ニ、当村ハ山河ニ不附添村方ニ不存寄御公役廿八人ニ夜茂御泊りニ相成、前代未聞臨時之物入御泊り之次第、各様御出役被成下候砌被為在御見聞候通り、右ニ付御双方之者共十月朔日ゟ同月十七日迄秋入茂不仕昼夜取懸り居、御泊り前後共雑費金四拾両三歩相入、此方様御高掛り金拾六両壱歩三百文相掛り誠ニ難ケ敷奉存候、右掛り分色々手段仕候得共、先年ゟ調達金諸方ニ借請利足等茂閑（マヽ）等而已ニ而一向手合致し呉不申、尚又当年御公務之掛り金茂七拾両余茂各様之御世話ニ相成候程之訳ニ而必至難渋仕候、全体当村は右様之臨時之義無之而茂御領分ニ無並旱魃之村方ニ而折々旱損仕村方相衰り居候上之事故、実事手詰ニ才覚出来不申何卒此度之入科ハ当村御物成拾石四斗五升銀納願ニ仕候分御無利足七ヶ年賦ニ拝借被成下度奉存候、尤御合（相）給方ハ夫々首尾相成出金出来申候得共、此方様掛り分未タ融通之見詰無御座殆迷惑仕、当暮ケ成ニ相凌度候ニ付、右願之通り御拝借被成下度此段偏ニ奉願上候、以上

肝煎 庄七㊞

同
利右衛門㊞
庄屋
苗村安右衛門㊞

天保十三年寅十二月

組抜並大庄屋
久保源右衛門殿
大庄屋
灰谷　東衛門殿
仮大庄屋
久保　甚　平殿

この文書によると、小篠原村の公役市野の見分のため、九月晦日の夜安治村（中主町安治）の旅宿へ村役人が呼び出され、検地帳・免状、田畑や荒場所や河筋などを描いた村絵図を指し出すように命じられ、双方（斎藤家領と仙台領）で昼夜打ち寄って作り上げて指し出した。そうしたところ、一〇月九日小篠原村の見分になり、大庄屋に注進したところ早速に出役下さった。双方一斉に検地竿を入れられかねないので、直々熟談申し上げた。入会の村方で田地も入り交じっており、字堤下タからはじめ、字野々口ㇳ字地蔵右三ヶ所で仙台領田地も一打に竿を入れられそうなところ、仙台領の田地は領主に伺いの上下知を受けて返答するまで猶予を押して断った。小篠原村は入会であるが、仙台領はお構いなく、大変喜んでいることが記されている。

そもそも小篠原村は山河に添っていない村方であるのに、意外にも公役二八人が二夜も宿泊なり、前代未聞臨時の物入りの御泊であった。双方の村人が一〇月朔日から同月一七日まで秋の取り入れ（収穫）もせず昼夜それに掛かり、御泊り前後ともの雑費金四〇両三歩がかかり、仙台領の高掛り金一六両一歩三〇〇文掛かり誠に嘆かわしい。この掛り分の手だてをしたが、先年から調達金諸方に借り請け利足等も滞りがちで一向都合してもらえない。また、当年公務の掛り金七〇両余（仙台領御用金か）も御世話になる程の状況で大変難渋している。そもそも、当村はこのような臨時のことが無くても領分に例がない旱魃の村方で、時々旱損し村方が衰えており、手詰まりで才覚出来ないので、今回の費用は当村御物成一〇石四斗五升銀納願している分を無利足七ヶ年賦で拝借させていただきたいと願っている。

以上のような難渋村の状況の上に、天保一四年正月四日から村人が大津代官所へ呼び出されて取調があり、二月二八日まで人別九人ずつ大津に滞在したので、三六両二歩も費用がかかったという。(8)

このような公役の見分に伴う負担の上に、更に大津代官所での取調に伴う負担が重くのしかかったことは、野洲郡周辺の多くの村々に共通したことであった。勿論、相給の斎藤家領とてその負担に苦しんだことは変わりがない。斎藤家領の庄屋澤口丈助のことについて文書記録は未確認であるが、仙台領庄屋苗村安右衛門は、後述の通り、天保一四年一月二九日大津代官所に留め置かれ、二月八日に出牢し宿下げになったことが分かる。なお、大津での取り調べに伴う費用が高割りでなされ、高に応じ負担していたことは天保一四年六月朔日付「大津入用不足取集帳」(9)から明らかである。

三上村へ行った村人と取り調べ

ところで、一揆への参加者については実態を把握することは容易ではない。仙台領小篠原村の場合は、取り調べの時大津に詰めていたと考えられるのが年寄利右衛門であり、村に残って村の仕事の処理をしたのが年寄庄七であった。(10)この利右衛門から取り調べ役の関源之進・戸田嘉十郎へ報告した次のような文書の写(11)が認められる。

(史料三)

乍恐奉申上候書付

一、去ル十月十六日同郡三上村江多人数人気ニ被誘引罷出候節、私シ共村方も人数ニ加り罷出候者有之哉厳重ニ
御糺御座候へ共、人数ニ加り罷出候者無御座候段奉申上候処、厳重ニ相糺可申上候様被　仰付候ニ付、御猶予
御願奉申上帰村仕候て厳敷相糺候処、三上村江参り候者御座候、左ニ奉申上候

松平陸奥守御領分

八　人

右之者共三上村江参り候ニ付、此段書付ヲ以奉申上候、何卒厚御憐愍被為成下候ハヽ、難有仕合ニ奉存候、以上

年寄利右衛門印

関　源之進様

戸田嘉十郎様

乍恐奉申上候書付

松平陸奥守領分

江州野洲郡小篠原村

新八倅栄　蔵

市十郎倅市太郎

利右衛門内利八

久蔵内初次郎

甚四郎

久七倅久　六
九兵衛方九蔵
喜兵衛倅喜蔵

右之者共義去ル寅十月十六日三上村江多人数人気ニ被誘引罷出候節三上村江罷出候者ニ御座候
右之通ニ御座候間、何卒御慈悲之程奉願上候、以上

年寄　利右衛門
組頭　久　蔵
小前惣代弥左衛門

関　様
戸田　様

この史料は、報告年月日が記されていないが、大津に詰めたと考えられる年寄利右衛門が、代表して取り調べ役の関源之進・戸田嘉十郎へ報告した文書の控えと考えられる。この文書に類似した市三宅村の報告[12]が確認できるので、次に紹介しておきたい。

（史料四）

野洲郡市三宅村
吉左衛門
七郎右衛門

多吉
駒吉
九兵衛
鉄之助
又兵衛
十助
仙蔵
源四郎
多兵衛

〆拾壱人

右之者共去ル寅十月十六日同郡三上村へ多人数罷出候節当村ゟ右人数ニ加り候義ニ而無御座、早鐘音相聞江出火と相心得村鼻ゟ壱町半計駈出シ候処、行合村大工傳蔵倅ニ出合候処出火ニ而之無之騒動之由承り罷帰り申候

傳七
十蔵

〆弐人

右之者共同様火事と相心得三上村迄罷越候処、騒動ニ付怪我仕候義も難斗早々罷帰り申候

与兵衛
安次郎

元吉
只三郎
松之助
三次
熊吉
〆七人
右之者共同日多人数引退相鎮ミ候而所縁方江七ツ時分見舞ニ参り暮六ツ時ニ罷帰り申候
右之通相違無御座候、尤此外ニ村中吟味仕候処壱人も無御座候、仍之此段奉申上候、以上

右同村
庄屋

天保十四年卯二月六日

関　源之進様
戸田嘉十郎様

この文書は、天保一四年二月六日に記されたものであり、この市三宅村の報告と先記の小篠原村報告文と時期的に大きく異なるとは考えがたく、ほぼ同時期のものであろう。

史料三は小篠原村の仙台領関係者で一揆に加わった者を報告しており、多人数の人気に誘われて三上村へ行っ

小篠原村の一揆関係所持高

小篠原村の一揆参加者	天保14年石高（「大津入用不足取集帳」）	
利右衛門内利八	利右衛門	0.9881石
久蔵内初次郎／甚四郎	久　蔵	0.6560
久七悴久六	久　七	0.3960
九兵衛方九蔵	？（九佐衛門	0.2950）
喜兵衛悴喜蔵	喜兵衛	0.2520
新八悴栄蔵	新　八	0.1390
市十郎悴市太郎	？	

た者八人が報告されている。そして、その中に年寄利右衛門と組頭久蔵の関係者がいたと報告している。多くは倅などと記されていて若者であったことが分かるが、その父親などの石高を見ると年寄利右衛門をはじめ一石以下の所持高の層であった。因みに、小前惣代の弥左衛門は、天保一四年には一斗四升の所持高であった。

小篠原村の場合、斎藤家領小篠原村の一揆参加者も当然いたと考えられ、そのことを考えると、小篠原村から「多人数人気ニ被誘引」三上村へ行った人が一五名〜二〇名前後あったことが予想されよう。

史料四に記された隣村市三宅村の仙台領関係者については、一一人が一揆に加わったのではないが、早鐘を聞いて火事と思い村鼻から一町半ばかり駈け出たものの、行合村大工傳蔵倅に出会って騒動と知って村へ戻ったという。また、二人は、火事と思って三上村まで行ったが、騒動のため怪我をするようなことがあっては大変と早々村へ帰った。また、七人は一〇月一六日静まってから所縁へ七ツ時分に見舞に行き、暮六ツ時に帰ってきたと報告している。

このような天保一四年二月六日前後の動向に関係して、二月二日付、小篠原村肝煎庄七から大庄屋灰谷東衛門宛書状[13]が確認でき、それによると、村方不都合のため仙台領小篠原村庄屋安右衛門をひとまずお返し下さるよう願っていたことがわかる。安右衛門は大津で取調を受けていたようである。

次いで、二月一一日付小篠原村庄七から（大庄屋）灰谷氏宛の書状[13]によると、「然者此節大津御役所大分済候方ニ相成候由、外村々者追々帰村之由ニ御座候、苗村氏も去八日出牢宿下ケニ相成、夫ゟ此頃大津旅宿ニ在之少々当節之寒邪ニ感冒ニ有之候、格別労倦異躰之儀無御座候、先以安心仕候、全貴君様御仁慮擁護御蔭之事と奉歓世候追付可被致帰宅と遙察候、然昨日ゟ蒲生郡百餘ケ村御召喚ニ御座候趣」とあり、苗村氏＝庄屋の苗村安右衛門が二月八日に出牢し宿下げになったことが分かる。

なお、小篠原村にあった肝煎（年寄）役庄七は、穀屋・肥屋と出てくる。仙台領の肥穀物仲間（天保元年）として、灰谷氏と関係も深かったと考えられる。二月二〇日に二月二九日頃紀州様が小篠原村を通過することを伝えてきたのは肝煎庄七であった。二二日京都の御用状を持参したのは肝煎利右衛門であった。二月二八日紀州様御通行のため大庄屋が小篠原村へ出ると共に代官も詰めた。二九日九ツ過ぎに通行され、この日は庄屋安右衛門方に宿泊し、翌日の帰宅帰京となった[14]。

また、六月六日には御茶壺御通行につき小篠原村へ出かけ、七日早朝に通過され帰宅している。

灰谷氏日記に見る動き

灰谷東衛門の天保一三年寅正月より六月までの「御用諸事扣日記[15]」によると、灰谷東衛門は、天保一三年正月六日付で仙台領の「江州大庄屋仮役」を命じられた。それは、大庄屋役の久保源右衛門が御用のため急に江戸表に出立することになったことに伴い、留主居衆から命じられた。そして、一〇日には久保源右衛門の出府出立の見送りをしている[16]。

灰谷東衛門は、正月一二日には京都御屋敷へ年頭上京のため籠に乗って出発し、小篠原村庄屋安右衛門へ立ち寄り籠を預けている。久保甚平は小篠原の人足で草津「の村や」(野村屋)まで籠に乗り大津へ舟に乗っていき、東衛門は瀬田廻りで遅れ大津小の川茶屋宿に泊った。翌日早朝に京都へ着き「近源」に留まり、同日に甚平と同道にて麻裃で年頭の挨拶のため「陣屋」(仙台藩京都屋敷)へ行った。勿論、御年玉を留主居・代官・先代官ほかに持参した。また、年頭の挨拶の後大庄屋仮役拝命の御礼に行き祝儀を持参した。一六日帰宅時には、小篠原村庄屋安右衛門へ立ち寄り籠人足二人を中野まで頼んでいる。

この少し前になるが、天保一二年一二月久保源右衛門の時、「川縁一条」の書付写[17]が記されている。それによると、一二月八日、野洲郡市三宅村庄屋年寄が京都二条御役所から召し出され、「御受書」を差し出したことを申し出、これにつき追々勘定方見分の時絵図面などを差し出すことになるが、市三宅村は斎藤内蔵頭領と仙台領が入り合っており、双方申し合わせて絵図面等を取り調べないと成り立たないこと、「外並合も御座候得者、夫々承合御領内繪圖取調指上候様可仕候、御指圖被成下度別紙写紙写指添此段申上候」と、一二月一六日付で大庄屋久保源右衛門から代官守屋貞治へ届け出ていた。また、市三宅村領地内には新開等成るような場所はないこと、堤内に松樫等少々生えている空地があるが、そこは大水の節堤除にその時々に伐取使用していることを確認のため報告している。これを受けて代官は京都屋敷の留守居横田与三郎へ報告し、それに対し、留守居は異議ないことを伝え、見分が済んでからの報告を求めていた。

さて、灰谷東衛門が大庄屋仮役となってからの正月一八日夜五つ半時に、小篠原村から人足二人が京都屋敷からの急御用状を届けに来た。翌一九日陣屋へ出勤し、久保氏(大庄屋の久保甚平)に写させ、二〇日にはこの御用状を市三宅村庄屋斉内久右衛門へ村人足にて早朝届けさせた。「此義ハ御公儀ゟ野洲川筋御見分市三宅村臨《カ》ニ相成候事」とあり、早くも野洲川筋見分に関係して、仙台領では野洲川沿いに立地する市三宅村が大きな問題になったことがわかる。

正月二五日には、「尚又市三宅村川縁絵図面之伺願書添書いたし京都御屋敷江相達し八幡飛脚へ羽田ゟ差出し可申事」とあり、市三宅村の野洲川沿いの絵図の伺願書に添え書きして京都屋敷へ送っている。正月二七日には久七に湖水縁川筋見分について彦根領綺田村善助方へ聞き合わせに行かせたところ、「彦根様御役人下夕見分ニ而道筋そうじ道作り大騒成事ニ承候、跡々相考可申事」とあり、道筋の掃除、道作りなどで大変な様子を聞き知った。この綺田村は、日野川の支流佐久良川が村内を貫いて流れている。また、内容がわからないが、二月二日にも綺田村善助が灰谷氏を訪ねており、彦根領の様子を尋ねたようである。このような情報収集を受けて、三日には、「市三宅村江川縁一条談し度ニ付、当村役ゟ人足ニ申書面斉内久右衛門へ差遣候事、承知仕と申来候事」とあり、市三宅村に対し対策を相談する手配をしている。

翌四日には市三宅村斉内久右衛門がやってきており、「外御領振合京都御屋敷御伺御咄し申上呉候段願ニ出候付、明日同役江談し合上京ニ候ハ、斉内同道上京可然と申置候、登り掛ケニ川縁一応見分いたし呉段申聞候、登り下り両様之内見分可仕と申置候事」とあり、他領の状況を伝えるため京都屋敷へ市三宅村の斉内氏と同道で参上することが話し合われている。五日には、小篠原村庄屋苗村安右衛門からの人足が、京都の代官からの「湖水縁御用状」を持参した。そして、六日に陣屋へ出勤し、「市三宅村川縁一条」を話し合ったが、京都屋敷へ伺うための書面を市三宅村から持参されたので、久保氏と相談して伺い書を認めた。それによると、「外並《(カ)》ハ繪図指上検使等も相改候得共、彦根様国主様等者唯見分つい通り而巳ニ而被為相済候ニ付」、仙台領も右同様の取り計らいを願いたいが、「御公義《(マヽ)》御取扱之御趣意有之候ハ、拙者共之取斗ニも仕兼候間、旦那様御見分之節御出張被成下度哉、矢張拙者共彦根様同様之取斗可仕哉、此段奉御伺候」と記し、市三宅村庄屋・肝煎が直々申し上げたいことがあるので、聞き取って欲しい旨記している。仮大庄屋灰谷東衛門と久保甚平から代官守屋貞治に宛てた。
この添え状は、市三宅村へ届けられたが、以前に同村から京都へ庄屋と同道して御屋敷へ来て欲しいとのことであったので、その夜上京の拵をし、翌七日早朝に出立、市三宅村庄屋方へ立ち寄り、庄屋久右衛門と同道にて川縁見分し上京した。

二月八日に御屋敷へ出頭し市三宅村庄屋久右衛門から申し上げ、代官守屋貞治、先役新田小兵衛、留主居（横田與三郎）様まで話したところ、「外兼《(カ)》合都合能取斗ひ被仰聞候事」と記している。九日にも庄屋斉内久右衛門と相談し、一〇日には市三宅村の中村昌蔵も上京し旅宿へ立ち寄り相談をしている。一一日は風邪で引きこもっていたようであるが、一三日には帰宅した。

一二日には橋本村庄屋西村勘兵衛が「枝川筋見分ニも可相成様子」だと書付の写を持参した。これにより、日野川や野洲川の本流沿いのみでなく、それぞれの末端の河川「枝川」まで調査の対象となることが確認され、野洲川沿いの市三宅村のみの問題ではとどまらないことが明らかになった。翌一四日には、「川縁一条」につき市三宅村・橋本村庄屋方へ相談したいので、一六日陣屋へ出勤するように伝えている。

一六日には陣屋へ出勤し、「川縁一条」市三宅村肝煎斉内金兵衛、橋本村西村勘兵衛、深井源吾が出勤し相談した。二二日頃に橋本村へ向け出かけ、久保氏と合計四人が市三宅村へ出勤し川縁見分の上相談することになった。

二二日は早朝から久保氏宅へ出かけ、庄屋大之丞・陣屋守辰蔵・深井源吾が同道して橋本村庄屋西村勘兵衛方へ行った。西村勘兵衛も同道して六人が橋本村の川縁見分をし、それから小篠原村庄屋苗村安右衛門へ立ち寄り、市三宅村庄屋斉内久右衛門宅へ行った。肝煎中村又兵衛・斉内金兵衛・中村昌造《(蔵)》と一同が野洲川縁上下領境まで見分し、暮方ニ斉内宅へ戻り宿泊した。その夜と翌二三日昼まで相談し、昼から引き取った。その時、「市三宅村庄屋・肝入之内ゟ上京直々品替之義衆一應中上度段申之候ニ付」、添書を認めることにした。二四日には、添書を認め市三宅村へ届けさせている。

三月三日の夜半頃、金屋村から肝煎市郎右衛門・治兵衛、年寄太右衛門三人がやってきて、「御公儀湖水縁其外新開場為御用御勘定方見分ニ御座候趣其為御用ニ京都町奉行組上田栄太郎・芝田清七両人ゟ、野出村出立、綺田・寺村・尻無村・下大森村・金屋村・糠塚村・内野村・西生来・下平木・三ツ屋村・今堀村・西芝原村廻状参候付」相談にやってきた。翌四日の早朝には、内野村から肝入傳九郎が、金屋村と同様京都町奉行組役人順村のことを知らせに来た。昼時に金屋村に着き、内野村泊まりとのことであった。本稿では詳述しないが、以後蒲生野付近の見分をめぐりあわただしい動きがある。(18)早朝から当村（中野村）庄屋傳十郎、東古保志塚・蛇溝村・今堀村・今在家村・小今在家村・金屋村の庄屋が相談に来、羽田同役久保甚平を呼びにやった。五日には、関わりのある村々の庄屋が来られ話し合い、橋本村西村勘兵衛が出勤し、金屋村へ「出役」し、手札「松平陸奥守領分地方役灰谷東衛門」と書いた手札を公役市野茂三郎家来へ指し出したが、直々内野村へ行かれたので急ぎ内野村へ出役し、同様の手札を指し出したなどあわただしかった。翌六日は、内野村を早朝出立になり、明光寺野をはじめ、六木野、布施村、長谷野へ直々市野茂三郎が出役し、七ヶ村庄屋中が出た。蛇溝村へ久保甚平が出役し、今堀村へは拙者（灰谷氏）が出役し、長谷野の見分は四ツ時昼過ぎまでに済み、黒丸の見分になり、それより上小房へ行った。見分の上七ヶ村庄屋中へ申し渡されたことは、「高見の所は田地にはならない。低い場所は田地にも成るのではないか。関係する村々で相談して開発すべく計らうべきである」と命じられたようである。七日には、早朝当村庄屋傳十郎は出今在家村庄屋傳吉方で七ヶ村庄屋中が参会相談した。その後も相談がなされていくが、市三宅村の公役見分のことを心配していたところ、京都代官から書状が到来し、一一日京都を出立し市三宅村の川縁見分をし、一二日陣屋へ下向の由を伝えてきた。八日以降も相談がされるが、仙台領については、当一一日代官が陣屋へ下向されるので、公役へは「一應領主江相伺候迄御猶豫奉願方可然と」話しておいたとある。三月一一日には、代官が市三宅村へ来るので、大庄屋両名も行った。一二日は市三宅村川縁の代官見分があり、灰谷東衛門等も同行した。それから橋本村祖父川縁を見分し陣屋に着いた。一三日には、代官の御用、その他「公儀川縁・六木野共御見分一条」のため陣屋に出勤し詰めた。一四日・一五日も人別改や「御公義川縁御見分一条ニ付」御用が多かった。一六日代官の多賀大社参詣に両大庄屋が同道し、一九日に代官が帰京のため出立した。

四月七日から一七日ころにかけ、長谷野の掛り村々七ヶ村や公役とのやりとりがあった。また、蒲生野の新開を強要する公役の見分は、ここに立会の権利を有する村々の抗争を生み出し、小脇郷・下平木村と内野村の対立を生じた。この対立は六月五日付で取替証文を作成するに至ったようであるが、公役との折衝は更に続き、彦根役場の指示を得て七月九日に開発の中止を嘆願している。

六月九日昼過ぎに橋本村から使いが来たので、橋本村へ出役し泊まった。公役は、一〇日五ツ時に鵜川村を出立し、橋本村へ廻村になり、「松平陸奥守領分地方役灰谷東衛門」手札を差し上げた。橋本村の「村方田畑共川縁迄も不残御見分被成」、泊り宿へ入り、七里村・鵜川村・小口村などの吟味があった。灰谷氏は庄屋勘兵衛の願いにより宿泊した。一一日朝飯後、庄屋西村勘兵衛が勘定方市野茂三郎に召し出されたところ、「昨日ゟ見分いたし候処格別新開空地等も相見得不申ニ付、免状・名寄帳共差戻し可申、乍併念入右様之場所無之哉得と吟味之上無之候ハ、無有之儀書付を以隣村江差出し可申様被申聞」、勘定方一行は出立して林村へ移った。そして、一二日に橋本村の見分のことを京都の代官に書面にて報告している。このように橋本村の見分は、特に問題なく終了したことが分かる。

そして、九月一一日に上京し一八日に帰宅したが、一二日には京都屋敷にて灰谷東衛門に大庄屋本役が命じられている。

一方、小篠原村については、一〇月七日、初夜時小篠原村より公役市野茂三郎見分のことを伝えてきた。明八日のことなので今晩に来てくれるように言ってきたため、灰谷氏は夜通しに出役した。八日、小篠原村に出役していたが、公役は来ず、同村に泊ることになった。

九日、公役市野茂三郎による小篠原村の見分があり、灰谷氏は「松平陸奥守領分地方役灰谷東衛門」の手札を差し出したと考えられる。公役も同村泊りで、慶長七年の検地帳と天明の名寄帳共を差し出したところ、名寄帳高と引き合わず、庄屋安右衛門が困って相談してきた。そこで、名寄帳四七九石余（起返し含む）、九石七斗余は井堀倒引分、二〇石八斗は無地高で「御百姓より弁納分」、都合五百石と覚書を指し出せば引き合うと言っておいた。その書付を小堤村へ前夜差し出し、「夫ニて書物一切無之」と申し上げておいたところ、「御見分之上斎藤様方ニ空地有之趣被仰渡請答被申上」、野々口と堤下で「ぼんでん御立検地御改被成候趣ニ付」、仙台領庄屋苗村安右衛門、肝煎利右衛門・庄七、組頭新平・平助などを呼寄せ篤と申聞せ、「当領御検地抔御改被成下候義ハ御断可申上様申付ケ置候付其段押而申上候処、尤之事故松平陸奥守地面相除相改候へ者宜敷と被仰聞候付」とあり、仙台領は除外された。その区分のために仙台領地面に札をつけ、斎藤家領地面のみを調べるようになった。斎藤家領で三反を指上げ見分済に成るように願ったようであるが、「右ニ而御聞済成候哉如何難斗半途ニ而引取ニ相成暮ニ相成候事」とあり、途中にて見分が中止になったようである。

そして、一〇日、見分があり同村泊りになった。その夜、斎藤家領では三反指上ケ願書を調えた。そして、仙台領は除外され、見分は済んだ。一一日四ツ時（一〇時頃）に次村明《妙》光寺、三上村御泊りの書付を小篠原村の人足が届け、昼時出立になり、灰谷氏も帰宅した[19]。

　そうしたところ、一六日、陣屋へ出勤し、暮前引き取ったところ、篠原村（小篠原村）人足から次のような一揆のことを伝えてきた。「公役市野茂三郎殿等三上江十一日夕より御泊り御座候処、十五日夕より十六日朝へかけ野洲川縁三上より上郷者不残村々百姓一統いたし、みの笠竹やり抔持候而三上公役等御泊り之場所詰掛ケ候趣ニ而」とあり、公役市野茂三郎等が一一日夕方から三上村に泊っていたところ、一五日夕から一六日朝にかけ野洲川縁の三上村から上郷の百姓がまとまって、蓑笠・竹槍などを持って三上村の公役等宿舎へ詰めかけているとのことであった。大庄屋灰谷東衛門は、東古保志塚村庄屋西村武兵衛方へ立ち寄り、「御領分之内御百姓之内壱人ニ而も見物等ニ出候義決而相成り不申段」書面をしたため指示し、また、市三宅村へもこの旨直々に廻すように指示し帰宅した。同役も市三宅村へ出役し、大方鎮まったように聞いたが、納まらなかった場合は大変なので夜通しに出役し横関まで出かけたが、鎮まったと確かに先方（小篠原村）から使が来たので、小篠原村まで行くことになっては村方の負担になるので引き取った。同役は小篠原村まで行ったところ、納まったとのことで引き取った。

　翌一七日には、庄屋金八が出役見舞に来た。また、市三宅村庄屋斉内久右衛門が来て昨日の様子を聞いた。その模様を書き取り差し出させ、灰谷氏は写して本紙は同役方へ持参された。一九日には、小篠原村庄屋安右衛門が、公役見分の時に話があった御用金のことで来られ、その時「三上騒動届ケ書」を持参された。この時の届け書が、先記（史料二）の一〇月一八日付け小篠原村仙台領庄屋苗村安右衛門、肝煎利右衛門・庄七から仙台領の大庄屋灰谷東衛門と仮大庄屋久保甚平に宛てた口上書であった。

一一月一九日には、羽田同役から江戸行していた久保源右衛門等が二一日帰国することを伝えてきた。そして、「甲賀郡徒黨ニ付」勘定所留役両人が大津代官所へ派遣され吟味があることが幕府から命じられ、そのことが江戸屋敷から順々に伝えられてきたので、村々へも写書を回している。

なお、一一月二〇日には灰谷東衛門の倅竹次郎に仮役番代を書面にて（代官）貞治・倉部へ願い出ている。一二月一〇日、代官よりの返書があり倅名代見習御用を認められている。正式には同日付けで願書を上げたようである。当時竹次郎は二四才で、「江州御領分之内西生来村・小篠原村之義ハ中山道筋ニて、公義御茶壺・御大名様方御通行之節御馳走被成迎（カ）候義ニ御座候処、前々者一方江御代官様、一方江ハ大庄屋被指出候へ共近年右両村共ニ大庄屋被指出、拙者共之内御用ニ付上京又者当□（病カ）之節ハ、苗字帯刀御免被成置候庄屋共之内被差出候義ニ御座候処、是以相伺御下知之上首尾仕候義ニてハ指懸り候節心配仕候間」との理由が述べられている。そして、一二月二八日、「倅竹次郎義江名代御用大庄屋仮役御吟味被成下御首尾合御下知被成下候事」とあり、村々へも通知している。

天保一四年正月一四日には竹次郎を同道して上京し、二四日に帰国のため大津まで帰ってきたところ、小篠原村庄屋安右衛門が大津陣屋（代官所）へ、「甲賀郡騒動ニ付」隣村御召のため留め置かれ入牢とのことであった。一揆の舞台三上村に立ち寄ったとのことではなく、隣村のことであるための取り調べであった。京都の代官へ申し上げるため、小篠原村組頭両人と大津から又々上京し、御屋敷へ行き話をした。代官の意向を聞き、大津表へは村方から返答すべきことであり、「小篠原村之義ハ一切右ニ拘り候義ハ無之と、いつまでニても申上候より外無之」と確認した。そして、二五日に京都を出立し、小篠原村へ立ち寄り、鏡に泊まり、二六日に帰宅した。

二九日には小篠原村肝煎庄七が早朝にやって来て、大津陣屋（代官所）へ庄屋安右衛門が留め置かれているため、京都御屋敷への届書などを相談した。明日の上京に伴う添え書きをした。

二月五日には、小篠原村肝煎庄七・組頭新平が、大津陣屋への呼び立てについて相談に来た。恐らくは、大津にいた年寄利右衛門から取り調べ役の関源之進・戸田嘉十郎へ報告した（史料三）のような文書の提出について相談したものであろうか。先記の通り二月八日には、小篠原村庄屋安右衛門が出牢宿下げになった。一五日には、小篠原村肝煎庄七が灰谷氏へ出向いており、「大津一件申聞候」とあり、大庄屋灰谷氏は大津での取り調べの状況を確認している。

二〇日には小篠原村肝煎庄七から紀州様御通行が二九日頃と伝えてきており、二八日小篠原村へ出役し、代官も着き、庄屋安右衛門宅にて泊まっている。二九日御通りがあり、代官と樋溝井用水場所の見分をし、妙見山《（宮）》へ参詣した。安右衛門方に一宿し、翌晦日に帰宅した。

このように、大庄屋は見分役人への対応について大きく委ねられており、領内へ見分役人が入る場合は必ず出役し、その村の庄屋へ必要な指示をしていることが分かる。当初から新開場見分の対象地として心配され、対応が検討されていた市三宅村については、一揆のため見分が成されることはなかったようである。

小篠原村見分とその後をめぐる諸問題

さて、本稿の課題である小篠原村の勘定方の見分については、当初対象としてはほとんど意識されていなかったように見受けられる。橋本村のように日野川の枝川についても、村方で見分はあまり意識されていなかったようであるが、天保一三年二月一二日の時点での書付によって、「枝川」まで調査の対象になることが確認された。

同年二月二二日橋本村と市三宅村の川縁の見分を大庄屋等が行っているが、小篠原村については特に問題となったようには見受けられない。そして、三月三日以降の蒲生野・長谷野での状況は、複雑であるようだが把握されていた。

仙台領は見分による打ち出しの対象から除外されていたと考えられ、そのことは比較的早くに知られるようになったと考えられる。また、六月一〇・一一日の仙台領橋本村における市野等の見分の結果でも全く問題となっていない。やはり仙台領は実質的に見分に伴う打ち出し対象から除外されていた。

しかし、入会地の開発は複数の領主が関係し、利害の対立と問題を生じないでは済まなかった。小篠原村では、旗本斎藤家領と仙台領の入り組みであったが、斎藤家領だけの見分であったことは明らかであった。問題がある場合は、市野等が逗留中に確定することは少なく、移動先へ赴いての調整が続けられていたことが多かったことは、江頭村や蒲生野において確認されていることであった。斎藤家領の打ち出し対象となった土地をめぐっては、やはりその後の交渉が続いたものであろう。

それにつけても、幕府領・旗本領の農民にとって、延宝の検地を受けた上に、天保一三年の幕府勘定方による新開場見分と冥加金の強要などの一方で、彦根領・仙台領では除外されていることへの不公平感を強く持たざるを得なかったことは必然的である。このような地域の人々の間で平等を願い求める思いは積み重なっていったであろうことは十分予想される。相給の一つの村の中で、赤裸々に語られることは控えられたとしても、このような不満の蓄積は、近代の夜明けを願う思いのベースとなったことと考えられる。それも、幕府領や旗本領の村人の中に蓄積していったことは、きわめて重要なことでは無かろうか。その一方で、仙台領といえども御用銀の貸付を返済できない農民が相次いだ上、莫大な御用金の賦課などが行われ、大名領の農民といえども安定したものではなかった。しかし、最近でも仙台領の農民であったことの意識を聞くこともあった。

また、義民録では、市野茂三郎が小篠原村にやって来たのが一〇月六日であるとするが、諸史料による限り一〇月九日である。小篠原村に着いた市野の一行は、村中の田畑を見廻り例の想像測量にて強談を試みたが、澤口丈助は実地の見分を願うと言って強談に応じなかったので、市野も止むを得ず実地の測量を始めたという。その時、調べたところは斎藤家の田地のみであったが、仙台領と斎藤領とが入り交じっているため検地は大変面倒で、三日間にして漸く二町余歩を検査し一反八畝歩を打出したといい、一〇日の夜市野は俄に澤口丈助を召して、甲賀郡の検地を終り野洲川下も村々を見分する時再び来て見分すると申し渡して、一一日に出立して三上村に移ったと記している。しかし、再見分予定の可能性は江頭村等の状況とは大きく異なっているため、きわめて少なかったと考えられる。そして、義民録の記述と史料から確認できる内容とはややずれがあるように見受けられる。

また、一揆の後取り調べのため、野洲郡では二〇余名が守山駅出張所同駅脇本陣辻八兵衛方より切紙を受け、守山へ出、京都町奉行所へ引かれ二条城の獄に繋がれ、その中に小篠原村庄屋苗村安右衛門・同庄屋澤口丈助が記されている。[20]しかし、既に見た苗村安右衛門の動向とは対応しない。

『天保義民録』の記述にあたっては、一揆当時の小篠原村庄屋澤口丈助から話を聞いたことが記され、近隣の村々に比して小篠原村関係の記述が幾つか認められることから、この澤口丈助の語りがその中に反映している可能性を指摘しておいた。そして、意図的でないにせよ、語りの世界は常に変化するものであり、[21]五〇年近く経ってからの聞き取りで、本人の意識の中でも物語化している部分があったのではないかと考えられる。

一揆から一年あまり後の天保一四年一一月、小篠原村の百姓中惣代から肝入衆および庄屋苗村安右衛門に宛てた口上書[22]によると次の通りである。

（史料五）

乍恐以口上書御願申上候

一、江州御領分小篠原村儀、去ル寅十月御公儀ゟ為新開地御擇与御公役市野茂三郎様并ニ御普請役様、京都御役所様・信楽御役所様・大津御役所様都合五方様御入来、当村方者他村与者違空地新開場者無之、年々無地高弁納仕居候村方ニ候へ共、二日二夜不存寄御止宿ニ而多雑費ニ相成困り居候、右御公役様小篠原村御出立鄰（隣）郷三上村江御移御座候間、甲賀郡ゟ百姓大勢押来り御公役様騒動ニ相成、当村方人数之者共同心いたし候哉と御疑心に候哉、当年去ル正月四日ゟ大津御役所江御召呼之儀、村役之者者無申迄茂人別ハ九人ツヽ、永々大津ニ止宿、委細厳重ニ御吟味、去ル二月廿八日迄大津ニ罷居候ニ付、是茂夥雑費相入候、昨今年之間ニ金子三拾六両弐歩相入歎ケ敷候、下地ゟ近年来夥借財有之候上、右甚難儀心配仕候得共、金子出方之儀者致方無之候故、乍恐御上様江御願申上御救助被成下度段、夏以来ゟ度々願出候處、御時節柄之理解品々為御聞御差留之儀御尤至極ニ奉存差扣居候而、百姓共肺腑を痛深々心配仕候へとも、近年相嵩候借財元金者無申迄も、利足等出方甚難儀仕居候上、昨今年之間公役懸り夥相費重々難儀ニ御座候旨御察知之通ニ御座候、甚々恐多儀ニ而申上兼候へ共、右雑費金半金御助成被成下度段御願被下度、御上様へ攀縋り申ゟ無他事候、以御慈悲相續為致被下度、乍恐御願申上被下度候、以上

天保十四年　　小篠原村

卯十一月　　百姓中

惣代

肝入衆中殿

庄屋《しょうや》
苗村安右衛門殿

これによると、この小篠原村は他村と違い、空地新開場は無く無地高を弁納しているような村であるにも関わらず、寅十月公儀公役市野茂三郎・普請役と京都御役所・信楽御役所・大津御役所から来られ、二日二夜止宿になり費用がかさみ困っている。

公役が隣郷三上村へ移られたところ、甲賀郡から百姓が大勢押し来り騒動になった。小篠原村からも同心したのでないかとの疑心からか、天保一四年正月四日から大津御役所へ召し呼ばれ、村役の者は勿論人別九人ずつ大津に泊まって、厳重に吟味があった。二月二八日まで大津に滞在したので、これも夥しく費用がかかり、昨年から今年の間に三六両二歩も費用がかかったとしている。大津での取り調べの面では一〇ヶ月ほど後の記録であるが、この記述に間違いがないとすると、正月から約二か月大津に村人が詰めていたことになる。

下地（村）では近年来夥しく借財がある上のことであるので心配である。しかし、出金のことはしかたがないので、上様へ救助下さるよう夏以来願い出たところ、時節柄差し止められてたいへん心配している。近年かなりに登っている借財元金は勿論、利足等の出方にも難儀している上に、昨今年の間公役懸りも夥しく難儀していることは御察知の通りであるとして、右の雑費金半金を助成下さるよう上様へ願い出るよう肝煎・庄屋に願っている。領主に対する仁政・救済への願いが大変強かったことを窺うことができ、仙台領の思いを伝える文書として興味深い。

ところで、野洲郡における見分に対しては肥物値下げを名目に庄屋たちの集会が行われたが、九月一六日付で一七日正五ツ時桜生村寳樹寺へ肥物一条歎願のことについての参会を呼びかけた側七か村の中に小篠原村が記されている。[23] 集会参会者は村々の庄屋であり、このような肥物値段引き下げを名目にした会合の動向については、大庄屋灰谷氏には伝えられていない。[24]

大庄屋と京都にいた代官や留守居役とのかかわり、大庄屋と庄屋以下の村役人の関わりなどをかいま見ることができる。幕府の見分役人への対応については、仙台領の場合大庄屋が大きな役割を担っていたことが見て取れた。そして、藩財政の窮乏化と著しい御用金の賦課に対しても、大きな負担を強く担わされていた。[25]

おわりに

さて、「御用諸事扣日記」には、一揆から一年近く後に次のようなことが記されている。

天保一四年九月二三日の夜分に内野村庄屋与兵衛・肝煎傳九郎両人が来た。昨年蒲生野公役市野茂三郎の見分の後「三上騒動」になり、流れになり決着していなかったが、公儀より何の沙汰も無かった。ところが、彦根領小脇郷役人に「公義ゟ此度江戸表ニ而天料向御見分ニ御勘定方其外役人勢州四日市当十一日着ニて、夫ゟ順々江州表へも御越之趣ニ而、蒲生野御見分有之様子にも相聞へ候ニ付」、手ぬかり無きように命じられた。用水は小脇郷と一体であるので、仙台領内野村から掛り村へも通知するようにとのことであり、大庄屋へ伝えに来た。「拙者了簡ニハ昨年御見分騒動一義相片付不申内有間敷哉、尚又彦根御領ゟ見分手配り抔ハ公義江之役方江昨年書付等も上ヶ置事能《(カ)》彦根ゟ役方罷出当方領分ゟも役方出下身いたし候事余り不宜哉ニも存候、此度之公役御見分之節ハ拙者共罷出御挨拶可申事とも存候」と指示をした。

また、二五日には、「蒲生野公役曽根寛衛門殿等御見分新開糺し方ニ付有之節ハ村役人呼出吟味も可有之哉ニ而江戸表ゟ順々被仰渡候付、其談し合等ニも出勤いたし候事」とあり、蒲生野見分新開場調査が、再度具体的に動いていたことが確認できる。
野洲郡江頭村の場合も、天保一五年五月の新田検地帳があり、新田の検地の上で八町三反余（高四一石余）が高入れされるに至っている。しかし、小篠原村の場合、湖岸部や大きな河川沿いの村からすると新田開発可能地がほとんどない村であり、そのような新田打ち出しの可能性がなく、残された史料の上でも確認することはできない。にもかかわらず、斎藤家領での打ち出しが強行されようとしたことも事実であった。

（付記）

先頃、苗村安右衛門の一五〇回忌法要を養専寺で営まれたことを苗村和正氏からお聞きした。苗村安右衛門や澤口丈助の動きを史料的に裏付けられるものはないかと地元史料を調べてみたが、確認することができずにいた。ところが、天保一揆の時に仙台領大庄屋を務められた灰谷家に史料が伝えられその中に可能性がないかとの思いで、史料調査をさせていただいたところ、幾つかの史料を確認することができた。これは、八日市市史編さんに伴う調査がなされていたからこそ可能であったといえる。一揆にかかわった苗村安右衛門の子孫の一人として天保一揆研究に取り組んでおられる苗村和正氏からの要請もあり、この場に紹介させていただいた。読み違いなども心配はするが、近江天保一揆研究にとって大切な史料の一つと考えられる。なお、今回割愛した蒲生野をめぐる動向なども興味深いものであり、今後検討していきたい。
末筆ながら、大切に史料を伝えてこられた灰谷精一氏と灰谷家の方々、調査のご援助をいただいた山岡静枝氏、共同調査者の本夛桂氏に心よりお礼申し上げたい。地元小篠原の史料については、小篠原区や苗村治一氏、鷲田忠雄氏・鷲田平一朗氏のお世話になった。記して感謝したい。また、長年お世話になった寺井秀七郎先生と大谷雅彦先生の仕事の落穂拾い的な資料紹介ではあるが、両先生の研究の後を受け、ささやかながら努力していきたい。両氏のご冥福をお祈りしたい。

注

（1）一八九三年九月、東京・高知堂刊

（2）拙稿「天保一揆史料について（1）大篠原共有文書」（『野洲町立歴史民俗資料館研究紀要』第四号　一九九四年。本書第二章一）、「天保一揆史料について（2）——天保十三年藤谷氏日記——」（『野洲町立歴史民俗資料館研究紀要』第五号　一九九五年。本書四章一）、「近江天保一揆について——一揆の原因『天保検地』を中心に——」（畑中誠治教授退官記念論集『近江歴史・考古論集』一九九六年。本書第二章二）、「近江天保一揆の記録『百足再来記』のこと」（『滋賀県地方史研究』第九号　一九九八年。本書第四章三）、「天保一揆史料について（3）「三上騒動始末記」——野洲郡に流布した一揆記録——」（『野洲町立歴史民俗資料館研究紀要』第六号　一九九九年。本書第四章四）

（3）『八日市市史』第三巻近世　一九八六年

（4）灰谷家文書は『八日市市史』の編纂時に調査され、今回の史料閲覧については、ご当主灰谷精一氏、八日市市教育委員会の山岡静枝氏にお世話になった。なお、市野茂三郎の蒲生野の見分については『八日市市史』に紹介されており、たいへん興味深いが、かなり複雑であり本稿では割愛した。別途検討したい

（5）澤口丈助は、明治二六年（一八九三）三月、七四歳で亡くなった。

（6）灰谷家文書J1—26—36

（7）灰谷家文書F1—44

（8）後述、史料五、鷲田平一朗家文書

（9）小篠原共有文書。表紙左下に「壱石ニ付五付掛り」とあり、合計三九四匁九厘が集められた。寺・宮・入作を含め一四六人が負担した。
（10）利右衛門と庄七の肩書きが「年寄」とあるが、史料一・二では「肝煎」とあり、両用されている。
（11）灰谷家文書K1—79—26
（12）灰谷家文書F1—53
（13）灰谷家文書K1—79—129・130
（14）灰谷家文書J1—58　御用諸事扣日記
（15）灰谷家文書JI—56
（16）江戸出府の理由については次の通り記されている。「右江戸行之義者、西老蘇村治兵衛親子之事、建部傳内様と出入故障付、建部家ゟ御公儀江願相成、依而当領西老蘇村江掛り之もの御呼立ニ相成、当江戸御屋敷ゟ京都御屋敷江向ケ名前書印御呼立ニ相成候付、久保源右衛門・南文吾・黒瀬傳左衛門・黒瀬増之丞・久保源治五人、御屋敷江当廿日まで御召出しニ到来、御公儀御役所ハ当廿五日と申事、甚タ心配ものニ候へ共機明事出立被致候事」とあり、長逗留となった。
（17）灰谷東衛門の日記天保一三年二月一四日の項に記されている。
（18）三月二日には小篠原村穀屋庄七が肝煎役退役願いの話し合いに来ているが、そのままであったようだ。
（19）この一〇月一〇日、岩根村の二人の庄屋庄内と弥八が、小篠原村へ御機嫌伺いに行き、灰谷東衛門に出会ったことが弥八の日記に記されている。（前掲拙稿「天保一揆史料について（2）——天保十三年藤谷氏日記——」、本書第四章一）
（20）義民録一二九頁
（21）桜井厚「はじめに——調査の方法とその意味——」『人びとが語る暮らしの世界——野洲の部落史——』一九九九年
（22）鷲田平一朗家文書　社会2
（23）前掲注（2）「天保一揆史料について（1）大篠原共有文書」

(24) 灰谷氏は、小篠原村の庄七等とともに肥料を扱う商人仲間であり、利害の違いもあったのであろうか。

(25)『八日市市史』第三巻近世　一九八六年

(26) 前掲拙稿「近江天保一揆について――一揆の原因「天保検地」を中心に――」。本書第二章二

【補注】初出は「天保一揆史料について（4）――仙台領市三宅村・小篠原村の動向を中心に――」（『野洲町立歴史民俗資料館研究紀要』第七号　二〇〇〇年）で、付録史料として収録した天保一三年・一四年の「御用諸事扣日記」（抄録）は、本書では省略した。初出稿を参照されたい。

四、天保一揆の舞台　三上村

はじめに

近江天保一揆は、天保一三年（一八四二）一〇月一四日から一六日にかけて起こった近江最大の百姓一揆で、湖岸あるいは河川沿いの新開場等見分のため派遣された幕府勘定所役人市野茂三郎等の一向が滞在していた三上村へ一揆勢が押し寄せ、見分の一〇万日日延べを勝ち取り、退散したものであった。

この一揆から五〇年目を意識し、自由民権運動の中で執筆された『天保義民録』[1]は、今日この一揆を研究する上で基本的な文献となっている。一揆の実態を明らかにし、読み解いていくことは、地域の重大な課題であり、地域での一揆研究の成果としては、寺井秀七郎・大谷雅彦両氏の論考[2]がある。大谷氏の著作『夜明けへの狼火――近江国天保義民誌――』は、一揆から一五〇年目の顕彰活動の高まりの中で執筆されたものである。また、歴史民俗資料館としても大切なテーマであり、一五〇年目の平成一四年度秋期特別展「燃える近江――天保一揆一五〇年――」以来、ささやかながら史料紹介を中心に進めているところである[3]。

本稿では、一揆の舞台となった三上村を中心に関係史料の紹介をしておきたい。

三上村の概要

三上村は、現在野洲町大字三上に当たり、野洲川の右岸扇状地の付け根付近に位置する村で、野洲川が村の南西辺を限り、秀麗な山容のため神体山の信仰をもつ三上山全体が村域に含まれている。また、古い歴史をもつ御上神社が鎮座し、特色あるずいき神輿を奉納する秋祭りは、若宮殿相撲御神事と呼ばれ、古い歴史とともに注目されている。また、三上村は、江戸時代中期元禄一一年（一六九八）三上藩遠藤氏一万石の陣屋が置かれ、天保一三年（一八四二）一〇月一六日近江天保一揆の舞台となった村で、一揆の発頭人とされた土川平兵衛は三上村の庄屋であった。

　元禄九年（一六九六）五月「江州野洲郡三上村指出帳」[4]によると、家数一四二軒でその内一一一軒が本百姓、三一軒が水呑、内一八軒が隠居で、人口七九五人であった。春祭りの祭礼に神輿をかく駕輿丁、神主・社家・侍方などの区分が認められる。秋祭りは、春祭りとは別のまとまりである長之屋・東座・西座の三つの座に別れて祭りが運営される。[5]寺院の檀家関係も入り組んでおり、村内の構成はかなり複雑である。

　明治初期の『滋賀県物産誌』で三上村は、人口八一四人内二六人が士族とされている。戸数一七六軒で、農一五七軒農業の傍ら日雇い稼ぎや小商いをする

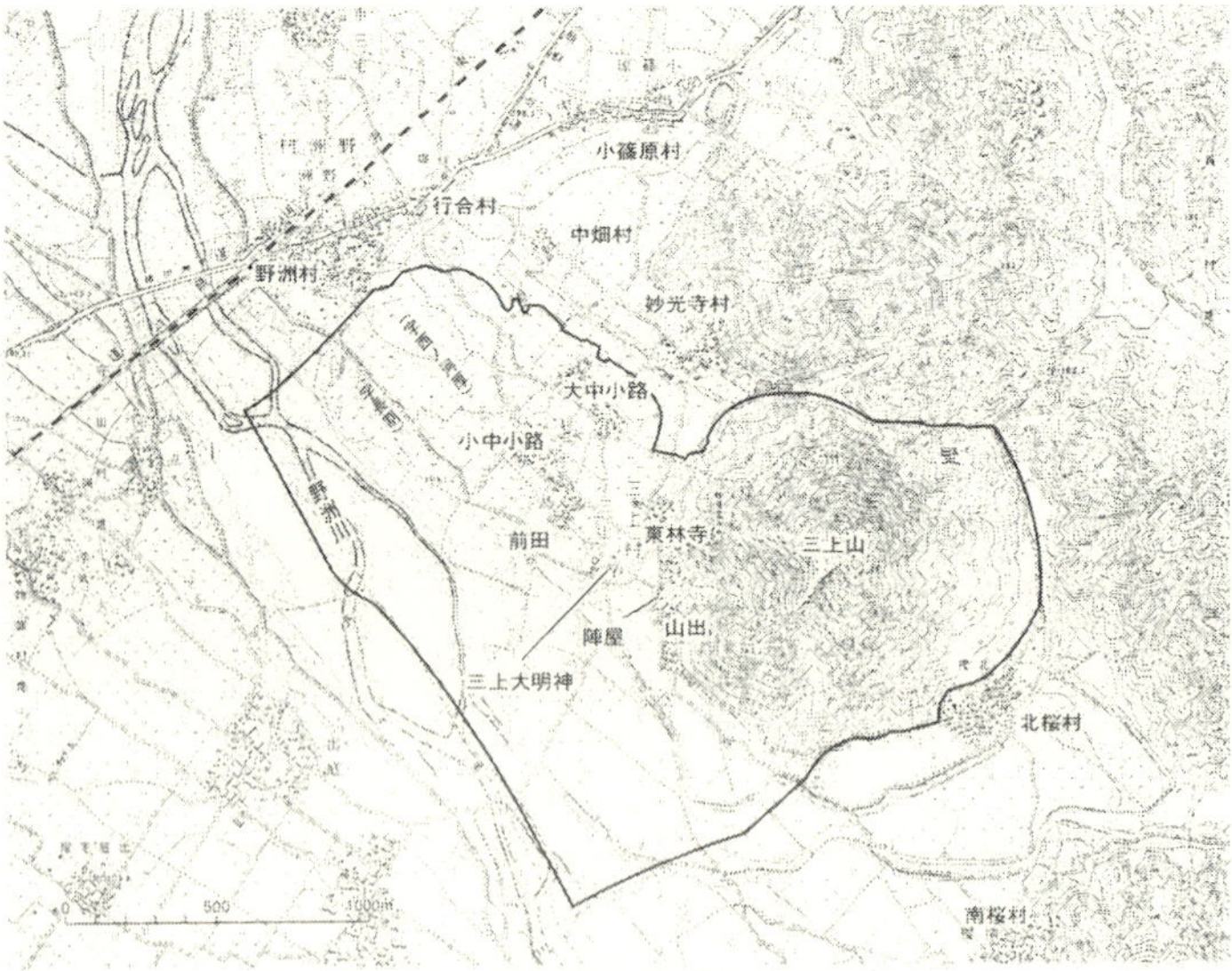

三上村周辺地形図（25 年測図）

ものがあり、工五軒は大工を職とし、酒屋が一軒あった。反別二〇六町八反六畝一八歩の内、田地一三一町三反一五歩、畑六町八反一歩、林地三七町八畝一〇歩などとなっている。林地には松樹が多いとあるが、これが三上山に対応する。大きい村であり、村の中は東林寺・山出・前田・小中小路・大中小路の五つの集落からなっている。

平野八右衛門の報告

さて、一揆勢に対応した三上藩の郡方代官兼給人の平野八右衛門から藩主遠藤胤統[6]に、天保一三年一〇月一七日付で一揆のことを記した書状が知られ、義民録に収録されている。そして、義民録には平野氏の報告を受けて遠藤氏から幕府へ報告した文面も収録されている[7]。この幕府への報告文面は、水口藩大庄屋山村十郎右衛門の日記、天保一四年二月六日の項にも記され、確認することができる[8]。

平野八右衛門は、天保一三年一二月の取り調べ時四二歳と答えており、幕府の見分役人市野茂三郎の本陣は大谷治之助の兄で大庄屋大谷治太郎宅が充てられていた。治太郎は平野とは従弟の関係という。

一揆の当日の三上村の様子は平野氏の報告が最も詳細で、この一揆研究に欠かせない記録であり、その内容は次のようなことであった。

川縁見分の公役市野茂三郎と普請役両人、京都町奉行所組同心両人と大津・信楽代官手代両人は、一一日夕に三上に着き、一二日から新田向を見分し、陣屋より一人が立会った。ところが、一五日夜八ツ時（二時頃、一六日）三上藩領の甲賀郡朝国村の庄屋が、川上の村々から大勢が押懸けて来るので注意するように伝えた。このため陣屋へ出勤し、下役ども一統を呼び出し相談の上、三上村庄屋から普請役へ届け、市野の本陣へ届けたが、捨て置くようにとの下知であり未明の頃まで控えていた。

そうしたところ、また、甲賀郡植村庄屋が、同様に届け出た。横田川辺（野洲川の上流部横田の渡し付近か）は大勢集っているので、水口家中が警備に出たが対応できなかったとの風聞であり、八右衛門が本陣へ届け出たところ、市野が言うには、「定て願筋に而も可有之、於三上村不騒立様能々下知可致」とあり、三上村で騒ぎ立てないように指図せよとのことであった。

最早郷堺までやって来て人音が夥しくなったところ、本陣から使者が来て、陣屋役人に早々詰めるように言ってきた。陣屋門前は神山靭二郎と下役の棒突一〇人にて固めさせ、八右衛門が本陣へ行ったところ、普請役から、「本陣へ大勢入り込んではいけないので、門前にて固め、願筋があれば取り次ぐよう」との差図があった。

その内、「数萬之人音」にて陣屋の裏表通りへ一面に参り、三上村寺々の釣鐘を撞き立て、家毎に入り込み食を乞うので、三上村の者が八右衛門に、未明の頃より今四ツ時（一〇時頃）までに家毎に米を焚き出し、当年の御年貢までも焚き出すようになったので、三上村退転のため公役の立ち退きを願いに来た。何時落着とも分からないので、願筋を申し出るように触れたが、まず食を求めてきた。

そこで、八右衛門から市野へ陣屋への移動と籠城の覚悟を促したが、市野は移らず、一統同道にて大勢集っている所へ行って、願筋を聞くことを伝えたが、大勢のことであるため後に居る者は口々に、「何事を承候哉、市野さ江突殺候得者大望也」と大声を上げるのみで、何時治るか分からない状態であった。

それから公役方は本陣へ引き取り、八右衛門が門外近辺に居る老年の者と見れば一々押し留め先のことを伝えていたところ、「三四人心得候者」が言うには、「此度大勢箇様に集候者中々人間業には無之、何れ子細なくては不参、右願望と申候は是迄壱度弐度川見分にて地面減申候、右様見分さゑ無之候得者無難に身命も送り候所、追々見分有之候而は終は落命にも可及、依之妻子を捨候て右様罷出候、此上幾度御出役にても命限り如此度相成申候間、以来は野洲川筋見分無之旨書付を貰ひ候得は一統引去可申」と言うので、騒ぎ立てないように伝え本陣へ戻ると、後から大勢が随い本陣門前に控えていた。

最初三上村役人の歎願のことを公役衆に伝え、尤もに思われたのか、少々鎮まったら大津まで引き取る積もりで、門内に御用物・乗物や駕両掛等が並べられていた。市野へ百姓願望の次第を申し入れ、百姓一揆を引き取らせるため方便の取り扱いのほどを申し入れ、文言を普請役とも相談の上「再野洲川見分之儀は為相見合可申」旨の書付ができた。

八右衛門が受け取り門前へ出て書付を高く上げ見せたところ、印形が無いと口々に言うので[9]、早々調印すると言っておいて調印を申し入れた。最早御出立の積もりで印形も片づけてあり手間取っている内に、一人が門前から小石を投げたところ、それより段々石・瓦をどっと投げ出し、そうして近辺の大勢も追々門内へ入り込み、御用物をはじめ追々打ち潰し、玄関までも大石を投げ込んだ。市野は裏手より山へ逃れ、三上村百姓両人の案内で姥ケ懐という百足穴まで逃げ延び、大勢が追い掛けたが見失った。

それからまた裏表より本陣へ押し掛けたが、最早本陣に人無く、普請役藤井鉄五郎・信楽手代柴山金馬・平野八右衛門が、片端より突き殺そうかと相談し、本陣の槍で、門内へ入り込んだ者を片端より突き廻った。陣屋表門前まで追い詰め、陣屋を守っていた鉄炮を受け取り大勢に向って、命が惜しければこの書付で承伏するように促したところ、一人が振るいながら書付を受け取りに来た。懐中より印紙を取り出し渡したところ、有難いと言ったが、「大勢之事に付一統へ披露致し弥承知に候得は早々可引去、若又外に歎願之筋も候得は可申出」とのことであり、平野は本陣へ戻った。

門前に固めていた大谷治之助方へ書付を持ってきて、「見合と御認なれは限も難分候間、十萬日日延願出度」

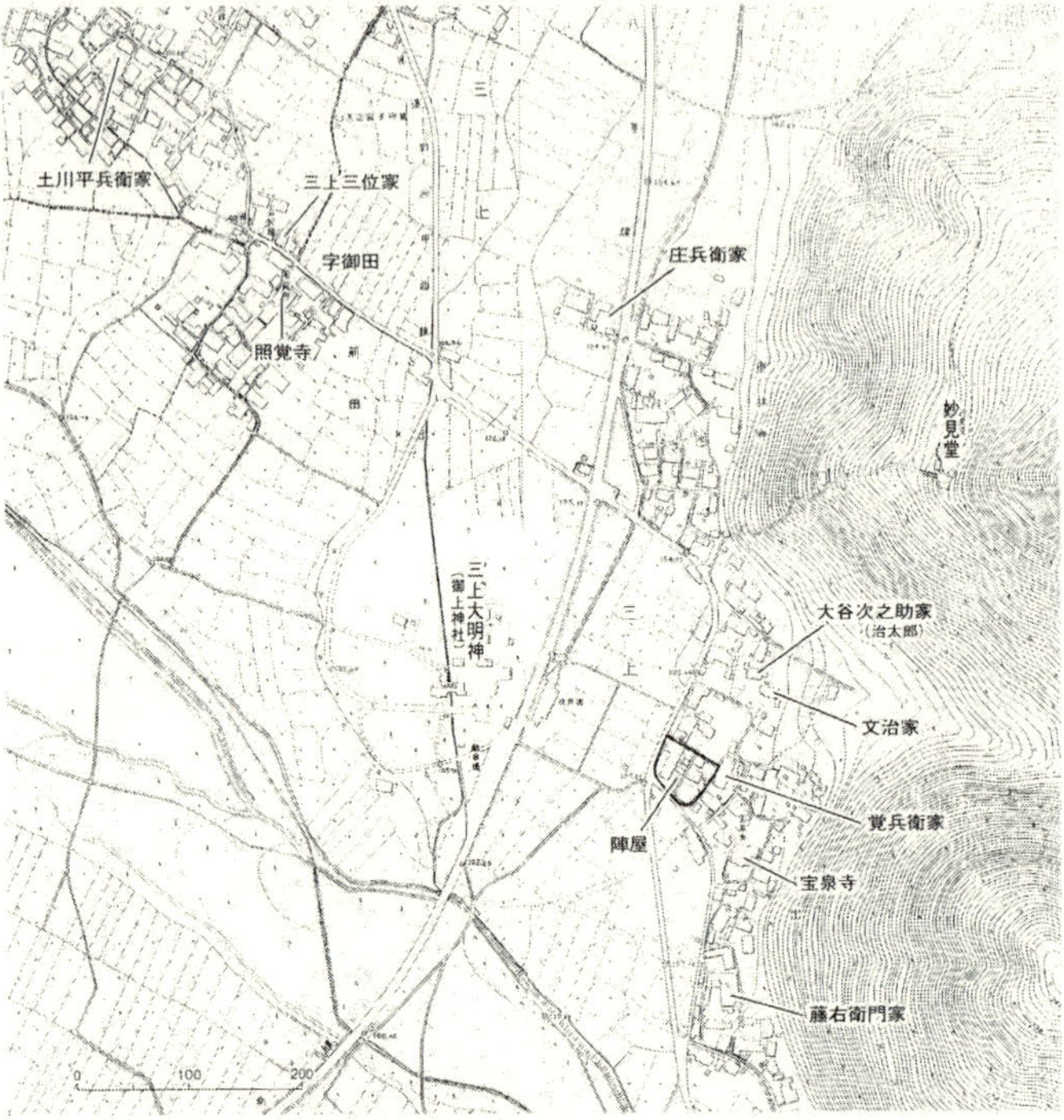

三上陣屋周辺地形図（昭和 35 年測図）

と大谷より伝えて来たので、普請役が書き直して渡したところ、代官所手代の印形も申し受けたいとのことであるので、両手代の印形付に取り替え渡したところ漸く納得した。しかし、大勢のことで末々に行き届き兼ねるので、障子の裏に大文字にて「今月今日より十萬日日延」と書いて見せたところ、一統は有り難がり追々引き去った。この時七つ（午後四時頃）過であった。

それから山へ迎え人を遣し本陣に一統が揃ったところ、市野より八右衛門へ丁寧で懇ろの挨拶があり、御用物その他残らず微塵になったので、陣屋の明き長持三棹・使者駕・両掛等を用立て、守山宿まで送り出した。一七日暁より八右衛門が見届けに大津まで行ったところ、一六日夜九つ時（一二時頃）大津に着いていた。それから、辻村へ出張の膳所役人と京都同心のやりとりのことや、百姓退去の後川下から押し来るとの注進があったため、八右衛門から膳所出張役人に加勢を頼みにやったが、野洲村へ集まった者が川原を通り引き取った音とのことであったので、即刻断にやったことを記す。

また、騒動中に山より見た者などに聞くと、凡四万人計は居たかといい、九つ時（昼の一二時）頃は三上五か寺は勿論隣村寺々の釣鐘をも撞き立てすごかったこと、百姓共を槍・剣で追い払い、手疵・薄手はあろうが即死は一人もなかったことなどと、翌日より彦根ほかより見舞があり、答礼の使者を出したことを報告した。

この報告の後、一揆の取り調べのために幕府から関源之進と戸田嘉十郎が派遣され、天保一三年一二月一四日大津に到着し取り調べを行った。義民録には、陣屋役人に対する取り調べの様子について、平野八右衛門が報告した下書が収録されている。紙幅の関係もあり省略するが、一揆の時夜にはいると陣屋を始め焼き立てるとの流言があったことも記されている。

土川平兵衛について

その二度目の報告の末には、三上村の庄屋平兵衛を心配しながら、下説であるがとしながらも、市原村治兵衛・宇田村惣兵衛から肥し物直下ケ歎願の寄合の時、密々川見分歎願の目論見をしたとのことで、平兵衛もそれに加わり、川上村々への触頭であり、使いの者などから白状し知れた。川下へも触れたとの疑いで、平兵衛は勿論川下村々も厳しい取り調べであること、「既に廿八日（一二月二八日か）御役所へ平兵衛も召し出され、見受けた供人によると白洲まで駕で出る状態で、誠に見る影も無いと語ったようである。

大谷雅彦著には照覚寺に伝えられる土川平兵衛家の過去帳が紹介され、平兵衛の母は沢田又右衛門の娘イシで、平兵衛の妻ミサは市木作左衛門の娘であった。土川氏は、御上神社の春祭りに裃を着用し帯刀して御輿の後につく侍分・仲衆の中に認められる。土川平兵衛家の以前は少兵衛または庄兵衛を名乗ったようで、平兵衛を名乗るのは延宝五年（一六七七）頃からと言う。そして、延宝期以降の石高の上昇が著しい。

平兵衛家は、元禄年間には照覚寺本尊の光背を寄進し（五両二分）、天保八年の山門新築には平兵衛自身が檀家惣代として奔走している。庄屋土川平兵衛と見えるのは文化一〇年（一八一三）以降と言われ、一揆の時の平兵衛がその職に就いたのは、父平兵衛が没した文政一〇年（一八二七）で、平兵衛二七歳の時という。

義民録には、平兵衛について「平兵衛天資慈仁言に訥にして行に敏なり、陽明王子の学を喜び、中江藤樹の人と為りを慕ふ、壮なるに及て里正となる、躬行実践を以て先とす、人皆其行に服す」とあり、庄屋としての活躍は、文政一一年守山宿の助郷勤番で、助郷の負担が大藩の領民には軽く、小藩や旗本の領民に重いことに憤慨し、五月道中奉行に訴え、弊風が改められたという。

ところで、新開場の見分は天保八年（一八三七）には江戸新肴屋町家持與兵衛により企てられ、この時の嘆願書に惣代の一人として三上村庄屋平兵衛が見られ、この時の惣代中に岩根村の庄屋庄内、深川村の庄屋安右衛門のように天保一三年の一揆関係者の名前を確認することが出来る[10]。この時点で、一定のネットワークがあったことを確認することが出来る。

ところで、最初朝国村からの報告を元に普請役や市野の本陣へ届けたのは庄屋平兵衛であったらしい。その後平兵衛はどうしていたのか記録には現れていない。平野氏の報告では、一揆勢のために炊き出しを行わざるを得ず、速やかに公役に退去して貰わないと三上村が退転することを村人が願ったとあり、村民を代表する村役人からの願出と考えられる。しかし、ここでも庄屋平兵衛の名は出てこない。義民録では、速やかな取り鎮めあるいは三上村立ち退きを市野茂三郎に迫ったのは、年寄役の内堀善左衛門と記しているが、事実のほどは明らかでない。陣屋役人や大庄屋役の大谷氏が市野等の周りにいるとしても、三上村の庄屋平兵衛が一揆の舞台にいないわけに済まないと思われるが、どうであったのだろうか。

「御公役御出役之節日記」

「御公役御出役之節日記」(11)は、天保一三年一〇月、三上大明神（御上神社）の神主家の三上三位内安之丞が書き留めた記録で、三上三位の屋敷は前田集落の一角にあった。表紙ともで四枚の小横帳、一〇月九日から一〇月一六日の間の三上村での状況や見分役人の動向が記され、風聞が書き留められている。全文は次の通りである。

「（表紙）天保十三寅十月

御公役御出之節日記

三上家

安之丞」

一、九日夜、妙光寺村ヨリ廻状参り、其夜村々寄合之事

一、十日、早朝ヨリ村々道作り、同日諸々本田字ノ札差し、則、此方屋敷田へ札差し候故、是ハ弥次兵衛へ申遣し、札写せ候事、八反之供田ニも字御田与申札立置候間、是又弥次兵衛右之札ハ間違与申候處、右

同人申候ニハ、何れハ何れも字斗り之札与申故、其侭ニて差置候事
十一日、同様道作り、今夜八ツ頃妙光寺ゟ三上へ御出之事、宿者大谷次之助・文次・藤右衛門・角兵衛・さノ庄兵衛也
十二日、早朝ヨリのどめ、四ツ時分御公役宮森りゟ御田筋ヲ、手前門前西ノ川原へ御見分ニ御出之事
十三日、御休之事、今日手前守山辺迄参りかけニ下ノ永割畑ヲ見物致候所、右畑者別段三上大明神除地与申札有之候事、右ニ付心配致候へ共、手前手送《(遅)》れ之事故、其侭見居り候事
十四日、御公役御休之事
十五日、同段御休之事
十六日、朝六ツ半頃ゟ宮森り之上ニ大勢かのなくごとくこへ致、其侭村さハぎ、門之戸しめくれ与五郎兵衛ゟ申参り、差急キ門ハ申およハず家も戸しめ切居り候處、最早宝泉寺之つりかね早づきニ致、其間ニ宮へ大勢寄集り、三上人々者面々ニぬげかへり、夫ゟ追々みのかさニてまへ田・小中小路へ家々へ仕度ニ参り、正覚寺之つりかね・半しよ・大こふを打、皆々竹やりを三上ノ人々をおい通し、当所人ハ面々ニかくれる也、在所ハ面々身分相應ニめしたきふるまう事、夫ゟ九ツ時分ニ陣屋本へ不残人々つめかけ、凡四《二》千人斗之人与申事、御公役ハ山へかけ込、平野八右衛門及大谷次之助挨拶ニて十万日之日延をしよじニ書、一札差出し候ハヽ、夫ニて引取候由承り、山へ千人餘も役人尋ニ上ル事、大谷之高へをこし御役人の籠かご・長持ふミくだき、帳面等も陣屋之ほふりへ打捨候而引候事
一、野洲村抔ものうの人よびよせ、面々家〆切少々ツヽ、たべ物のよおい致由承り
一、先大勢人々ハ水口《土山》在より桜迄之人々ニ承、凡村数ハ百弐拾ケ村程申事、人数ハ四千人餘与承候

これによると、一〇月九日の夜、妙光寺村から廻状が来たので、その夜寄合を行い、一〇日には早朝から道普請をし、同日本田の字名の札を差し立てている。安之丞の屋敷田へも札が差してあり、八反の供田にも「字御田」との札が立てられていたので、間違いであると言ったところ、どの札も字のみが記されているとのことでそのままにしておいたようである。

一一日も道作りを行い、その夜八ツ頃（午後二時頃か）妙光寺から三上村へ幕府の見分役人市野茂三郎等の一行がやってきている。この時の宿は、大谷次之助・文次（大谷）・藤右衛門（桑川）・角兵衛（羽田）と、さ（里＝東林寺）の庄兵衛（山田）とのことであった。前四者は三上藩の陣屋元の「山出」集落にある。藤右衛門家は、陣屋元の郷宿であった。

一二日には、早朝から「野止め」とされ、四ツ時分（一〇時頃）公役は御上神社の森から北側の御田を通って下手の「西ノ川原」を見分に行っている。一三日〜一五日には見分が行われていないと記し、一三日に安之丞が守山辺へ行くときに下の永割《長割》畑を見たところ、「三上大明神除地」との札があり心配したが、手遅れであるのでそのままにしておいたとあり注目される。

詳細は明らかでないが、三上村役人が「長割」の畑を偽って「三上大明神除地」と記していたらしい。後述する見分に伴い作成されたと考えられる絵図では、「三上大明神除地 見取場 除地」と記されている。何とかして新たな打ち出しを拒否する努力がなされていたことを確認することが出来る。

一揆当日の一六日の様子では、朝六ツ半頃（七時頃）に大勢が押し掛け、村では門の戸を閉めるように触れた。最早宝泉寺の釣鐘を早撞きされ、宮（御上神社）へ大勢が集まり、それから前田・小中小路の家々へ食を求め、照覚寺の釣鐘・半鐘・太鼓を打ち、竹槍をもって三上の人々を追い、在所では身分相応に飯を炊き出したといい、午前中は一揆の者が村内に散在したようである。しかし、九ツ時分（昼一二時頃）には陣屋元へ残らず詰めかけ、凡四千人あるいは二千人ばかりと記しており、この日の午後に一揆勢とのやり取りがなされたことが確認できる。公役は山へ駆け込み、平野八右衛門と大谷次之助が応対して十万日の日延を障子に書き、一札を差し出したところ、それで引き取ったとの伝聞は、平野氏の報告とも対応する。御役人の籠・長持を踏み砕き、帳面等も陣屋の堀へ打ち捨てて引いたとのことも対応する。

また、隣村で中山道沿いの野洲村でも炊き出しの用意をしたらしいこと、一揆勢は土山～桜（南桜）までの一二〇か村程で、人数は四千人余りと聞いたことも、身近な伝聞として注目されよう。一揆勢の人数については、平野氏の報告では山より見た者の話として凡四万人ばかりとあり、大きく食い違っている。また、遠藤氏から幕府への報告では二、三万人となっている。

寅十月の三上村絵図

次頁に収録した三上村絵図（初出紀要巻頭や一九九二年展示図録にも掲載）は、縦六四・二cm横五四・一cmの彩色された絵図で、絵図報告者記載部分が切り取られていることが特徴である。「寅十月」とあり、天保十三年一〇月の市野等の見分に伴い作成された絵図と考えられる。切り取られたのは、この部分に一揆の発頭人とされた三上村庄屋平兵衛の名前が記されていたため、憚ってのことであろう。

小山川・大山川が合流して砂川として南西に流下し、字前河原の墓所横を通って、祇王井の取口近くで野洲川に合流している。この合流点付近の「高之内田畑荒地之分」「秣草場」に色分けされた土地が、川沿いの開発可能な新開場等として議論が出たことが予想される。その中には黒く塗られた堤も描かれている。字前河原は「高

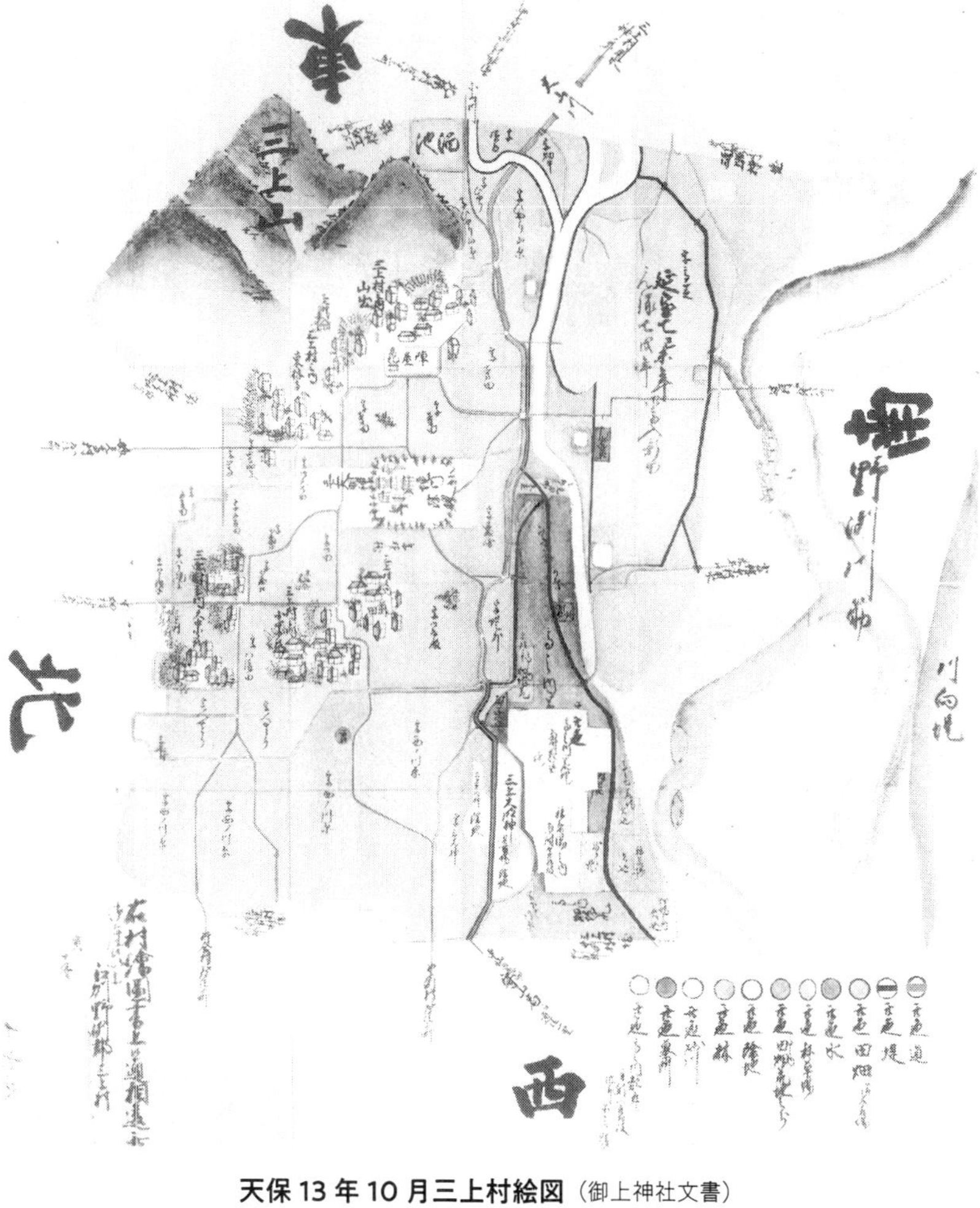

天保 13 年 10 月三上村絵図（御上神社文書）
（野洲市歴史民俗博物館図録『天保一揆とその時代』2005 年から）

之内荒地」とあり、「字錠ノ前高之内 畑地荒」、字下ノ川原付近に「秣草場」「高之内畑地荒」、堤南沿いには（野洲川側）には、「墓所」「高之内落地欠込」「秣草場之内欠込」「畑地之内欠込」の記載が認められる。そして、貼紙がなされ、色は塗られていないものの、「此色 高之内荒地 当時起返地」「秣草場之内 当時開発」「残り地」が記されている。

その北隣には「三上大明神 見取場除地」が比較的大きく描かれ、その隣に「三上大明神除地」も描かれ、現在の御上神社周辺も「三上大明神 境内除地」として大きく桃色に描かれている。黄色で大きな面積をしめる部分は「田畑并見取場」で各所に字名を記しており、字前河原東端には「字梅ノ木見取場 木立」が記され、野洲川と砂川の間には大きく「字高芝 延宝七己未年・元禄七戊年 御高入新田」と記されている。勿論五つの集落や、山出の一角には「陣屋」「高札」も描かれている。

ところで、先の貼り紙については「当時〇〇」の記載があり、天保一三年当時をさしている可能性も考えられよう。

天保一三年一〇月一三日、三上安之丞が下の永（長）割畑を見たところ、「三上大明神除地」との札があったことを心配した場所は、先の「三上大明神 見取場除地」と記された場所のことと考えられ、小字長割と赤土原の部分に相当する。この絵図では、「三上大明神 境内除地」とともに、除地が広く描かれていることが考えられる。

そして、この絵図を描いたのは、次に紹介する三上村諸入用〆高書出し帳からすると、「画ノ具紙いろいろ代一、金壱歩」を支払われた「大治」、すなわち市野茂三郎の本陣を勤めた大谷治太郎では無かろうか。大谷氏は平野氏と共に三上大明神の社家で、初期の庄屋を勤めた家柄であり、天保期当時大庄屋を勤め、三上村における発言力はかなり強かったものと考えられる。

ここでは、三上安之丞が気づいたような現地の札に偽装を施していたこと、この絵図で確認されるように絵図にも事実と異なる誇張した記載をし、村ぐるみで新開場の打ち出しに抵抗していたことを、垣間見ることができよう。

天保一四年七月三上村諸入用〆高書出し帳(12)

この記録は、横帳で表紙書きは次のよう記されている。

「天保十四年　三上村

諸入用〆高書出シ帳

天保十三寅十一月十一日ゟ十六日迄
川筋御見分
市野茂三郎様

同寅十二月廿四日ゟ卯二月廿八日迄
大津御役所ニ而御調役
関　源之丞様
戸田嘉十郎様

卯七月割合可仕もの也」

三上村の「諸入用〆高書出シ帳」で、天保一四年七月に村人に割り当てたもののようである。表紙共で横折りにした料紙七枚で、その内容からも村財政全体と考えることは出来ず、表紙上段に記載された天保一三年一一月一一日から一六日に掛けての川筋見分役人市野茂三郎等の来村に伴う費用と、同年一二月二四日から二月二八日までの大津代官所での取り調べに伴う費用のみの書き出し帳と考えられる。天保一四年七月に精算し三上村内の

天保14年7月割合　三上村諸入用〆高書出シ帳記載内容

区分・内容		銀高		仮番	備考	紙数
米２６俵	30匁	代	780.00匁	1		2紙表
去寅暮他所江払銀〆高			2貫 119.24匁	2		2紙表
又妙光寺薬代落			4.00匁	3		2紙表
去寅暮他所江払銭〆高	30貫 116文	代	301.16匁	4		2紙表
合			2貫 424.40匁	5		2紙表
寅１２月ゟ卯７月迄８ケ月利足			193.96匁	6		2紙表
元り　〆			2貫 618.36匁	7		2紙表
						2紙表
村々扣江口々惣〆高	金 8両 1歩2朱	此銀	544.38匁	8		2紙表
村々扣江口々惣〆高	銀		111.71匁	9		2紙表
村々扣江口々惣〆高	銭33貫 171文		331.71匁	10		2紙表
口々〆			4貫 386.16匁	11		2紙裏
米２６俵		代	780.00匁	12	(=1)	3紙表
銀口々〆高	銀		2貫 234.95匁	13	(2+3+9)	3紙表
銭口々〆高	銭63貫 287文	代	632.87匁	14	(4+10)	3紙表
口々金〆高	金 8両 1歩2朱	代	544.38匁	15	(=8)	3紙表
〆			4貫 192.20匁	16	(12～15)	3紙表
８ケ月利足他所払高			193.96匁	17	(=6)	3紙表
覚兵衛	金 1両	代	65.00匁	18	此金３歩之礼ニ相成候	3紙表
太三郎手間代４人分			6.00匁	19		3紙表
飯代３７人分			22.20匁	20		3紙表
手間ほうき代　九兵衛・覚兵衛・治兵衛			3.00匁	21		3紙表
勘兵衛　酒６升代			9.00匁	22		3紙裏
肴代			12.40匁	23		3紙裏
宿５軒へ			48.75匁	24		3紙裏
別茶代	金 3歩			25		3紙裏
守山送り人足１５人代　賃銀			7.50匁	26		3紙裏
野村行人足			1.50匁	27		3紙裏
寅１２月１６・７日分大津行入用　勘兵衛			2.15匁	28		3紙裏
しの原　伊助　ぼんほり直しちん			2.00匁	29		3紙裏
〆			373.46匁	30	(17～29)	3紙裏
惣　〆			4貫 565.66匁	31	(16+30)	3紙裏
内						3紙裏
木銭米代　小しの原・中畑ゟ見舞とも	此金 1両 2歩		97.50匁	32		3紙裏
は銭	473文	此銀	4.73匁	33		3紙裏
野洲ゟ見舞入	白米 2俵	代	64.00匁	34		3紙裏
小以			166.23匁	35	此金平兵衛ニ宿預ケ置也	4紙表
差引卯７月止元り〆			4貫 400.18匁	36	(31-35) 残り割合ニ成	4紙表
						4紙表
(貼り紙)						4紙表
２口合　７貫９２匁５分　入免高				37	(36+45)	4紙表
外ニ付落分						4紙表
						4紙表
「大津入用」						4紙裏
日賃付添１３７人代　但し１人ニ付１匁つゝ			137.00匁	38		4紙裏
人別日賃１０８人半　但し右同断			108.50匁	39		4紙裏

日賃　宝泉寺一条					31.70 匁	40		4紙裏
めしたき日賃２３０人　但し右同断					230.00 匁	41		4紙裏
飛脚賃					2.95 匁	42		4紙裏
大津行飯代并小入用とも					2貫 167.37 匁	43		4紙裏
送り人足賃并飛脚賃とも					14.80 匁	44		4紙裏
７ヶ月７月迄元り　〆					2貫 692.32 匁	45	(38 ~ 44)	4紙裏
内								4紙裏
去寅１２月２８日大津行ニ付平兵衛入宿候処之引也、此分作左衛門江戻ス		金　2両		代	130.00 匁	46		4紙裏
引　〆					2貫 562.32 匁	47	(45-46)	4紙裏
矢橋送り人足	作兵衛				1.80 匁	48		5紙表
道具代	伊右衛門				2.00 匁	49		5紙表
取持挨拶	勘左衛門		2朱			50		5紙表
跡片付手間	作兵衛				1.00 匁	51		5紙表
大津行日賃別礼	作左衛門				4.00 匁	52		5紙表
落	庄兵衛				20.00 匁	53		5紙表
米駄ちん	嘉右衛門				1.50 匁	54		5紙表
米駄ちん	平兵衛				2.00 匁	55		5紙表
米駄ちん	七兵衛				4.50 匁	56		5紙表
大津へ夜通し行賃	覚兵衛				2.60 匁	57		5紙表
大津へ夜通し行賃	七右衛門				2.60 匁	58		5紙表
十箱２つ風呂敷２つ代	文二				3.00 匁	59		5紙表
酒１斗代	文二				15.00 匁	60		5紙表
割木代	利右衛門				18.00 匁	61		5紙表
画ノ具紙いろいろ代	大治	金　1歩				62		5紙表
薬礼７５服代	東弥	金　2歩				63		5紙表
いろいろ〆	庄屋				6.00 匁	64		5紙表
飯代払大津	作左衛門		572文			65		5紙表
酒３升代	勘兵衛		450文			66		5紙裏
肴代	庄屋		124文			67		5紙表
飯代１８人分	庄屋				14.40 匁	68		5紙裏
平兵衛分　作左衛門へ戻ス		金　2両		代	130.00 匁	69		5紙裏
雑用心付		金　2両		代	130.00 匁	70		5紙裏
矢倉迄送り并もち代共	由兵衛				1.20 匁	71	内２分もち代	5紙裏
矢倉迄送り并もち代共	市右衛門				1.60 匁	72	内６分もち代	5紙裏
大津行手間２人分	文左衛門				3.00 匁	73		5紙裏
畳３畳代損料	庄三郎				1.50 匁	74		5紙裏
損料	善次郎				0.30 匁	75		5紙裏
損料	四郎右衛門				0.30 匁	76		5紙裏
かまと共ニふんじつ物代	角兵衛				5.00 匁	77		5紙裏
瓦１８枚　但し１枚４分つゝ	宝泉寺				7.20 匁	78		5紙裏
大津行落入用	庄屋				5.24 匁	79		5紙裏
手間代	与兵衛				1.80 匁	80		5紙裏
大津行入用落	吉兵衛				1.50 匁	81		5紙裏
京行矢橋舟ちん	弥次兵衛				1.64 匁	82		5紙裏
京役所行飛脚賃	弥次兵衛				9.00 匁	83		6紙表
縄２なわ代	孫左衛門				0.25 匁	84		6紙表
六尺３本代	孫左衛門				0.45 匁	85		6紙表
大津行入用落	四郎左衛門				2.00 匁	86		6紙表
飯代〆違	庄屋				7.70 匁	87		6紙表
〆					477.42 匁	88	(48 ~ 87)	6紙表

2口入高合	7貫 569.92 匁	89	(37+88)	6紙表
内江				6紙表
5ヶ村并ニ出作とも割合銀入	7貫 245.01 匁	90		6紙表
引〆　不足	324.91 匁	91	(89-90)	6紙表
				6紙表
外ニ　小　長右衛門違	4.38 匁	92		6紙表
小　勘左衛門違	1.04 匁	93		6紙表
小　惣次郎違	1.88 匁	94		6紙表
小　〆違	0.80 匁	95		6紙表
さ　庄兵衛落　2朱		96		6紙表
さ　庄兵衛釘代落	8.71 匁	97		6紙表
与惣右衛門違	0.86 匁	98		6紙表
畳損料落　儀平	3.00 匁	99		6紙裏
山　初午講なし	5.50 匁	100		6紙裏
了簡遣ス　文治	32.50 匁	101	10月28日渡す	6紙裏
了簡遣ス　甚兵衛	8.13 匁	102	10月28日渡す	6紙裏
日賃了簡遣ス　善左衛門	32.50 匁	103	10月28日渡す	6紙裏
利足違差引不足村々出銀差引致し不足也	98.44 匁	104		6紙裏
大津行入用落　権四郎	1.60 匁	105	儀兵衛へ渡ス	6紙裏
源太郎　戸尻開キテ了簡遣ス	12.12 匁	106		6紙裏
小以	219.58 匁	107	(92～106)	6紙裏
				6紙裏
2口合　不足	544.49 匁	108	(91+107)	6紙裏
内				6紙裏
日光掛り2分石折分此處へ入候也	248.86 匁	109		6紙裏
引〆 11月28日改　不足	295.63 匁	110	(108-109)	6紙裏
又				6紙裏
大谷寅年他所払之落	77.22 匁	111	此り9匁2分7厘	6紙裏
同人借入1ヶ月利足	5.63 匁	112		6紙裏
七兵衛戻し　戸尻違	10.34 匁	113	12月25日傳左衛門へ渡ス	6紙裏
勘左衛門二重相出分戻し	36.00 匁	114	12月25日傳左衛門へ渡ス	7紙表
神山様草苅場田割違戻ス	9.00 匁	115	12月28日勘左衛門へ渡ス	7紙表
金10両利足寅12月扣分源三郎ゟ出分	91.00 匁	116	大谷様渡し置候事	7紙表
小以〆　不足	238.46 匁	117	(111～116)	7紙表
				7紙表
2口合　不足源三郎扣相出	534.09 匁	118	(110+117)	7紙表
又　小ノ善七大津行入用落　485文		119	辰正月4日渡ス	7紙表
				7紙表
惣〆　不足扣	538.94 匁	120	(118+119)	7紙表
11ヶ月利	59.30 匁	121		7紙表
〆　辰正月5日改	598.24 匁	122	(120+121)	7紙表
内　辰9月折合入	494.18 匁	123		7紙表
引テ　不足　辰9月14日年寄衆立会之上改	104.06 匁	124	(122-123)	7紙表

五か村と出作に高割りにしたようであるが、一一月二八日の改め、辰（天保一五年）正月五日の改、九月一四日の改まで記されている。その内容は前掲表の通りである。

まず米二六俵の代銀七八〇匁が記されており、これについては、一揆勢が三上村へ押し寄せたとき炊き出しを余儀なくされた分と考えられよう。市野等が分宿した宿五軒の費用四八匁七分五厘、別に茶代金三歩や酒代・肴代なども宿に関係するとも考えられる。畳の損料、紛失物代と考えられるものも認められる。また、宝泉寺では瓦一八枚、代銀七匁二分が記され、大津入用の中にも「宝泉寺一条」の記載が認められる。陣屋に近い宝泉寺では、かなり被害があったことが考えられる。なお、一揆勢が乱入して鳴り物を打ち鳴らし、大の鉦鼓や鐃鈸等が破損したため鋳造し直したことが伝承されている[13]。

一揆勢が引き取った後公役を送り出したことは他の資料から明らかになっているが、守山送り人足一五人の賃金は、この時のことと考えられよう。そして、小篠原村・中畑村・野洲村からの見舞いも確認することができる。

つぎに、大津での取り調べに伴う経費も多く記されている。「大津入用」との表題の続きの記載からは、付添人が延べ一三七人大津へ行ったことが分かる。「人別日賃」一〇八人半は、人別帳の提出を求められ、一揆当日の村人の行動の取り調べが細かくなされたことが、他村の事例から明らかであり、それに関わるものであろう。また、先記の宝泉寺への乱妨に関わること、「めしたき日賃」二三〇人は炊き出しに伴う取り調べであったと考えられよう。炊き出しをした人々も召し捕らえられ、場合によっては入牢を命じられたことがあったらしいことは、他の事例でも知られている[14]。その他大津行きに伴う経費が散見され、京役所行飛脚賃なども認められる。

天保一三年一二月一六・一七日勘兵衛が大津へ行っており、一二月二八日平兵衛が大津へ行っていたようであり、他に平兵衛の記載も見受けられるが、大津での取り調べの動向について細かく確認することはできない。ただ、「薬礼七十五服代　一、金弐歩　東弥」などは、取り調べで衰えた平兵衛に関わるとも考えられよう。

ともかく、天保一四年七月段階での一応の締めとして、銀七貫五六九匁九分二厘、金に換算すると一一六両一歩三朱余になり、米で換算すると二五二俵余になる。この経費は三上村内の五つの集落の村人と出作の百姓に割合徴収されたが、三二四匁九分一厘の不足を生じている。なお、これ以外にも付け落ちなどもあり、天保一五年正月五日の改では、五九八匁二分四厘の不足となっていたことが分かる。三上村は大きい村であるとはいえ、天保一五年正月の不足額を勘案すると八貫七五匁九分五厘＝一二四両余の負担は決して少なくないものであろう。

おわりに

天保期は飢饉の影響もあり全国的に百姓一揆が多発したが、一揆側はその効果の面から時と場所をよく吟味していた。この時も、三上陣屋の武装兵力は大きくないこと、藩主が幕府の要職の若年寄であったことなどを考えたことであろう。平野八右衛門や大谷次之助の仲介があって、一揆勢は幕府の政策に対し事実上廃止に相当する十万日延証文を得た。村々の庄屋が多く関係し、厳しい取り調べ等により犠牲者が出、今日天保義民として伝承されている。そして、この事件は、幕府の崩壊をはやめる要因の一つともなったと考えられる。

三上村に残された天保一揆関係史料や庄屋平兵衛の名前を記した文書は、かなり少ないと考えられる。それは、紹介した絵図の切り取りに一端が見られるように、一揆により百姓衆が願っていた幕府の見分が沙汰止みとなったとはいえ、発頭人とされた庄屋平兵衛の名前を公言することを憚ったことにも表れていよう。また、私たちが一つの頼りとする『天保義民録』執筆に伴う資料の集積とその後の事情も関係することも考えられよう。

今後町史編さん事業や郷土史の編さんにおける資料の悉皆調査の推進によって、埋もれた資料の発見も可能となるとも考えられよう。しかし、残された資料が少ないとはいえ、その資料から少しでも多くの歴史を読み解くことも課題であろう。

本稿で見る限り、市野等の見分は三上村においては、本田まで検地をするような連日の作業ではなく、一〇月一二日の実地見分のみで、一揆により中止になった。そして、村では三上大明神の除地を大きく描き、事実と異なる表示を行い、村として防衛に勤めたことが微かながら認められそうであることを見た。

ところで、当初横田川原に集合して公役と折衝することを目指し、横田川原集合以後の一揆勢の動きは、モッブ的な大衆の動きとして見る向きもある。しかし、横田の渡し付近と三上村との間は一〇km以上あり、それだけ離れて市野等と折衝することはそもそも無理であろう。三上村の本陣前で平野八右衛門と折衝を進め、「一〇万日日延べ」を導き出した指導者「三四人心得候者」の存在をしっかり確認しておくことが重要であろう。

一揆の現場で証文に印形が無くては後の証拠にならないと主張したのは、義民録の平野八右衛門への宣告状には杣中村平兵衛とあり、上野村九兵衛の罪札には杣中村平治とある。また、市原村治兵衛の指図で小石を投げた者がいたことは柑子袋村文書[15]からわかる。ただ黄瀬文吉の死により彼に罪をかぶせるような風聞があった[16]ことも既に紹介したところであり、留意しながら分析を進める必要があろう。

また、意外に一揆に対応した平野の報告文が二件も残されたことは、この一揆を研究する上で幸いである。また、明治も間近になった天保期に発生したこと、関係村が多いこともあって、三上村の史料が少ないとはいえ、この一揆に関する史料は決して少なくない。一揆参加者を出した村々、事前の協議に関係があった村々をはじめ、その周辺への情報の伝播も含め、幅広い史料の調査と分析が必要であろう。

一揆から一五〇年の取り組みから一〇年、一揆の舞台で土川平兵衛の村三上で、二〇〇二年一〇月一九日天保義民土川平兵衛顕彰会の結成総会が開催された。その会場で、三上の秋祭り（ずいき祭り）の翌日、後縁の日の一〇月一五日は、三上では「平兵衛さんの日」として灯を上げてきたと語られた。

本稿を起こすについて、三上在住の研究者であった大谷雅彦氏の成果に多くを拠っている。そして、地域の事情に詳しい三上の方々に教えられることが多かったことを記し、一々ご芳名を掲げていないが、お許しを頂きたい。また、今回紹介した史料所蔵者の一人粂川良一氏が去る一二月お亡くなりになった。伝聞等もお聞きしておくべきであったかとも思われるが、ご冥福をお祈りしたい。

ところで、活発になりつつある学校における地域史学習、ことに調査学習について求められるものは、「現代も歴史の一シーンであって、過去に存在した人々と同様に、自分もそのシーンの中である役割を得て演じることが可能な存在であることに」気づくことであり、実感することにより「長いスパンの中で自分を客観視する視点」が養われる。「流れる時代の中で現代を客観的に見る視点が生まれたとき、私たちは未来を前倒しに食いつぶしていくような現代社会の特徴にはじめて気づき、対処の必要性を実感することができる」のであろう。「地域史学習を進めていく上で生徒が感じる時間を超えたリアリティー」[17]が、広く必要とされているように思われる。このことは、一揆を伝承し、あるいはズイキ祭りを伝えることなどにも通じているように思われる。因みに、このとき地域に残る遺跡や博物館資料が、地域に残る伝承とともに、リアリティーを呼び起こしてくれる有力な媒体であることに異論はないであろう。

この近江最大の百姓一揆が多くの人々の関心を呼び起こし、一揆と義民の伝承と研究が進むことを念願し、微力ながら努力したい。比較的一揆の舞台に近いこともあって、思い込みなども危惧しないではなく、ご批判を御願いしたい。なお、本稿の内容の一部は、本年（二〇〇三年）二月一六日の歴史民俗資料館友の会歴史セミナーで紹介したが、当日は時間の制約等もあり、本稿で補足しておきたい。

注

（1）河邨吉三『天保義民録』東京高知堂　一八九三年（明治二六）。以下義民録と略す。

（2）寺井秀七郎『義民庄屋平兵衛』一九八二年。同「三上騒動」（『野洲町史』第二巻）一九八七年。大谷雅彦『夜明けへの狼火――近江国天保義民誌――』天保義民一五〇年顕彰事業実行委員会発行　一九九二年。

（3）野洲町立歴史民俗資料館展示図録『燃える近江――天保一揆一五〇年――』一九九二、拙稿「天保一揆史料について」（一）～（五）（『野洲町立歴史民俗資料館研究紀要』第四～八号）ほか。本書第二章・第四章の各稿。

（4）御上神社文書

（5）滋賀県選択無形民俗文化財調査報告書『三上のずいき祭り』ずいき祭保存会二〇〇一年

（6）野洲町立歴史民俗資料館展示図録『東氏・遠藤氏と三上藩』一九九四年

（7）前掲大谷著でも紹介されている。

（8）『甲賀郡志』。遠藤氏からの報告文は、義民録では一〇月二三日付になっているが、山村氏の日記では一〇月二七日付になっている。また、一揆の人数について前者は凡弐三萬人程、後者は凡三万人余となっている。

（9）この時印形が無くては後の証拠にならないと主張したのは、義民録の平野八右衛門への宣告状には杣中村平兵衛とあり、上野村九兵衛の罪札には杣中村平治の指図があったことを記す。市原村治兵衛の指図で小石を投げた者がいたことは柑子袋村文書（一九九二年図録）から分かる。

（10）『滋賀縣史』第五巻参考資料集「天保川筋調願出覚」川辺元三郎所蔵文書

（11）この史料は、『近江村落社会の研究』第六号社会伝承研究会一九八一年に「御上神社文書」として目録が紹介され、解説が付されている。現在三上区有文書（御上神社一時保管分）として登録し、当資料館に寄託されている。別筆で文字

練習の跡が認められるが、後掲の翻刻では省略した

(12) 粂川良一氏蔵、野洲市歴史民俗博物館寄託。

(13) 大正一〇年(一九二一)八月、橋本利右衛門七二才が記した福聚山寶泉寺の記録帳には、「一、天保十三年十月三上騒動ニ際シ住職不在中多人数乱入シテ諸鳴物ヲ乱打シテ終ニ大ノ鉦鼓并鐃鈸等破損ス(其后鋳物師ニテ修理シテ今尚什器ニ現存ス)と記されている。

(14) 拙稿「天保一揆史料について(5)——神崎郡小幡村坪田利右衛門家文書——」(『野洲町立歴史民俗資料館研究紀要』第八号 二〇〇一年。本書第四章二)

(15) 前掲一九九二年野洲町立歴史民俗資料館展示図録

(16) 注(14)に同じ

(17) 引用は藤野敦「学校教育における地域史学習の現状と課題」(『地方史研究』第三〇〇号 特集史料保存・活用の新段階へ向けて、二〇〇二年)による。

【補注】初出は「天保一揆史料について(6)——一揆の舞台 三上村を中心として——」(『野洲町立歴史民俗資料館研究紀要』第一〇号 二〇〇三年)。本書第二章七では、南桜村庄屋武兵衛と三上村庄屋平兵衛代勘兵衛が戸田村の彦四郎に事前の相談に行ったことが知られる。その勘兵衛家は、前田村酒屋勘兵衛として確認でき、一揆の時酒桶の栓を抜かれたとも言い伝えていた(『野洲町史編さんだより』第三三号 二〇〇三年)。

五、永原村と天保一揆　――永原共有文書を中心に――

はじめに

近江天保一揆は、幕末期の近江を考える上で欠くことのできない大事件である。天保一三年（一八四二）一月、日野川下流の野洲郡野村を最初に実施された幕府の見分役人市野茂三郎一行の土地調査に端を発している。慶長七年の検地や幕府領に実施された延宝五年の検地（検地帳は延宝七年）のような本格的な土地台帳作成を目指したものではなかったが、「天保検地」とも呼ばれることがあった[1]。

近江の国高は秀吉時代には七七万石であり、全国の六六ヶ国中東北地方の多くを占めた陸奥に次ぐ石高であるが、国別では近江が最大で近江の米の生産力は注目すべきものがあった。太閤検地以降検地がなされるが、江戸時代を通じて琵琶湖周辺、殊に内湖岸等の開発が徐々に進められ、領主等による土地の把握も進められた。天保期の幕府の動きは、琵琶湖岸や琵琶湖に注ぐ川沿いの土地等で開発された土地や開発可能な土地の把握が目指され、当時の史料では「見分」と記され、新たに把握した土地について年貢等の賦課を目指したものであることは間違いなかった。

蒲生郡・神崎郡の一部そして野洲郡の村々を廻村し取調がなされ、天保一三年一〇月一六日、それに反対する野洲・栗太・甲賀三郡の農民が、野洲川沿いの三上村に滞在した見分役人市野茂三郎の元に強訴に押し掛け、一〇万日日延べを約させた[2]。この大事件に対し、事件後厳しい取調がなされ、処罰を受けた犠牲者は「天保義民」として顕彰が進められている[3]。

ところで、幕府の勘定留役関源之進・戸田嘉十郎が大津代官所で硬軟取り混ぜ取調を行い、三郡の村役人に対しては、一揆当日の村人の行動を取り調べ一揆参加者がなかったか報告を求めている。村には取り調べ役人の求めに応じて、村人一人一人の行動を取り調べ押印を求めた資料が残っている事例が知られる。大篠原共有文書中にもその種の資料が残されており、本書に紹介したところであるが、[4] 野洲郡須原村（野洲市須原）でも同種の資料が確認され紹介された。[5]

天保一三年一〇月一六日は、西暦では一八四二年一一月一八日であり、複数の村で一五歳以上の男子に限るとはいえ村人の行動を知ることが出来るまれにみる資料である。今後資料調査により更にいくつかの村で確認されるものと考えられるが、村人の日常生活の一端がのぞき見られ、天保期の近江の村落社会研究の資料として活用の可能性も考えられる。本稿では、前記二つの事例に加え、永原村（野洲市永原）の事例を紹介し検討したい。

1．大篠原村の場合

大篠原村（野洲市大篠原）は元和六年（一六二〇）から市橋氏（仁正寺藩、陣屋は日野町西大路に所在）の藩領で明治を迎えるが、中山道沿いの集落で、広い山を含んでいる。天保郷帳では、村高一六六八石一斗、外に山林方五石八斗一升二合が知られる。大篠原村の場合については拙稿で紹介したが、大篠原共有文書中の天保一揆22とした表紙書がない文書に九三名分の記録があり、天保一揆19とした文書に二一名分の記録があるが、両者の間に二名分の同一人名の人が認められ、当日の行動内容は前者において知ることが出来る。

後者においては、目立職で野洲村辺へ行き人気に誘われ三上村鼻まで行った嘉蔵、馬引きで守山宿で人気に誘われ三上村鼻まで行った岩蔵と忠三郎、往来働きで守山宿からの帰りがけに人気に誘われて三上村鼻まで行った佐次郎、小篠原村へ行って出火と思い妙光寺村鼻まで行った与三郎の五人が記されている。しかし、天保一揆17の口上書では、この五人の他に平助が加えられ、六人について「三上村江多勢人気被誘引罷出候節、三上村江罷出候者共御座候」とされている。(6)

大篠原村の村人の特徴は、前記の三上村近くまで行った人が確認できることであるが、概要は次表のとおりである。村人にとって最も大切な農作業については、田苅り七名、藁積み二名、田掘り五九名、麦蒔き一一名、肥持ち五名、藪こぼち一名も田畑の開墾関係とすると八五人が確認され、二つの文書に記載された一一三名に対し七五%を占めている。

大篠原村役人については一揆当日の記録がなく明らかでないが、大津での厳しい取調で帰らぬ人となった庄屋甚兵衛については、人名記載のない口上書(天保検地20)が、甚兵衛のものと考えられる。三上村騒動について往来する旅人が噂し、同領で組郷である妙光寺村が心配になり八ツ時(午後二時頃)前に出掛け、七ツ時(午後四時頃)前に妙光寺村に着き庄屋忠三郎方へ行き加わった者はいないかなどただしたところその心配はないこと、三上村役人から公役の人足を頼んできたので行かせたところ、最早必要無しとのことで差し戻しになったことを聞き安心して大篠原村へ帰ったと記されている。三上村まで行ったとは記されていないので明らかでないが、甚兵衛が少なくとも三上村の隣村である妙光寺村まで一揆当日出掛けて行ったことは間違いなかろう。三上村へ一揆勢がやって来たのは一六日朝(七時頃)で、一揆勢が陣屋付近に集まったのが九ツ(昼一二時頃)頃、一〇万日日延べを伝えられ引き取ったのが七ツ(午後四時頃)であり、(7)甚兵衛の動きは気にかかるところであろう。

表1　天保13年10月16日野洲郡3ヶ村の村人行動

行動区分		大篠原村				永原村				須原村			
		人数	人数計	%	%	人数	人数計	%	%	人数	人数計	%	%
農作業	田苅り	7				53				13			
	藁積み	2				2							
	田掘り	59				21							
	肥持ち・肥掛け・肥やし	5				4				1			
	麦肥やし入れ		85	75.2			106	62.4		1	40	66.7	
	泥持ち									2			
	畑打ち					1				1			
	藪こぼち	1			77.0				72.9				75.0
	麦蒔き	11				25				22			
農雑務	内仕舞・内働き					17							
	臼すり・籾摺り	1								2			
	稗打ち									1			
	米踏み		2	1.8		1	18	10.6			5	8.3	
	麦踏み	1											
	縄ぬい									1			
	俵編み									1			
職人ほか	桶屋手伝い	1											
	左官手伝い					1							
	大工職					1							
	綿打ち					2							
	内職		5	4.4		2	6	3.5			1		1.7
	下駄歯入									1			
	村内職	1											
	村内日用	1											
	在宅	2											
湖水	船造り									2	3	5.0	
	剱魞稼ぎ									1			
病気	病気	5	5	4.4		7	7	4.1		3	3	5.0	
手習い	近隣手習い									1	1	1.7	
奉公	近隣奉公					1				3			
	大津商家奉公						1	0.6		1	6	10.0	
	京都武家奉公									1			
	江戸商家奉公									1			
出張	近隣出張	7				12							
	浜出し					1							
	北村葬儀					16							
	八幡へ買物	1	8	7.1			32	18.8			1	1.7	
	浅小井医師行き					1							
	京都出張					2				1			
不明	不明	8	8	7.1			0	0.0			0	0.0	
合計		113	113	100.0		170	170	100.0		60	60	100.0	

（須原村については、注5水本邦彦論文による。）

2．須原村の場合

須原村は、野洲川の北岸の村高四四〇石余りの近世村で、内湖を持つ。東側には中世文書の存在で知られる安治村や野田内湖で知られる野田村があり、西側は堤村そして野洲川の北流が流れていた。

水本邦彦氏の報告(5)によると、須原村は、中期までは淀藩領に属し、天保二年（一八三一）からは幕府直轄領、幕末には会津藩松平氏の領地となった。天保六年（一八三五）閏七月の「差出し帳」（八四号）によると、田方反別三六町八反七畝歩で石高三六一石九斗六升八合、畑方六町七反三畝二二歩、七八石四斗三升二合で、家数は四四軒、男子九四人、女子一一八人で人口二一二人であった。また、湖岸部の村として船を保有しており、天保一二年調べの「船数書上帳」（一七九号）によると、丸船一、小艜魚船一、小艜船二、田地養船三八の計四二艘を保有していた。

天保五年一〇月付け「近江国野洲郡須原村地先大久保新田検地帳」（七二号）には八町六反七畝一五歩、六七石七斗三升一合の新田が記録され、この新田に関係する資料が多く残されている。なお、野洲郡須原村の大久保新田開発の動向は、本村希代氏の報告がある。(8)

さて、天保一三年一〇月一六日、天保一揆時三上村に甲賀・栗太・野洲三郡の農民が押し寄せた時の須原村の村人行動は、天保一四年一月調査し報告した「御尋ニ付拾五才以上人別連印書上帳」が須原区に残されている。前掲の大篠原村の事例に対し、須原村の場合は各人の年齢なども記され、詳しい内容となっている。

「昨寅年宗門御改」（天保一三年三月）に基づき記載されている一五才以上の男子六七人で、内死去三人、「出家」三人、縁付いた者一人を除いた六〇名が、その日の行動を届け出、捺印している。それによると表1のとおりで、過半の四三人が農作業に従事していた。農作業の内容については、田苅り一三人、籾摺り二人、稗打ち一人、泥持ち二人、麦肥やし入れ一人、畑肥やし入れ一人、畑打ち一人、麦蒔き二二人となっている。なお、縄ぬいと俵編み各一人も農作業の内に考えると、六〇人中四五人四分の三が農作業と考えてよかろう。単に「農業」と記される三人については親子関係から同一作業として推定して数字を考えたが、なお、近隣の奉公先で籾摺りをしていた二人もおり、農作業の比率はより高くなる。

須原村の村人の農作業には、山手の大篠原村では見られない湖岸部独特の泥を取って田へ運び入れる「泥持ち」が認められる。稗打ちも注目され、「湖水剱魞にて稼ぎ」や船造りをしていた船大工も認められる。湖岸部独特の作業とともに、六〇人の男子の一割にあたる六人が奉公に出ていたこと、病気や障害・高齢のため家にいた者も三人を数えることも注目されている。

3．永原村の場合

永原村は、朝鮮人街道沿いの集落で、天保八年の「近江國郷帳」によると、永原村の中村を含む村高一〇二〇石三斗九升四合、内九六九石七斗六升三合多羅尾靭負支配所、一六石七斗八升八合施薬院知行、二〇石八斗中嶋武太夫給地、八石四升三合天神社領、五石常念寺領、外に天満宮神事田除地五石八斗、薬師堂除地五斗八升、十王堂除地四斗四升が記されている（野洲町史第二巻）。

江戸時代は幕府領で寛永元年芦浦観音寺が代官として治め、施薬院・中嶋武太夫采邑があり、元禄元年代官角倉与市、元禄四年小野半之助、元禄六年猪飼治郎兵衛、元禄九年西与一左衛門、元禄一一年金丸又左衛門、宝永四年石原清左衛門、正徳元年雨宮庄九郎、正徳三年古郡文右衛門、享保六年多羅尾四郎右衛門、元文三年石原清左衛門と幕府代官が支配してきた。天明七年小笠原山城守提封となり、文化一三年また幕府領として代官多羅尾織之助が支配し、文政元年井上河内守提封となり、天保七年多羅尾織之助に代わり、天保九年土岐豊前守朝海の采邑となり、その

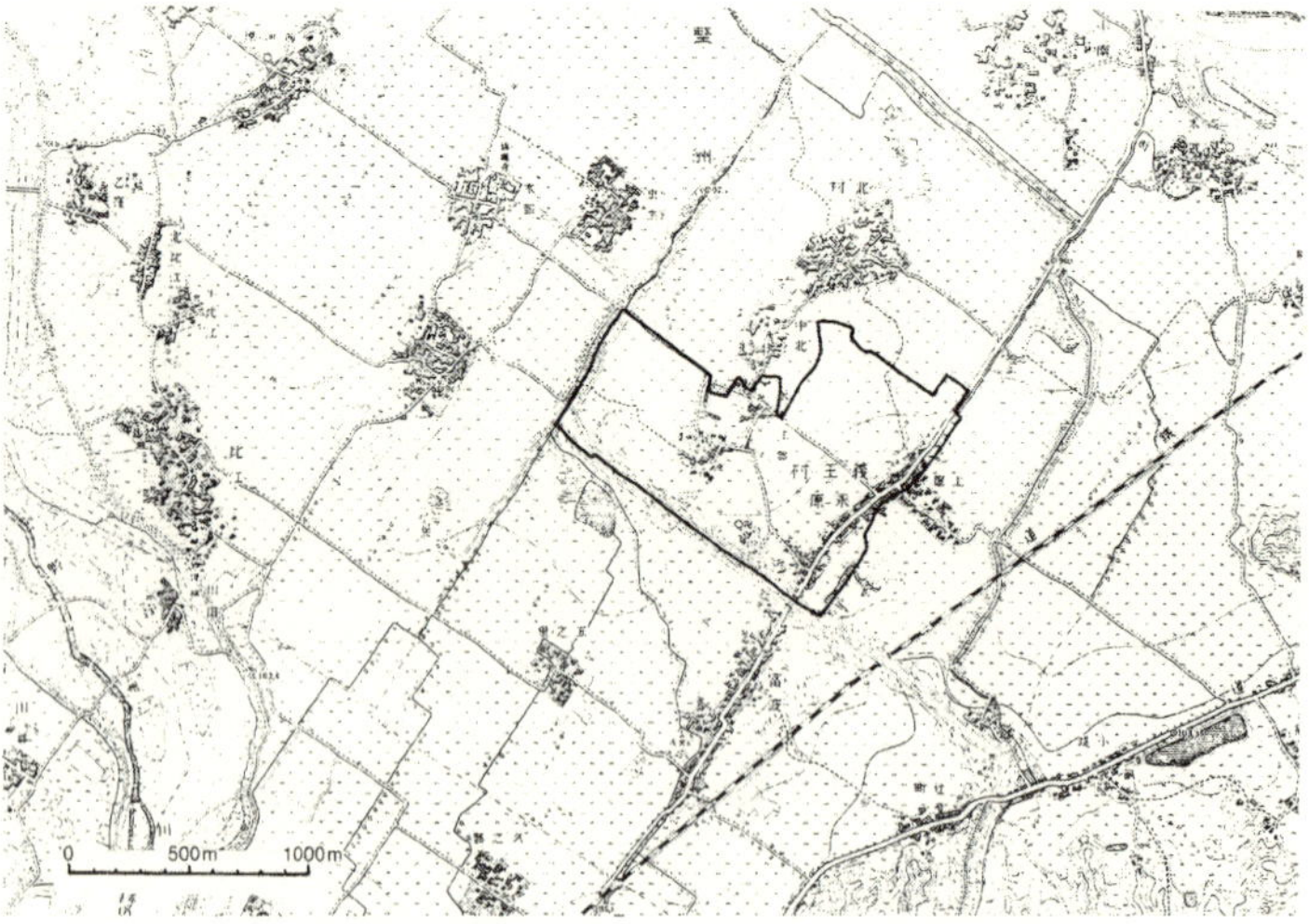

永原村周辺地形図（明治26年測図太線が永原村の村域）

子下野守朝昌（後駿河守）が継ぎ、明治を迎えたという(9)。

南西辺は、天井川となっていた家棟川、北西辺は童子川、集落は大きく朝鮮人街道沿いの上町と下町、集落の北側の一角を占める永原御殿跡および郷社天神社の東から南側に掛けて広がる中村（江部）の三つの集落からなっている。下町は地割りから見ると街道沿いに計画的に配置されたと考えられる(10)。

さて、天保一三年一〇月一六日の永原村の村人行動を記した文書「男十五才以上七拾才以下人数取調覚帳」は、表紙書きから天保一四年正月二九日から晦日にかけて調べた内容であることが知られる(11)。名前の下に押印があり、忰等については爪印となっている。最初の書き出しおよび末尾は次の通りであり、一七〇名分が記されている。

一、商人用ニ付小南村へ参り候者　組頭 孫左衛門㊞
一、字堤下ト申処ニ耕業致居候　忰 孫三郎（爪印）
一、同断　弟 孫　蔵（爪印）
一、病人　四郎七（爪印）
一、字南平ト申処田苅致居候　甚五郎㊞
一、字新田てりこト申処田苅致居候　甚三郎㊞
一、同断　内 甚　六（爪印）
一、字久保ト申処田苅致居候　組頭 六右衛門㊞
一、同断　忰 六兵衛（爪印）

（中略）

一、内仕舞致居候　平左衛門㊞

一、字上町畑ニ麦まキ致居候
一、字壱丁川ト申処ニ田苅致居候
一、同断
一、病人もの
〆百七拾人

悴　平治郎（爪印）
弟　助三郎（爪印）
同　捨之助（爪印）
平右衛門弟　清　蔵（爪印）

永原村の村人の動向を表にすると、次表の通りである。前掲三ヶ村の村人行動の表は、行動の種類によって分類したものでこの表により永原村の場合を見ておきたい。

農作業については、田苅りが最も多く五三名確認できる。他の農作業でもあるが、東隣の紺屋町村や上永原村領の田に行っている村人も確認される。藁積み二人が確認され、刈り取り脱穀後の藁の始末と考えられるが、刈り取り後の脱穀の作業は一件も記されていないため、他の何れかの作業の内で実施していたと考えざるを得ない。次ぎに、田掘りが二〇名で、これは裏作の麦蒔き等のための準備作業として考えられよう。肥かけ・肥物が四名確認でき、「畑肥かけ」とされる人もいる。須原村では畑の麦蒔きや麦肥やし入れも確認され、麦作の準備等に関係することも考えられる。そして、麦蒔きをしていた人二六名が確認される。

次ぎに、「内仕舞」一六名と「内働き」一名の存在は他村には記載がないが、籾摺りなども含まれる、刈り取り・脱穀後の作業や後始末のことであろう。須原村における籾摺り・稗打ち・縄ぬい・俵編みなどもこの区分に該当するものであろう。

また、桶屋手伝い一名、左官手伝い一名のほかに、大工職で受取物の仕事をしていた久兵衛悴の喜三郎がいる。

表２　天保13年10月13日永原村の村人

記載順	記載事項	名前	印区分	注記・備考
1	商人用ニ付小南村へ参り候者	孫左衛門	○	
2	字堤下ト申処ニ畑耕業致居候	孫三郎	△	悴
3	字堤下ト申処ニ畑耕業致居候(同断)	孫蔵	△	弟
4	病人	四郎七	△	
5	字南平ト申処田苅致居候	甚五郎	○	
6	字新田てりこト申処ニ田苅致居候	甚三郎	○	
7	字新田てりこト申処ニ田苅致居候(同断)	甚六	△	内
8	字久保ト申処田苅致居候	六右衛門	○	組頭
9	字久保ト申処田苅致居候	六兵衛	△	悴
10	字下大町ト申処ニ田苅致居申候	治左衛門	○	
11	字下大町ト申処ニ田苅致居申候(同断)	治郎助	△	悴
12	字馬場之内ト申処田苅致居候	彦三郎	○	
13	字上ノ高関ト申処田堀致居候	安治郎	○	
14	字野神肥かけ致居候	多三郎	○	
15	字八反田申処ニ田堀致居申候	籐兵衛	○	
16	字野神ト申処麦まキ致居候	助右衛門	○	組頭
17	字野神ト申処麦まキ致居候(同断)	助治郎	△	悴
18	綿うち致居申候	多助	△	弟
19	綿打致居申候	善右衛門	○	
20	字堤田ニ藁つミ致居候	利助	△	悴
21	字堤田ニ藁つミ致居候	卯之七	△	弟
22	字堤田申処ニ麦まキ致居候	休四郎	○	
23	紺屋町領字高橋ト申処ニ田堀致居候	栄吉	○	
24	字しをじ田苅致居候	忠右衛門	○	組頭
25	病人	浅八	○	
26	字たんくてんト申処麦まキ致居候	浅治	△	悴
27	字かんのト申処田苅致居候	新蔵	○	
28	字はくかいト申処田苅致居候	清五郎	○	
29	字はくかいト申処田苅致居候	半三郎	○	
30	納米江頭村へ濱出シ致居候	平助	△	悴
31	内仕舞致居候	吉右衛門	○	組頭
32	字堤下ト申処嵐堀致居候	吉治郎	△	悴
33	字野神ト申処畑麦まキ致居候	又治郎	○	
34	字久保ト申処ニ田堀致居申候	茂右衛門	○	
35	内仕舞致居候	平右衛門	○	
36	字三ノ丸と申処畑麦まキ致居候	平兵衛	△	悴
37	字野神田苅致居候	庄兵衛	○	
38	字たんくてんト申処麦まキ致居候	甚五兵衛	○	組頭
39	字下野神申処麦まき致居候	籐九郎	○	
40	字下野神肥かけ致居候	治三郎	○	
41	字大町申処田苅致居候	清三郎	○	
42	字たんくてん申処田堀致居申候	治郎右衛門	○	
43	浅五井医師之処へ参り居申候	徳兵衛	△	悴
44	字たんくてんト申処へ田堀致居候	栄蔵	△	弟
45	病人	利右衛門	○	組頭
46	字福専寺ト申処ニ麦まキ致居候	利平	△	悴
47	字福専寺ト申処ニ麦まキ致居候(同断)	与惣吉	△	弟
48	字南平ト処堀田致居申候	半兵衛	○	
49	内仕舞致居申候	五郎助	○	
50	字土手之内ト申処受取田苅致居候	治平	○	
51	紺屋町領字高橋ト申処ニ田苅致居候	義助	○	組頭
52	字はくかいと申処ニ田苅致居候	弥五郎	○	
53	字須原口ト申処田苅致居候	嘉平	○	
54	紺屋町領字里中ト申処ニ田苅致居候	与平	○	
55	字田くてんト申処田堀致居候	作兵衛	○	
56	内仕舞致居申もの	熊治郎	○	組頭
57	字金廣ト申処ニ田苅致居候	元治郎	△	悴
58	上永原領字殿町ト申処ニ田苅致居候	菊治郎	△	弟
59	上永原領字殿町ト申処ニ田苅致居候(同断)	金蔵	△	弟
60	内仕舞致居候	忠五郎	○	
61	上永原領字八反原ト申処ニ麦まキ致居候	半兵衛	○	庄九郎内
62	内働致居候	熊治郎	○	四郎兵衛内
63	米ふみ致居候	重治郎	○	組頭
64	小田・野村両村之内へ職ニ参り候	権三郎	○	
65	隣村北村へ死去ニ付参り居候	孫八	○	
66	内仕舞致居候	武平	○	
67	内仕舞致居候(同断)	源四郎	○	
68	字久保ト申処ニ田苅致居候	左太郎	○	
69	字久保ト申処ニ田苅致居候	左七	△	
70	与右衛門方ニ左官手傳へ致居候	留吉	△	
71	内職致居候	久兵衛	○	組頭
72	内ニ大工職受取物仕居候	喜三郎	○	悴
73	小篠原村酒屋平助方ニ大工職仕居候、但屋敷内ゟ出不申候	鉄蔵	△	弟
74	字福泉寺ト申処ニ田堀致居候	孫三郎	○	
75	隣村北村死去ニ付参り申候	長助	○	
76	字たんくてんト申処ニ田苅致居候	惣七	○	
77	字たんくてんト申処ニ田苅致居候(同断)	仙助	△	悴
78	内仕舞致居候	伊八	○	
79	紺屋町領字見浄寺ト申処ニ麦田堀致居候	又蔵	△	悴
80	字上大町ニ田苅致居候	舛治郎	○	
81	江頭村へ大工職ニ参り居候	吉助	○	
82	江頭村木屋三郎兵衛方ニ大工職仕居候	伊助	○	
83	字しをしト申処ニ田苅致居候	多三郎	○	
84	隣村冨波村ニ大工職致居候	喜平次	○	
85	小篠原村酒屋平助方ニ大工職致居候	吉蔵	△	悴
86	字しをしへ畑肥かけ致居候	三蔵	△	弟
87	五ノ里村へ商人参り候ト申居候	徳右衛門	○	組頭
88	字はくかい与申処ニ麦まキ致居候	半左衛門	○	
89	字はくかい与申処ニ麦まキ致居候(同断)	義平	△	悴
90	内仕舞致居候	庄治郎	○	
91	字神野与申処ニ田苅致居候	岩吉	△	
92	隣村北村へ死去ニ参り候もの	長治郎	○	組頭
93	病人	九兵衛	○	
94	字壱丁川ト申処ニ田苅致居候	宇平		悴
95	字壱丁川ト申処ニ田苅致居候(同断)	岩市	△	弟
96	隣村北村へ死去ニ参り候もの	利八	○	
97	紺屋町領字高井狩ト申処ニ田苅致居候	夽治郎	△	悴
98	紺屋町領字高井狩ト申処ニ田苅致居候(同断)	嘉七	○	
99	隣村北村へ死去ニ付罷出候	五郎兵衛	○	
100	隣村北村へ死去ニ付罷出候(同断)	太助	○	
101	字五拾軒丁ト申処田苅致居候	勘兵衛	○	組頭
102	字大町ト申処ニ麦まキ致居候	平四郎	△	悴
103	字上中橋ト申処田堀致居候	五郎兵衛	○	
104	字上大町ト申処ニ田堀致居候	勘兵衛	○	下
105	隣村北村ニ死去ニ付罷出申候	又市	○	
106	隣村北村ニ死去ニ付罷出申候(同断)	平兵衛	○	
107	字金廣ト申処ニ田苅致居候	与蔵	△	悴
108	字金廣ト申処ニ田苅致居候(同断)	竹蔵	△	弟
109	字高関ト申処ニ麦まキ致居候	た郎兵衛	○	組頭
110	紺屋町領字高そト申処田苅致居候	安右衛門	○	
111	字上高関ト申処ニ田堀致居候	安治郎	△	悴
112	内仕舞致居候	七兵衛	○	
113	上永原村領字八反原ト申処ニ田堀致居候	七三郎	○	悴
114	隣村北村ニ死去御座候ニ付罷出申候	弥助	○	
115	上永原村領字大別当ト申処ニ麦まキ致居候	万治郎	△	悴
116	隣村北村ト申処死去御座候ニ付罷出候	治郎右衛門	○	
117	上永原領字大別当ト申処ニ麦まキ致居候	与三治	△	悴
－	十四才ニ而引	嘉蔵		弟
118	出京致居候	五郎右衛門		組頭
119	内仕舞致居候	小兵衛	△	悴
120	出京致居候	又七	△	弟
121	隣村北村ニ死去御座候処罷出居候	弥之助	△	
122	上永原村領字殿町ト申処へ肥物致居候	甚九郎	○	
123	上永原村領字十五ト申処ニ田苅致居候	惣兵衛	○	
124	上永原村領字十五ト申処(同断)ニ麦田堀仕居候	清助	△	悴
125	字たんくてんト申処ニ田堀致居候	直吉	△	
126	隣村北村ニ死去御座候ニ付罷出居候	善七	○	
127	字神野与申処ニ田苅致居候	亀吉	△	悴
128	字分木ト申処麦まキ致居候	弥平次	○	組頭
129	字分木ト申処麦まキ致居候(同断)	利平	△	悴
130	字町之内与申処ニ田苅致居候	菊松	○	
131	字中みそト申処ニ田苅致居候	善五郎	○	組頭
132	隣村北村ニ死去御座候ニ付罷越申候	多平	○	
133	字中みそト申処田苅致居候	治郎平	○	
134	字中みそト申処田苅致居候(同断)	平助	△	悴
135	字下高関ト申処ニ田苅致居候	伊平	○	
136	字金廣ト申処ニ田堀致居候	常五郎	△	悴
137	字高そト申処ニ田苅致居候	弥平	○	組頭
138	字高そト申処ニ田苅致居候(同断)	平蔵	△	悴
139	上永原領字殿町と申処田苅致居候	李兵衛	○	
140	紺屋町領字中ノ丁田ト申処田堀致居候	善兵衛	○	
141	字金廣ト申処ニ田苅致居候	文右衛門	○	
142	字金廣ト申処ニ田苅致居候(同断)	文五郎	△	悴
143	隣村北村ニ死去御座候ニ付罷出居候	庄右衛門	○	
144	上永原村領字十五ト申処ニ田堀致居候	作五郎	△	悴
145	目病人	治郎左衛門	○	組頭
146	隣村北村ニ死去御座候ニ付罷出居候	新治郎	△	悴
147	内仕舞致居候	利平	○	
148	上永原村字殿丁ト申処田堀致居候	与八	△	悴
149	江頭村ニ奉公致居候	治平	○	
150	隣村北村ニ死去御座候ニ付罷出居候	清次郎	○	
151	比留田村清兵衛方へ職ニ参り居候	治郎兵衛	○	
152	比留田村清兵衛方へ職ニ参り居候(同断)	綱吉	△	悴
153	比留田村清兵衛方へ職ニ参り居候(同断)	太吉	△	弟
154	字町之内ト申処ニ田堀致居候	宇平	○	組頭
155	内職致居候	源兵衛	○	
156	字大町ト申処ニ麦まキ致居候	惣右衛門	○	
157	字大町ト申処ニ麦まキ致居候(同断)	舛兵衛	△	悴
158	江頭村只七方ニ大工職致居候	善太郎	○	
159	内仕舞致居候	源蔵	○	(年寄
160	内仕舞致居候	吉左衛門	○	
161	字むかいてりこと申処麦まキ致居候	吉兵衛	△	悴
162	字むかいてりこと申処麦まキ致居候(同断)	鉄三郎	△	弟
163	字たんくてんト申処田かり致居候	甚兵衛	○	(年寄
164	内仕舞致居候	三郎兵衛	○	(年寄
165	風者ニ付病気御座候	多四郎		御年禮江下りニ付
166	内仕舞致居候	平左衛門	○	(庄屋
167	字上町畑ニ麦まキ致居候	平治郎	△	悴
168	字壱丁川ト申処ニ田苅致居候	助三郎	△	弟
169	字壱丁川ト申処ニ田苅致居候(同断)	捨之助	△	弟
170	病人もの	清蔵	△	平左衛門

（永原共有文書戸口６による。印区分の○は黒印、△は爪印。なお、記載事項の欄で「同断」とあったものについては前項の内容を記載した。）

久兵衛についても「内職致居候もの」とあり、おそらく大工職の仕事をしていた可能性は高い。そして、綿打ちをしていた多助・善右衛門の存在も注目される。「内職致居候」と記される源兵衛を含め職人として考えられる人々であろう。

この職人に関わっては、永原村で多く確認された出張者のなかにも見いだすことが出来る。江頭村へ大工職に行っていた吉助・伊助・善太郎、冨波村に大工職に行っていた喜平次、小篠原村に大工職に行っていた吉蔵・鉄蔵など大工職と記される人が多いのが特徴的である。[12] 更に、「小田村・野村両村へ職に参り候者」という権三郎、「比留田村清兵衛方へ職ニ居候」とされる治郎兵衛悴綱吉・弟太吉がおり、「職」の内容が記載されていないものの、「職人」と見なせる人が多く居住していたことは、須原村や大篠原村とは異なる要素と考えられよう。また、「五ノ里村へ商人参り候ト申居候」とされる組頭徳右衛門、「商用ニ付小南村へ参り候者」とされる孫右衛門のように、商人として近隣へ活動に行っていた人の存在も確認できる。

ところで、天保九年二月調査による職人や商人の付記された人は表3の通りであり、下町に多いのが特徴的である。しかし、先記天保一三年一〇月一六日の村人行動からすると、農業以外の仕事に従事していた人はさらに多くなることが窺われる。

永原村は、朝鮮人街道沿いの薬師堂が角にある付近を中心に福泉寺や常念寺を含む「上町」、と朝鮮人街道沿いに計画的に配置されたと考えられる字五〇軒町を中心とした「下町」、菅原天神の近くの「中村」（江部）の大きく三つの集落から成っている。この村の成り立ちについては別途検討したいが（補注参照）、天保九年の二月の持高による区分では、下表のようになっている。この時二名の庄屋は上町から出ており、一石未満の所持高の村人は街道沿いの上町・下町に多いことが確認される。[13] また、北村での死去者が誰であったか確認できていないが、北村での葬儀のため出かけていた人が一六人も確認できる。北村へ行った人の多くが下町の住人と考えられ、下町の集落の成り立ちの事情を反映していることも考えられる。北村住人と永原村住人との密接な関係を読みとることが出来る。

中には八幡へ買い物に行った人や浅小井（「浅五井」と記載されているが、近江八幡市浅小井町に当たると考えられる。）の医師の処へ出かけた人もあり、病気の人も七人と多い。また、「納米江頭村へ濱出し致居候」とされる半三郎悴の平助は、父親が稲刈りを行っている一方で江頭村へ年貢米の輸送を行っている。江頭村についてては永原村の職人が仕事に行っており、年貢の積み出し港であることもあり、藩領も同じで、人の行き来があったことが認識される。

以上、永原村の村人の状況は、農作業および関連する農雑務の合計が七二・九%で、須原村が七五%、大篠原村が七七%であるのに比して少なく、北村の葬儀に出かけた人が一六人もいたものの出張者が一八・八%と多い

表3　天保9年永原村の農業以外の営み

地域区分	名　前	持高(石)	農業以外の営み
中村	利右衛門	29.4510	こふく(呉服)
中村	籐九郎	13.0170	こふく(呉服)
下町	重次郎　改治郎八	16.6150	糀や兼
下町	利兵衛　利平	4.4010	糀や
下町	孫七　改源四郎	5.1160	あら物
下町	忠五郎	2.1630	あら物兼
下町	文右衛門　改又五郎	0.6640	少々百姓兼くわしや(菓子屋)
下町	善太郎　改栄治郎	16.2450	大工
下町	治郎右衛門	12.5759	大工
下町	杢兵衛　改益兵衛	0.7520	こひき(木挽)
下町	治郎兵衛　改縫蔵	0.4480	指物や

(天保9年2月永原村家数建物取調書上帳による。)

表4　天保9年(1838)永原村所持高の概要

石高区分	上町	下町	中村	合計人数
40～50石	1			1
30～40石	1		2	3
20～30石	1	2	3	6
10～20石	2	9	10	21
5～10石	2	10	5	17
1～5石	15	10	5	30
0～1石	13	18	3	34
無高	2	2		4
計	37	51	28	116

(天保9年2月永原村家数建物取調書上帳による。)

ことは注目すべきで、大工などの職人が多く、出張して仕事をしていた人、商売に行っていた人などがおり、特徴的である。

このように一揆当日一〇月一六日の村人行動の詳細な調査は、永原村にあっては天保一四年正月二九日から晦日にかけてで、二ヶ月以上後であり、須原村・大篠原村でも同様であった。各個人の動向がどれだけ正確に反映されているか定かでないが、調査内容の通りに理解せざるを得ない。

中山道沿いの大篠原村では、三上村で騒動があったことは街道を通る旅人から即刻伝えられており、庄屋が隣村妙光寺村まで行っており、他に一揆の舞台三上村へ近寄った村人がいたが、ここに見た永原村と須原村の調査報告では、一揆と関わる可能性のある人は確認されていない。永原村でも小篠原村へ出かけて行った村人もおり、その日の内に伝わったことであろう。須原村でも一七日京都から帰村した人がおり、意外にこの人によって情報がもたらされた可能性も考えられよう。村への情報の伝播は意外に早いのではないだろうか。

4．一揆前の動向をめぐって
見分役人の動き

幕府の見分役人市野茂三郎等は、一月一九日に日野川河口の野村に到着して以来、蒲生郡の村々を調査し、三月二八日には鋳物師村に宿泊している。その後六月一六日には大篠原村の隣村鏡村に宿泊し、近隣の申し合わせで六泊している。(14)

その一六日夜には、大篠原村・入町村・長嶋村に対し「勘定方新開見分の儀ニ付」話があるとして、一七日朝五つ時（八時頃）鏡村へ出頭するように多羅尾久右衛門手代杉本権六郎から廻状が廻っている。翌日一七日早朝から大篠原村では村役人が高帳などを調べており、出頭したものと考えられる。六月二一日夕方には村の概要を記した「御尋ニ付奉申上候書付」を提出している。六月二二日には見分役人は安養寺村へ移り、六月二五日には大篠原村に見分役人が来ている。(15)

その後高木村、二七日朝四つ時（一〇時頃）には小南村へ移り六月二八日から七月四日にかけては小南村の調査がなされたようであるが、七月三日には比留田村泊りとなったようである。そして、七月九日田中江村に泊まり（八日市市史）、江頭村の取調をして七月二九日には江頭村を出発をしたようである。(16) その後、八月一二日には舟木村（近江八幡市）にいたことが確認される。(17) なお、九月二七日には江頭村で試し刈りがなされたことも確認できる。

その後の動きと考えられる記載が、永原共有文書にも記されている。御朱印御證文ほか覚書（Ⅱ村政5の後半記載）によると次のような動きが認められる。

八月一二日蒲生郡船舟村《(木)》　泊
　一七日　　北ノ庄村　泊
　二〇日　　浅小井村
　二三日　　常楽寺村　泊
　二七日　　小中村・須田村・下豊浦村　泊
九月　七日　　伊庭村　泊
　一四日　　梅安新田・山下新田・浦安新田・上豊浦村　泊

一七日　仲屋村・西庄村　泊
　　　　西之庄浅小井村・丸山村出作・白部村出作
　　　　市村・多賀　三ヶ村・［　］
九月二五日　八幡新田・比平新田・梅原新田・八幡町　泊
九月二七日　江頭村・十王町・野村新田・野村
　二八日　野田村　泊
　二九日　安治村・須原村　泊
一〇月二日　五条村・吉地村・西河原村・木部村・虫生村泊
　四日　中北村・北村　泊
　五日　永原村・八夫村　泊
　六日　五ノり村・冨波沢村・久之部村・新町村　泊
　七日　上永原村・小堤村・辻町村　泊申合

さて、「村触請印帳」（II　村政6）によると、天保一三年寅七月、市野茂三郎から野洲郡・蒲生郡・神崎郡村々へ一一ヶ条にわたる触があり、寅七月廿三日付で土岐下野守知行所永原村庄屋平左衛門・年寄源蔵から請書を提出しており、「右之通之御触書寅九月廿九日酉下刻相廻り候　村役人」と付記されている。この請書は野洲郡・蒲生郡・神崎郡の他の村々でも書き留められていることが考えられる。幕府の意向を体現した見分役人市野の触書として興味深い。

新開場見分の趣旨については「願人等ニ不拘御国益之御趣意を以従　公儀見分之もの被差遣候儀」と記し、国益のためで、新たに打ち出された新開地等は「地元村請之積可被　仰付、右者他所之もの引請等ニ而者往々村方難儀ニも可相成与之御趣意」とあり、大久保新田のように村外のものが請け負うのでなく、村に迷惑にならないよう「地元村請」とするとされている。そして、「一体百姓之家督者田畑ニ而持高之多少ニ寄高下をも分チ可申儀ニ付、其持高を殖し子孫江傳へ候者農家ニ生れ而之太切此上者有之間敷、且者　御治世之徳澤ニ浴せられ数代安穏ニ相続候《（致）》し候、御国恩をも難有存御国益相立候様申合相励可申候」と記し、百姓にとって持ち高を増やし子孫に伝えることこそ最も大切なことだとし、治世のお陰で数代安穏に暮らしてきたのであり、国恩を感じ国益になるよう励むよう諭している。国益・国恩が強調されていることに留意したい。この国恩・国益は、いかに欺瞞的なものであったかは、村の指導者は勿論村人は見透かしていたはずである。

また、箇条書きの四つ目では、新開場等見分について請印をした以上異議申し立てはならないとした上で、「江州ニ者右様之弊も有之候由相聞候、跡ニ而申立候儀者一切御取上ニ者不相成候間、兼而其段相心得可申候」と強く述べている。天保八年の新開場調査中止の歎願があったことを念頭に置いていると考えられる。

休泊旅宿について見苦しくとも構わない、一汁一菜の外馳走してはけない、農業に出ているものも見分のために差し控える必要はないなどと細かく記している。市野等の来村は、今日政府の役人が府県の職員を伴って市町村へやってくるようなものであり、そのことがどれだけ守られたかは明らかでなく、実態を検証することも必要であろう。

市野茂三郎等が永原村にやってきたのは、一〇月五日と考えられる。永原村の記録の中には、市野等の見分に伴う記録が多く残されている。見分役人に提出した村の状況を報告した天保一三年一〇月の「御尋ニ付申上候書付」と題する文書が案文も含め四冊残されている。その書き上げの雛形に当たるもの（Ⅰ　村況13）も写されている。それは、九月二八日付で、五條村・安治村・須原村・吉地村・西川原村・木部村・小比江村・八夫村・虫生村・中北村・北　村そして永原村に対し、「村々庄屋年寄印形持参野洲郡野田村我等旅宿江明廿九日夕七時可相越候、尤右野田村後ニ候ハ、次村旅宿へ直様可相越候」とあり、九月二九日夕方野田村の宿泊先へ印形持参で出頭するように京都町奉行の配下芝田清七・上田栄太郎から触が廻り、遅れた場合は次の村の旅宿へ来るようにとしている。この時、野田村に滞在していたことが確認される。

次いで、九月二九日付多羅尾久右衛門手代加藤雄九郎からの急廻状では、吉地以下の村々へ「兼而御触書一同相廻り候御尋ニ付、村絵図相添此書付披見次第早々我等旅宿安治村江可差出」と前述の御尋ねに伴い村絵図を添えて安治村の旅宿へ差し出すよう命じている。

また、続いて一〇月朔日付け「申通書」で松平兵庫守組芝田清七、元柴田日向守組上田栄太郎から、二日に安治村を出立し吉地村・西川原村・木部村・小比へ村・八夫村・虫生村・中北村・北　村・永原村・紺屋町村・上永原村・新町村・冨波沢村・五ノ里村・久ノ部村・行合村・小笹原村・辻町村・小堤村へ赴くこと、その時の留意事項が通知されている。

永原村へ市野等がやってきたのは一〇月五日かと考えられるが、「御紕ニ付申上候書付」（Ⅱ　村政9）によると、検地帳末記載の永荒畑壱反五畝歩について天保一四年高請けを願い、地代銀は御免、同雑木草生弐反歩天保一四年から五年間鍬下御免で地代銀免除、合わせて三反五畝歩の村引き請けで仰せ付けられたいとしている。なお、「乍恐御願奉申上候」（Ⅱ　村政7）では見分御紕しの上新開を仰せつけられたに対し、字むかいてりこ之分、永荒六畝弐拾歩の新開を御請し、字堤下・新田てりこ・上町・下野神字四ヶ所の永荒弐反七畝拾六歩については、引替地を字向てりこ下田弐反弐畝廿歩とし、合わせて字向てりこで一手に弐反九畝拾歩の新開を御請したいと願っている。先の面積が三反五畝歩であるので、そう願い出る前、交渉過程の文書の写であろう。他にこのことに関する史料が確認できないため、永原村は三反五畝歩の村請けで決着した可能性が高い。

なお、天保一三年一〇月「御公役様廻村ニ付役割帳」（Ⅱ村政8）が残されている。日付は記されていないものの、「御勘定方市野茂三郎」の本陣は左平、「小普請方」の宿は三郎兵衛、「京御目付」の宿は又兵衛、「石原様御手代」村田、「多羅尾様御手代」の宿は平左衛門で、給仕人、茶方、台所目附・目配、風呂方、飯炊きなど担当者が記されている。また、郷廻り人足として、ほき物二人、つへ拂二人、ぼんでん四人、なわ持引二人、京方刀持付添二人、小普請刀持付添二人、石原刀持付添二人、多羅尾刀持付添二人が記されている。

永原村の後、冨波新町村には一〇月六日泊まり、一〇月九日・一〇日に小篠原村に宿泊が確認され、一一日には中畑村へ案内し、その日妙光寺村から三上村に入り、一揆の当日まで三上村に滞在したことが判明する（本書第二章三。本書第二章四）。

村々の動き

それでは、見分役人の動きに対して、一揆に至るまでの村々の動きについて、判明するところを確認しておきたい。大篠原共有文書からは、八月六日、三上村庄屋土川平兵衛から上永原村庄屋野依又右衛門宛書状で、小堤村外一五ヶ村に肥物高値につき取り調べを願い出るため、戸田村に参会するよう触れ出しを依頼した。

そして、八月一〇日、大篠原村庄屋中から入町村以下一五ヶ村に廻状「口演」で、戸田村に参会肥物高値につき取り調べを願い出る儀につき相談のうえ返答のため、一二日早朝大篠原村浄勝寺へ弁当持参で参会を通知した。

また、九月一六日　三上村外六ヶ村から入町村外一三ヶ村へ廻状で、明一七日正五ツ時桜生村寶樹寺へ参会を通知している。

永原共有文書では、天保一三年一〇月の「御尋ニ付申上候書付」（Ⅰ　村況9）の末尾に寅八月六日付、戸田村鵜飼彦四郎からの廻状が書き写されている。見分役人への提出のための下書き等と考えられ、どうして八月の廻状がここに書き写されたのかは明らかでないが、戸田村鵜飼彦四郎の名前を記した廻状が廻されたことが確認でき興味深い。その廻状によると、「三上村桜村両村役人其外拾弐ヶ村申合之上、右組合村々江申談度義有之候ニ付、急廻状差出シ呉と之事ニ御座候間、任其意相廻し候」とあり、三上村・桜村（南桜村）ほか一二ヶ村で相談があったこと、その上で組合村々へ相談したいことがあるので急廻状を廻して欲しいと言われたので廻したこと、参会は明七日戸田村立光寺方へ弁当持参で出席を願いたいとのことが記されている。廻状の留村は虫生村で、虫生村や永原村が参加したか否か、参加村の広がりなどは明らかでないが、おそらくこの廻状のように天保一三年八月七日戸田村の立光寺で組合村々の参会がなされたものであろう。

ところで、この鵜飼彦四郎の廻状と同日付けで三上村庄屋土川平兵衛の上永原村庄屋野依又右衛門へ宛てた書状があることはすでに紹介したところである。その書状によると、三上村近辺の村々で寄合があり、諸物価が値下げになっているのに肥物（魚肥）は高値で困っていること、それは越前で問屋が買い占めを行っていることが原因であり、取調を実施下さるよう願い出れば聞き届けていただけるのでないかと弁当持参で寄りを開催すること、下の村々は戸田村が五三ヶ村取締であるので今日（八月六日）調整に行ったこと、そこで小堤村外一五ヶ村について触れ出しを依頼するものであった。このときの近辺触れ出し依頼の村の中に永原村も含まれている。永原村は鵜飼彦四郎からの急廻状と上永原村野依又右衛門から大篠原庄屋ルートからの二方から情報を得たことが考えられる。

永原村の廻状の注記からは二通以上（三通カ）の廻状写が永原村分として用意されていたと考えられる。そして、大篠原村には土川平兵衛の書状の本紙と写三通が残されていた。翌日の参会にかかるものであるため、書状の写を多数作成し届けた可能性が考えられようか。

ところで、八月七日戸田村立光寺参会のことは永原共有文書の覚にも記されているところであり、最初の大々的な参会がこの日であったことを確認しておく必要がある。また、八月二九日、立花村光願寺に村々が参会したことも紙片に記されており、留意する必要があろう（共に永原共有文書Ⅱ社会3）。

その間、大篠原村周辺では八月一〇日付廻状では大篠原村庄屋中から入町村以下一五ヶ村に一二日大篠原村浄勝寺へ参会を呼びかけており、一二日に参会があったと考えられる。この一五ヶ村に永原村は含まれており、また、九月一六日　三上村外六ヶ村から入町村外一三ヶ村へ廻状で、明一七日正五ツ時桜生村寶樹寺へ参会を通知しており、この廻状の宛先にも永原村が含まれている。この二つの廻状の写も永原共有文書中に確認され（Ⅱ書状8）、この参会の依頼を確認していたものと考えられる。どれだけの参加があったか、永原村役人が参加をしたかは明らかでないが、九月一七日、三上村外六ヶ村と入町村外一三ヶ村の関係者が桜生村寶樹寺へ参会したことは間違いないであろう。なお、日付のない頼み証文（大篠原共有文書天保検地14）には永原村は名前が記されていないため、参加しなかった可能性も考えられよう。

ところで、『天保義民録』では九月二六日肥物値下げを表に庄屋の集会を開き、野洲郡・栗太郡北部一三〇余か村中六〇余か村が戸田村立光寺に集まったと言われる。「百足再来記」では野洲郡は肥物値下げを名目に集会をしたのに対して、甲賀郡では「座頭寄」と唱え八月二六日に水口宿万屋伝兵衛方で近郷村々庄屋役人が集会し、七七か村が集まったと記している。本紀要第五号（本書第四章一）にも紹介したが、天保義民録の記載が一ヶ月ずれていることは新暦に変更して記載されたと考えられること、野洲郡の大々的な参会が八月七日戸田村立光寺であったことを再確認しておきたい。

5. 大津での取調をめぐって

残された史料では、一揆当日の村人の行動調べはすでに紹介したところであるが、一揆の伝聞などの情報については永原では確認できていない。次に残されている史料は、一揆後の村々取調に掛かる史料である。天保一四年一月一九日付、大津に滞在した庄屋平左衛門・年寄甚兵衛に宛てた年寄三郎兵衛・同　浪《源》蔵の「大急用直披見」と記された書状（Ⅱ　書状9）によると、つぎの通りである。

一月一九日に立花村役人が永原村へ来村し、「去八月頃肥物一件ニ付戸田村彦四郎ゟ廻文相廻り候順村之儀」について、何村より請取何村へ送ったか尋ねに来たため、早速惣右衛門（年寄）に尋ねたところ、「廻文弐通共戸田村へ持参断旁参り候様」に言われるのでその通り答えたこと、そのことについて惣右衛門を大津に滞在した庄屋平左衛門のもとへ派遣するので聞き取って欲しいこと、立花村役人が言うには「右之一条立花村・幸津川・水保・今濱・笠原右五ヶ村へ右之一条取調候様被仰付候ニ付御早々御相談申候間、御上江御返答被申相済シ度由被申候」とあり、立花村・幸津川村・水保村・今濱村・笠原村の五ヶ村に、肥物一件についての戸田村彦四郎からの廻文の実態について取調が命じられたこと、そこで関係村相談の上返答をしたいこと、そこで、立花村はじめ五ヶ村の宿は橋本町のをか屋甚兵衛宅であるので、早々宿へ出向き相談するようにと伝えている。この時、天保一三年八月の戸田村鵜飼彦四郎が出した廻状が問題とされ、周辺村の村役人に実態報告を求めていたこと、返答に当たっては関係村相談の上で報告されたことが確認できる。

この時どのようにまとめ報告されたかは明らかでないが、正月廿六日夜認、大津塩屋町貝伊宅の北村平左衛門に宛てた永原の北村平治郎よりの書状（Ⅱ　書状10）には、「然者戸田村ゟ参り候廻文写無之哉得ト吟味致し候様申越被下、留帳又者心当り色々吟味致し候得共見当り不申、決而無之事与存候、尚神（信）心之儀兼々申越被下無油断神心仕居候間、無程首尾能相済候事与奉存候」とある。戸田村からの廻文の写しがないか求められたが、色々調べたが無いことを伝えており、大津での取調が無事に済むよう信心に心がけていることが伝えられている。村々が相談をしながら対応した上で、村に待機していた人々は、無事に済むことを神仏に祈ることを怠らなかったこと、神仏に頼らざるを得なかったことが確認できる。

ところで、ここで問題となった戸田村からの廻文の写と考えられるものが確認されることは、すでに紹介したとおりである。この取調の後に廻状のことを書き加えることは考えられず、永原村関係者は意図的に明らかにしなかった可能性も考えざるを得ないのではなかろうか。

6．天保期の永原村をめぐって

永原村の村人の持高は先に記したところであり、多くは農業に従事する人々であったが、職人や商人などもいた。永原村は大きな村であり村の中に上町・下町・中村という三つの集落があり、年貢等の収納の単位もそれぞれでとりまとめていたと考えられる。村の中には郷社としての天満宮（菅原神社）、永原氏の菩提寺である常念寺と塔中としての喜見院や浄法院や福泉寺などもある。また、将軍上洛時の宿泊施設であった永原御殿が存在し、貞享元年（一六八四）に廃止された後も大切な場所として御殿跡守護人がいた。そして、二〇石八斗の高を支配した郷士中嶋氏が在村し、施薬院知行地一五石七斗八升八合があり、冨波新町村にあった施薬院知行地を合わせて所持し取りまとめる藤村氏がいた。永原村の成り立ちや構造を確認するにはさらに分析を進める必要があろう。

藤村氏については、施薬院知行地の「百姓株」と呼んでおり、明治初期には「郷士」と読み替えることが確認されている。知行地を持つわけではないが、中嶋氏と並ぶ郷士層の一人と考えられる。藤村家文書の中に確認される（天保一三年）一〇月三日付、杉本半蔵から藤村善右衛門宛書状（藤村家文書）には、「然者此度江州野洲川仁保川筋并湖水縁其外枝村大体一圓、空地洲入或新開切添等且永荒夫々御改ニ付、取固相改与して御勘定役夫々上下廿弐人斗御出役之旨、尤市野茂三郎殿与申方重役之趣ニ相聞、畢竟川筋添村斗与相心得候処、俄ニ去ル廿九日御呼出有之、永原村・新町村共御廻村之由、依之御知行所之分も子細有之間敷候得共、空地有地共御取立ニ付如何可相成哉、御上之儀故何共難斗御心配之旨、尤両三日中其村江御出役ニ有之候ニ付、御注進高反別共夫々田地ニ立札可仕旨ニ付其旨御取斗」とある。

杉本半蔵については施薬院の家来と考えられ、永原村・冨波新町村へも見分役人が来村するため対応についての注進に対する返書と考えられる。「御上之儀故何共難斗御心配之旨」とあり藤村氏が心配していることが窺われるが、施薬院側も同様な思いであったのであろう。また、「尤中嶋武太夫殿方与相談有之格別之御由緒之訳ケ合御申立候段、且品ニ寄市野江御呼出も有之候ハヽ、御百姓株ヲ以可被罷出、時宜ニ寄御相給之振合を見合、御家来之旨ヲ以御面談可有之歟、臨機應変御取斗可有之旨、御細書之趣致承知早速申上置候間、外々之振り合も可有之候間、萬端御手抜無之様御取斗可有之候、此段御答為可申入如斯御座候」とある。

中嶋氏と相談し、藤村氏が施薬院の家来として対応することを認めている。中嶋氏と施薬院知行地は特に問題にならなかったのではないかと思われる。

ところで、藤村家の記録の中に天保一四年春初の「ちょぼくれちょんがれ」（藤村家文書）がある。内容は天保一三年に始まる水野忠邦の天保改革に伴う取締を批判したものである。藤村氏は、京都の施薬院家臣と関係があり、永原村の庄屋をも勤めている。また、湖南の郷士と姻戚関係もあり、郷士仲間とも通じていた。このような情報をどのルートで知り、書き写したのであろうか。庄屋でもあった藤村善右衛門あるいは息子の修三郎がこのような情報に興味を持ったこと、書き写したことだけは間違いない。幕末期の政治の動きや社会風刺的な動きに無関係ではなかったことが確認される。「御上之儀故何共難斗」としながら見分を見ていたこともすでに見たとおりである。

おわりに

今回はじめて戸田村鵜飼彦四郎の廻状が問題となり、幕府の政策に対する諸階層の受け留め方、三上村庄屋土川平兵衛や戸田村の鵜飼彦四郎らの肥物値段引き下げを願う歎願を名目とした参会でどのように議論が積み上げられたのか未だ明らかでないが、野洲川流域の村々の対応と村の中での対応などさらに検討を深めていくことが大切であろう。

近江天保一揆について高い評価を与えられたのは青木美智男氏「天保一揆論」[18]であろう。幕府領では部分的に新田等の打ち出しがあったが、広域での見分等は以後実施できなくなったことは明らかで、近江では地租改正まで二度と行われることはなかった。部分的に新田検地帳も確認されるが、それを過大評価することは留意する必要が有ろう。

今後、村々に残された史料を確認つつ、一揆前夜の村々の動向、一揆後の動向を検証していきたい。近江天保一揆を通して、天保期の近江を明らかにしていければと思う。

末筆ながら、永原共有文書を伝えられた地域のみなさんに敬意を表するともに、藤村家文書については市史編さんの一貫で整理させていただき藤村智子氏にお世話になった。記して感謝したい。

注

(1) 喜多村俊夫「近江検地史上に於ける天保年間湖東三上山検地の性格」(『経済史研究』一九四一、『近江經濟史論攷』再録一九四六年　大雅堂)。

(2) 松好貞夫『天保の義民』(岩波新書) 一九六二年、大谷雅彦『夜明けへの狼火』天保義民一五〇年顕彰事業実行委員会一九九二年、秋期特別展図録『燃える近江　天保一揆一五〇年』野洲町立歴史民俗資料館 一九九二年、苗村和正「近江天保大一揆——幕府検地は一〇万日延期」(『図説百姓一揆』歴史教育者協議会編 (民衆社) 一九九九年)

(3) 前掲大谷雅彦著に詳しい。その後では、一九九九年一〇月映画「天保義民伝　土に生きる」全国農業協同組合中央会ほかが中心となり制作・放映された。二〇〇二年一〇月天保義民土川平兵衛顕彰会が結成され、恒常的な取り組みがなされている。

(4) 拙稿「天保一揆史料について (1)　大篠原共有文書」(『野洲町立歴史民俗資料館研究紀要』第四号　一九九四年。本書第二章二)、以下大篠原村についてはこの稿による。

(5) 水本邦彦「須原区有文書の概要と天保義民一揆時の須原村」(『中主町内古文書目録 (村落編二)』中主町文化財調査報告書第七一集、中主町教育委員会、二〇〇四年九月) 以下須原村については、この稿による。

(6) これらの記録には村役人の行動は年寄弥三郎を除き記されておらず、天保一揆22については後欠で破り取られた部分があることは注 (4) の注 (32) に記したとおりであり、行動記載のない人もあって全体の正確な把握には至っていない。

しかし、天保一三年六月二一日の「御尋ニ付申上候書付」（村況1）では家数九九軒で、男子の総人数二三四人であり、大方の特徴を把握することは可能であろう。

（7）拙稿「天保一揆史料について（6）――一揆の舞台　三上村を中心として――」（『野洲町立歴史民俗資料館研究紀要』第一〇号　二〇〇三年。本書第二章四）

（8）本村希代「須原村にみる大久保新田開発」（前掲中主町文化財調査報告書第七一集所収）

（9）滋賀県市町村沿革史資料「近江國野洲郡永原村々誌」（野洲郡義王村役場「各大字村誌」）

（10）永原村地券取調総絵図（『明治の村絵図』野洲町史編さん室編に収録　一九八六年）

（11）永原共有文書Ⅱ戸口6・7。戸口6には押印があり、戸口7には押印が無く写である。

（12）天保九年三月「近江國野洲郡永原村明細帳」では大工四人と記されている。弘化四年七月二六日草津宿へ差し上げたという「高人別家数帳」の写（Ⅱ村政10）では、二一石七升四合の「大工御役除地」が記され、家数一一〇軒、人別合五三五人、内大工一二人、木挽六人、他所奉公出二二人と記されている。

（13）因みに、弘化四年七月二六日「高人別家数帳」写（Ⅱ村政10）では、草津宿助郷負担と関わってであるが、無役水のみ五〇軒、本役六〇軒と記されている。この区分は幕末期の所持石高とは異なることが明らかで、村落構造の分析を進める必要が有ろう。

（14）国立史料館編『近江国鏡村玉尾家永代帳』

（15）注（4）拙稿

（16）山本家文書・江頭共有文書。拙稿「近江天保一揆について――一揆の原因「天保検地」を中心に――」（畑中誠治教授退官記念論集『近江歴史・考古論集』一九九六年。本書第二章二）

（17）『近江蒲生郡志』四巻一編寺村共有文書他

（18）『百姓一揆の時代』校倉書房一九九九年所収。初収『講座日本近世史』第六巻「天保期の政治と社会」有斐閣

一九八一年

【補注】初出は、「天保一揆史料について（7）――永原共有文書を中心に――」（『野洲市歴史民俗博物館研究紀要』第一一号　二〇〇五年）。永原村については、拙稿「永原御殿・永原城の周辺　――地域の開発と村のなりたちを中心に――」（『淡海文化財論叢』第五輯　二〇一三年）で紹介している。

六、野洲村と天保一揆

はじめに

近江天保一揆は天保一三年（一八四二）一〇月一四日から一六日にかけて発生した近江最大の百姓一揆である。一揆の最初は甲賀郡森尻村の矢川神社（甲賀市甲南町森尻）の釣鐘を合図に人々が集まり、また、高山瘡神社（甲賀市水口町高山）の釣鐘も鳴ったともいわれる。一四日夜七ツ頃といわれ、実際には一五日未明の四時頃と言うことになる。杣川沿いの旧甲南町の地域が発祥の地と考えられ、杣中村や市原村の人々が大きく関わっていたことが考えられている。一揆の頭首とされたのは三上村の庄屋土川平兵衛で、一〇月一六日（西暦では一一月一八日）、三上村にいた幕府の見分役人市野茂三郎に見分十万日日延べを認めさせ引き取った。一揆勢の中心は甲賀郡の百姓で、甲賀郡で発祥したことから「甲賀騒動」とも呼ばれ、一揆の舞台となったのが三上村であったので「三上騒動」とも呼ばれた。

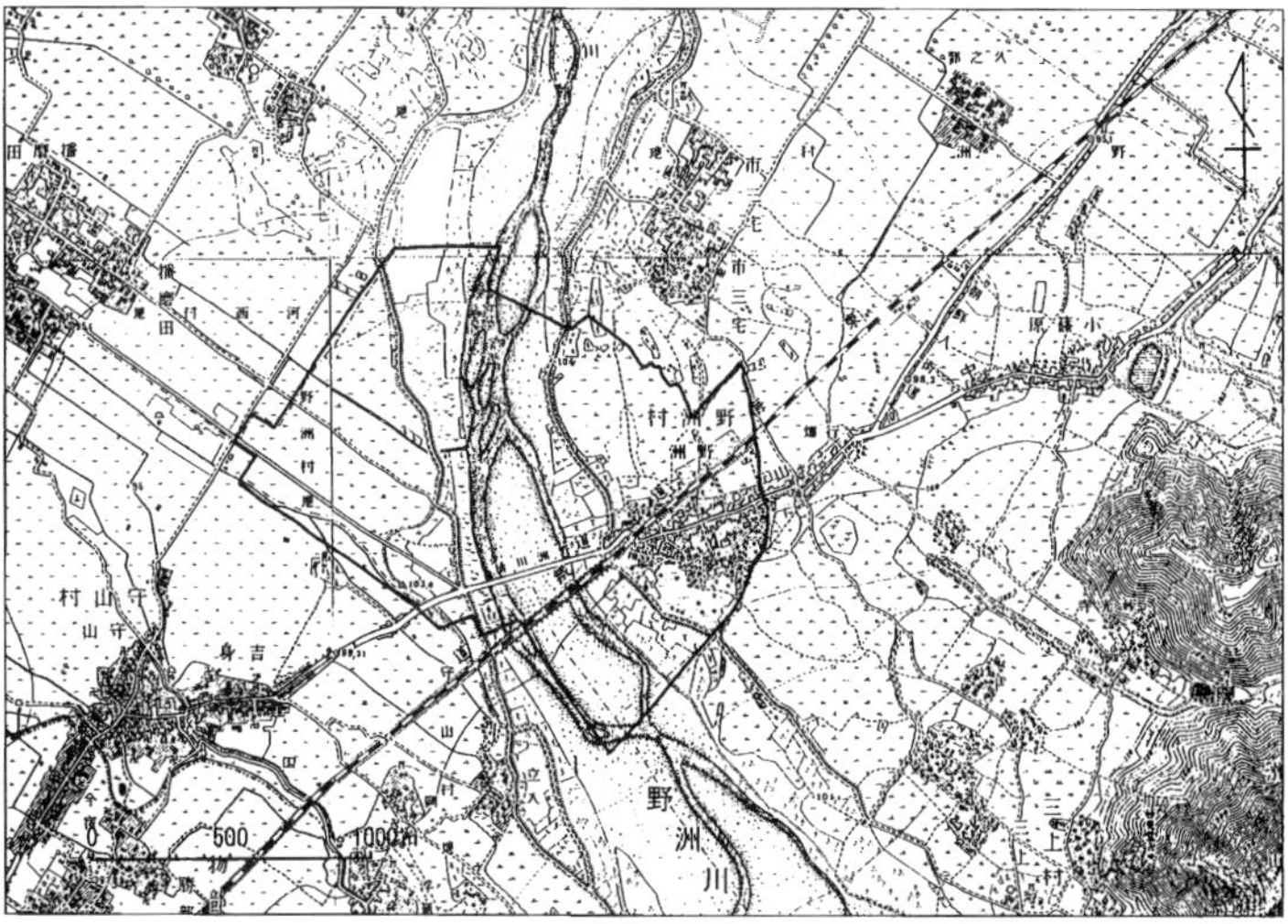

野洲村周辺地形図（明治25・26年仮製、太線は凡その野洲村の範囲）

この一揆は、野洲郡・栗太郡・甲賀郡の三郡の農民が関係し、野洲市の歴史において地域の大事件として明らかにすることが求められている。一揆から一五〇年に当たる平成四年一〇月一四日～一一月二三日にかけて『燃える近江――天保一揆一五〇年――』の展覧会[1]を開催し、平成一七年一〇月に第九回全国義民サミットが野洲市で開催されることを記念して『近江天保一揆とその時代』と題して企画展を開催した[2]。この二回の展示に関係して史料を拝見し、その後も地域の重大テーマとして意識してきた。本稿では三上村の隣村である野洲村をめぐる史料を紹介し、この大事件の実態を考えてみたい。

1. 野洲村の概要

野洲村は、琵琶湖の東岸野洲川の扇状地上に立地し、村域を二分するように村の真ん中を野洲川が流れている。野洲川の源は鈴鹿の山々に発し、上流部甲賀郡の松尾川、中流部を横田川とも呼び、田村川や杣川などが合流している。野洲村の下手で南北に分流していたが、大規模な河川改修が進められ、現在はその真ん中に統合された大きな放水路でもって琵琶湖へ注いでいる。

また、野洲村は南東から北西に野洲川が流れ、これに直交するように北東から南西に向かって中山道が通り、渡し場の集落である。勿論野洲川の両岸とも野洲村であり、集落は野洲川の右岸（北岸）にあり、耕作していた田地の多くが左岸（左岸）に存在し、村人は川向かいの田地の耕作のために川を越えて行く必要があった。江戸時代以前には、中山道における野洲川の通行、渡河が大きな問題であった。野洲村は、中山道往来の人々の渡河に関わって苦労が多かったことを、宝暦一一年（一七六一）から明和三年（一七六六）にかけての六年間に及ぶ訴願の記録「益水凱旋録[3]」からも知ることができる。

野洲村は市場村とも呼ばれ、慶長七年（一六〇二）の検地帳の村高は六四五石五斗四升であり、延宝五年の検地による村高は七七八石八斗二升八合であった。江戸時代の初期は幕府領で、芦浦代官観音寺が支配し、元禄元年（一六八八）金丸又左衛門の支配となり、元禄一一年（一六九八）には旗本斎藤家の知行所（陣屋は草津市大路井にあった）の村となり、幕末を迎えた。

正徳三年（一七一三）五月の野洲村明細改帳によると、家数二六一軒（水呑六一軒）、人数一一七六人とあり、先の訴願の時期の明和三年（一七六六）三月の家数は三〇一軒、内九八軒が水呑となっており、水呑の比率が約三三％と非常に高いのが特徴である。村高の割に人口が多く、野洲川左岸川向の吉身村・守山村・播磨田村、野洲川右岸の三上村・妙光寺村・小篠原村・中畠村・市三宅村に耕作をしていることも知られる。野洲晒を行った村として注目され、明和三年の職業としては、「農作并布晒仕候」もの七五軒（晒問屋・晒屋）、「請作并晒荷物持送り等かせき申候」もの二一軒、「請作日用かせき仕候」もの九〇軒、「請農作并小商内清酒等仕候」もの九七軒、医者二軒、油屋二軒、紺屋一軒、大工二軒、髪結二軒、「農作并賃田牛遣ひ渡世仕候」もの一軒、「馬を遣申候、農業も仕候」もの八軒と記されていた。

ところで、野洲村と周辺について、天保一揆に関係してこれまで知られているところは次のことがある。

①大篠原村の記録では、大篠原村の目立職の嘉蔵は、一揆の日に野洲村辺まで行っていて、人気に誘われて三上村のはなまで行ったが、早々に帰ったと言っている。(4)

②南桜村の記録「壬天保十三寅年　川筋見分記録」には、「村方ゟ内々三上村江参り候物有之、其外ヤス・行合抔江徒党人数参り鐘ヲ撞、又ハ飯酒ヲ好、近辺も誠に騒動」とあり、(5)天保一三年一〇月一六日、野洲村・行合村へも一揆の人が入り込んだようだ。

③天保一揆の基本的な文献である『天保義民録』[6]に、次の記述を見ることができる。行合村庄屋小谷忠右衛門が会議の席の協力者として名前が見え（75頁）、一揆後の召喚者に行合村小谷忠右衛門（129頁）が記されている。少なくとも、野洲村と周辺も一揆の時騒動となっていた可能性が考えられる。なお、一揆後の取調べの後江戸送りとされたが大津で亡くなった杉谷村の西浦九兵衛、その妻ミキは野洲村坂口重蔵の長女とある（222頁）。野洲村と甲賀郡の人々が親戚関係であったことには留意したい。

2．天保一三年「田畑地改日並控」

さて、現在野洲共有文書中にはこの事件に関係した記録は残されていないが、幸いに明治四一年栗太郡葉山村大字手原（栗東市手原）里内勝治郎が開いた私立図書館「里内文庫」中に、関係資料が含まれている。里内文庫の資料は大半が栗東歴史民俗博物館に寄贈され目録が作製されている。文庫に収蔵された経緯は明らかでないが、天保一三年「田畑地改日並控」[7]が野洲村の記録である。

この記録は、天保一三年正月一四日から天保一四年正月一一日までの幕府の土地調査に関わることを野洲村地下が書き残した記録で、一揆後の取り調べにかかわる記録も一部含んでいる。この長帳の記載から経過を見ると次のとおりである。

市野茂三郎の土地調査に対応して、野洲村では天保一三年正月一四日村役人等の参会から始まっている。一四日の参会は、玉田（玉田善助）・野口（野口直次郎）・遠治（遠藤治郎左衛門）・宇野（宇野五右衛門）・立久（立入久左衛門）と肝煎であった。一七日～一九日にかけて絵図面拵をし、正月一八日の項には、正月一〇日に出された触書が書き留められている。

それによると、一二月の仰渡では「江州湖水縁并仁保川・野洲川・草津川・高島郡知内川・百瀬川・鴨川・石田川・安曇川通御領《料》私領村々地先堤内空地、堤外附寄洲新開可相成場所」が見分の対象であり、正月一三日に勘定市野茂三郎、普請役見習藤井鉄五郎、普請役代り大坪本左衛門が京都に着き、引き続き廻村見分すること伝えている。絵図面を作成して廻村時差し出すようにも命じている。順達先は野洲川縁の村々野洲郡の二〇ヶ村、栗太郡の四ヶ村、甲賀郡の五五ヶ村が列記され、洩れている村は書き加えるように求めている。

正月二一日に野洲村役人が幅広く大路井の陣屋に呼び出され、川筋地改についての掛として庄左衛門・十蔵へ命じられている。そして、この日、仁保川筋御見分勘定一方、普請役二方、石原手代二方、多羅尾手代二方、組内（京都町奉行所）二方の通行が記されている。そして、野洲村では二二日～晦日まで、絵図拵をしている。二五日には「向田行」とあり、野洲川の対岸の調査を行っている。

「市三宅ニ而借用聞書写」では、見分役人が記されている。御勘定市野茂三郎、御普請役見習藤井鉄五郎・御請普《(マヽ)》役代大坪本左衛門、京東西同心・中座壱人、多羅尾様手代弐人、石原様手代弐人で上下凡廿三人としている。

続いて、寅二月市野茂三郎から仁保川縁村々庄屋年寄に宛た「御触書写」が記されている。そこには、新開場見分は国益のために見分に差し遣わされたのであり、それぞれ地先の村請の積りであるので、有り難く相弁じ正路に申し立てるよう求めている。その上で、「一躰農民ハ田畑を家督といたし、持高ノ多少ニゟ高下をも分チ可中儀ニ付、其持高を残し子孫へ傳へ候ハヽ、百姓ニ生レテノ大切此上ハ可有之間敷、且者　御徳沢によって数代安穏ニ相続いたし、御国恩《ヲン》之程も難有存、御国益《エキ》相立候様申合相励ミ可申候」と述べ国益国恩を強調している。

また、「今度御調ニ相洩追而相顕レ候而ハ穏田之姿ニ相成可為越度候」とも強調している。領主地頭の為と心得押隠す者の心得違いを指摘し、承服して請書に調印した上で異議を申し立てることを禁止し、「江州ニ者右様之弊も有之候由相聞候、跡ニ而中立候儀ハ一切御取上ヶニハ不相成候間、兼而此段相心得可申也」とも記している。

町奉行所で仰せ渡された新開場絵図面の外、別紙案文の通りの村絵図と高反別明細帳を取り調べ、廻村先へ差し出すことを求めている。また、「一、休泊・旅宿之義、見苦敷分ハ不苦候間、取繕ヶ間敷義不致、一汁一菜之外堅馳走致間敷候」とし、「可相成丈ヶ村入用不相掛様取計可申候」としている。更に、召使の者の非分についての報告のこと、見分の節に村役人名前書付差出しと不用の人足の禁止をも記している。そして、村高書上の雛形がつづいて記されている。

その次に「聞合せ書」が記されている。この史料は、見分役人の動向について記したもので、古川村（近江八幡市）での内容が中心になっている。

正月二一日に野村に到着したと考えられる市野等は、二三日夜江頭村（近江八幡市江頭町）泊り、二四日池田（近江八幡市池田本町）、二五日横関（近江八幡市東横関町）に泊り、翌日（二六日）見聞役人の昼は弁当であった。古川村で宿泊しなかったが、暁七ツ時（四時頃）より出迎え、それより古川村地面を見分されたが、市野等が小田村宿泊時に帳面を差出していたようだ。「尤、古川村ハ見分再見御座候由ニ御座候、地所先達而与兵衛へ四十五反相渡し置候而、今無之与ハ如何御尋有之候ニ付、高請仕候而役方難渋相成候間、右地面　御上江差上度旨申候」とある。天保八年与兵衛申請による見分時打出しがあったようで、更に負担を求められたようだ。

また、御泊りの時酒肴菓子等一切出さなくてよいこと、絵図面は荒絵図でよく一枚に認めること、一宿は四軒で差図の廻札があること。堤内外一円の見分があり、空地場所は高請するように命じられること、本田川原は前もって村方でとくと下見しておくとよいこと、勿論川原などは別而寄洲凡何十何反あると知っておき、御見分御尋の砌委細返答することとしている。但し百反の物なら五、六十反と返答するのが、村方の為筋になるとも記している。「尤本田ハ分見にハ入不申候由ニ御座候」とあり、やはり本田は対象外であったようだ。川原は大躰堤より川まで打結め、少も緩みなく高請を仰付られ、小田村などは堤より川迄四五間の所、年々堤附土取場であったが、今度は高付を仰付られたと記している。

二月朔日から「田見分」「地押」あるいは「分見」が記され、毎日仕事が進められている。四日には「にかなしま地押」、六日には「名寄帳写調へ」の記載があり、七日には「にかな嶋地調甚六ヶ敷ゆへ難調被申候ニ付、いろく談合候得共決而不分」とあり、難航していたようだ。

八日から一〇日には「外開地押」、一一日から二二日には、にかな嶋や外開の地押をしている。一〇日の項の次には、二月一一日付川筋一件ニ付今在家村・前野村・三雲村から野洲川流域の村々への急廻状が写されている。

二月二二日には、地押が難儀だと野口公に相談することにしている。翌二三日には、権八を片岡に派遣したが、「右ハ彦四郎入道達算ニ付頼ニ遣し候事」とあり、二五日には片岡専入がやって来たこと、二七日には、片岡入道のへ謝礼金弐朱が記されている。片岡の彦四郎入道の指導を受けたことが知られる。

三月「四日休　同晩高調　野口・半三郎・遠治」とあり、「七日　御陣屋内見分　藤田氏・中畑氏」の記載があり、斎藤家役人の内見分を受けている。その時「外開ゟ浅田向・銭岸の藪の中立入境ニ而中飯、御橋見分兼帯にかな嶋川原畑・下ノ沢・北の出口、夫ゟ引取」とあり、これまで難航していた場所など、野洲川沿いの土地が中心であることが知られる。

ところが、四月二二日「川筋御見分御勘定市野茂三郎様其外六方御取引大津迄、今朝守山ゟ為知呉候」とあり、五月七日に「右御同人御見分先へ御出役之事」とあるので、恐らく田植え時期に市野等の調査は一時休止されたのであろう。

五月一一日郷中一同の参会が記され、斎藤家領村々の村役人の会議が金勝屋であり、善助が出張した。それは、川筋一件につき大津石原代官所手代元締三好氏から内意があったとの由で、蔵元方へ申し伝えた上で罷出るように仰せられたので、評定の上人を見立て参上する相談であったが行く者が無く、大路井の陣屋から明一二日一同役所へ罷出るよう御触が到来した。

一二日大路井へ玉田（善助）が出勤し、一三日夕方ニ帰村した。前日同様で評定がつかなかったところ、御上より玉田・千代両人に大津へ参るよう申し付けられた。そこでどのようになっても故障無いことを確認し、陣屋役人も一人大津へ詰められるよう願い、大津へ参るよう決定した。

一三日大津行で、野洲村の善助と市三宅村の文右衛門が蔵元へ行き事情を伝え取り計らいを願い、平助同道で三好氏宅へ罷出たところ、延引になり、最早外村方より三人役人が出来たので必要なくなったが、両人共川筋嗳人にする積りであったようだ。「大ニ〳〵仕合之事」とある。

一五日玉田氏がもどり、見分の様子を伺ったところ、「春以来野廻りし、日間取り困り入りの様子で、そこで人柄を選び仲人を拵え、村々が事実有躰に申し出で、絵図等も能々分り候様に認め、その上御歎き申上たなら御仁恵の沙汰もあり、村々で休泊なしに早く済み、却って隠し立てして手間取っては、御憎みも相懸り逼留も長く、双方共困り入ることになる。尚又村方は斗代一位高へ相盛られても永世の障りになり、それよりは有躰に申し上げ偏に歎願した方がよい。そのため嗳人を差入度と仰せられ、外の三人共が廻村するので相談するようと言われた。

七月二日、善助と市三宅の文右衛門が品（志那）へ行った。それは、大津石原代官所手代衆より両人を差し出すように頼まれたようであるが、御断に願い出ている。

八月二六日、野口・玉田氏が絵図面の描き方について、大津代官所手代古高氏へ行った。そして、いよいよ一〇月九日に、野口・喜左衛門は小笹原村（小篠原村）へ御機嫌伺と行合村境御挨拶に参られた。玉田氏等は絵図面拵をし、十造（重蔵）は、紺屋町村へ横山村より陣屋へ納められた絵図を借用に行った。

一〇日～一三日にも、絵図面拵え并養水川筋間数相改を行い、田地用水間数を書き上げている。

天保一三年一〇月一六日の野洲村

記録帳では、正月廿一日、勘定方市野茂三郎、普請役二方、代官両手代二方、京都二條組屋敷（京都町奉行所）二方が、大津を立ち小田村へ着き、仁保川筋（日野川）上辺まで調査し、段々八幡辺・伊庭・能登川へ廻村、それより屋棟川筋より祇王井筋を調べ、小篠原・行合・中畑・妙光寺、小篠原村から三上村へ着き、一〇月一一日から三上村の調べとなったとする。

一六日朝五ツ時（八時頃）北桜村の者が、浄土道で野洲村の米十（米屋十蔵）に出合い言うには、「川筋一件大キニ大変、甲賀谷ゟ数十万之大勢押寄来り、南北桜ノ両村共加談致候可然、其侭村人共差出し不申候ハヽ、是ゟ相図を以数十万押寄一騎《揆》を以押潰と申ニ付、夜前ゟ夜通しと申事」を米十より聞き、不慥成とは言え相談しようとしていたところへ、「早鐘時之声ニ而容易不相成勢イ」となり、それより村人には農作業を止めさせ銘々宅に控えていたところ、行合辺などは早鐘を聞き出火と思い駈出した者もいた。「兎や角と申居候内追々人足当村へ這入、庄屋宅へ罷出人足差出、往来筋抔も人足差出候抔と申立、竹ニ而戸并垣抔たゝき通し、浄満寺・顕了寺釣鐘抔答も無之勝手侭つき候ニ付、釣縄切落置候得ハ、杭竹石抔ニ而寄り〱たゝき大騒キ」となった。直様獨礼七人が揃っていた内、徳左衛門は志那へ届けに遣し、源二郎は大路井（斎藤氏陣屋）へ届けに行かせた。そうしたところ八ツ時（二時頃）過三上村よりの使いの人足二人が来て、鎮まったのに鐘を撞かれては、またまた下辺から一揆が再発しては良くない。十万日の延引で一同引き取ったので、鐘を撞くものは外より入り込んだ人足の仕業である。そのようなことなら鎮まったと村中へ触れ歩けば入り込んだ人足共も引き取ると思い、松之助に村中へ触廻らせ、早速一同引取った。

天保一三年一〇月一六日の三上村

直様白米二俵を御見廻（見舞）として役人を添え三上村へ遣し、三上村庄屋平兵衛に聞いたところを次のように記している。

今朝一同押寄候ニ付、御勘定方様始御普請役夫々行例（列）ニ而人足之中へ罷出、何ソ願之筋有之候ハ聞届可申間一先引取可申旨御申被成候得ハ、何か願書差出候処、三上村御陣屋役人衆右願書御本陣へ持這入被成遅く候處、一同門打たゝき入込候、左候得ハ大谷氏内ゟ鑓之さやはずし、長刀抔ま《に》て相手ニ被成候處、人足之銘々たもとニ石入、銘々投込候事故、大なる石雨とあられのことく、依而致方なく、御公役衆中ちり〳〵ニにけ出し行衛不相知と申事、跡ニ而段々承り候處、御用櫃出せバよし、出さぬといふと一時ニ火ヲ付焼失すと申故差出し被成候得ハ、暫く之内打たゞき、村々ゟ是迄取候証拠書物・絵図面等取出し、前なる堀へ打捨、御召駕籠抔くだき間ニ合不申、七ツ時（午後四時頃）ニ相しずまり御役方さかし出し候処、御勘定様方ハ御普請役壱人罷連レ山へ隠れ被成、壱人之御普請役ハ宿之家之つしへ上り候而隠れ被成候事、御町奉行組弐方ハ行衛相知さる所木濱へ逃行被成候と申事、代官手代衆ハ頓と行衛知レ不申、夕方ニ御勘定・御普請役都合三方守山へ三上村人足送り出し、夫ゟ夜通しニ大津へ御引取被成、尤駕籠・鑓抔も三上村御陣屋ゟ之御かし鑓

ニ而、人足之者帰りニ持帰り候事

今朝一同が押し寄せたので、勘定方を始め普請役が行列して人足の中へ罷り出、願の筋があれば聞届けるので、一先ず引き取るように言われたら、何か願書を差し出した。三上村陣屋役人衆が願書を本陣（大谷家）へ持って入られたが遅れたところ、一同門を打叩き入り込んだ。大谷氏内より鑓の鞘をはずし、長刀などで相手になられたところ、人足は銘々袂に石を入れ、銘々投げ込み、仕方ないので、公役衆中は散り散りに逃げ出し行方知れずとのこと。後にて段々聞いたところ、御用櫃を出せばよし、出さぬのなら一時に火をつけ焼失すると言うので差し出されたら、暫く打たゞき、村々からこれまで取った証拠書物・絵図面等を取り出し、前の堀へ捨て、駕籠なども壊されたようだ。七ツ時（午後四時頃）に鎮まり、御役方を探しに行ったところ、御勘定方は普請役一人を連れ山へ隠れられ、一人の普請役は宿のつし（二階）へ上がり隠れられていた。町奉行組二方は行方知れずのところ、木濱へ逃げ行かれていた。代官手代衆はとんと行方知れずで、夕方に勘定役の市野と普請役都合三方は守山へ三上村役人足で送り出し、それより夜通しに大津へ引き取られた。駕籠・鑓なども三上村陣屋から貸し、人足が帰るとき持ち帰ったとある。

米二俵を三上村へ見舞いとして届け、陣屋の安田氏・藤田氏、大路井の庄屋も一六日の夕方に野洲村に来ている。一六日、一七日には近隣村からの見舞いもあった。米二俵の見舞いは、三上村の記録(8)でも確認できる。

風聞と一揆後

さて、一七日の次ぎに記されている「風聞留」では、五反田村庄屋久太夫、田猪野村庄屋傳兵衛は、「御公役手先ニ御座候故か」打ち砕かれたこと、森尻村庄屋徳右衛門は、「徒党之廻状を留置候而地頭へ訴出候咎ト申事ニ御座候」とあるが、被害は少なかったようだ。

三本柳庄屋和助は、和助は役中先年与兵衛に加担したとの風聞であったが、全く虚説で「何故之儀ニ付乱妨ニ被出会候とも相分り不申候」とある。

これに対して、伊賀の藤堂家御三方が、都合六方伊州玉瀧村・内保村へ出張、稲垣家は領分針へ出張し、最上家は水口桝又方へ出張後新宮上野村へ出張、彦根藩は一五〇人が大塚村へ出張、膳所藩は、石部宿へ出張と記している。

一揆後の取調べについても、一二月二三日付で戸田嘉十郎・関　源之進の呼び出し状が到来し、野洲村十蔵下男大吉、甲賀郡牛飼村百姓勘兵衛、宇田村百姓忠兵衛、岩根村油屋源兵衛下男伴次、和田村百姓源六・金三郎・武右衛門・伊助・半吉・長蔵・半三郎・七郎右衛門・与兵衛、上野川村百姓吉兵衛・百姓彦兵衛の名前が記されていた。一二月二六日付け大津代官所の村役人の呼び出し状には、甲賀郡針村・柑子袋村・正福寺村、野洲郡の南桜村・三上村・野洲村が記されていた。(9) 正月一〇日、大津へ半三郎が召還され、一一日戻った。

3．天保八年の見分をめぐって

里内文庫旧蔵の野洲村関係の記録は、滋賀大学経済学部史料館にも一部が収蔵されており、天保七年、天保八年、天保一〇年の年紀がある記録である。

庄屋立入保直（久左衛門）の天保八年（一八三七）六月朔日「庄屋非番日並留」(10) の表紙書きには「此日並川筋一条之控有り、是者未タ勘定不出来ニ付相不済候事」とある。「川筋一条」は、天保八年の広木重右衛門が派遣された時の調査をさしている。まず、一〇月八日の項には次のように、矢部駿河守から斎藤内蔵頭に通知があったことを記録している。

江州仁保川・野洲川・草津川新開可相成場所、此度大和国村々代倹見為御用被差遣候御勘定廣木重右衛門并御普請役壱人、御用席御見分糺方被仰付候間、御知行所村役人等呼出し相尋候義可有之候間、差支無之様兼而村々江御申渡可有之候様ニ存候

酉九月　矢部駿河守

斎藤内蔵頭殿

野洲・横山・市三宅・乙窪・新庄・喜多村・大路井の七ヶ村は陣屋から内々御召があり披露され、このことについて一〇月一四日、野洲村の宮（新川大明神）において七ヶ村が参会している。翌一五日には昼過ぎより野洲村の役中参会が喜左衛門宅であり、同晩に「高方一同参会」とも記されている。

一六日には、新物田畑調を開始すると共に、喜左衛門は三上村へ赴いたことが、次のように記されている。

一、三上行　喜左衛門

右ハ川筋新開被仰付候ニ付、隣郷夫々聞合之為三上村ハ川先キも大郷之事ニ候得ハ、右聞合せ之為十六日夜分庄屋平兵衛へ参る、三上村之処も御勘定奉行ゟ江戸屋鋪へ申参、又其赴キ大坂表へ被仰登有之候事、三上陣屋表之評定者堤外之処ハ致方なく有様ニ申上候ゟ致方なく、堤内之処ハ湖邊トハ違ひ、往古ゟ有之候古堤ト申境有之事故、譬少々荒等之起返し有之地面ユルミ有之共、堤内之処者縄打ハ有之間敷、堤ゟ外之分ハ彼是細工ヶ間鋪義申不立、有様申候か宜敷ト評義成行之義ハ、庄屋之シイテ不調法ニも相成間鋪、何分役人中数日相かゝり候義、御大義成日ヲ懸り候事さへ覚吾（悟）相覚吾相極被居候得ハ無別条、乍併小カ細工して不相分ハ其碁はん絵図ニ而も被仰付候事も不相知、左候時ハ絵図ニ相掛申ニ雑用方迷惑印と申事

右之通之聞合せなら何方ニ而も同様之事と存候

三上村は川先も大郷であるので聞合せのため一六日夜分庄屋平兵衛を尋ねたこと、三上村も勘定奉行から江戸屋鋪へ通知があり、大坂表へ連絡されていたこと、三上陣屋表の評定では堤外は致方ないので有様に申し上げるしかなく、堤内は湖辺とは違い、往古より古堤があるので、譬え少々荒等の起返しがあっても堤内の縄打はあってはならない。堤外は有様に申すのが宜敷と評議されたことが知られる。当然のことながら、三上村との情報交換がなされていた。

一七日〜一九日に喜左衛門は検地帳調べを行っている。二一日に陣屋もと郷宿（大路井）で知行所川付村の会合があった。これは次のような大津代官所から陣屋へ書状が到来したためであった。

以切紙致啓上候、然ハ江州草津川・野洲郡仁保川筋堤内外新開発之義、江戸新肴町家持与兵衛相願候ニ付、場所為御見分糺御勘定廣木重右衛門様大和国代検見御用席御越有之候段、於江戸表御達し有之候ニ付、当国御移日限等為御打合和州五条重右衛門様旅宿へ罷出相伺候処、来ル廿日五条御引払、廿二日大津着御逗留御見分向御取調之積、右ニ付御談被成度義有之候間、来ル廿三日内川筋御差心得有之候御方御壱人、大津宿重右衛門様宿江御出御座候様拙者共ゟ御達し可申旨、御同人并差添御普請役桑山有源様申聞候間及御掛合ニ候、右之段可得御意如此御座候、以上

酉十月日

多羅尾織之助手代

杉本孫六郎

早野順平

福井祐右衛門

石原清左衛門手代
船橋作助
本庄彦六
七里友助
中嶌剛之助
三好順之助

斎藤内蔵頭様
御役人中様

このことで、立入七右衛門が陣屋へ行った。二二日昼より二四日まで川筋領内川筋堤間数改を行った。二四日、野口直治郎は新庄へ行き、それから蜂屋へ廻っている。二五日も検地帳調を喜左衛門が行っている。二六日に喜左衛門の陣屋行があり、「右川筋一条ニ付七ヶ村之寄合也」とある。二七日、川筋一条のため役人の寄合が玉田邸であった。そして、二八日から田地地押調向田へ廻るとあり、一一月朔日まで向田分見と記されている。

ところが、一〇月二九日、宇津田村（宇田村）甚兵衛・金兵衛、氏河原村角右衛門・半治が野洲村に来た。最初に「今助条ニ付」とあり、川筋に関わることと考えられる。「右之仁達十月廿九日米十手引ニて連れ被参候処、岩根ゟ上村々寄合致候赴キニて加談誘ニ被参候事」とあり、野洲村の米屋十蔵の仲介があり、岩根村より上の村々では相談がまとまっていて、それへの加談の求めにやってきたことが知られる。天保八年段階で既に野洲郡と甲賀郡の連携が模索されていたことを知ることができる。このことは、天保八年（一八三七）江戸肴屋町与兵衛が、仁保川・野洲川・草津川筋の新開場の見分を幕府に願い出で、一一月勘定役広木重右衛門らを派遣し巡検を開始したことに対し、栗太・野洲・甲賀三郡の水口藩領二〇ヵ村、淀藩領九ヵ村、膳所藩領一五ヵ村、他に三上藩領など野洲川・草津川沿い合わせて五二ヵ村の庄屋が、計画に反対し見分の延期を願い出たこと[11]と関係すると考えられる。宇田村と氏川原村はその村々の中の一つである。野洲村はこの中には記されて居らず、加わらなかったようだ。

十一月朔日の次にも次のように記され、斎藤家の陣屋から堤縁の竹木の伐採を禁じたことが知られる。

　一、川筋一条之義ニ付

　十月廿六日御陣屋へ御召ニ付委細被仰渡、其上堤縁ち竹木等伐取候事一切不相成赴キ被仰渡候事、右ニ付村中右之《廿七日晩》赴キ相触申候、又々止掛廿日晩浄満寺江川筋々林持候者達呼出し、一切相成不申赴キ得度申渡置候事

4．一揆前の野洲村と組合村参会

天保一揆の背景には村々の連携と組合村の存在が重要であったと考えられる。既に見られたように同領内村々の参会の場も見落とすことが出来ないが、大篠原村の事例で確認された支配を越えた地域のネットワークの把握が課題と言えよう。

さて、天保七年正月吉日「年内村控帳[12]」では、正月廿二日の項に、次のように記されている。

　中畑番七分屋ニて

一、組合参会　直治郎

九　助

右ニ付弐朱一片遣し置事

直《（く）》九助

組郷参会締之事

右組郷中相談之上　閏正月朔日二日小正月十五日都合三日正月休日致候事、当丑年年番中畑村也、尤虚無僧之義者

丑年は後の記載からも天保一二年（一八四二）のことと考えられる。この年の年番が中畑村で、正月休日の申し合わせと、後の記載がないため明らかでないが、虚無僧の取締についての申し合わせがあったことが知られる。次いで、五月三日廻りの項では、「先達者野洲郡一郡丈西川原村ニて参会有之、此度諸株新規之義為相止メ候相談出来候ニ付、其時役代として伴蔵ヲ遣し置候、然處此度右相談規定書相廻り申候、文言左之通り」として、米屋株、清酒株、鍛冶屋株の新規禁止を申し合わせた次に示すような「規定一札之事」が記されている。八四ヶ村の名前と「拾六ヶ村」の三月二六日の添書も記されている。それ以前に比留田村で集会があり相談一決したことが知られる。天保一二年段階で野洲郡だけの村々の集会を確認できる。

規定一札之事

一、米屋株之事

一、清酒株之事

一、鍛冶屋株之事

右者、近年凶作打続キ村々大小之百姓困窮之上、先年ゟ種々株立之事共出来仕、自然百姓江茂相響キ候處、

猶亦今般当郡之内ニおいて右ヶ条之品々新規之株相目論見候族茂有之趣キ相聞候、右様ニ相成候而ハ百姓一同必至手詰りニ茂可相成哉と談被存候ニ付、郡中村々不洩示談仕候処、何れ之村方ニ而も右様新規株拵之義ハ急度不宜趣故、在来株之義ハ格別、右三ヶ条義ハ勿論其外何事ニ不寄新規株立之相目論見候もの有之候、生々其村役ゟ篤度本人江決而不相成旨申諭差留メ可申候、万一村役之差図をも不相用候者有之候得ハ、右大小之百姓弥難渋之基ニ付、此度示談規定之通り郡中村々ゟ及懸合ニ急度為相止メ可申候、為念之連印規定一札、依而如件

天保十二年　　野洲郡中

三月　　村々

戸田村「印」　立花村　服部村
新庄村　小濱村　吉川村
堤　村　須原村　井ノ口
安治村　六条村　五条村
野田村　吉地村　乙久保
比江村　小比江村　八夫村
虫生村　木部村　西川原
比留田村　野　村　小田村
江頭村　十王町村　小南村
高木村　長嶋村　紺屋町

比(北)村	永原村	上永原
沢　村	新町村	山脇村
大篠原	桜生村	小堤村
小篠原	辻　町	入　町
久野部村	五ノ里	市三宅（野洲への付箋）
行合村	「野　洲	中　畑　「庄屋他行ニ付跡廻し可被下
三上村	北桜村	南　桜　候、且又規定書願付不分重而
明光寺	立入村	岡　村　御申越可被下候」
吉身村	守山村	播磨田
下ノ郷	石田村	今　市
小嶌村	川田村	比(北)村
田中村	中　村	笠原村
新見村	布施村	金ヶ森
淀三宅	大林村	欲　賀
森川原	山賀村	杉江村
十二ノ里村	赤ノ井	矢　嶋
開発村	大曲村	木ノ濱
今濱村	水保村	幸津川

〆

前書通り一同相心得聊違変無之様為其村々規定いたし調印候もの也

右之通り帳面板挟ニして、尚又添書左ノ通り

春暖之気候ニ御座候処、弥御荘栄ニ可被成御勤役大慶之御義ニ奉存候、然者過日比留田村ニ而御集会之砌御相談一決仕候通り、此度規定書相認メ順達いたし申候間、其御村々庄屋・年寄三判宛御調印可被下候、尤集会之砌御不参御方茂有之候ニ付、其御隣村ゟ右示談一決之趣キ御達之被下候様御相談申置候、定メ而御聞取御承引被下候哉と奉存候、右村々治定通り御調印可被下候、且順村之義も遠方之義故次第不同ニ相成候間、夫々御村方隣村江御順達可被下候、先以麁筆右之段得貴意度如此御座候、以上

丑　　　　　　　　　　拾六ヶ村

三月廿六日出

郡中

御役人中

右之通りニして、当五月四日ニ行合村ゟ参り候、右書顕之村々点かけ置候村丈調印有之候ニ付、此方村方之義ハ庄屋他行ニ付跡廻しニ成可被下候、且又規定書預ヶ申置候村方不分重而［　］可被下候もと、野洲

村下ニ付紙いたし、中畑村へ遣ス

次いで、天保八年六月朔日「二番日次帳⑬」からは次のような記載が認められる。

六月廿九日の項に次のように記されている。

一、組合参会　善助

右行合村七分屋ニて、一同虚無僧取締之一件ニ付相談之事、立入・岡村ハ川留ニ而不参

右ニ付、辻町・入町二ヶ村此組郷へ相加へ被下候、小笹原安右衛門ヲ以被相頼、依之相加候事、都合

十五ヶ村也

一、座頭之儀ハ、手引取斗之分ハ組郷ゟ急度相弁可被申候事

また、七月八日の項にも次のように記されている。

一、組郷一同虚無僧参会、行合七分屋ニて

出勤喜左衛門

右寄合之評義普大寺ニ取締相頼申候相談落合候事、

右ニ付役僧引合ハ

野洲村

行合村

右両村ゟ引合呉候様頼ニ付、追而盆中ニ引合候事

右座頭寄合虚無僧参会当七月迄之分雑用

七分屋入用
凡四百七拾匁余
此ゆへ金五両三上ゟ出シ被置候事
且又虚無僧役次第違ヒ金三歩し有之事
是ハ桜生ト笹原ト弐ヶ村ゟ遣候□

七月廿日の項には次のように記されている。

一、普大寺役僧義逞被参候ニ付、行合衣屋三郎兵七殿此方共立合引合申候事、然ル処年寄中ゟ村方変事有之候ニ付、火急御引取被成候と九助申参り候ニ付直様引取ル

なお、これに続いて、難渋者弐三拾人がヨツヤ米十方へ詰めかけたことも記されている。

また、九月三日の項にも次のように記されている。

一、日光御免勧化立入村ゟ暮方ニ送り来り候、右勧化申居候者ヤス村十三ヶ村取斗場故、ヤス村へ参り取受られ候、尚又ヤス村ニ而御泊り之事故、寛々可被成ト立入村役人申事ニ付、何分御泊り度達申付色々引合候得共、彼是致居候得ハうそ〳〵ニ相成ゆへ、五拾銅遣し行合村へ玉田下男ニて送り遣ス、立入村へ引合可申事

また、天保一〇年正月吉日「日次帳」(14)にも正月廿二日に組郷参会に善助・九助が行ったことが記されている。

おわりに

三上村の隣村である野洲村、中山道が通り人々の往来もあったこの村での一揆時の動向について知ることがで

きた。また、この野洲川沿いの村でも市野の土地調査に先立ての事前調査を推進していたこと、また、天保一三年に五年遡る天保八年の調査時にも一定の対応がなされていること、この時甲賀郡の村々との連携が模索されていたことも一端を垣間見ることができた。

天保一三年の一揆の時も重要であった組合村々と野洲郡内の村々の連携動向についても史料を加えることが出来た。地域のネットワークは天保期の湖南の村々を考える上で重要な事項と考えられる。早くから野洲郡では肥物値下げを名目にし、甲賀郡では座頭よりを名目に集会がなされたとされてきた（「百足再来記」など）。幕末期徘徊座頭などの対策、治安維持の対策が重要であったが、それだけに止まらず、新規の株仲間の禁止などの申し合わせなど地域課題も野洲郡単位で統一して対応することが進められていたことを確認できた。天保期の地域の動向を点検していくことにより組合村の実態と一揆の背景に迫っていけるものと思う。

現在「野洲区史」の編纂が進められつつあり、その一助になればと思い、三月一〇日の市史郷土史学習会にてその一端を紹介した。博物館友の会でも一揆関係史料を読み解きつつある。微力ながら今後も、基礎的史料の確認を重ね、天保一揆の真実に迫っていきたい。

なお、末筆ながら、史料の閲覧等について栗東歴史民俗博物館および滋賀大学経済学部附属史料館に御世話になった。記して感謝したい。

注

（1）『燃える近江　天保一揆一五〇年』野洲町歴史民俗資料館　一九九二年

（2）『近江天保一揆とその時代』野洲市歴史民俗博物館　二〇〇五年

（3）『近江野洲郡「益水凱旋録」――野洲川をめぐる訴願運動の記録（1）』野洲町歴史民俗資料館友の会　二〇〇四年。『同（2）』野洲市歴史民俗博物館友の会　二〇〇八年

（4）拙稿「天保一揆史料について（1）大篠原共有文書」（『野洲町立歴史民俗資料館研究紀要』第四号　一九九四年。本書第二章一）

（5）野洲市歴史民俗博物館蔵。博物館友の会古文書部会で解読中。

（6）河邨吉三『天保義民録』（東京高知堂）一八九四年

（7）（『里内文庫資料目録』里内文庫資料調査会編、栗東歴史民俗博物館　二〇〇五年。里内綴装6594（目録273頁、収蔵番号254―15）

（8）拙稿「天保一揆史料について（6）一揆の舞台三上村を中心として」（『野洲町立歴史民俗資料館研究紀要』第一〇号　二〇〇三年。本書第二章四）

（9）三上村の平兵衛が一二月二八日大津へ行っていたことが三上村の記録から伺われる。注（8）参照。

（10）滋賀大学経済学部附属史料館蔵　里内文庫　野洲村　村政3

（11）『滋賀県史』第五巻（参照史料）Ⅲノ(382)715「天保川筋調願出覚」〇栗太郡治田村川邊元三郎所蔵。

（12）滋賀大学経済学部附属史料館蔵　里内文庫　野洲村　村政1

（13）滋賀大学経済学部附属史料館蔵　里内文庫　野洲村　村政4

（14）滋賀大学経済学部附属史料館蔵　里内文庫　野洲村　村政6

【補注】初出は、「近江天保一揆と野洲村　近江天保一揆史料紹介（8）」（『野洲市歴史民俗博物館研究紀要』第一六号二〇一二年）であり、付録に収録した天保一三年正月「田畑地改日並控」翻刻は本書では省略しているので、初出稿を参照されたい。注（5）の翻刻は『野洲市歴史民俗博物館研究紀要』第一七号に収録されている。

近江天保一揆関係略年表1

文政年間、甲賀郡の旗本領で御用金賦課に伴ない強訴が頻発する。	
・文政13年(1830)3月～8月	伊勢おかげ参り大流行
天保2年(1831)正月	三代目藤本太郎兵衛の時、瀬田川自普請が許される。
天保3年(1832)12月晦日	湖水縁村々地先寄洲并見取場等の新開が命じられる。
天保4年(1833)	大久保貞之助の手直し浚えが実施され、大久保新田が生まれる。
・天保4年～7年	全国的な大飢饉発生。
・天保4年(1833)9月	米価高騰・米買い占めに反対して播州一揆が起こる。
・天保7年(1836)8月	甲州で郡内一揆、9月に三河加茂一揆が起こる。
・天保8年(1837)2月	大坂町奉行所元与力大塩平八郎ら大塩の乱を起こす。
天保8年(1837)3月22日夜	南甲賀の地域に米屋・高利貸・質屋などの打ち壊しの張り札あり。
天保8年(1837))10月	江戸新肴町与兵衛の願いによる江州草津川・野洲郡仁保川筋堤内外新開発場所見分のため、勘定廣木重右衛門が22日大津へ来る。
天保8年(1837)11月	栗太・野洲・甲賀三郡の水口藩領20ヶ村、淀藩領9ヶ村、膳所藩領15ヶ村、三上藩領ほか野洲川・草津川沿い52ヶ村の庄屋が、見分延期を願い出る。(見分は重右衛門の病気で延期)
・天保10年(1839)12月	水野忠邦、老中筆頭となる。
・天保12年(1841)5月	幕府、天保改革令を出す(天保の改革始まる)。
・天保12年(1841)7月	幕府、三方領知替反対一揆により領知替を撤回。
天保12年(1841)11月	仁保川沿い村々が京都へ呼び出され、請書を求められる。
天保12年(1841)12月10日	野洲川筋83ヶ村が京都町奉行所に呼ばれ、湖水縁と仁保川・野洲川・草津川、高島郡の知内川・百瀬川・鴨川・石田川・安曇川通りの御料私領村々地先堤内空地堤外附寄洲新開場調査につき請書に押印を求められる。
天保13年(1842)正月21日	市野茂三郎ら見分役人が仁保川河口近くの野村に到着。翌日より調査を開始。仁保川縁村々に七ヶ条の触を出し、請印を求める。
天保13年(1842)2月11日付	甲賀郡今在家村・前野村・三雲村が仁保川筋見分で差し出した絵図面が良くないので、野洲川筋は差し支えがないように申し渡され、絵図面雛形村名書下ケ早々順達するよう命じられ、甲賀郡・野洲郡の42ヶ村へ廻す。
天保13年(1842)3月7日	水口藩地方役所へ川筋20ヶ村から歎願書提出。
天保13年(1842)5月6日付	御普請役大坪本左衛門・藤井鉄五郎→江州野洲川筋村々役人中へ、菩提寺村庄屋佐兵衛・田堵野村庄屋傳兵衛・五反田村久太夫三人に御用筋を申し含めたので、打ち合わせ正路に絵図等取り調べ差し出すように命じる。
天保13年(1842)6月25日	野洲郡大篠原村に見分役人が来る。
天保13年(1842)8月6日	野洲郡三上村平兵衛から上永原村庄屋野依又右衛門へ、肥物値下げの参会を近辺村々へ触れ出しを依頼。
天保13年(1842)8月7日	野洲郡戸田村立光寺で肥物値下げの庄屋会議。
天保13年(1842)8月12日	野洲郡大篠原村浄勝寺で参会。

七、南桜村と天保一揆

はじめに

近江天保一揆は天保一三年（一八四二）一〇月一四日から一六日にかけて発生した近江最大の百姓一揆である。一揆の最初は甲賀郡森尻村の矢川神社（当時は矢川寺、甲賀市甲南町森尻）の釣り鐘を合図に人々が集まり、また、高山瘡神社（甲賀市水口町高山）の釣鐘も鳴ったともいわれる。一四日夜七ツ頃ともいわれ、実際には一五日未明の四時頃と言うことにもなる。杣川沿いの旧甲南町の地域が発祥の地と考えられ、杣中村や市原村の人々が大きく関わっていたことが考えられている。一揆の頭首とされたのは三上村の庄屋土川平兵衛で、一〇月一六日（西暦では一一月一八日）、三上村にいた幕府の見分役人市野茂三郎に見分十万日日延べを認めさせ解散した。一揆勢の中心は甲賀郡の百姓で、甲賀郡で発祥したことから「甲賀騒動」とも呼ばれ、一揆の舞台となったのが三上村であったので「三上騒動」とも呼ばれた。

この一揆は、野洲郡・栗太郡・甲賀郡の三郡の農民が関係し、野洲市の歴史において地域の大事件として明らかにすることが求められている。一揆から一五〇年に当たる平成四年一〇月一四日〜一一月二三日にかけて『燃える近江 ――天保一揆一五〇年――』の展覧会を開催し[1]、平成一七年一〇月に第九回全国義民サミットが野洲市で開催されることを記念して『近江天保一揆とその時代』と題して企画展を開催した[2]。この二回の展示に関係して史料を拝見させていただき、その後も地域の重大テーマとして意識してきた。近江天保一揆は大事件であるため、一揆後の顕彰活動の中で物語化された部分もあり、犠牲者を少なくすることにも関係してか、一揆関係者自らは史料を残すことはなく、その実態を把握することは容易ではない。一揆の実情を明らかにするためには、一揆にかかわった地域の実態を史料に基づいて明らかにしていくことが重要であり、これまで一揆の舞台となった三上村[3]、三上村の北西に隣接し中山道沿いにある野洲村[4]、また、中山道沿いの小篠原村や大篠原村[5]についても紹介してきた。本稿では三上村の南隣の村で、甲賀郡からの一揆勢が通過した南桜村をめぐる史料を紹介し、この大事件の実態を考えてみたい。南桜村の史料解読は、野洲市歴史民俗博物館友の会古文書部会で読み進めてきたものである。

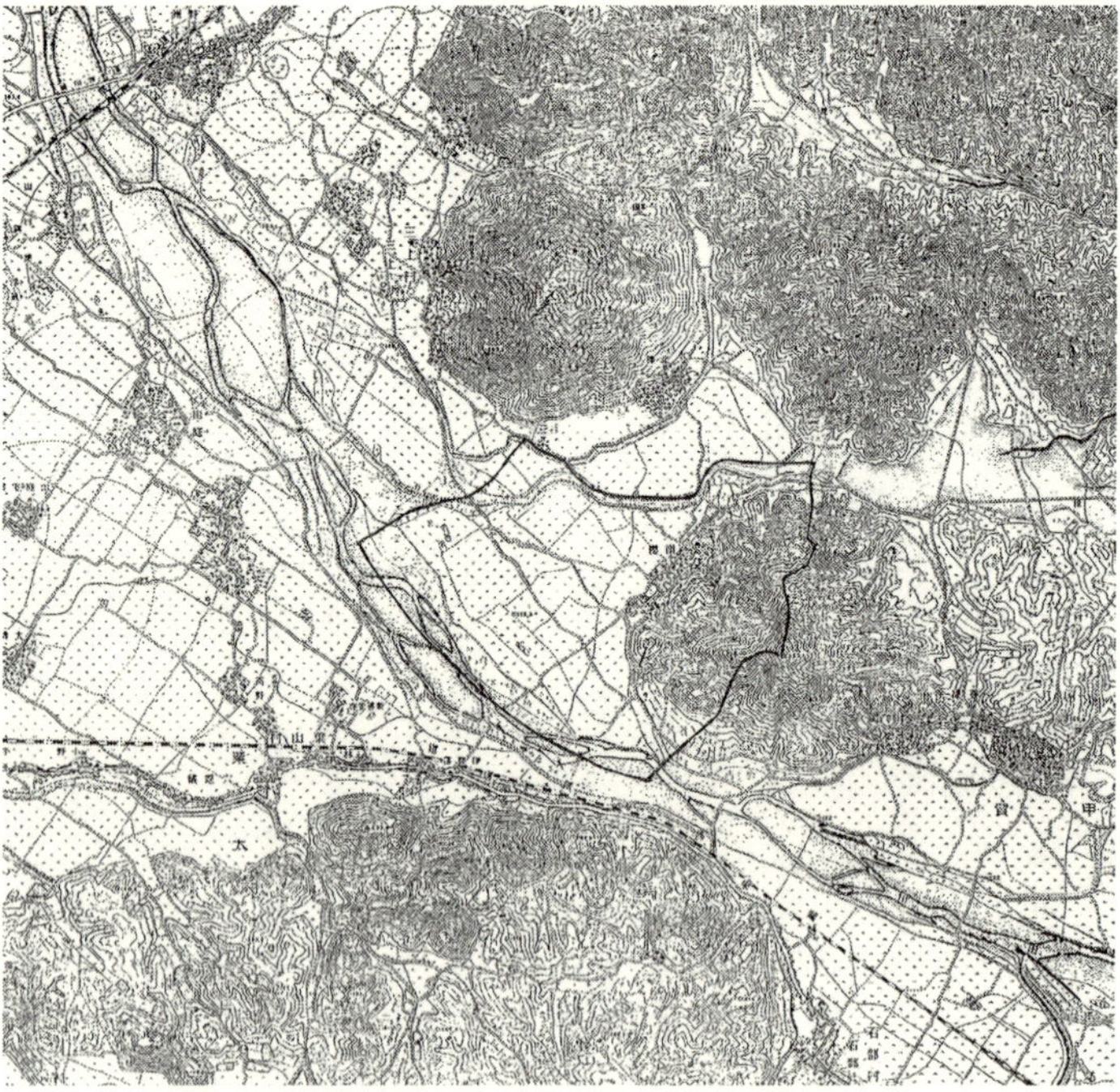

南桜村周辺地図（明治25年即図　太線は南桜村の村域）

1．南桜村の概要

南桜村は、野洲川が平野に開ける扇状地の扇央、野洲川右岸にあり、集落の南西辺に野洲川が流れ、北西は三上村と境し、北側北桜との境には大山川が流れ、東は桜山・菩提寺山で菩提寺と境し、集落はこの山の西側の山麓に広がっている。

野洲川沿いには新田開発されたと考えられる規則正しい水田が広がり、山裾を人工の水路野蔵井がながれ、集落の前面大山川との間には、古代の条里制地割と考えられる古い耕地が広がっている。

後述する「川筋見分記録」に見る天保一三年当時の南桜村は、慶長七年の検地帳では高五〇〇石、四四町七反一畝の本田畑、一七一石八斗四升、二四町二反六畝二二歩の新田畑、延宝七年検地帳では三五石二升五合、三町三反三畝一八歩あり、更に草山六町二畝二〇歩、山手米二斗五升、八幡宮除地の小松山四反六畝二〇歩、家数九六軒の内九〇軒が広幡家領、六軒が幕府領で信楽代官多羅尾氏の所管地であった。

広幡家は、寛文四年（一六六四）初代忠幸にはじまり、南桜村には宝暦一〇年（一七六〇）広幡家（三代長忠）から報恩寺と村中へ白鳳時代の銅造観世音菩薩像（重要文化財）が下賜され、南桜村と領主広幡家は密接な関係が続いた。(6) 広幡家領の村高は五〇〇石、一揆の原因となった天保一三年の幕府見分役人市野茂三郎の調査では、公家領であった南桜村は除外されたとされている。

そのことは、『天保義民録』記載の江戸送りとなった土川平兵衛の白洲での語りに、三上村から甲賀郡菩提寺村・正福寺村・岩根村等へ至るには南桜村を経るのが順路であるが、同村の人民は領主広幡家の威勢を恃み市野をしてその地先を踏ますことを許さなかったので、市野もやむを得ず使者を京都に遣わし広幡殿に歎願し許可を得てその地先を通行することを得たとしている。(7) また、松好貞夫の『天保の義民』(8) でも平兵衛のこの供述が引かれている。しかし、「甲賀一揆書記(9)」には、村追放を受けたとされる人の中に南桜村武兵衛が記されており、事実関係の検討が必要と思われた。

ここに紹介する天保一四年三月写の「江州川々筋見分ニ付甲賀騒動発端記」は、天保一三年の一揆の発端から大津での取調べの後、中心人物が三月に江戸送りになったところまで記されている。天保一三年の「川筋見分記録」は、その間の詳細な日記記録である。なお、翌年一一月の裁許内容を記した天保一四年一二月の「甲賀騒動裁許書」もあるが、紙幅の関係上別途紹介したい。

2.「甲賀騒動発端記」

この記録は、表紙書から天保一三年三月、四二才の南井清左衛門が書き写したものであることが分かる。文末に記される如く、大津での取り調べは済んだものの、天保一四年三月土川平兵衛ほかが江戸送りとなった段階までのことである。清左衛門は、この時広幡家領の年寄役で、一揆後の取調べの中で庄屋武兵衛は入牢を命じられ、また病気になり、もう一人の年寄役又右衛門も病気のため、主に対応したのが清左衛門と相給庄屋の又兵衛であった。

記録の原作者は、風聞に聞いたことをそのまま記してあること、前後分からないこともあるが、あらましを記していること、まだ取調べ中であるため、差しさわりが無いように内々に見るように求めている。

南井清左衛門の文末の但し書きでは、この記録が甲賀郡で記されたものであるとし、村々が大津へ呼び出された手続書は村々で記しているが、最寄の様子は分からないこと、甲賀郡の親類からの咄で分かったので書き写したという。そして、杣中村文吉が発頭人だが、牢死したのでここには書かれていないともしている。

「甲賀騒動発端記」との表題は、原題であるか否かは明らかでないが、一揆の発祥地、一揆勢の中心地から「甲賀騒動」の名が用いられた早い段階の史料と思われる。

その内容の概要は、次のとおりである。

①発端　市野茂三郎等寅年正月上旬より仁保川筋見分し、程なく野洲川筋へお移りのこと。
②一〇月一四日夜八ツ時矢川社地に多人数寄り集まり騒動起る。
③翌一五日早朝矢川社地に加藤氏家来が詰め、人数は上甲賀へ退く。
④田堵野村伝兵衛・五反田村久大夫居宅を打ちこぼつ。上野領主藤堂和泉守家来出張のこと。
⑤寺庄村・深川村へ通り懸かり酒や炊き出しを乞う。
⑥森尻村庄屋徳右衛門へ押し寄せ乱妨のこと。
⑦杉谷村庄屋九兵衛へ押し寄せる。
⑧三本柳庄屋和助へ詰め掛け乱妨のこと。
⑨横田川へ凡二万人、加藤氏家来も出動するも防ぎがたく、四方共早鐘・太鼓・横笛・時の声を上る。
⑩田川で酒飯を乞い、夏見村立場で名酒を呑み荒らす。
⑪石部宿東入口に膳所本多氏家来出張、石部川原に焚きだし用意のこと。
⑫菩提寺村で騒立、亀ヶ渕で三大寺村老人発頭と名乗った乱心者を連れ帰る。
⑬三上村百足山麓へ凡そ五六万人公役旅宿へ詰め掛け乱妨。十万日延引の書付を乞い、遠藤但馬守陣屋扱いで延日の書付が下され、⑭一〇月一六日八ツ時に引き取る。（焚き出し等三上での様子、公役無事で上京、風説の歌記載なし）

⑮京都町奉行所より吟味厳しく、土山宿・水口宿・石部宿・草津宿・守山宿へ出張、追々京都へ咎人召捕。
⑯前寅一二月中旬江戸より関源之進・戸田嘉十郎出役、大津役所で吟味。入牢者七、八〇人、牢死者・病死者もあり。
⑯後村々大社へ心願。三上村罷出人数等お糺し、焚き出し分聞き合わせ召しだされる。
⑱前四郡村々村役人小前両三人御白砂にて騒動の始末を仰せ聞かされる。
⑲十万日延引之書付反古の由を聞かされ、追而御見分ある節は心得違無きよう仰せ付け。(「十万日延引之書付」文の記載なし)
⑱後一人の心得違いにて万人の難渋となり恐れ入る。発頭人三上村平兵衛より市原村座頭年番治兵衛方へ申し遣わし、萬屋傳兵衛方で座頭寄と唱え内談。治兵衛は横田川原へ人数寄せ出願の心得のところ、人気立ち乱妨狼藉になり越度を請け歎ケ敷成行くこと。
㉑三月四日大津出立江戸下り。五日水口宿で暇乞い、悔やむこと。
○大津に残る科人九人追って罪科仰せ渡される由。
㉒江戸下り人数の列記。
⑰十万日日延書付写八〇本余、石部宿にて本多氏家来衆より出し、家中一三〇人ばかり召し出され、書付写の儀返答難しき由。加藤氏家来七、八〇人斗り呼びたて返答難しき由。
○村々度々呼び出しあり、入用金多分。大津宿に三、四百ヶ村も永々逗留、凡金二万両、病死者怪我人多数、末の世に至りても心得第一のこと。
○心得違で騒動になった訳柄で、前代未聞の事であるので、末世に至迄心得るようあらましを記し置く。

この発端記は、「三上騒動始末記[10]」の前半分と比較的類似する項目が認められる。概要は、先に報告しているが、各項目の頭の〇番号は、本書第四章四に紹介の「三上騒動始末記」の構成表に付した番号に相当するものである。全般に簡略であるが、前半は凡そ対応するが、後半は異なった記述も認められる。⑭一〇月一六日八ツ時（二時頃）に引き取った後に、焚き出し等三上での様子や公役は無事で上京、風説の歌の記載が無いこと、「十万日延引之書付」本文の記載がない点も、特徴的である。一揆の記録がまとめられていく過程の初期の段階にかかわる記録と考えられるのではなかろうか。

なお、「三上騒動始末記」項目の後半部分が、裁許書と対応することが期待されるが、三上村平兵衛と上野村九兵衛の罪札が収録されていることのみが共通し、南桜村清左衛門の経験を中心に構成されているようで、大きく異なっている。紹介は後日を期したい。「三上騒動始末記」と類する一揆記録に「甲賀騒動由来書」系統本があり、この成立を考える上でも大切である。

3．天保一三年「川筋見分記録」に見える南桜村

この「川筋見分記録」は、天保一揆に関係した川筋調査時の日記風の一件記録で、天保一二年一二月二日から天保一四年三月四日まで書きつづられている。裏表紙に南井清左衛門四二才の覚書であると記しているが、広幡家領の庄屋武兵衛が入牢、年寄又右衛門が病気のため、この記録を書き残した年寄役の清左衛門が主に事件後の処理を進めた。文末の「右江戸行村名私名書ハ委しく甲賀記録ニ写置、江戸表ニて大抵牢死被致候由相聞候」とある「甲賀記録」は、先記「甲賀騒動発端記」を指すものと考えられる。そして、天保一四年三月江戸下り後同年一一月に裁許が言い渡されるまでの間に、この二つの記録が作成され完結したものと考えられる。順に概要を

記しておきたい。

天保一二年一二月二日、京都町御奉行所より八日の召状が野洲川筋八三ヶ村へ出され、一〇日、八三ヶ村が本白砂へ召し出され見分のことを仰せ渡され、奉行の前で請書に押印させられた。請書には、江州湖水縁と仁保川・野洲川・草津川、高嶋郡知内・百瀬川・鴨川・石田川・安曇川通りの、御料・私領の村々地先、堤内の空地、堤外附寄洲で新開になるような場所の見分で、願人があってのことではなく、公儀(幕府)の見分であり、お調べの上御仁恵の沙汰もあるので心得違いが無いように命じられている。

天保一三年正月一三日、勘定方が京都着、一九日から近江へ向かい、二一日広幡家の役所から領分の書物持参を指示され、二三日庄屋と年寄清左衛門が古書物持参で上京し、調査が始まった。

二四日には、御役所で江戸表への願書の咄があり、延宝七年検地で竿除けになっており、この度も同様に御除になるようにしていただきたいとの願で、新開作場等はなく小松生も出水時の普請用木や土砂留になる分でこれまで通りそのままに差し置かれるように願っている。しかし、江戸公儀の返事は、この度は川筋見分のみで竿除けのことは関係ないとのことで、広幡家領も安心できないと心配された。

二月四日、惣長百姓・組頭が参会し、翌日から村での調査を開始した。二月一六日、明細絵図についての触状が、三上村より来て、菩提寺村へ送った[11]。二月二九日、水帳面改が出来奥書を御地頭(広幡家)へ頼みに行った。

次の記述は一〇月八日に跳び、公役市野茂三郎・普請方藤井鉄五郎代大坪本左衛門から、絵図面・水帳面・御免状・明細書・旅宿間数等の触状が来て、それを前々村へ持参するようにとのことで、驚き対応せざるを得なくなった。

一〇月一〇日、組頭・長百姓が参会し、一一日には御地頭への届と周辺へ聞き合わせを行ったが、この日三上村へ市野等がやってきた。一二日には道作をし、広幡家の上田氏と毛利氏が来村し、調べた明細書等を三上村の公役へ増兵衛・清左衛門が差し出した。一三日、上田氏が三上村へ行かれ、京都付添役人、平野八右衛門と出会い、公役が三上村古新田を調べているところを内々覗いたところ、厳重に縄引き等をしており大変驚いた。夜五ッ時（八時頃）に公役衆中付添中へ挨拶に行ったところ、普請方より宿割の厳しい催促があった。

一〇月一四日、早朝に三上村へ宿割書付を持参したところ、最早田地改に出られて留守であった。四ッ時（一〇時頃）に庄屋宅へ公役の使いが来たので、増兵衛・又右衛門・清左衛門が早々領境へ行き、三上村との領境の確認がなされ、宿割りを渡した。夜五ッ時（八時頃）に又々三上村旅宿へ挨拶に出、石原・多羅尾両手代へも絵図面を持参した。

一〇月一五日、早朝より村中一統野止で、村中割合で旅宿掃除拵えをした。夜報恩寺で惣参会し、毛利氏は三上村公役へ挨拶咄合に行かれた。四ツ時（一〇時頃）に報恩寺参会の席へ来られ、市野茂三郎と咄合の趣を申し渡され、広幡家領も洩れず見分されるとの由であった。庄屋へ帰り地頭役人と話し合い金子の工面を申し付けられ、明日大津蔵元へ金五〇両ばかり借用に行く筈に話し合った。

一〇月一六日、卯刻（六時頃）大津行の拵をしていたところ、夏見村の酒屋へ行っていた桶屋職の下山瀬平悴が、奥甲賀より徒党騒動が夏見村に来たことを清左衛門宅へ注進したので当惑した。庄屋宅へ駈け付け地頭役人中へ騒動のことを伝え、村人を庄屋宅へ寄せ、早々郷頭または亀岩辺まで遠見に行かせ、数多人数蓑笠にて菩提寺佐兵衛を壊し、それより三上村へ参ると聞いて注進された。また宮山八幡山へ登り見廻したところ、「なか〱推来人不レ知レ数」、早当村社地へも入来り、天神前にて道評定の様子も見え、当村方も覚束ないので注進された。地頭役人は村方一人も動くなと申し付け、早々三上村市野茂三郎へ注進され、辰刻（八時頃）に帰村された。庄屋宅は覚束ないので報恩寺へ避難した。田地水口道筋を三上へ行く人々が多数で、凡四、五万人斗りも入り込んだかと思っていたところ、宝泉寺の鐘が鳴り響きただ事ではないので、人足等を仕立て早々見に行かせた。三上村陣屋・宮森・田地・砂川堤などに寄集る人凡五、六万程にも見え、程なく本陣大谷治部右衛門門先へ押し寄せ、公役中長持一・乗物・両掛・御書物等々に手を掛け破り、村々より差上た書物を陣屋の堀へ投込み乱妨し、市野茂三郎と付添役人中は三上山へ隠れ、遠藤但馬守家来平野八右衛門・大谷治部右衛門両人が、川見分の儀は十万日日延と障子に大文字で書出され、その上十万日の證文を出され、徒党の内に證文を受取り納まった。村方より内々三上村へ行ったものがあり、その外野洲・行合などへ徒党人数参り、鐘を撞き飯酒を好み、近辺も誠に騒動とある。

村方では報恩寺の鐘棒を取り置き、太鼓のばちを隠し、若徒党の者が村内へ立入り加談を申し掛けても仕方なしと覚悟したが特に無く、道に迷い入来人があり、少々は飯と酒を一〇人ばかりに出したとのこと。「村方役前之物《(者)》ハ先日ゟ今日騒動之心配ハ前代見聞之事、誠に近江壱国之乱」とある。卯刻（六時頃）および巳刻（一〇時頃）に早飛脚で京都の領主へ注進。「誠に此度之甲賀郡ゟ三上村江推来ル徒党騒動乱妨之儀者、近江壱国之騒動ニ候得者、集ル人も不レ知レ数、三上村ニ而乱妨之様子色々委敷書残度存候得共、逸々筆ニ而ハ難レ記、あらましヲ爰ニ記置」とある。

御公役人中は暮合に三上村を出立し大津まで引き取り、清左衛門と相役が一寸挨拶に行った。伝聞であろうが諸藩の動きも記述されている。

一〇月一七日、卯刻（六時頃）御本所渡辺伊賀守が来村し、騒動は昨夕申刻（四時頃）鎮まったと申し上げ、上田信濃守は御本所様へ言上のため、早々辰刻（八時頃）出立した。

一〇月一八日、卯刻に渡辺伊賀守が帰殿。組頭中庄屋へ呼寄せ村方示の参会をした。

一〇月一九日、未刻（一四時頃）に毛利主殿少允も帰殿。

川見分の儀先延引と見え、公役へ提出した村方水帳面本新御料検地帳等の引き取りに動き、早々公役人を追かけ尋ねようと、一六日暮六ッ半頃（七時頃）又右衛門・清左衛門が守山宿へ行こうとしたところ、折節三上宮森にて送りの人足が帰ってくるのに出合い、水帳面は大谷氏へ預けられたと聞いた。大谷氏へ行き右水帳面は明早朝印形引替に受け取ることにして早々帰村した。

次に、見分順村、十六日騒動のこと、一揆勢の経路、京都町奉行所の捕縛のとを次のように略記する。

仁保川筋仁保村より川北縁を日野谷奥まで登り、谷々を洩れず見分の上、南縁を比留田村まで下り、屋ノ棟川筋安治村より辻町まで登り、湖水縁を能登川辺まで見分され、桜生村・山脇村・小笹(篠)原村・中畑村・明光(妙)寺・三上村と順村になった。

これまで諸雑費等は中々で、正月一九日より一〇月一六日まで二六〇余日の間、一日に凡一貫匁位ずついり、膳分一人前につき一〇匁程と聞く。その外人足等は一日に田改に付添凡五〇人ばかり、弁当持・旅宿の留主居凡四、五〇人とある。

一六日騒動のことは、遠藤但馬守家来が鉄砲を打ち槍を抜き、乱妨の人々はこれには少々後ずさりしたが、大音で川見分の儀は延引願いたいと、鉄砲・鎗には恐れず数多押し寄せ、そこで公役もしかたなく十万日の日延と言われた。寄り集まる勢、筆では記しがたく、前代未聞の騒動であるが、漸々あら〳〵記し置くとある。

徒党発頭は市原村治兵衛・杣(中)仲村文吉で、両村より凡百人斗り寄集り、順村にて奥の村々へ押し寄せ、森尻村庄屋を毀し、五反田村庄屋を毀し、次に三本柳村酒屋を毀し、泉川原で勢揃いし、水口様囲いを苦も無く押越し、岩根・朝国村へ行き、または東海道筋田川村より石部まで押し来たった。菩提寺村で両方打ちより、佐兵衛を打ち毀し、それより三上村へ押し寄せた人は夥しく、筆にては記し難い。

直に京都町奉行所より捕手の人数がやってきて召し捕り京都へ送ったことを記した上で、発頭人は市原村治兵衛・杣中村文吉両人と聞こえ、その外甲賀郡中に村々組合触状取次が数多おり、水口宿・泉村での催の発頭人は組合触頭との記載がなされている。なお、水口宿以外に泉村での参会のことも記されていて興味深い。

一一月五日、九十郎・金兵衛が三上村親類方へ見舞に行き、即刻帰村したとの書付を差出し、一九日他に三上村へ行った者はないか更に問いつめられたが無と返答した。

柑子袋村の鍛冶屋が三上村へ伊左衛門と同道で行き、乱妨したと言ったため、一二月一六日伊左衛門が大津へ引っ立てられた。一九日伊左衛門が入牢になり、御殿（広幡家）と出牢に向けて苦心する。二三日、針村・柑子袋村・正福寺村・南桜村・三上村・野洲村六ケ村へ大津から差紙が届き、翌日入牢の付添いの宿は湊町雁金屋安兵衛とされた。

正月九日、大津役所から武兵衛の呼状が到来、また一四日、関源之進・戸田嘉十郎から乙窪村から三上村・南桜村までの一二ヶ村に召状が到来した。一八日には庄屋武兵衛が呼び出され入牢となった。

正月二三日御役所へ呼び出され三上村へ行った者はいないか書付を求められ、人数に加わったものはないが、九十郎・金兵衛が親類見舞いに行ったことを書き付け、宿元控を命じられた。二五日にも武兵衛の入牢についての取り計らいを領主代官へ願っており、八ツ時呼び出され南桜村に二人の見舞以外に出人数は無いか強く尋ねられたが、二人より他にないと答えた。しかし、実際は三〇人余三上村へ行っており露顕した場合は咎めを受けることを増兵衛・清左衛門が覚悟した。

正月二六日、南桜村が提出した人別帳に年が書かれていなかったため記載を求められ、十五才以上六十才以下の男子は一六〇人と判明し、先に荒く報告した人数と異なり心配した。

正月二七日呼び出しがあり先の書付に相違無いかお尋ねがあり、相違ないと答えた。

二月三日呼び出しがあり、見舞等は言い訳にならず三上村に罷り出た人数同様として理解申し渡すとされた。九十郎・金兵衛は「去寅十月十六日多勢人気ニ被二誘引一三上村江罷出候ものニ御座候」とし、御慈悲を願う書付を二通差し上げ帰村を仰せ付けられた。他村は猶予を願い帰村し出人数逸々に取調べ騒動であったが、南桜村は「甚大慶」とある。

二月四日、伊左衛門が呼ばれ帰村を申し付けられ、翌日帰村した。六日に武兵衛が出牢になったので、翌日武兵衛出牢と伊左衛門帰村を地頭へ報告した。

次に事前の相談の経緯を次のように記述している。

野洲郡中は三上村平兵衛が発頭で、当年奉行所より諸色値下げの改革があったのに、肥物（魚肥）はこれまで通り高値であったので、百姓一同立ち行きがたく、そこで郡中一統談合の上奉行所へ歎願したいと、それぞれ組合頭分へ相談し、野洲郡発頭として組合の内より、南桜村庄屋武兵衛と三上村庄屋平兵衛代勘兵衛両人が、戸田村の彦四郎に相談に行かれた。彦四郎は野洲郡南組五拾四ヶ村取締であったので、久野部組合より代人として武兵衛と勘兵衛が行った。大笹原庄屋へ平兵衛より直に相談され、それぞれ組合頭分への手続は平兵衛より談合があった。

いよいよ野洲郡中がまとまり、栗太郡阿村へは三上領であるので平兵衛より談合された。それより阿村辺に色々咄合等もあり、組合それぞれに歎願の談合をした。野洲郡惣代として南桜村庄屋・小笹（篠）原庄屋・行合村庄屋・戸田村庄屋・三上村庄屋平兵衛が京都へ行き、肥物歎願の願書を認め、色々京都町奉行所の様子を内々窺い、一先村方へ引き取り願文の趣を郡中一同へ披露しその上で出願のつもりで帰村された。

丁度御公役が近辺へ廻村され、屋の棟川筋を段々登り程なく三上村へも廻村、先触が当村方、段々野洲川筋川上へ触状が来たので、肥物歎願等も等閑になった。このような手続で京都へ行った庄屋衆中が調べの間入牢になった。

次いで、二月一七日村々が呼び出され、一村に一人も三上村への出人無しでは納まらず、野洲郡・栗太郡は出人数無かったが、「何分御公役御利解」に恐れ入り、一人でも出た人を拵え名前を書き上げたようで、一八日御役所白砂へ召し出され野洲郡中一統へ仰せ渡しの手続書は、野洲郡では肥物歎願または川筋見分についても歎願したい心中であったところ、甲賀郡杣中村文吉が発頭で多人数三上村へやってきた由で、野洲郡中村々の者共は、甲賀郡歎願は如何と思い野洲・栗太村々のもの共は罷り出たと憐愍の書付を読み聞かされ、村役人の印形を取り、市野茂三郎が巨細に見分した故などとも裁許の文言の内に加へ、憐愍の仰せ渡しで帰村を申し付けられた。これは村役人に対するものと考えられる。

そして、二月二七日諸村々残りの人数が代官所白砂へ呼ばれた。武兵衛は病気のため出頭できず、翌二八日郷宿へ普請方懸りの古高周蔵・本庄彦作が来て、裁許手続書に印を求められ、武兵衛は加談の者としてであった。そこには、「市野茂三郎仁保川筋日野谷奥まで巨細ニ見分致し候ゆへ、三上村平兵衛野洲郡肥物歎願与名目ヲ付郡中一統参会、川筋等茂歎願致し度由平兵衛の心中ニ有之、其加談之物ニ候」とあり、平兵衛一人が拠ん所なく野洲郡・栗太郡歎願の発頭人ともある。二八日帰村を申し付けられ併せて他村止となった。そして、苦労のほどが次のように記されている。

そもそも寅（天保一三年）一二月一六日四ツ半時に伊左衛門が召し捕りになり、それより卯（天保一四年）二月二八日まで七〇余日の間、誠に「今々無双之難儀心配」、昔より今に覚なき大騒動で、当時勤役の手前共右日数の間身も果す程の心配、筆には記し難く凡十分一も書けていない。末世にこの記録を読む人は話して欲しい、家内に末々まで大切に残して欲しいとある。

三月朔日、関 源之進と戸田嘉十郎が大津を出立し、三日に大津での事は済み帰村した。

川筋見分諸雑用は寅十月廻村触の節金二六両余、卯正月より出津一件につき二五両余、合五〇余金は誠に無益の雑用で、甲賀郡などは夥しく、牢死人は凡三〇人ばかりあり、大津宿払が一日に一三〇両位ずつとある。

三月四日立で科人一一人が江戸行、内一人が石部宿で死去し、江戸行の者の村名や名前は「甲賀記録」に写し置くとあり、江戸表でたいてい牢死された由を聞いたともある。

おわりに

ここに紹介した二点の史料は、南桜村の一揆後の処理に奔走した年寄役南井清左衛門が書き残した記録で、見分記録には見分の最初から一揆、一揆後の取り調べの様子、首謀者とされた人々が江戸送りとなるまでの詳細な対応の様子を知ることができる。幕府の取調役人への恐怖は勿論であろうが、「難儀心配」「筆ニてハ難㆑記心配」などと度々記されているように、その供述と事実とが異なっていることから一方ならぬものであったことが知られる。庄屋武兵衛が入牢となったのは、鵜飼彦四郎が取りまとめ役であった野洲郡南組五四ヶ村の中で、久野部組合の代表として参会への出席によることが知られ、更に組合村の実態解明が課題の一つであろう。

また、彦根藩領の御用掛懸かり百姓の収集した情報[12]の中にも南桜村のことが含まれ、風聞であってかやや異なりもあるように思われる。史実はどの辺にあるのか、史実と風聞の間を考えさせられる。

そして、市野の見分は、南桜村を除外させるような雰囲気でなかったことも明らかであり、多くの人が拠って立つ『天保義民録』の記述内容自体の問題も浮かび上がってくる。取り調べに伴う史料が圧倒的に多いと考えられるが、風聞なども含み込む天保一揆に関わる諸史料の内容確認と相互の整合性なども検証しながら真実に迫るたゆみ無い努力こそが必要であることが思われる。

注

（1）『燃える近江　天保一揆一五〇年』野洲町歴史民俗資料館　一九九二年

（2）『近江天保一揆とその時代』野洲市歴史民俗博物館　二〇〇五年

（3）拙稿「天保一揆史料について（6）一揆の舞台三上村を中心として」（『野洲町立歴史民俗資料館研究紀要』第一〇号　二〇〇三年。本書第二章四）

（4）拙稿「近江天保一揆と野洲村　――近江天保一揆史料紹介（8）――」（『野洲市歴史民俗博物館研究紀要』第一六号　二〇一二年。本書第二章六）

（5）拙稿「天保一揆史料について（4）　――仙台領市三宅村・小篠原村の動向を中心に――」（『野洲町立歴史民俗資料館研究紀要』第七号　二〇〇〇年。本書第二章三）、拙稿「天保一揆史料について（1）　大篠原共有文書」（『野洲町立歴史民俗資料館研究紀要』第四号　一九九四年。本書第二章一）

（6）拙稿「南桜村の観音開帳　――南桜観音講文書を中心に――」（『野洲町立歴史民俗資料館研究紀要』第二号　一九九〇年）

（7）河邨吉三『天保義民録』（東京高知堂）一八九四年　一九一頁）

（8）松好貞夫『天保の義民』一九六二年　一七八〜一七九頁

（9）滋賀県地方史研究家連絡会編　近江史料シリーズ（8）『近江の天保一揆――記録集Ⅰ――』一九九三年、滋賀県立図書館刊

（10）拙稿「天保一揆史料について（3）「三上騒動始末記」――野洲郡に流布した一揆記録――」（『野洲町立歴史民俗資料館研究紀要』第六号　一九九九年。本書第四章四）。なお、「三上騒動始末記」の全文は注（9）に収録されている。

（11）触状は野洲村でも確認され、注（4）三〇頁に掲載。

（12）拙稿「天保一揆史料について（5）――神崎郡小幡村坪田利右衛門家文書――」（『野洲町立歴史民俗資料館研究紀要』第八号　二〇〇一年。本書第四章二）

【補注】本稿の初出は、「近江天保一揆と南桜村　近江天保一揆史料紹介（9）」（『野洲市歴史民俗博物館研究紀要』第一七号二〇一三年）であり、（付録）として掲載した天保一四年三月写「江州川々筋見分ニ付甲賀騒動発端記」および壬天保一三寅年「川筋見分記録」の翻刻は本書では省略した。初出稿を参照されたい。

八、野洲郡の村々と天保一揆

はじめに

近江天保一揆は近江最大の百姓一揆で、「三上騒動」や「甲賀騒動」などと呼ばれてきた「強訴」である。一揆は、天保一三年（一八四二）一〇月一四日四ツ時（夜一〇時頃、百足再来記）～一六日（一一月一八日）にかけての事件であった。

幕府から派遣された勘定所役人市野茂三郎の本陣（三上村）へ、甲賀郡の農民を中心とする一揆勢が押し掛け、新開地などの見分の一〇万日延期を約束させ引き取った。見分に協力する数軒の村役人宅の打ち壊しを伴ったものの、強力な武力衝突もなく終わった。

幕府の新開地等の見分がはじめてのことでなく、天保一三年の「見分」（土地調査、検地？）が一揆を引き起こしかねないことは、幕府役人のやって来るころから心配された向きがある。甲賀・栗太・野洲三郡の農民、その数は四万人とも言われて来た。厳しく処罰された人々の多くは村役人層で、一揆の舞台となった三上村の庄屋土川平兵衛が頭取とされたが、多くは甲賀郡内の村役人・農民たちであった。特に、南甲賀杣川沿いと一揆経路沿いの村々からの参加が多かったようだ。実は、甲賀郡・野洲郡それぞれで、地域毎や一郡単位の度重なる会議が行われたようで、両郡ではそれぞれに天保義民祭（一〇月一五日一〇時～、旧甲賀郡は三雲の「天保義民之碑」前、旧野洲郡は三上の「天保義民碑」前）を行って来ている。[1]

ところで、一揆の関係者は直接的な資料を残すことはなく、その実態を把握することは容易ではない。これまで、野洲郡を中心に残されていることが多い、幕府の土地調査や一揆後の取調べ関係史料を紹介しながら一揆の実像に迫る努力をしてきた。

先に紹介した南桜村の記録[2]天保一四年三月の「江州川々筋見分ニ付　甲賀騒動発端記」は、後の野洲郡に流布した一揆記録[3]「甲賀騒動由来書」系統本の前半部分と近い内容であり、それが大津での取調直後の天保一四年三月に、甲賀郡からの情報をもとに記されていることが注目された。後出と考えられる「三上騒動始末記」系統本も知られ、その全文が翻刻されている[4]。

「川筋見分記録」は、天保一二年一二月二日京都町奉行所への召状から天保一四年三月四日までの日記風の記録で、南桜村の土地調査への準備の実態、一揆後の取調の実際が細かく記されている。天保一四年正月一八日には庄屋武兵衛が入牢となり、もう一人の年寄役又右衛門も病気のため、年寄役南井清左衛門が対応せざるを得ず、苦労の程が記されていた。

広幡家領の南桜村は『天保義民録』に記載されるように土地調査の対象除外ではなかったこと、三〇人余が三上村へ行ったようだが、二人より外にないと報告し通していた。このことからすると、一揆参加者の実態把握はかなり困難であることを示しているように思われる。なお、組合村については、三上村と共に久野部組に属していて、南桜村の庄屋武兵衛とともに三上村庄屋代勘兵衛が出席したことも知られる。

南桜村の記録には、紙幅の都合上省略した天保一四年一二月「甲賀騒動裁許書」があり、更に野洲郡内の史料を紹介しておきたい。

1．天保一四年卯一二月「甲賀騒動裁許書」

さて、天保一四年卯一二月「甲賀騒動裁許書」は、年寄役の清左衛門が書き残した取調べ後の裁許内容に関する記録で、次のことが記されている。

天保一四年一一月二四日京都町奉行所より召状が到来し、出頭することになる。二七日庄屋武兵衛に年寄一人が付添い、東町奉行所へ出頭を求められた。甲賀郡・野洲郡村々庄屋分や乱妨人は、春以来他国他参止や村預けとなっていて、残らず呼び立てられ上京した。

二六日、咎を受けた者が神泉苑町に揃い、南桜村は庄屋武兵衛、年寄役清左衛門と外人足一人が上京し、広幡家に呼び立てられたことを報告している。二七日奉行所に出頭したところ、宿元に差し控え他行しないように命じられた。この日、春以来大津での入牢者九人が、京都へ引き渡しになったことを記している。その九名につては、次の通りの内訳が記されている。

石部宿　　二人　乱妨
正福寺村　一人　乱妨
岩根村　　二人　最初加談人
岩根村　　一人　柑子袋生で岩根村親類の世話を受け、乱妨引受。
泉　村　　一人　乱妨、
氏川原村　一人　加談人
甲賀郡住無宿　一人　野地（野路）生れ角力取。三上村にて乱妨。

そして、一一月二七日暮六ツ時（一八時頃）召し出され、二八日明日申し渡しと仰せ付けられ、二八日には御白砂で、明日申し渡しと仰せ付けられた。

二九日明六ツ時（六時頃）門前に待っていたところ、膳所役人一六方、水口役人八方、三上遠藤氏役人四方、多羅尾役人二方、京都同心二方、九人の入牢人、甲賀郡・野洲郡庄屋分加談人、乱妨人残らず同座にて、白砂で奉行から仰せ渡しがあった。半紙凡百枚の「手続書」の趣は次の通りであった。

「市野茂三郎巨細ニ見分等も致し候故、百性共難渋と相心得強訴及徒党又ハ発端相催候」と市野の細かな調査を一揆の原因と認め、領主側へは騒動を取り鎮めずそのまま見延ばした咎を問題とし、庄屋分加談人、乱妨人への咎めは次の通りとしている。

戸田村庄屋彦四郎（五拾四ヶ村取締役）　村方御払
行合村庄屋忠右衛門・小笹（小篠原）村庄屋安右衛門
（三上村平兵衛重モ之加談人）　村方御払
南桜村庄屋武兵衛　役取拂、五貫文過料
外村々庄屋分三貫文・二貫文と科相応に過料
甲賀郡の三八人　重の加談人・乱妨人
近江国江戸十里四方御払拂、家は闕所
大津に入牢の者　京都で御払

次いで、三上村への三上村平兵衛の罪業札と上野村九兵衛罪業札が書き写されている。この罪札は、「百足再来記」や「三上騒動始末記」などにも記されているものである。二九日京を立ち三〇日より三日間設置し、跡の始末は問わないとし「捨号札」（捨業札か）とある。

上段注記には「杣中村文吉ハ最初京都江召捕之節牢死ニ候故、科重く被致、是ハ御憐愍也」とあり、京都で牢死した杣中村の文吉に科を重くされたことが憐愍の取り扱いとされている。このことは、二人の罪札の文面に、「杣中村文吉江及内談、既同人重モ立市原村庄屋治兵衛等談判之上廻状差出し」、「見分猶豫之儀杣中村文吉等重立」と文吉の名前が書き記されていることからも、可能性があることのように思われる。

野洲郡三上村庄屋平兵衛への罪札では、新開場見分を巨細に糺されては一同難渋すると、「見分猶豫之儀村々申合惣代を以奉行所江及愁訴候へ者自然願も可相立」と、見分のことについて願などしないように、領主より申し渡しもあって容易に発言できない。併し仕方によっては露顕しないだろうと、肥物直段引下げ方を主の名目にし、見分猶予願いをしようと村々の者へ連絡したので、人気一致し所々で会合した。また、野洲川筋村々の見分があって後に奉行所へ出頭しても手遅れになってしまうので、村々挙げて勘定方旅宿へ歎願するよりほかに方法がないと決心し、このことを杣中村文吉へ内談した。既に同人（文吉）主立ち市原村庄屋治兵衛等に談判の上廻状を出し、野洲郡外二郡の村々の者共が徒党し人家等を打ち壊し、勘定方旅宿前へ多人数が押し寄せ強訴し、その上御用物長持ほかを打ち砕き狼藉に及んだことは、公儀を恐れない致し方である。右の始末不届至極につき存命であれば三上村で獄門に処すところだとある。

甲賀郡上野村九兵衛の罪札では、強訴徒党については厳重のお触れがあるのに、江州村々新開場見分があり難渋に思い、見分猶予を杣中村文吉等が主立ち、三上村勘定方旅宿へ村々挙て歎願しようと横田川原へ人数を集めた時、右人数に交わり五反田村久太夫その外の居宅を壊すよう、杣中村平兵衛の差図に従って岩根村八右衛門と懸引等をし、また針村文五郎一同が石部宿其外所々で酒飯を出させ飲み食いし、その上徒党の者共が勘定方旅宿へ押し寄せ強訴したとき、見分猶予につき勝手な書面を申し受けたいと平兵衛より申し出、調印又者文言等を相好み、渡方に時間がかかったのを待ちかね、同人（平兵衛）の指揮に任せ、先立ち八右衛門とともに旅宿門内に取り出していた御用書物長持を打砕いたことは、公儀を恐れない致し方で右始末不届至極につき、存命していれば三上村で獄門に処すところだとある。

更にまた天保一四年一二月二日に、四日に出頭すべく召状が到来した。相給庄屋年寄と七名が上京し、五日に白砂へ召出され、明日申し渡しと仰せ渡された。

一二月六日、京都町奉行所へ甲賀郡・野洲郡庄屋分年寄付添人、乱妨人之罪軽キ物人数三千人余が揃い、五組に区分して白砂へ出た。南桜村は四番組の虎口、四番・五番一同村数九〇ヶ村、人数ハ凡四百人余で、両奉行立合にて仰せ付けられた。

川筋巨細見分、強訴徒党乱妨のことを詳しく述べ、御憐愍の手続書を読み聞かせた上で、庄屋分は五貫文、年寄は三貫文、村方は御高に応じ過料、高百石に二貫文宛とあり、南桜村は一四貫一〇〇文（石に二歩）、相給庄屋五貫文と年寄三貫文であった。広幡家領の分は、春以来大津で庄屋は入牢、年寄一人は病気のため一名のみ書き出したので、過料銭も三貫文。相給庄屋年寄へ八貫文で合計二五貫文とされた。先に庄屋武兵衛へ五貫文過料、〆三〇貫一〇〇文を仰せ付けられた。外村々には七〇貫、八〇貫余も命じられた村もあり、手錠の咎めもあり、九ツ時（一二時頃）に白砂を引き取った。

昼食後四番五番は、御白砂先の武芸稽古の場所へ呼び出され、与力より仰せ渡しがあった。過料銭の書付を渡され、今日より三日の内に納付を仰せ付けられ、次々宿へ帰り、過料銭二五貫一〇〇文を用意し、町代部家へ持参し、切手書付を添え玄関先で納め、暮六ツ時（六時頃）に宿へ帰った。領主へ報告し、役所からは庄屋役は暫く退役し、庄屋が決まるまで年寄両人に対応を命じられた。

その後闕所の動向についても触れ、三上村平兵衛家内は御裁許後御地頭様より御払いとなり、野洲村の借家に住んでいたところ、大晦日に親類まで呼寄が許された。手錠の咎は三〇日目に免許と聞かれ、膳所水口三上の家中の咎は正月一七日許されたと聞くとある。その外闕所の人々も領主の了簡で取り扱い、名前等を変えて「色々御憐愍之被仰渡も有之由候」とある。

このように御裁許を書いておくが、なかなか筆にては書き尽くしがたく、幾度も京都へ行った人数は凡五千人余もあり、その雑費等夥しく、甲賀郡・野洲郡の混雑は大変で、村方の入用金は銀五百匁余も割出し再騒動が心配と記されている。

前代未聞のあらましを裁許後の天保一四年一二月の内に、年寄役の清左衛門が記したとある。京都町奉行所での二回の仰せ渡しの概要を知ることが出来るが、仰せ渡し内容そのものの写は記されていないので、概要のみしか知ることが出来ない。

2. 播磨田村の「三上騒動日記」

「三上騒動日記」と題する記録は、播磨田村庄屋甚兵衛が書き残したもので、大津での取調時期の様子が記されている。全文は、二〇〇五年展示図録(1)付録に収録している。

最初の書き出しは、天保一四年正月一九日夜四ツ時(一〇時頃)水保村増兵衛他一人が来村したとある。水保村・今浜村・笠原村・立花村・幸津川村に呼び出しがあり、去八月七日戸田村寄廻状を六日に彦四郎から差し出し、八月二九日立花寄廻状を二八日に差し出したことについて、村次を明二〇日九ツ時(一二時頃)までに調べて差し出せと命じられ、五ヶ村が手分けして調べているとのことであった。

八月六日付廻状は小島村から受け取り今市村へ送ったことを報告し、二八日付廻状は不明としている。天保一四年正月一九日夜四ツ時（一〇時頃）過ぎ、正月一八日付、戸田嘉十郎・関源之進から尋ねることがあるので村々給々限人別帳を大津陣屋へ持参するようとの二五ヶ村宛ての廻状を下之郷村から受け取り今市村へ送った。二〇日夕着で善三郎、組頭庄左衛門・権右衛門・甚九郎が大津へ出向き、正月二三日呼び出しがあった。寅（天保一三年）一〇月一六日三上村へ行った者がいるか、戸田村彦四郎よりの廻状で立光寺寄合があったようだが、有体に申し上げよと仰せ付けられ、行った者はないことを申し上げた。後日露顕した場合は役人どもも入牢も計りがたいと脅され引き取り、やはりいないことを報告した。

正月二八日呼び出しがあり、同様に質問を受け、行った者はいないと答えたところ厳しく仰せ付けれ、猶予を願い帰村した。正月晦日、圓立寺で一五歳以上の者に印形を取り調べた。

二月朔日に出津し、二月二日に厳重に調べたところ三上村へ行った者は無しと報告した。二月三日には経緯を淀（領主）へ報告した。

二月九日四つ時（一〇時頃）より五三ヶ村が白砂へ出て、「先達而戸田彦四郎・矢嶋惣左衛門旨廻状次立花村興願寺（八月二九日）・戸田立光寺（八月七日）両度相談致、其相談之趣何そ有様ニ申上、乍恐其意者肥物類近来肥物義高直御座候故、肥物類下直ニ可相成様と相談申度候、外相談一切無御座候」とあり、肥物類値下げの相談以外は無かったとしている。

二月一〇日伊兵衛・善三郎が帰村し、一七日伊兵衛が出津した。一八日一同が召しだされ、書付を読み聞かせた上で印形を取られ帰村を許された。この時に村役人の印形を取られたことは「川筋見分記録」[2]でも確認できる。そして、淀藩領の村々惣代から領主役人への届が収録されている。それを見ると、天保一三年八月七日戸田村立光寺での寄合前日の八月六日に、三上村平兵衛ほかの者より「組郷浪人年番」の戸田村彦四郎へ、「肥物直引下談合」と言って「川添歎願之談合」をしたこと、彦四郎からの廻状で五三ヶ村が戸田村に集会し、川添歎願の相談に加わり同意したとの一札を大津で取られ、帰村を許されたと記している。ここに記された淀藩領一四ヶ村（下表参照、関係村のみ）の中に久野部村があるが、三上村や南桜村が含まれていないため、これが組合村の単位とすることはできず、別途検討することが必要であろう。

なお、「十二日甲賀郡呼出し淀江之書上写」として、淀藩領の甲賀郡村々からの届が記録されている。（二月）一二日仰せ渡しがあったとし、「三上村平兵衛・市原村治兵衛・岩根村正内・杣中村文吉・内（宇）田村宗兵衛・岩根村弥八、肥屋寄・座頭寄ニ事寄、八月下旬、九月上旬水口宿萬屋傳兵衛方ニ而両三度茂集会致」とあり、肥屋寄・座頭寄を名目に集会し、その後「若不出村方ハ打こほち且焼拂候

淀藩領の天保一揆関係村々と高（天保８年近江国郷帳による）

郡名	村名	現市域	相給区分	淀藩領高（石）	備考
栗太郡	古高村	守山市	相給	106.100	
野洲郡	播磨田村	守山市	相給	1849.169	村高 2022.118
野洲郡	川田村	守山市	相給	423.354	
野洲郡	行合村	野洲市	全	166.240	
野洲郡	井口村	野洲市	全	423.624	
野洲郡	小比江村	野洲市	相給	43.066	
野洲郡	久野部村	野洲市	全	232.690	
野洲郡	六条村	野洲市	全	719.844	
野洲郡	安治村	野洲市	相給	399.080	
野洲郡	三宅村	守山市	全	1168.264	
野洲郡	十二里村	守山市	全	532.700	
野洲郡	荒見村	守山市	相給	542.004	播磨田村枝郷
野洲郡	今市村	守山市	全	467.868	播磨田村枝郷
野洲郡	北桜村	野洲市	全	522.484	
			計	7596.487	

様、十月十四日横田川揃ニ出候様」触れ流したので罷り出たとし、赦免を願う詫書に押印して帰村を許されたとしている。別に記録帳があるとしているが、未確認である。

3．冨波沢村の事例

つぎに、朝鮮人街道沿いの冨波沢村の事例(5)について確認しておきたい。冨波沢村は現在野洲市冨波乙の集落に当たり、三上村からは直線でも約三㎞離れている。冨波沢村と呼び、天保八年（一八三七）の「近江国郷帳」では、村高九三三石九斗七升九合六勺で、内訳は三二石七斗二升八合が多羅尾靭負支配所、七六石一斗二升九合八勺三才が横田筑後守知行所、一四一石一斗二升一合七勺七才が根来出雲守知行所の相給村だった。また、外に高二石三斗三升六合の光徳寺除地が記されているが、旗本横田氏の領地は村高の内八一・四%をしめていた。

今回確認した史料は、天保一揆の原因となった幕府の土地調査「見分」のために役人が来村したことに伴う記録と、一揆後の取り調べに伴う記録が中心である。隣村である冨波新町村の記録も含まれている。

幕府見分役人市野茂三郎の来村時の状況については、「覚書」(6)により知ることが出来る。公役（幕府の見分役人市野茂三郎）の見分は、（天保一三年）一〇月六日八ツ時（午後二時頃）に久野部村から移り、三人が案内して（冨波沢村）郷内半分を見分してから中飯（昼食）になり、上下一三人へ村から昼飯を出している。その費用は銀一六匁九分で、村から差し上げたので寄銭茶代は受け取っていない。

昼飯後久野部村地境まで見分の案内をし、それから新町村（冨波甲）地境は入組の場所であるが案内し見分が済み、七ツ時（午後四時頃）過ぎに新町村へ着いた。この時、勘定役市野の若党に金一歩、下部三人へ金一歩二朱（一人二朱）、普請役下部二人へ金一歩二朱（一人三朱）を差し出し、「外ニ無心之義ハ少茂無御座候」とあり、他にねだられることはなかったようだ。

また、冨波沢村は三給入会の場所であるので、見分に伴い九月二四日から田地の下調べを行ったようで、見分の翌日まで三給の村役九人ずつが立ち会い、延べ一二六人が出ている。そして、道作掃除人足三五人、公役廻村日(一〇月六日)四五人が出たと記している。この合計は二〇六人で、冨波沢村の合計、三給合わせた分ということになり、廻村日の四五人は、一戸一人に相当する。

つぎに、天保一四年正月一六日「御公役様三上騒動ニ付大津御召ニ付諸入用」[7]は大津での一揆の取り調べに伴う記録で、それによると天保一四年正月一六日昼から九右衛門・利八・伊右衛門・四平治・吉郎兵衛・小左衛門が大津へ行き、大津で待機することになった。正月三〇日に六郎兵衛が帰村し、二月二日に村人の調査のため大津に滞留した六人が帰村したようだ。「相調候上火事と存書付」とあり、三上へ一揆勢が押し寄せたときに、火事と思い対応したことを書付にしたようであり、それに対応する文書が、後述する天保一四年二月「乍恐奉申上候書付」と題する書付と考えられる。

この文書を提出するために伊右衛門・四平治・九右衛門代吉兵衛・吉郎兵衛・利八・小左衛門の六人が二月五日大津へ行き、二月一〇日に帰村している。次いで二月一六日朝から伊右衛門・九右衛門代吉兵衛・利八代清兵衛の三人大津へ行き、美濃屋宇八へ飯代皆済を記しているが、宿泊はしなかったようだ。しかし、不足金があったため二月二一日に伊右衛門が大津へ行ったようだ。

このような大津での滞在費や船賃などが必要で、六郎兵衛や長兵衛が立て替えたようで、利息などを含めた合計は銀五一〇匁五分四厘、一七九人半の手当二六九匁二分五厘を合わせて七七九匁七分九厘の経費がかかり、高で割ると石に八分四厘とされたようだ。

このような大津での取り調べに対応して冨波沢村からの報告として確認されるものには、天保一四年正月、村役人伊右衛門から報告した横田筑後守知行所分の「乍恐人別帳」がある。横田筑後守知行所の百姓は三四軒、圓住寺・光徳寺・遍照寺・光圓寺・神職人を最初に記した上で、百姓は三四軒を記している。百姓の一戸当たりは三・九四人であり、四人弱で、男一人女一人の家もあった。領主ごとに百姓数を報告したと考えられる。

また、天保一四年二月「乍恐奉申上候書付」(8)と題する冨波沢村の報告があり、全文は次の通りで、案文も確認されている。

乍恐奉申上候書付

去ル寅十月十六日多勢人気ニ被誘引三上表へ罷越候節、人数ニ加り罷出候者無御座候段奉申上候處、御厳重ニ御吟味御座候ニ付、御猶豫奉願帰村仕候、勿論其節火事と存掛合村鼻へ出かけ候義者村用ニ而、先年より火事掛合五人ツヽ、定置有之月番当番ニ相当り候者共、鐘太鞁鳴候節ハ村鼻へ出見届ケ候上、組合五人之者共相揃村印并水桶を持火事場所へ掛付候事ニ村役人より申渡シ置御座候処、此度組合当番之者共火事と存村鼻へ三人見届ニ出候處、火事之様子ニ無御座候、煙も見へ不申候ニ付、村役共より差留メ引帰り申候間、乍恐此段奉申上候、猶又村方壱人別ニ厳敷精々相調へ候得共、三上村へ罷出候者壱人も無御座候、乍恐此段奉申上御慈悲之上御聞済之程奉願上候、以上

多羅尾久右衛門代官所
野洲郡冨波沢村

二月　年寄 利　八

横田筑後守知行所
　年寄伊右衛門
根来釆女知行所
　庄屋九右衛門

関　源之進様
戸田嘉十郎様

これによると、一〇月一六日多勢人気に誘われ三上表へ行った者はいないと申し上げたところ、厳しい取り調べのため猶予を願い帰村した（これは先の記録から二月二日と考えられる。）。勿論その時火事と思い村鼻へ出かけたのは村用で、火事の場合の対応のために五人宛を定め月番当番に当たる者が鐘太鞁が鳴った時は村鼻へ出て見届けた上で、組合五人の者が揃って村印と水桶を持って火事場所へ駆けつけるように村役人より申し渡しておいたので、この度組合当番の者共が火事と思い村鼻へ三人見届に出たところ、火事の様子ではなかったので、村役共より差し止め引き返したとしている。猶又村方一人ずつ厳密に調べたが、三上村へ行った者は一人もいなかったと報告している。非常時の申し合わせがあったこと、「村印」（旗）も作られ利用されたことも興味深い。

二月とあるが、二月二日帰村の後再調査の上二月五日大津へ行ったときに提出した文書と考えられ、報告者は、多羅尾久右衛門代官所野洲郡冨波沢村年寄利八、横田筑後守知行所年寄伊右衛門、根来釆女知行所庄屋九右衛門で、幕府から取り調べのために派遣された関　源之進・戸田嘉十郎宛になっている。

ところで、天保一三年一〇月一六日の一揆当日の村人の行動を個別に調べた記録が大篠原村、永原村、須原村で確認されている[9]。冨波乙共有文書中にも同様の史料「天保十三寅年十月　人別相調帳[10]」が残されている。旗本横田氏領分の村人の記録と考えられ、次表の通りである。田刈りと田掘りが大半で、永原村と同様に稲刈り時期であったことが確認される。江戸に行っていた人が二人もいることも特徴的である。

　このように、一揆に関係して大津へ呼び出された野洲・栗太・甲賀三郡の村々では、天保一揆に関係する史料が作成され、条件が良ければ残っているものと考えられる。

(5)　冨波澤村の歩み　2009年（平成21年）1月1日発行

近江天保一揆と冨波沢村

はじめに

　江戸時代、徳川幕府の見分（検地）に対する大規模な一揆として名高い近江天保一揆、それは、今から百六十六年前の天保十三年（一八四二）十月の出来事です。この天保一揆に沢村はどのように関わっていたのでしょうか。それを知るための史料が野洲市歴史民俗博物館館長古川氏により白井藤兵衛家文書の中から発見されました。この発見をもとに古川氏は「天保一揆関係の新史料について—冨波乙白井藤兵衛家文書から—」という文を書かれ、それは野洲市史編さんだより第十四号（平成二十年一月三十一日発行）に掲載されています。古川氏の導きに導かれて白井家文書及び冨波乙共有文書を紹介し百六十六年前の冨波沢村にタイムスリップしてみたいと思います。

白井藤兵衛家文書

見分に対する抗議

　白井家文書を紹介する前に、天保一揆に関して出版されている書籍により一揆のあらましを少し見てみましょう。

　天保一揆は、その頂点を天保十三年十月十六日に迎えます。その日、三上山の麓三上村に甲賀郡、野洲郡、そして栗太郡の農民約四万人が結集し、その威力を持って、「見分十万日日延べ」（検地の十万日延期）という書付を取って役人を引き上げさせ、ついには見分（検地）の中止という成果へと繋がっていったのです。

　この十月十六日の三上村への結集に至る前年暮れからの経過を次にまとめてみます。天保十二年十一月、京都町奉行所より野洲川筋や西江州三百七十五ヵ村に新たに課税するための見分の実施が通告され、翌天保十三年一月、見分のために幕府勘定方市野茂三郎一行が近江へ到着しました。

　先ず、野洲郡野村から見分が始まり、仁保川筋を調べていきました。一行は仁保川をさかのぼり現在の日野町まで行き、六月には滝村や大篠原村を見分しました。再び仁保川を下り、八月蒲生郡から神崎郡伊庭村の琵琶湖沿いなどを見分して後、再び野洲郡に戻り須原村を見分しています。一行は、各村々で、新たな負担を押し付け、また、収賄を繰り返しながらここまでやって来ました。一行の権力を振りかざした行状は、すでに村々に知れ渡っていました。

　この頃には、見分に対する抗議の準備がはじまっています。天保の大飢饉から間もないこの当時これ以上の課税を認めるかどうかは、すべての村にとって正に死活問題であったのです。土川平兵衛などの手配により、見分に抗議するための庄屋会議が各地で開かれています。沢村も、八月十二日に大篠原村浄勝寺で行われた庄屋会議、九月十七日に桜生村宝樹寺で行われた庄屋総会議に招集されています。そして、いよいよ抗議行動の準備の総仕上げのため、九月二十六日戸田村立光寺で野洲郡と栗太郡の合同の庄屋会議が行われ、また同時に、甲賀郡の庄屋会議が二つの会場で行われました。この会議で抗議行動の手はずを次のように決定しました。すなわち、甲賀郡の村民は横田川原に、野洲郡と栗太郡の村民は野洲川原で待機し、庄屋の代表が市野茂三郎に見分の中止を先ず要求する。しかし、聞き入れられないときは、市野の本陣へ皆で押し寄せるということでした。

冨波沢村の天保一揆記録を紹介した郷土史
『冨波澤村への歩み』11号（2009年）

天保13年10月富波沢村人別相調帳の村人

記載順	人名	場所	作業等	田刈り	田掘り	藁持ち	麦まき	江戸	総数
1	吉兵衛	字のだ田地	たかり仕居候	1					1
2	四郎兵衛	字くるす田地	田かり仕居候	1					1
3	四平治・悴新十郎・悴仙治郎	字五ノ坪田地	田かり仕居候	3					3
4	吉郎兵衛・悴吉治郎・悴惣太郎	字竹花田地	田かり仕居候	3					3
5	庄五郎	字作道田地	田ほり仕居候		1				1
6	小兵衛・悴重蔵・悴□治郎	字亀塚田地	田ほり仕居候		3				3
7	惣兵衛	字とも田地	田ほり仕居候		1				1
8	清左衛門	字小森田地	田ほり仕居候		1				1
9	清九郎	字西神田地	田かり	1					1
10	六郎兵衛・悴要蔵・悴勇蔵	字比留田田地	田ほり仕居候		3				3
11	吉右衛門	字塚町田地	田かり仕居候	1					1
12	伊右衛門・悴卯之助	字野田田地	田ほり仕居候		2				2
13	九兵衛	字野田田地	田かり仕居候	1					1
14	佐兵衛・悴徳松・悴安治郎	字古トバ田地	わら持仕居候			3			3
15	九右衛門	字古トバ田地	田かり仕居候	1					1
16	嘉蔵	字下中嶋田地	田かり仕居候	1					1
	嘉蔵悴寅之介	江戸ニ居申候						1	1
17	金右衛門	字勘定木田地	田かり仕居候	1					1
18	左平	字平拍子田地	田かり仕居候	1					1
19	市郎兵衛・悴金蔵	字ゑつて川田地	田ほり仕居候		2				2
20	藤兵衛・悴松治郎	字野田田地	田ほり仕居候		2				2
21	清兵衛・悴吉之助	字五反田田地	田かり仕居候	2					2
22	喜兵衛	田地字つくだ	田かり仕居候	1					1
23	万蔵	字比留田田地	田ほり仕居候		1				1
24	平左衛門・悴岩松	字深田田地	田かり仕居候	2					2
25	庄兵衛・悴多蔵	字五反田田地	田ほり仕居候		2				2
26	源五郎	字比留田田地	田かり仕居候	1					1
27	彦兵衛	字中之嶋田地	田かり仕居候	1					1
28	源右衛門	江戸ニ居候						1	1
	源右衛門悴亀治郎	字深田田地	田かり仕居候	1					1
29	治左衛門	字八畝町田地	田かり仕居候	1					1
30	忠三郎	字つく田田地	田ほり仕居候		1				1
31	又兵衛・悴堅五郎	田地字前郷	田かり仕居候	2					2
32	豊治郎・悴市松	字下中嶋田地	田かり仕居候	2					2
33	又右衛門	字尻ぼそ田地	田ほり仕居候		1				1
34	儀平・悴岩松	字神楽田地	田かり仕居候	2					2
35	利八	字竹ヶ花田地	麦まき仕居候				1		1
36	庄治郎	字下中嶋田地	田かり仕居候	1					1
37	五郎助	田地字南口	田かり仕居候	1					1
38	寅之助	字小沢田地	田かり仕居候	1					1
			（合計）	33	20	3	1	2	59

組合村をめぐって

肥物値下げを名目に幕府の土地調査について相談したとされる野洲郡の相談は、天保一三年八月七日、戸田村の立光寺で開かれた。この時村々へ参会要請を行った廻状は、戸田村の鵜飼彦四郎から前日の八月六日廻したことが、播磨田村の「三上騒動日記」から判明する。その廻状の文面は、永原共有文書の天保一三年一〇月「御尋ニ付申上候書付」と題された竪帳末に書き写されていた寅八月六日付、戸田村鵜飼彦四郎の廻状がそれに該当するものと考えられる。(9) その文面には「三上村・桜村両村役人其外拾弐ヶ村申合之上、右組合村々江申談度義有之候ニ付、急廻状差出シ呉と之事ニ御座候間、任其意相廻し候」とあり、三上村・南桜村役人と一二ヶ村で相談があり、組合村々へ相談したいことがあるので急廻状を出してほしいとのことなので、その意向に任せて廻状を廻したこと、翌日の七日戸田村の立光寺へ弁当持参で出席されたいとしている。

廻状に見える三上村・南桜村と一二ヶ村の関係は明快でないが、この廻状がことの発端であるようである。三上村を含む組合村として、中畑村・小篠原村・南桜村・北桜村・立入村・岡村・野洲村・久野部村・桜生村・山脇村・妙光寺村の一二ヶ村の単位が確認できる。(11) 恐らくはこの一二ヶ村の話が、野洲郡の村々が戸田村に集会することの発端らしい。

ところで、土川平兵衛から三上藩領の上永原村の野依又右衛門に宛てた八月六日付の書状を見ると、「近辺之組合村々寄合候處一統承知仕候間、其辺之村一ト参会被下度」とあり、やはり三上村周辺の組合村の寄合があり一統承知したと記されている。その上で「下之村々者戸田村ニ而五拾三ヶ村取締ニ御座候間、戸田村江引合今日(八月六日)参り候間」とあり、五三ヶ村取締の戸田村庄屋彦四郎に会いに行ったことを示している。土川平兵衛の働きかけがあって戸田村の彦四郎は即日急廻状を廻すことになったと考えられ、諸史料に矛盾はないように思われる。

八月七日戸田村での集会を受けて大篠原村周辺では大篠原村庄屋中から一五ヶ村に八月一〇日付「口演」で一二日早朝よりの大篠原村浄勝寺寄が触れられ、参会があった。また、八月二八日彦四郎から二九日立花寄が触れられ、興願寺で参会があった。更に大篠原共有文書では、九月一六日付三上村・行合村・小篠原村・野洲村・南桜村・大篠原村・小堤村連名で入町村はじめ一四ヶ村に廻状が廻され、九月一七日正五ツ時（八時頃）桜生村寶樹寺で参会がなされ、「委細ハ御面会之上可申談候」とあるが、先に肥物一条につき参会があり、その後相談の上返事が成されていたこと、この歎願について極めの外に負担はないことも記した上で、今一応の相談をしたいとされている。なおまた、肥物値下げにつき京都町奉行所に歎願することを村々惣代に御願いするとの頼み證文が、桜生村庄屋・辻町村庄屋・上永原村庄屋・大篠原村庄屋・入町村庄屋の連名で作成されたようで、案文または写が残されていた。惣代が誰かは記されていない。九月一六日付廻状が関係するとすると、その発信村の中で頼み證文に名前のある村を除くと、三上村・行合村・小篠原村・野洲村・南桜村が残る。三上村庄屋は平兵衛、行合村庄屋は忠右衛門、小篠原村安右衛門は、戸田村の彦四郎と共に「百足再来記」において戸田村の御堂で内談した人として名前が記されている。

この集会や相談は、廻状等による限りあくまで肥物値下げのみの歎願が目的であったことになる。また、八月六日付土川平兵衛の書状でも、「諸色者下直ニ相成候へとも、こへ物高直ニ而百姓一統困入候間、其趣意をを《（ママ）》越前買〆之儀ニ御座候間、御取調も被下度旨願出候へ者、御聞済可被下候哉与奉存候」とある。勿論、先の頼み證文も肥物値下げを京都町奉行所に願い出るものであった。森尻村徳右衛門の「世間人気立書上覚」にみるような、川筋歎願のことが記された史料は、野洲郡内では未だ未確認である。

南桜村年寄清左衛門が書き残した記録「見分記録」では、二月四日、伊左衛門が呼ばれ帰村を申し付けられ、翌日帰村した。六日に武兵衛が出牢なったので、翌日武兵衛出牢と伊左衛門帰村を地頭へ報告した。

次に事前の相談の経緯を次のように記述している。

野洲郡中は三上村平兵衛が発頭で、当年奉行所より諸色値下げの改革があったのに、肥物（魚肥）はこれまで通り高値であったので、百姓一同立ち行きがたく、そこで郡中一統談合の上奉行所へ歎願したいと、それぞれ組合頭分へ相談し、野洲郡発頭として組合の内より、南桜村庄屋武兵衛と三上村庄屋平兵衛代勘兵衛両人が、戸田村の彦四郎に相談に行かれた。彦四郎は野洲郡南組五拾四ヶ村取締であったので、久野部組合より代人として武兵衛と勘兵衛が行った。大笹原庄屋へ平兵衛より直に相談され、それぞれ組合頭分への手続は平兵衛より談合があった。

いよいよ野洲郡中がまとまり、栗太郡阿村へは三上領であるので平兵衛より談合された。それより阿村辺に色々咄合等もあり、組合それぞれに歎願の談合をした。野洲郡惣代として南桜村庄屋・小笹（篠）原庄屋・行合村庄屋・戸田村庄屋・三上村庄屋平兵衛が京都へ行き、肥物歎願の願書を認め、色々京都町奉行所の様子を内々窺い、一先村方へ引き取り願文の趣を郡中一同へ披露しその上で出願のつもりで帰村された。

丁度御公役が近辺へ廻村され、屋の棟川筋を段々登り程なく三上村へも廻村、先触が南桜村そして段々野洲川筋川上へ触状が来たので、肥物歎願等も等閑になった。このような手続で京都へ行った庄屋衆中が調べの間入牢になった。

ところで、久野部村を含む組合村の単位は、三上村・中畑村・小篠原村・南桜村・北桜村・立入村・岡村・野洲村・桜生村・山脇村・妙光寺村の一二ヶ村であったと考えられる(11)。組合村で判明しているところを図示すると

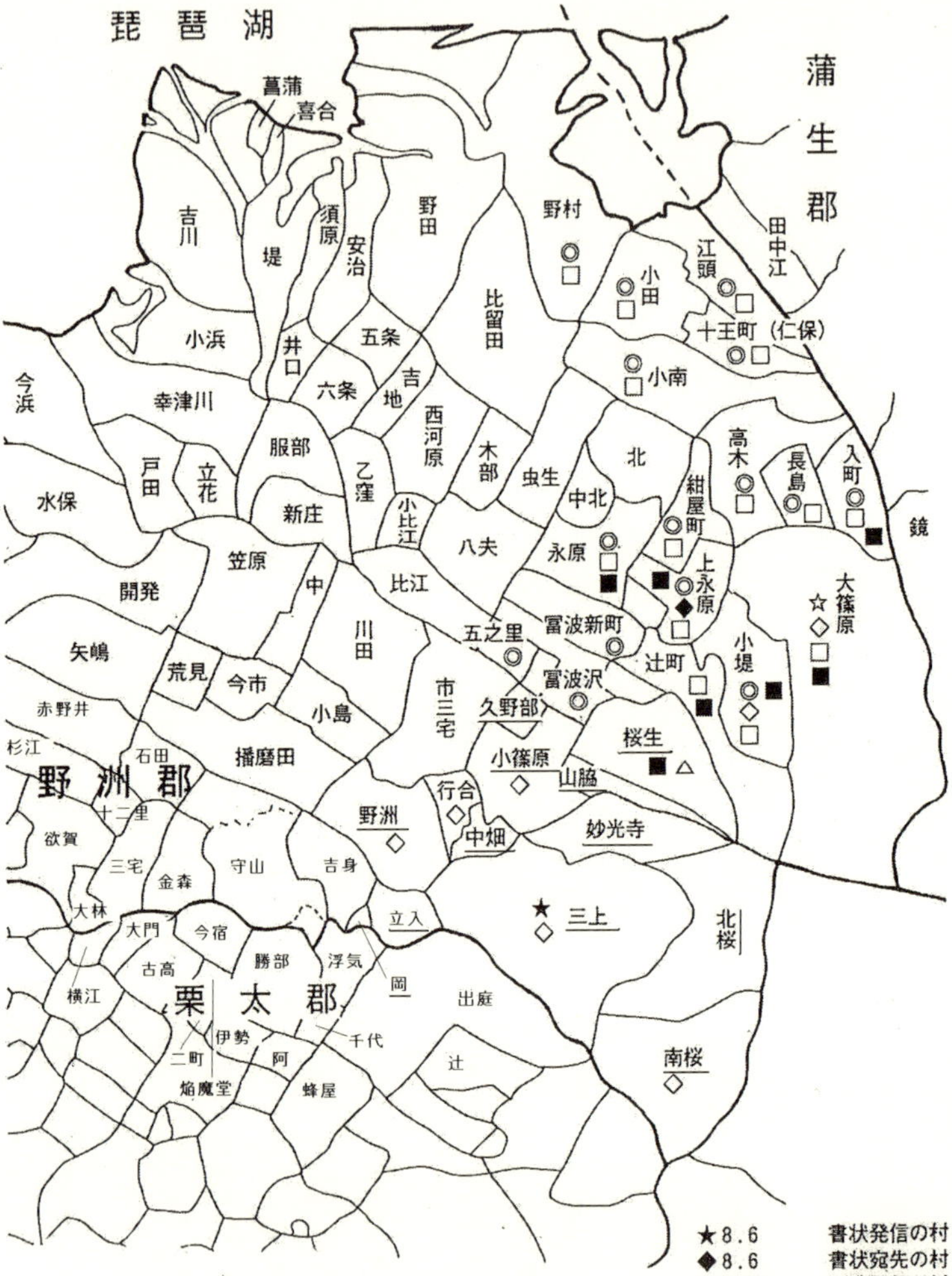

肥物値下げの出願関係の村々位置図

（『野洲町立歴史民俗資料館研究紀要』第４号に加筆）

（村名に下線・横線を付した村々は、南桜村を含む久野部組の村々である。）

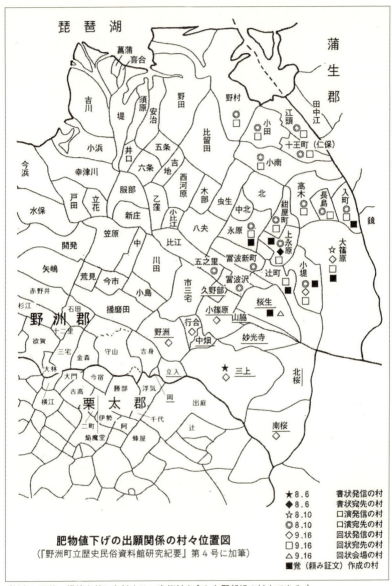

次の通りであり、南桜村を含む一二ヶ村には下線を付した村々である。なお、組合村の結びつきは、天保一三年以前からあり、虚無僧や徘徊する座頭等への対応組織、治安維持のための対策として成立して、村々が結束し対応していた。その一端は野洲村でも確認されている。[12]

おわりに ――一揆の真実を求めて――

これまで、大篠原共有文書の紹介以来、地域の天保一揆関係史料の紹介に努めてきた。残された一揆の諸史料を見て行くと、史料の中には伝聞・噂も多く、真実かどうかの見極めをしていかないと混乱を生じかねないものもある。当然のことながら書き残された記録が全て正しいわけではない。

一揆の原因となった市野茂三郎等の土地調査についても、江頭村では一千余両でもって見分を免れたわけではなかった。六尺一分の検地竿を使用するべきところ、五尺八寸の検地竿が示されたとのことも確認できそうにない。[13]公家の広幡家領であった南桜村は、市野等の調査対象から除外されていたわけではなかった。また、著しい賄賂が横行したとのことなども『天保義民録』[14]に記述されているような状況とは異なっているように思われる。そこで誇張された一揆観が、後の顕彰活動のなかで広がったようだ。

一揆後の厳しい処罰が予想されるため、一揆に関わった人々は、必ずしも真実を語るわけではない。南桜村では一揆の時三上村へ赴いた人数に付いての報告を少なく偽っていた。土川平兵衛をはじめ一揆の中心人物たちも、記録を残していない。

ともかくも、次のような項目について個別に検証していくことが大切と思われる。

・市野茂三郎等の土地調査のこと
・事前の組合村での相談のこと。
・天保一三年一〇月一六日の一揆当日前後のこと。
・一揆後の取調、特に大津での関源之進・戸田嘉十郎の取調のこと。
・天保一四年一二月に言い渡された裁許のこと。
・裁許後の村々の幕末~近代のこと。
・一揆の伝承、一揆記録・顕彰に関係すること。

なお、一揆勢の中心となった甲賀郡の動向については別途記述しておいた[15]。

同一の藩領の村々の結びつきと、地域原理（地縁）に基づく組合村、水利に伴う村々の結びつき、更には助郷負担や橋懸け役などの負担に伴う村々の結びつきなどが関係しながら、人々が関係仕合、結びつき、地域社会がなりたっていた。

一揆の真実に迫るには、伝聞や物語化された一揆像でなく実際の史料から読み解いていくことが必要である。しかし、伝聞等も多く含まれる一揆記録の中に、密かに人々が伝えようたした人々が居た事実を見逃さないようにしたいとも思う。

古文書記録の解読と研究は地味な取り組みだが、真実に迫るためには不可欠であり、本稿も博物館友の会古文書部会での一揆史料の解読成果によるものである。また、内容の一部は平成二六年二月一五日の市史郷土史学習会「近江天保一揆と野洲郡の村々」のタイトルでお話ししたところである。小論とするには史料のそのままの解説が中心で拙く駄文とも思われるが、付録の翻刻文は一般的には理解し難く、解説文で理解いただき、広く議論が出来るようにとの思いで進めてきていることをお許し願いたい。

注

(1)『燃える近江　天保一揆一五〇年』野洲町歴史民俗資料館　一九九二年。『近江天保一揆とその時代』野洲市歴史民俗博物館　二〇〇五年

(2) 拙稿「近江天保一揆と南桜村――近江天保一揆史料紹介(9)――」(『野洲市歴史民俗博物館研究紀要』第十七号　二〇一三年。本書第二章七)

(3) 拙稿「天保一揆史料について(3)　三上騒動始末記」――野洲郡に流布した一揆記録――」(『野洲町立歴史民俗資料館研究紀要』第六号　一九九九年。本書第四章四)

(4) 滋賀県地方史研究家連絡会編　近江史料シリーズ(8)『近江の天保一揆――記録集Ⅰ――』一九九三年、滋賀県立図書館刊

(5)「天保一揆関係の新資料について――冨波乙白井藤兵衛家文書から――」(『野洲市史編さんだより』第一四号二〇〇八年)、更に『冨波澤村の歩み』一一号(二〇〇九年)で大柳義弘氏が紹介されている。

(6) 白井藤兵衛家文書289

(7) 白井藤兵衛家文書125

(8) 白井藤兵衛家文書294

(9) 水本邦彦「須原区有文書の概要と天保義民一揆時の須原村」(『中主町内古文書目録(村落編二)』中主町文化財調査報告書第七一集　中主町教育委員会　二〇〇四年)。拙稿「近江天保一揆史料について(1)　大篠原共有文書」(『野洲町立歴史民俗資料館研究紀要』第四号　一九九四年。本書第二章一)。拙稿「近江天保一揆史料について(7)――永原共有文書を中心に――」(『野洲市歴史民俗博物館研究紀要』第一一号　二〇〇五年。本書第二章五)。

(10) 冨波乙共有文書社会1

（11）天保五年正月「御用記」（南桜小嶋四郎家文書）中の九月の項に、次の記述が見られる。

一、十一日朝時雨　三上村・中畑村・小篠原村より
夫より晴天　　廻状到来

以廻文得御意候、追日冷気ニ御座候処各々様御安泰ニ御入被成珍重ニ奉賀候、然者組合村之儀兼而初参会之砌示合等御座候ニ付村々ニ茂御示茂可有之候へ共、此度野荒等御座候村方茂御座候由、此間外村談治五、六ヶ村立寄候処組合村一同集会仕示合等仕候哉ニ申出候へ共村方茂有之候へ共、何分時之柄々付尚又雑費も相掛り候間、乍失礼廻文ヲ以得御意候間、於村々野荒何歟万端御示可有之候ハヽ、可然候哉ニ奉存候間、右之段得御意度如此御座候、以上

九月九日

三上村
中畑村
小篠原村

南桜村
北桜村
立入村
岡むら
野洲村
久ノ部村
桜生村
山脇村
妙光寺村

右村々
御役人中
右之通相廻り候ニ付北桜村へ遣ス

(12) 拙稿「近江天保一揆と野洲村 ――近江天保一揆史料紹介(8)――」(『野洲市歴史民俗博物館研究紀要』第一六号 二〇一二年。本書第二章六)

(13) 拙稿「近江天保一揆について ――一揆の原因「天保検地」を中心に――」(『近江歴史・考古論集』畑中誠治教授退官記念論集 一九九六年。本書第二章二)

(14) 河邨吉三『天保義民録』(東京高知堂) 一八九四年。

(15) 拙稿「第四節 天保一揆と甲賀」(『甲賀市史第3巻 道・町・村の江戸時代』二〇一四年)。本書第三章

【補注】初出は「近江天保一揆と野洲郡の村々 ――近江天保一揆史料紹介(10)――」(『野洲市歴史民俗博物館研究紀要』第一八号 二〇一四年)であり、付録として掲載した南桜村南井家文書 天保一四年一二月「甲賀騒動裁許書」は、本書では省略した。初出稿を参照されたい。

近江天保一揆関係略年表2

天保13年(1842)8月23日	水口で座頭年番寄。
天保13年(1842)8月25日	水口宿万屋傳兵衛方で座頭寄。
天保13年(1842)8月28日	甲賀郡泉村冨田屋で座頭寄。
天保13年(1842)8月29日	野洲郡立花村興願寺で参会。
天保13年(1842)9月2日	水口宿万屋傳兵衛方で座頭年番寄。川筋歎願は破談。
天保13年(1842)9月17日	野洲郡桜生村實樹寺で肥物一条歎願につき参会。
天保13年(1842)9月27日	野洲郡江頭村で試し刈りが実施される。
天保13年(1842)10月11日	市野茂三郎等の一行が三上村に入る。
天保13年(1842)10月14日	15歳以上の男は歎願に出るように廻状が廻される。
天保13年(1842)10月14日	夜一揆が起こり、田堵野村伝兵衛・五反田村久太夫宅を打ち壊す。
天保13年(1842)10月15日	夕刻矢川神社馬場先に一揆勢が集まり、三本柳村和助宅が打ちこわされ、横田川原に結集、街道を石部宿へ進み、亀が淵で野洲川を渡り、菩提寺村→三上村を目指す。
天保13年(1842)10月16日	早朝三上村に達し、午後陣屋もとへ詰め掛け、交渉の末10万日日延べ証文を得て引き取る。
天保13年(1842)10月19日	京都から役人が来て、取り調べが進められる。(12月朔日草津へ引き取り)
天保13年(1842)10月27日	夜、杣中村文吉・平三郎（兵右衛門悴）・平次郎・平兵衛が京都町奉行所役人に捕らえられ、翌日市原村庄屋治兵衛も駕籠で連れ登られる。
天保13年(1842)12月	関源之進・戸田嘉十郎らが大津代官所で取り調べを進める。
天保14年(1843)2月11日	甲賀郡・野洲郡・栗太郡100ヵ村余大津に召し出され、申し渡あり。
天保14年(1843)2月18日	野洲郡の村々が大津代官所の白砂に召し出され、申し渡しの後印形をとられ、一段落した。
天保14年(1843)3月朔日 ・天保14年(1843)閏9月	関源之進・戸田嘉十郎が大津を立ち、一揆の発頭人等11人も4日に大津を立ち、5日水口を通り江戸に向かう。 上知令を撤回する。水野忠邦、罷免される。
天保14年(1843)11月11日	江戸表で川筋一件の裁許がある。
天保14年(1843)11月29日	京都町奉行所で一揆関係者へ仰せ渡しがなされる。
天保14年(1843)11月30日から3日間	土川平兵衛と上野村九兵衛の罪札が野洲川原に建てられる。
天保14年(1843)12月6日	京都町奉行所に甲賀郡野洲郡の庄屋年寄等が呼ばれ、庄屋は5貫文、年寄は3貫文、村高に応じ100石につき2貫文の過料を命じられる。
天保15年(1844)9月	水口宿大徳寺に義民の供養塔が建てられる。
弘化4年(1847)仲冬(11月)	「百足再来記」が記される。
嘉永3年(1850)4月	杣中村西徳寺に義民の供養塔が建てられる。

第三章　近江天保一揆と甲賀の村と人々

一、一揆の背景

近江最大の百姓一揆

近江は豊かな土地である。湖岸部の土地は瀬田川改修に水位が下がれば開発可能な土地が生まれるため、早くから幕府の注目するところとなり、大久保今助、息子の貞之助が新開場引き請け人となって高入れを推進し、大久保新田が生まれていた。湖岸のみでなく琵琶湖へ流れ込む河川沿いの土地についても調査し、高入れすることが目指されていた。天保八年（一八三七）にも目論まれたが途中で中止になつていた。ところが、天保一二年（一八四一）一二月、湖水縁川々筋の村々の役人が京都町奉行所に呼び出された。「江州湖水縁并仁保川・野洲川・草津川・高島郡知内川・百瀬川・鴨川・石田川・安曇川」沿いの堤内空地、堤外附寄洲新開が可能な場所の見分のため勘定方を派遣するので、村々の地先で新開可能な場所を絵図に記して差し出すこと。これは願人があってのことではなく公儀の見分で、御調べの上御仁恵の御沙汰もあるので、心得違いがないようにと、その見分の請書の提出を求められた。この調査のため幕府勘定方市野茂三郎が天保一三年正月仁保川（日野川）河口の野村で正月二二日の調査は「巨細」の調査で、その後日野川沿いを遡り、蒲生郡を調査し、その後野洲郡、続いて甲賀郡の調査が進められる予定であった。村々は情報収集に努め、市野等の調査の動向を注視していた。一〇月一一日野洲郡三上村に入るに及び、甲賀郡の農民が三上村の市野の本陣を目指して集まり、見分中止を求める強訴を行った。このため幕府の土地調査を中断し、幕府の崩壊を早める要因の一つとも成ったと言われる。

この天保一三年（一八四二）の甲賀・栗太・野洲三郡の農民が関係した百姓一揆は、一揆の舞台となった地域や一揆の発生地で多くの参加者があった地域に因んで、「三上騒動」や「甲賀騒動」などと呼ばれている。一揆は、一〇月一四日〜一六日にかけての三日間であり、三上村に押し寄せ、幕府から派遣された勘定所役人市野茂三郎に、新開地などの見分の十万日延期の證文を得て引き取った。しかし、その後の一揆関係者の取り調べは厳しく、甲賀郡・野洲郡両郡では、亡くなった人々を「天保義民」として顕彰し続けてきた。三上村の庄屋平兵衛や甲賀郡市原村の庄屋治兵衛等一一人は江戸送りとなり、途中で死亡したり江戸で牢死したりして近江の地に帰ることはなかった。この一揆にかかわって亡くなった人々は、「天保義民」として今日でも顕彰され、勿論、近江最大の百姓一揆であった。

幕府の新開地等の見分が初めてのことでなく、今回の見分が一揆を引き起こしかねないことは、幕府役人のやって来る頃から心配された向きもある。甲賀・栗太・野洲三郡の農民、その数は四万人とも言われて来た。厳しく処罰された人々の多くは村役人層で、一揆の舞台となった三上村の庄屋土川平兵衛が頭取とされたが、多くは甲賀郡内の村役人・農民たちであった。特に、南甲賀杣川沿いと一揆経路沿いの村々からの参加が多かった。

一揆から五〇年目、一〇〇年目、一五〇年目には顕彰活動が強く進められ、河邨吉三の『天保義民録』（一八九三年刊）は五〇年を意識して発刊され、貴重な史料を含むものの既に物語化している向きもある。本節では、可能な限り一揆当時の史料により紹介したい。

ところで、草津宿から東海道を通って甲賀郡に入り野洲川左岸の山麓近くを通り、野洲川両岸から丘陵が迫る三雲から横田の渡しで野洲川を渡り、泉村・北脇を通って東海道は美濃部村・水口宿へ向かう。野洲川の渡し場を所管した泉村の渡し場には文政五年（一八二二）万人講寄進の巨大な石造常夜燈があり、泉村は交通の要衝であると共に西へ向かう時にはここを通る必要がある。

この渡し場を見下ろす三雲の伝芳山には巨大な「天保義民之碑」が建てられており、旧甲賀郡域の多くの方が一度は訪れたことのある地である。天保一三年（一八四二）一〇月一五日の夜甲賀郡の農民が野洲川原に結集し、三上を目指した。この丘からは一揆の舞台となった三上山方面を望むことが出来る。

天保八年三月の張紙事件

さて、泉村（甲賀市水口町泉）には、明和五年（一七六八）から明治五（一八七二）年にかけての八四冊もの「萬留帳」が泉区有文書として残されていて、お触や願書などが中心ながら当時の様子を知ることができる。大事件があった天保期には飢饉があり、人々の暮らしは容易でなかった。天保七年（一八三六）の「萬留帳」には、「天保七年丙申十月　大凶作ニ付二万石方分三十三ヶ村庄屋連印ニ而御救米并御拝借米等御願書之写」が書き留められている。

泉村は水口藩領の村で、万石方村々の百姓は困窮している上、天保四年（一八三三）、天保六年の両年は凶作で、御救米御拝借米でなんとか続いてきた。そうしたところ、当年（天保七年）夏中より不順気、その上八月大風雨があり、不作で段々早稲方晩稲方まで格外の凶作で百姓一統が御見分を御願いしてほしいと申し出てきたが、定免の年限で差し控えていた。しかし、とても皆納出来ないので御救米として取米の内二割を下されたい。また、来春耕作飯米と秋までの飯米として取米の一割を拝借したいと願い出ている。

天保八年正月には、「去秋格外之凶作、尚又当年早春ゟ雨天続ニ而此上不作致シ候而者一統可及飢餓茂難斗」ので、二月三日水口大宮社で領分中豊饒の祈祷実施を、地方御役所から大庄屋中へ伝え、正月二五日大庄屋中から林口村始め今在家村までの村々庄屋年寄中へ申達している。三月一四日には、大塩平八郎の乱関係者の人相書が大庄屋から村々へ触れられている。

また、三月二七日には、三月二二日夜杣中村氏神森や他領で、何者かが「米屋其外身元宜敷者共来ル廿八日打毀可申」との張紙がなされていた。このため仲間に加わらないように地方御役所から大庄屋に触れ、大庄屋から村々へ急廻状で知らせ、村中に知らせ悪党に加わらないように申し渡すよう求めている。

この事件への対応は甲賀郡各地で確認でき、寺庄村ではこの不用意な張札に対して、どのように言ってきても出ないこと、怪しい者が来た場合は早速届け出ることなどを確認して、三月二六日村人の請印を取っている（寺庄区有文書）。また、鮎川村でも、張札された村があったとして、異変があった場合は勿論、「何等怪敷儀等」があったならば即刻注進するよう廻状が廻り、村人の請印を取り、三月二八日信楽代官所に請印帳を提出したようだ（鮎河共有文書）。

この不用意な張り紙について、葛木村の「村記録」中には、領主稲垣氏の山上役所への報告では、張り紙の文言も次のように記録されている（葛木共有文書）。

一、第一米屋・高り金借・貸屋・ユエ《(コ)》や・酒屋・油や并大家之分、当月廿九日ユワ《(コ)》チ申候、横吹なり次第可罷出候、若不出村方ハ黒土也

此張札とり候者蒙神パツ者也

米屋・高利貸・質屋・肥料屋・酒屋・油屋并大家の分を二九日に打ち壊すこと、横笛が鳴ったら出てくること、出ない村があれば黒土（焼き払う）とし、張り札を剥がし取った者は神罰を蒙ると脅している。この張り紙が認められたのは、次の二二ヶ村に及ぶ。

岩坂村	高山村	三大寺村	三本柳	牛飼村	杣中村	市原村
塩野村	杉谷村	新宮上野村	野田村	深川村但し矢川明神鳥居前有之		龍法師村
寺庄村	葛木村但し高札場柱有之		池田村	瀧村	高野村	大原市場村
田堵野村	野村	油日上の村				

一ヶ村に一、二枚または三、四枚もあった村もあると言い、その広がりは杣川流域の村々であり、後の天保一三年の一揆の中心地域と重なることが見て取れる。

勿論、この年の「山村氏日記」三月二四日の項にも、「森尻村矢川寺石燈籠左右へ張紙在之、来ル廿八日ニハ川南廿何ヶ村之内米屋・酒屋・油屋・金貸等いたし候身元宜敷者共打潰し可申候、矢川寺釣鐘四ツ鐘打候ハ、早々馳付可申、若又不参候村方在之おゐてハ其村黒土ニ可致趣張紙在之趣、深川村庄屋安右衛門・森尻村年寄両人届出候ニ付承届候」とあり、杣中村の場合と同じ三月二八日の打ち壊し予告で、何故か葛木村や南甲賀（鮎河）では二九日の打ち壊し予告とは一日異なっている。矢川寺の鐘が四つ鳴ったらとより具体的で、天保一三年一〇月の一揆発端の鐘と通じているように思われる。ともかく、この張紙事件は、大塩の乱の影響を受けたものであろう。

山村日記に見える一揆前の甲賀

さて、「山村日記」では、天保期の少し前、文政五年（一八二二）九月二九日の項に、昨日（二八日）平松周介方へ高木氏の百姓の一揆があり、押しかけたことを記し、また、伊佐野陣屋へ横田氏の百姓が一揆を起したことが記されている。

横田氏領九千石余については、郷代官稲岡父子が九月上旬に伊佐野村へ出役し、昨年切りで済んだ高掛について、今年明年と一石に四匁ずつ出金するよう言ってきた。郷中よりは郷代官に退役してもらうように主張し等閑になっていたところ、九月一八日に江戸表より家老村田伝兵衛がやってきた。江戸役人は路用もなく、当冬九三〇両出金するように頼み、村々よりはお断りしたが承知されず、村役の者共を郷宿に止宿させ帰村させなかった。そこで、村々は申し合わせ九月二九日より晦日に向け大野村ならびに伊佐野村東の林へ寄集り鯨波を上げた。江戸役人始め代官よりも願筋を聞き届けるので引き退くよう頼むので、御用金を掛けないとの一札を受け取り引き取った。

高木伊勢守知行所五千石では、郷代官平松村（湖南市）奥村伝之右衛門に、九月八日に江戸から葛葉平蔵と岩倉吉兵衛が出役し、当冬九百両出金を頼まれた。郷中は御断りしていたところ強いて仰せ付けられたので、九月二六日強訴のために砂川へ集まった。出役人ならびに郷代官から願筋は聞き届けるので引き退くように申し渡したが承引せず、百姓よりは年貢の外に御用金高割等一切掛けない、郷印で代借させないとの一札を得て引き取った。集まった人数は五、六百人ばかりとのことであった。

そして、去ル寅年（文化一五年＝文政元年（一八一八））内藤氏領で同様のことがあり、届けなかったところ後日咎められたことが記され、内藤氏領百姓が菩提寺村へ詰め掛けたことが付記されている。

また、文政五年（一八二二）一〇月二六日の項には、五ツ時（八時頃）過に「今夕方より夥敷百姓深川市場川原へ寄集申候而かがり等焼居候、全内藤様御知行所ノ百姓衆と被存候」との注進があり、夜八ツ時（二時頃）過に深川村より解散したこと、内藤氏知行所の上馬杉・下馬杉・柑子・上磯野四ヶ村、一六才以上七五以下の者が昼の内に字かさまか峯へ寄集り、夕方より市場川原へやってきたと届けられた。百姓の集まりは三五〇人ばかりとのことで、御用金の強要が原因で、御用金を掛けないとの書付を出すことによって治まっている。

天保四年（一八三三）一二月一四日、朝五ツ時（八時頃）より高野村陣屋へ強訴があり、堀田弾正知行所の櫟野村・高野村・隠岐村・小佐治村の四ヶ村から大勢が詰めかけたことを深川村庄屋安右衛門・森尻村庄屋金右衛門両人が一五日夜四ツ時（一〇時頃）届けている。

甲賀郡内の旗本領で上納金の不当な要求に伴い強訴が頻発し、百姓が集まり篝火を焚き、小規模な一揆が起こり、御用金を撤回する等の書付を出すことによって漸く治まっている。

湖岸の開発

一方、琵琶湖から唯一流出する瀬田川筋に土砂がたまり湖辺の村々がしばしば水害に遭うことを憂い、天明二年（一七八二）と三代にわたって瀬田川浚いに尽力した高島郡深溝村の藤本太郎兵衛のことはよく知られている。この瀬田川浚いにより湖水の水位が低下すると、水害が少なくなる一方で湖辺部の開発が可能な場所が増加していくことになる。

天保二年（一八三一）正月、三代目藤本太郎兵衛の時、勘定奉行土方出雲守勝政から湖辺の村々領主に対して瀬田川自普請許可の通知があり、大津代官石原清左衛門を掛りにし、普請役勘定役の派遣がなされた。

天保三年一二月晦日には老中水野出羽守忠成の指図により勘定奉行土方出雲守から、「江州湖水縁村々地先付寄洲並ニ見取場小物成等此度新開被仰付候ニ付」代官石原清左衛門・多羅尾靭負に再見分と両人へ引き渡しが指示された。また、「江州湖水縁村々新開場引受人冥加之為湖辺村々水腐相遁候様」瀬田川手直し浚えのことが指示され、天保四年大久保今助の子息貞之助の手直し浚えが実施される（『琵琶湖治水沿革誌』）。そして、大久保貞之助が新開場引受人となり、高入れを行った。

天保八年（一八三七）近江国郷帳（天保郷帳）の湖岸部の村々において、「湖水縁新開場」と注記された新田を数多く確認することができる。多くの新田の名請人は大久保貞之助とされ、大久保新田と呼ばれた。その記載のある箇所は、神崎郡一ヶ所、蒲生郡九ヶ所、野洲郡一四ヶ所、栗太郡四ヶ所、滋賀郡一七ヶ所、高島郡五ヶ所、浅井郡五ヶ所、坂田郡一ヶ所となっている。この九郡の新田の石高は、二四九六石九斗三升九合に及び、大半、天保五年信楽代官多羅尾氏の支配地として高入れされている。しかし、犬上郡・愛知郡・甲賀郡・伊香郡では一ヶ所も記載された所はなく、彦根藩領の村々の地先については、高入れがなされず、除外されていた。川筋以前に湖岸の新開可能な場所等が把握されようとしていた。

天保八年の仁保川筋・野洲川筋見分

天保一三年（一八四二）より以前の天保八年に川筋の土地調査が進められようとしていた。「山村日記」をたよりに見ていくと、天保八年（一八三七）一〇月二七日には水口藩領の二〇ヶ村が呼び出され、仁保川筋野洲川筋見分役人が江戸表から来て改められることを知らせている。一一月二日には「川筋御見分一条」につき村々庄屋が参会し、四日には川筋御見分につき御役所へ大庄屋四人と二〇ヶ村庄屋が出願に出向き、大津の出張所への願書案文を作成している。七日に岡田勘右衛門・高田弥左衛門が膳所より大津出張所へ出向いたが、出張役人は六日から仁保川筋方へ出掛けていたので、膳所の御掛り役森喜右衛門と面会し内談して九日夜に戻った。また、九日には川筋一件につき川筋村々が郷宿に集会し、調査を開始し、画工佐治氏も絵図作成に取りかかっている。

一二月四日から七日間、大宮社・嘉明社・大岡寺ほかに川筋一件が無難に済むように祈祷を郷中（村々）より願っている。五日には、川筋一条につき代官上崎弥作が小南村方へ村々惣代（宇田村宗兵衛・岩根村庄内・美濃部甚兵衛）を伴い猶予願に行った。この晩石部宿で膳所御役人と一緒に集会があったとも記されている。しかし、猶予願いは聞き届けられず差し戻しになり、九日に帰ってきた。この日、植野瀬兵衛から御達しがあり、去月一八日出立した樋口七郎兵衛が江戸へ着き、江戸の御用人毛利多膳の娘の縁付先水野越前守家老で用人とかの須恵紋左衛門へ毛利氏より尋ね合わせたところ、与兵衛が深く関わっていること、見分は受けざるを得ないが、承印しないことが肝要であることを伝えてきている。

一二月一一日、川筋一条につき年番宇田村惣兵衛、杣中文吉等が石部へ相談に行っていたところ、公役広木重右衛門等一統が一二日大津表へ引取になったと記している。正月二日、広木重右衛門等が大津宿を立ち土山泊りで江戸へ向かい、願人与兵衛とともに通行したとある。三月九日、二月二八日付樋口氏の書状で、川筋一件も中止になるようなので、二〇ヶ村へ通知を年番庄屋に指示し、三月一八日には二万石中で日待をしている。

このように見分は中止になったが、仁保川（日野川）・野洲川・草津川の三筋堤内外附寄洲空地其外新開発願場所見分のためで、天保八年一二月五日重右衛門が野洲川沿いの村々に出した「川筋改御触書」写（寺庄区有文書）があり、手軽にするよう指示している。正月五日の延引の触書では、重右衛門が病気につき帰府のことを石原清左衛門手代草川愛助と多羅尾織之助手代藤尾東作の名で通知している。

この調査については、天保八年一一月の「乍恐奉願口上書」が知られる（『滋賀県史』第五巻所収「天保川筋調願出覚」栗太郡治田村川邊元三郎所蔵）。仁保川・野洲川・草津川筋川縁村々の内新開なるべき場所を、江戸新肴屋町家持与兵衛の頼みにより見分のため取調がある旨をお聞きしたが、元来湖水とは異なり、川筋よりこれまで養水を引き取り田地を相続してきた先格等もあり、その地先村々の勝手のみにもなりがたく、新開により田地養水路に差し支え混乱するので、見分取調の猶予を京都町奉行所へ願い出ている。この時の加藤能登守領分甲賀郡二〇ヶ村惣代は岩根村庄屋庄内と深川村庄屋安右衛門で、遠藤但馬守領分ほかの八ヶ村惣代の三上村庄屋平兵衛は、天保一三年の一揆で江戸送りとなり、徒党の企、徒党携りの者、発頭人とされたその人達であった。

二、天保一三年の見分と一揆

見分のはじまり

山村日記では、天保一二年一二月三日朝、岩根村庄屋庄内・泉村文七を連れて役所へ行き植野氏へ申し上げたこととして、二日に石部宿へ川筋寄合に行ったところ、草津川筋が三日に京都へ御召しで集会はなく、来る五日より上京し京都で川筋一統と相談し見分猶予を願うことを、膳所領分中村権右衛門と話し合い帰村した。内々石部で聞いたこととして、川筋見分掛り公役上下三六人が一一月二一日草津泊りで登り、その内に与兵衛が加わっていたとのことで、淀藩領では領主より達しがあり、未だ水口・膳所の領主へはお達しがなく不審だと申上げて引取ったことが記されている。

一二月五日、今日川筋御見分一条につき京都より御召があり、宇田村庄屋宗兵衛・岩根村庄屋弥八・泉村文七・水口小庄屋甚兵衛・郷山平左衛門の五人が上京した。一二日には宇田村宗兵衛等が帰村したとあるのみである。

天保一二年一二月初めに近江の多くの村々が京都町奉行所に呼び出された。幕府の見分役人を派遣して湖水縁や川筋の開発可能な場所を調べる調査を実施するのに伴い、その時提出を求められた請書と考えられるものが、泉区有文書の萬留帳に記録されている。

その調査対象は、湖水縁と仁保川（日野川）・野洲川・草津川、高島郡知内川・百瀬川・鴨川・石田川・安曇川の湖南と湖西の高島郡の川筋に及び、開発出来そうな場所を見分のため勘定方を派遣されるので、村々地先で開発可能な場所を絵図に記し、勘定方廻村の節差し出すこと、願人があってのことでなく公儀よりの見分であるため事実を調べ差し出すこと、調べた上で「御仁恵之沙汰」もあるので心得違いの無いようにとある。

「山村日記」によると、天保一三年正月一一日、湖水縁并川筋見分御公役勘定市野茂三郎、普請役藤井鉄五郎、竹垣三右衛門手附大坪本左衛門が、関宿を立ち石部泊まりで京都へ向かったことが知られる。そして、この日川筋村々が五ツ時（八時頃）揃いで郷宿へ集会したことが記されている。一六日には川筋御見分が無難に済むよう祈願のため日待があり、大宮社へ参詣したことが記されている。

正月二一日、地方御役所で、川筋御見分勘定・普請役が京御役所西同心上田栄太郎・東同心柴田清七付添で一九日大津御泊り湖上を野洲郡野村へ御越、同村で取調の上仁保川を御登りになるとの噂であった。また、御見分掛りは大津御役所三好順之助・本庄彦作・古高周蔵、信楽御役所杉本権六郎・藤居藤作・斎藤万右衛門、京御役所西与力不破伊左衛門・同東与力神沢条右衛門との噂であった。

正月二二日、井口多兵衛が大津から石部泊で帰りその噂には、本庄彦作に度々面会しての咄として、川筋見分のことを聞いたところ、小物成見取等引上になるとのことで、その時人気はどうかと尋ねられたので、御慈悲の御見分と仰せられているので有り難い御主意と心得穏にしているが、小物成場引上になるときは人気がどうなることか、精々取り押さえるつもりであるが、無慈悲の御見分となっては騒立しないよう請け合いはできないと申し入れた。そのことを御勘定市野へ本庄より言上したところ、「有無の言もこれ無く、只うつむいて思案の体に相見え候由跡にて噂これあり、何分この侭にては大変の元、甚だ以て難渋の訳柄の由噂致し居られ候事」とあり、ただ思案しているように見え、このままでは大変の元、難渋すると噂されていた。

見分がはじまると、村々は見分の動向の聞き合わせを行った。天保一三年正月二四日、杉谷村重太郎が川筋見分聞き合わせのため二三日江頭へ行き、今日帰ったとある。

「山村日記」では二月一四日に、一三日公役夜上駒月村御泊まり、俄に一四日大野村泊まりの先触れがあった。一五日は今在家村布引山西手を見分の予定であったが雨で見分無く、一六日も大野村に滞留した。一七日大野村引取下駒月村泊まりとのことで、大野村は四町余と芝場も差し出しになったと大庄屋池本氏から聞いたようだ。なお、大野村は、八五三石余の内一五〇石余が三上藩領、五七一石余が旗本内藤氏、七三石余が美濃部氏、五八石余が柘植氏の知行所であった。

二月二五日・二六日と公役は日野大久保町に泊まり、公役付添の京都町奉行所同心が年上の矢野新右衛門を呼び出し、日野商人藤崎惣兵衛・高井作右衛門・中井源右衛門・藤沢九兵衛・山中兵右衛門等と相談して、開発入用金一万両を一〇ヶ年無利足年賦で出金するよう言ってきたが、病気で代人を出したようで、二月晦日の項では、その後親類矢野庄右衛門を以てお断りしたが、聞き入れなく厳しく言われたようだ。中井正次兵衛に今夕大谷村お泊まりまで出るように言ってきたので、領主用向きに水口へ行って留守中と断り、三月朔日早朝水口へ行き大庄屋十郎右衛門や樋口氏に報告している。近年凶作以後の影響、助郷に関係する御用金、また領主御用もあり難渋しており、領主と掛け合われるように調整したようだ。

そして、三月七日には、川筋一条につき地方御役所へ郷中川筋二〇ヶ村から嘆願書を差し上げたとある。また、二一日には、川筋一件につき再度願書を認め、地方御役所へ大庄屋三人と年番庄屋四人同道して差し上げたとあり、地方御役所より願い出は至極もっともで、樋口七郎兵衛へ出府を仰せ付け、来る二七日出立となったとある。そして、二七日樋口七郎兵衛の出立を池本忠右衛門・十郎右衛門、年番の杉谷村九兵衛・宇田宗兵衛・下田村藤兵衛が見送っている。

見分をめぐる動き

天保一三年正月、水口藩領の川筋の二〇ヶ村は公役出役に伴う休泊や送り迎え等の経費を二〇ヶ村で割合負担することを申し合わせたようだ（泉区有文書e77）。

酒人村には天保一三年正月の新開場見分に伴う市野茂三郎から仁保川縁村々へ八ヶ条の触書の写（酒人区有文書）が残されており、二月付で同様の触書写（寺庄区有文書）が寺庄村にも伝えられている。四ヶ条目には、請書に調印してからかれこれ申し立てることは許されないことで、江州には右様の弊もあると聞くが、諸々申立は一切取り上げにはならないので、心得ておくこととも記している。

また、見分に伴い事前に村絵図の提出を求められた。下池田村では地方絵図師水口平野屋嘉重郎に作成を頼んだが、水口郷方二〇ヶ村余の分を水口役所より命じられ、外村へは行くことが出来ないと断られた。このため仕方なく村人で作業を進めるが、古い磁石しかなく、「子午（北南）針働きかね」方角不確かだが大急ぎのことでやむを得ない、山坂高低があり道や用水路も大きく曲がり、晴雨により縄の延び縮があり、方角間数の分からないところもあるが取り敢えず作成した苦労の程が記され、後日の改めを願うとも記している。

二月八日今在家村・前野村・三雲村が京都西町奉行所に呼び出され、絵図面の作成がよくない村があり、日数もかかり困り、村々難渋にもなるとして見分先より京都町奉行所へ伝えてきた。このため昨年冬召し出し請印の虎（小）口村を呼び出し野洲川筋差し支え無いよう申し渡され、絵図面雛形・村名書を下されたとして、三六ヶ村に伝達したが、泉村には二月一二日酒人村から届いた。そして、二月一四日付で、明一五日正五ッ時（八時頃）に川筋一件につき相談したいとして、水口御領分年番から林口村・北脇村・酒人村・泉村・岩根村・下田村に伝達している（泉区有文書万留帳）。

また、五月六日付で、普請役大坪本左衛門・藤井鉄五郎から、甲賀郡菩提寺村庄屋佐兵衛、田堵野村庄屋傳兵衛、五反田村庄屋久太夫に対して、見分について絵図面等も再々直させる場合もあり無益の手数がかかるとして、大津宿へ三人が用向きに出たとき、その取り計らいを命じられたとして廻状を廻している。この三人が、後に一揆の時打ち壊しを受けることになった。

また、山村日記天保一三年八月九日の項には、下田村より聞き合わせの噂には、公役が八幡を立って牧村へ行き岡山を見分のところ、一統が俄に病気を発し引き取り、翌日船で見分に行かれたら俄に風雨烈しくまたお引き取りになった由、岡山は先年今助見分の節も同様病気を発し不思議なことと風聞があったことを記している。また、幸圓の書状では、公役が江頭に三〇日逗留し三〇〇反の打ち出しになった由、次は田中江村早々相済それより牧村へ御越、山よりの見分になり岡山へ登られたところ、御役人三人が震いつかれ戸板に乗り引き取り、市野茂三郎は草津宿へ行き養生した。これは天狗か九里様の祟りとの由で、牧村より大房村・南津田村・舟木村その次は分からないと言ってきた。江頭村で厳しい調査があったことは、江頭村の記録でも判明してきている。

その後、見分の動向は山村日記には、公役が一〇月三上村着まで記述されていない。一揆前の村々の動向についての記述もない。しかし、森尻村の庄屋徳右衛門の書上によると、一揆後に嫌疑を掛けられた寄合があった。

組合村の参会と連携

水口藩領の村々の結びつきは当然であるが、森尻村庄屋徳右衛門によると、天保一三年八月二五日水口宿萬屋傳兵衛方で集会があり、それは市原村座頭年番治兵衛から「座頭一義」に付いて相談したいことがあると触れたものであった。治兵衛からは座頭の相談に引き続いて「河筋一件去冬京都御役所ヨリ被仰出候趣旨者甚タ六ケ敷哉ニ風聞仕候ニ付、京都御奉行所へ御窺歎願仕度哉ノ披露被致」、出京の入用は一〇〇石につき二匁位、御窺の人数二人位と決めるのがよいと話されたが、即答できかねるので、一先ず帰村し組合へ相談したところ、氏川原村・東内貴村・西内貴村・北内貴村・杉谷村・深川村の六ヶ村は外組の相談次第に取り計らってほしい、葛木村は地頭へ伺って返事する、塩野村は去冬京都へ召出されていないので除いてくれるようにとのことであった。そして、九月二日、組々年番寄合があり、破談になったという。

森尻村・氏川原村・東内貴村・西内貴村・北内貴村・杉谷村・深川村・葛木村・塩野村の九ヶ村が組合であったことが考えられ、川筋見分について京都町奉行所への歎願が計画されたようだ。

また、岩根村藤谷弥八の日記からは、八月二三日水口で座頭年番寄、八月二五日は弥八と庄内が参加して水口で座頭寄、八月二八日は泉の冨田屋で座頭寄があり岩根村を含む一八ヶ村が参会し、川筋歎願および肥物値下げ等願い、先記九月二日の座頭年番寄が確認できる。なおまた、一揆後の一〇月二〇日にも座頭年番寄があり弥八が水口へ行った。

野洲郡では、八月七日戸田村の立光寺、八月二九日立花村の興願寺での参会が確認でき、野洲郡での参会が先行していると見られる。

ところで、天保一二年（一八四二）閏正月付けで甲賀郡三二ヶ村組合惣代の相模村藤左衛門・中村（甲賀町大原中か）兵左衛門・市原村（甲南町）治兵衛・和田村（甲賀町）新右衛門から京都明暗寺役僧衆中へ出された願書（寺庄区有文書182）がある。この三二ヶか村の組合は、虚無僧等の取締のための組合であり、それによると天保五年に取締料を半減し金二両二歩にしてもらっていた。ところが、天保七年は大凶作でそれ以来村々が困窮の度を深め、その上天保一〇年は大旱魃となり、東甲賀郡は「片作水田」ばかりの場所で、「大造成畔堀致し」植付もできたところ、天保一一年は雨降が多く「作毛相続も遅レ、其上早冷いたし」、東甲賀郡に限って大不作となり困っていた上に、近年諸色高直で地頭の借財等が嵩み御用銀が多分に掛かり難渋しているので、当天保一二年から来ル戌年（嘉永三年＝一八五〇）まで一〇ヶ年の間減額のままにしてほしいと願っている。少なくとも、天保時期の段階で虚無僧の取締のための甲賀郡三二ヶ村の組合村の存在を確認できる。そして、その惣代四人の中の一人として天保一揆の頭取とされた市原村の庄屋治兵衛が確認された。この願を承認した覚が惣代宛に出されているが、「本書大原組ニ有之」とあり、三二ヶ村の組合の内に大原組があることが知られる。

また、「虚無僧割」（虚無僧掛り）と「座頭掛り」の経費負担を求めた文書では、「新宮年番」から寺庄村の村役人に宛たものがある。この治安維持に関わる寄合が座頭寄、座頭年番寄であったのだろう。「百足再来記」に市原村治兵衛から新宮社氏子へ談じたが乗らなかったとの記載があり、新宮神社の氏子圏（新宮九ヶ村　新宮上野村・龍法師村・柑子村・磯尾村・野田村・野尻村・倉治村・市原村・虫生野村）も三二ヶ村の内の組合村と関係するものであろうか。今後この種の組合村に関する史料が旧甲賀郡内で発見される可能性が高く、今後に期待したい。

一揆の勃発

山村日記天保一三年一〇月一二日の項には、昨夜より川々筋御見分の公役が三上村へ着いたとのことで、郡奉行樋口七郎兵衛・高田弥左衛門が岩根村から三上村へ出掛け、大役で心配している。郷会所に十郎右衛門も詰めていていたところ、年番庄屋宇田村宗兵衛が丸裸になり井戸端で水をかぶり、高神をはじめ諸神へ心願を込め祈念し、石王但馬正・大泉院大岡寺等への祈願は、杉谷村九兵衛・松尾喜兵衛が手分けして頼みに行った。

また、御領分中は郷中より歎願書を差し出し江戸伺い中で、見分は残らず請けざるを得ないが、高請印は伺が済むまで猶予下さるよう引き合われた。

ところが、一〇月一四日の項には、森尻村より「栗太郡・野洲郡として廻状参り、今一四日横田川へ一五才限男たる者歎願に出候よう申し参り」、廻状は隠岐村へ廻したことを届出たので、泉村へ多人数寄集ったら注進するように仰せ付けられた。また、万一人寄りがあれば奉行や代官等が出役するとの内意で、大庄屋両人にも出るよう指示があった。

その夜丑上刻（午前二時頃）酒人村より川南村々で法螺貝を吹き騒がしいと注進されたので、直様役所へ届け、十郎右衛門も同道して酒人村より氏河原村へ出役したとある。

次いで一〇月一五日の項では、野洲川筋御見分につき、昨一四日より川南村々が騒ぎ立て、追々多人数になり奥甲賀へ押し登り、田堵野村伝兵衛・五反田村久太夫・三本柳村和助宅を打ち壊し、尚森尻庄屋徳右衛門・杉谷村庄屋九兵衛も少々建具かべ等打ち壊し、それより追々川下へ下り、菩提寺村庄屋佐兵衛宅を打ち壊し、田川

（三雲村の内）で米会所等を打ち壊したとのことで、十郎右衛門は矢川寺に詰切出役したとある。

そして、一〇月一六日は天気で、川筋一揆が追々三上村へ行き、公役市野茂三郎本陣を目掛けて参り乱妨したので、願いがあれば鎮まり申し立てるように言われたので、十万日の御延引を願った。障子二枚へ大文字で書き、次の書付本紙は竹に挟んで差し出されたら引き取ったとある。

此度野洲川通村々新開場見分の儀につき願筋もこれあり候間、十万日の間日延之義相願候趣承届ケ候事

天保十三年

寅十月

市野茂三郎　印

石原清左衛門手代

山下五四郎印

多羅尾久左衛門手代

柴山金馬　印

野洲川通村々

百姓共

そして、十五日夜より物頭市橋総兵衛は岩根村へ出張し、細野亘は矢川寺前を固めていたところ、一揆は追々川下へ行ったので川下へ下り横田川を固められた。追々物静になり、夜五ツ時（午後八時）頃二方共御引取になり、十郎右衛門は矢川寺前から四ツ時（一〇時頃）引き取ったとある。

ところで、伴中山の三十八社神社文書中に一揆の呼び出し状が見つかっている。二四・八×一五・六センチメートルの切紙で、複数配布されたのであろう。天保一三年一〇月一五日伴の谷一帯の村に出されたもので、不参加の場合はその村へ押し寄せ打ち壊すという一揆廻状特有の強制文言が書かれている。

一、この度川筋山辺に至るまで御見分につき、村々残らずまかり出で申す様。則ち昨夜よりまかり出で今十五日夜本揃いに候間、残らず出立致させ申さるべく候。不参これ有るにおいては、その村へ押し寄せ打ちこハち申すべく候ものなり。

十月十五日　　　　伴谷

また、先記森尻村庄屋徳右衛門の書上（川村家文書）によると、一〇月一三日夜七ツ時半（一四日朝五時頃）市原村から廻状が届き見たところ「その意を得難き廻文の次第」であったので、早々地頭所へ写を届けたところ、順達差留を仰せ付けられそれを守っていた。しかし、一四日夜七ツ時（一五日朝四時）頃凡そ四〇人ほどが押し寄せ、この村は一人も人を出さないので、家を倒せ、火をつけよなどと悪口を言い、その上矢川寺の鐘を鳴らしたので恐ろしくなり、廻状をやむを得ず隠岐村へ送った。そうしたところ水口藩から出役があり、集まった人数も何方へやら逃げ隠れたが、その夜五ツ時（一五日夜八時）頃に多人数集まり、徳右衛門宅の屋根庇瓦を打破り、戸障子を踏破り鍋釜等損じる乱妨にあったが、出役の御陰でひどくなかったと記している。大庄屋山村氏が知り得たことと村の庄屋が見たこととの差が垣間見られる。

「百足再来記」が語る一揆の経路

さて、一揆の一件記録として注目される「百足再来記」によると、一〇月一三日・一四日杣中村文吉・市原村治兵衛から杣中村庄屋兵右衛門倅平三郎が書いた廻状を甲賀郡村々に廻した。一〇月一四日の夜、高山瘡神社の釣鐘、また矢川社（矢川明神）の釣鐘が一度に鳴り渡り、横笛の音も凄まじく、人寄せの企をした。その夜四方の村々より多人数が寄り集まり、所々の鐘・太鼓を突き立く鯨波をあげたので、凄かった。

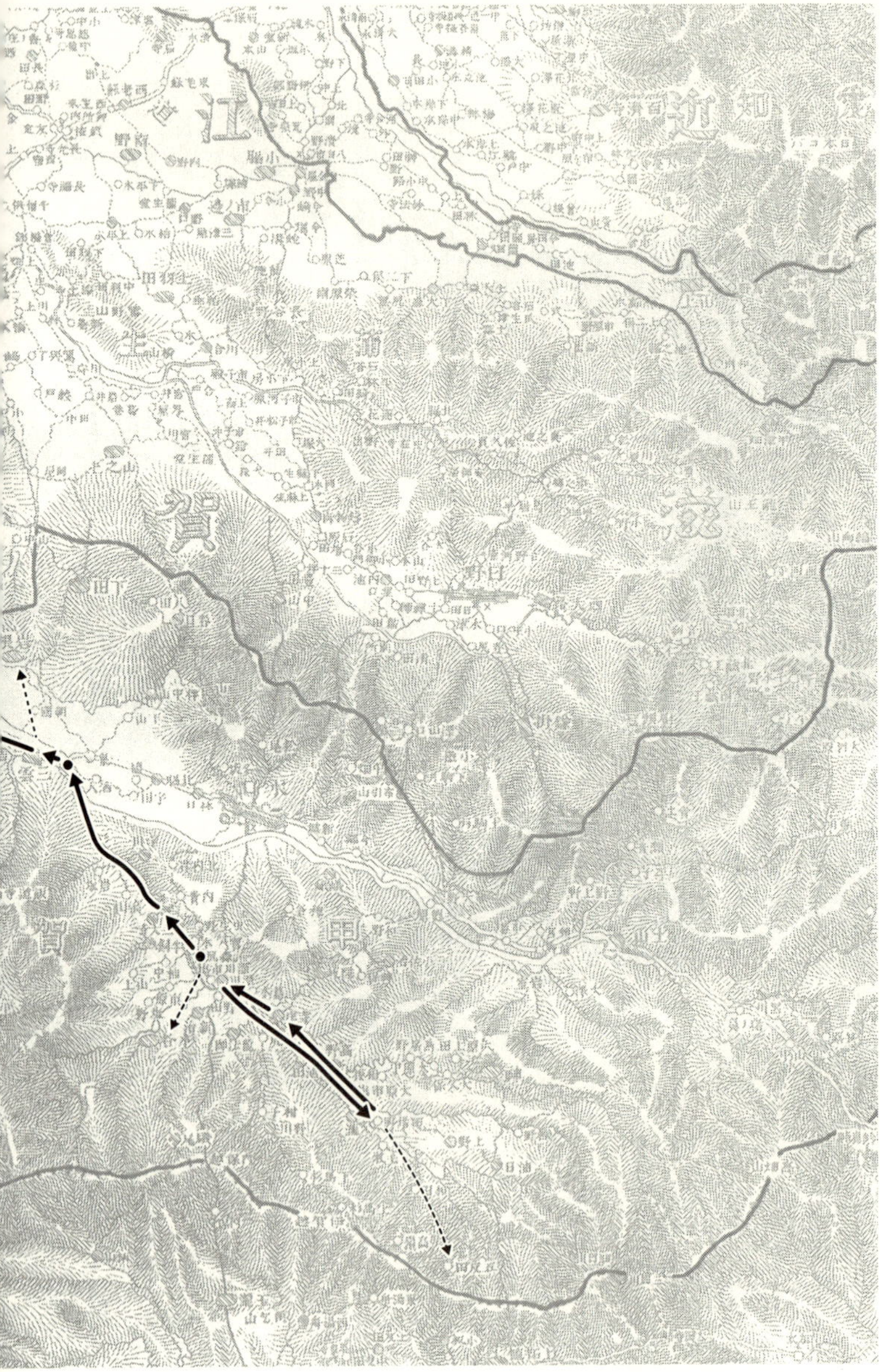

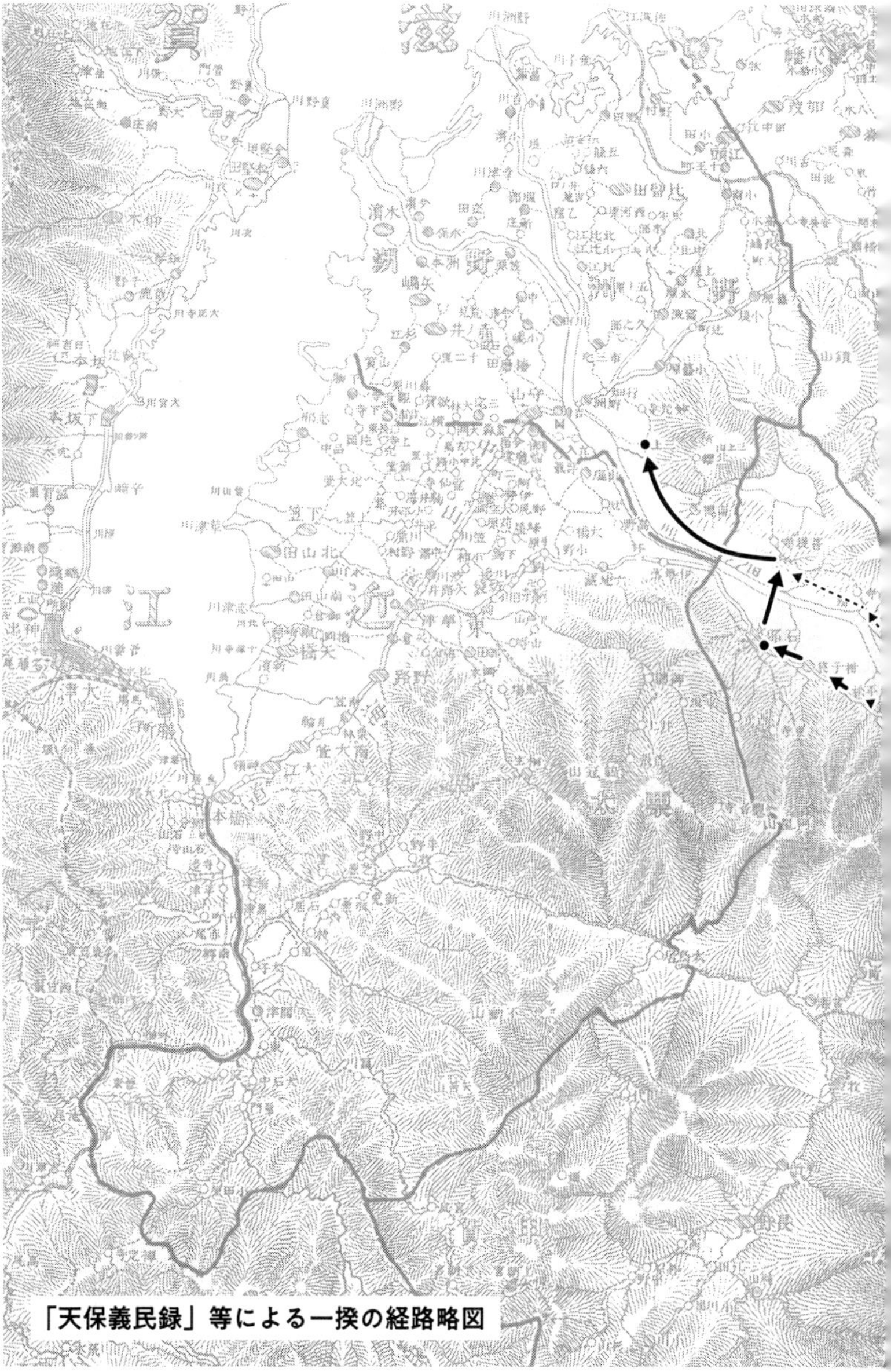

「天保義民録」等による一揆の経路略図

水口加藤氏家来高田弥左衛門・樋口七郎兵衛・細野亘の三頭が部下を連れて凡二〇〇人ばかり矢川明神の社地へ詰めた（しかし、樋口氏の出役は確認できない。高山瘡神社の鐘も百足再来記のみの記述）。最早この時は一五日明六ツ時（六時）頃であった。

一揆の百姓等は上甲賀郡へと押し寄せ、村々段々に誘き出し、伊勢の国境の村々何れも一五才より六〇才迄の人々が、人気に誘われ皆々銘々身に簑笠をまとい出た。上野の藤堂氏家臣も国境玉瀧村へ出張し、二番備は佐那具宿、三番備は城内で用意とのことだった。

一揆の百姓等御見分先調べ役五反田村久太夫へ押寄、居宅建物を残らず打壊し、続いて田堵野村庄屋伝兵衛も打壊した。それより人数百倍になり高野村より寺庄村伝いに罷越し、酒造家にて酒を乞い、家毎に焚出しの飯を乞い、続いて深川市場にても酒を乞い、飯を焚かせ、店々にて手拭・足袋・煙草・わらじなどを乞い、再び深川市場へ来たのは一五日暮亥の刻（二二時頃。後述林家本では六ツ時）頃であった。矢川馬場先には加藤能登守家来衆が火事装束で防御されていたが、森尻村庄屋徳右衛門へ押寄せた。それは人寄せの廻状を領主へ伺いを立て手間取ったので乱妨し、それより杉谷村庄屋九兵衛が一人も出ないよう差し止めたので五、六百人（大角本。林家本では二十人計）が九兵衛宅へ押寄、少々乱暴した。

夫より追々と多人数となり、宮津藩領の三本柳庄屋和助方へ押し寄せた。これは先年大久保今助竿打の節手先役をしたとの噂で乱妨し、酒造と前挽鋸の商いをしていたので酒桶の輪を切りにかかったが、止める者があり、酒桶の栓を抜き酒が滝の如くに流れ出た。土蔵の戸前を打砕き、秘蔵の品や着類等を引き裂くなどして、ひどい状態であったとする。

それより追々人数は増し、横田川原へ行けば四方八方より人が集り、加藤能登守家来衆が出張していたが防ぎがたく、東海道に続く人数凡二、三万余（大角家本　三、四万余）も見え、四方の早鐘を突き、横笛・太鼓・人声で山も崩るゝ有様であった。田川村（三雲の内）にも役人より大家へ飯を炊かせ握り飯にして出し、東海道に名高き夏見村の桜川と言う銘酒を湯水の如く呑み荒らし、一五日夜有明け月も明け方石部宿東入口には本多氏家来の郡奉行中村式右衛門が詰め、願筋があれば取り次ぐとして差し扣を指示したが、押し通った。中村式右衛門は差図し平松屋に焚出させた。

一揆の百姓は石部宿新道より川を渡り、菩提寺に移り、庄屋佐兵衛方に詰め掛け打ち壊したが、佐兵衛は三上村の公役へ注進に行った。亀ケ渕では、長竿に白旗の様なるものを持った老人三太（大）寺村の油屋藤吉が、我こそ発頭人と呼ばわり真先に進んだが、乱心者で村人が連れ帰った。それより（南）桜村そして三上村市野茂三郎旅宿近辺へ甲賀・野洲・栗太三郡の人数六、七万余（林家本では凡五、六万余）と思しき人が詰め掛けたと記している。「百足再来記」は風聞による記述が多く、そのまま事実とすることが出来ない部分がある。「百足再来記」に記載がないが、横田川原から野洲川の右岸を進む一揆勢もあったようだ。

一揆の舞台三上村で

一揆直後の一〇月一七日、平野八右衛門から遠藤但馬守胤統への報告（『天保義民録』）によると、一〇月一一日夕、川縁見分の公役市野茂三郎と普請役両人、京都町奉行所組同心両人と大津・信楽代官手代両人が三上に着き、一二日に新田向の見分を開始した。

一〇月一五日夜八ツ時（二時頃、一六日になる）三上藩領の甲賀郡朝国村の庄屋が、平野氏へ、川上の村々から大勢が押懸けて来るので注意するようにと言いに来た者があり、川上の方には夥しい人音がし、鐘・太鼓の音も聞こえたと報告。このため即刻陣屋へ出勤し、下役どもを呼び出し相談の上、三上村庄屋から普請役へ届けたところ、すぐに本陣（市野の宿所大谷家）へ届けるようにとの差図につき伝えたところ、先ず捨て置くようにとの下知であったので未明の頃まで控えていた。

そうしたところ、また領分甲賀郡植村庄屋が来て、同様に届け出た。横田川辺（野洲川の上流部）は大勢集っているので、水口家中が警備に出たが対応できず、即刻水口へ引き取ったとの風聞であった。何分山道は人でいっぱいであるので、川原を漸く通り抜けて来たと報告した。そこで、八右衛門が本陣へすぐに届け出たところ、市野は、「きっと願いの筋があるのであろう、三上村で騒ぎ立てないように指図せよ」とのことであった。

最早郷界までやって来て人音が夥しくなったところ、本陣から使者が来て、陣屋役人に早々詰めるように言ってきた。陣屋門前は神山靭二郎と下役の棒突一〇人にて固めさせ、八右衛門は本陣へ行ったところ、普請役から、「本陣へ大勢入り込んではいけないので、門前にて固め、願筋があれば取り次ぐよう」との差図があり固めていた。

その内、「数萬之人音」にて陣屋の裏表通りへ一面に参り、三上村寺々の釣鐘を撞き立て、家毎に入り込み食を乞うので、三上村の者が私（八右衛門）の前に来て、未明の頃より今四ツ時（一〇時頃）までに家毎に米を焚き出し黒米までも大体焚き尽した。当年の御年貢までも焚くようになり、公役の退去を願いに来た。

何時落着とも分からないので、願い筋を申し出るように触れたが、先ず食を求められた。平野が市野等の陣屋への移動を促すが、移動せず。市野をはじめ一統同道にて大勢集っている所へ行って、願いの筋を聞きに廻るが、大勢のことであるため後に居る者は口々に、「何事を承り候哉、市野さえ突殺し候えば大望なり」と大声を上げるのみで、何時治まるか分からない状態であった。

それから公役方は本陣へ引き取りになり、八右衛門が門外近辺におり、一揆の指導者「三、四人心得候者」から願い筋を聞き取り本陣へ報告する。

「この度大勢か様に集り候は中々人間業にはこれなく、何れ子細なくては参らず。右願望と申すはこれまで一度二度川見分にて地面減り申し候。右様見分さえこれ無く候えば無難に身命も送り候所、追々見分これ有り候ては終には落命にも及ぶべき。これにより妻子を捨て候て右様罷出で候。この上幾度御出役にても命限りこの度の如く相成り申し候間、以来は野洲川筋見分これ無き旨書付を貰ひ候えば一統引き去り申すべき」と言う。平野が聞き届け本陣へ行くと、大勢が随ひ来り本陣門前に控えていた。

平野八右衛門は、三上村役人の歎願のこと（三上村退去の願い）を公役衆に伝え、少々鎮まったら大津まで引き取るつもりで、門内に御用物、市野様乗物や附々之駕両掛等が並べられていた。市野へ百姓願望の次第を申し入れ、百姓一揆を引き取らせるため方便の取り扱いを求め、文言を普請役とも相談の上「再び野洲川見分の儀は相見合わせ申すべき」旨の書付ができた。

八右衛門が受け取り門前へ出て書付を高く上げ見せたところ、印形が無いと口々に言うので、調印を申し入れたところ、最早御出立のつもりにて印形も片づけてあり手間取っている内に、一人が門前から小石を投げたところ、それより段々石・瓦をどっと投げ出し、そうして近辺の大勢も追々門内へ入り込み、御用物をはじめ追々打ち潰し、玄関までも大石を投げ込んだ。市野は裏手より山へ逃れ、その間に印紙は平野が懐中し、一揆の者は山へ追い登ったが見失った。市野は、三上村百姓両人により、姥ケ懐といい百足穴へ逃げ延びた。

それよりまた裏表より本陣へ押し掛けたが、最早御本陣に人無く、御普請役藤井鉄五郎・信楽手代柴山金馬両人限に付、八右衛門は右両人と相談し、本陣にあった古鎗三、四本で、門内へ入り込んだ者を片端より突き廻った。追い掛け、陣屋表門前まで追い詰め、陣屋を守っていた鉄炮を受け取り大勢に向って、「汝等命惜くは此書付を以承伏可致、又いらざる命に候得は片端より打殺可遣」と大声で申し渡し、十目筒に二つ三つ玉を込め待ち構えたところ、一人が震るいながら印紙を受け取りに来た。取り出し渡したところ、有難いと言ったが、「大勢之事に付一統へ披露致し弥承知に候得は早々可引去、若又外に歎願之筋も候得は可申出」とのことで、「暫く御本陣に扣居候間早々何れ共決着可致」と申し置き御本陣へ参ったところ、誠に門内は取り乱し言語に絶し、見苦しき有様であった。

本陣門前に固めていた大谷治之助方へ右の書付を持ってきて願うには、「見合と御認なれは限も難分候間、十萬日日延願出度」旨に付、大谷よりその旨を申し参ったので、御普請役が書き直して渡したところ、猶又御代官所手代の印形も申し受けたいとのことであるので、両手代の印形付に取り替え渡したところ漸く納得した。

しかし、大勢のことで末々に行き届き兼ねるので、一揆の者とやり取りの上、障子の裏に大文字にて「今月今日より十萬日日延」と書いて見せたところ、追々引き去った。この時七つ（午後四時頃）過であった。

市野様より八右衛門へ段々御丁寧御懇の御挨拶があり、陣屋の明き長持三棹・御使者駕・両掛等を用立て、守山宿まで送り出した。騒動中に山より見た者などに聞くと、凡そ四万人ばかりは居たであろうか。九つ時（昼一二時）頃は三上五か寺は勿論隣村寺々の釣鐘をも撞き立て、ならびに太鼓その他寺々にある物を持ち出し叩いたので、その音は凄かった。

「十一日より三上へ着のこと故、定て十五、六日頃には何れ上村へ引き移ると心得、左候えば一村取り巻き是非市野様首は持ち帰るべきもの三上にて案外の由」、引き取りの者は口々に言っていた。しかし陣屋へは引き取りの節門前を通った者どもは、悉く一礼していたという。そして、一〇月二三日、遠藤但馬守より幕府へ一揆のことを報告した（義民録、山村日記天保一四年二月五日の項では一〇月二七日付になっている）。

天保一三年正月、江戸の水口藩「詰所日記」では、一〇月二四日に一〇月一五日に出された一揆の一報が届いており、二五日の項には、二〇日に「御他領村々騒立一件」ともあり、一八日便ではこの日引き取ったともあり、以外に危機感がないように思われる。

なお、一一月二三日付市野茂三郎から野洲郡南桜村より水口美濃部古城まで二五ヶ村に、吟味中見分を見合わせ帰府することを廻状で伝えている（泉区有文書）。

三、厳しい取り調べ

山村日記に見る一揆後

一揆後関係村々では見舞に行く人々の行き来があったが、一〇月一九日京都から津田安二が一揆の内紀のため水口へ来て、今夕作坂町日野屋甚兵衛泊り。翌二〇日樋口様お宅で酒が出され、「七日後帰足石部泊りニ被参是より野洲郡辺吟味ニ被参候様噂在之」とある。

一〇月二二日には、騒動の時出たか出なかったか、日延書付を貰って帰ったか否か、廻状を廻したかどうかと、領内での調べがはじまっている。

二四日には、京都西町奉行与力目附田中寛治郎と同心、西町奉行与力目附下田定之進と同心が水口へやって来ている。そして、三内貴村（東・西・北）・虫生野村・深川村・新城・小里・今在家等を呼び出し、石部宿で書付を貰い帰った者は村預に仰せ付けられ請書を差し上げたと届け出られている。

二七日、夜九ツ時（一二時頃）杣中村文吉、平三郎（兵右衛門倅）、平次郎、平兵衛右四人が京方へ召捕になったとの届けがあり、二八日には杣中村の四人を引き立て、市原村庄屋治兵衛は駕籠で連れ登ったとのことで、川筋村々を水口の役所で取り調べ、氏川原村庄五郎を召し捕らえたとも記載されている。その後取り調べが進められるが、水口藩が捕らえた者の京都町奉行所への引き渡しが求められている。

一一月三日には、騒動の時出た者の名前を取り調べ誰は何処まで行ったか記すように求められ、翌日津田安二から名前書雛形を渡されている。八日夕暮に地方役所へ取り調べ掛り一統の集会評議があり、翌九日地方役所で騒動に関わる村々を呼び出し厳しく取り調べが進められ、大庄屋三人も詰めていた。なお、京都からの出役も水口に滞在し続けていた。一四日、京都出役方が出立し、上池田村百姓壽助も召連られ、京津田安二も引き取った。

しかし、二〇日に、宇田村宗兵衛・岩根村庄内・弥八・八右衛門、深川安右衛門、泉村助次郎等を差し出すように伝えられ、二三日までに大津代官所役方が連れ登っている。

一一月二五日には、市野茂三郎・藤井鉄五郎・大坪本左衛門が大津を立ち水口泊で江戸へ向かったとあり、土山宿の記録も土山で小休し、亀山泊で江戸へ下っていった（土山家宿帳　なお、一二月一二日勘定留役関源之進等の宿泊も続いて記録されている）。

一一月晦日、宇田村肝煎半左衛門・宗三郎・文七・平八、氏川原村庄屋年寄肝煎、西内貴村庄屋年寄、杣中村で三人などが東町奉行所へ明朔日五ツ時呼び出しのため上京した。そして、一二月朔日、京都の出役が草津へ引き取りになり、津田安之進も暇乞いに立ち寄ったとある。

関源之進・戸田嘉十郎の取り調べ

一二月一三日、取り調べのため評定所留役関源之進・戸田嘉十郎、普請役格論所地改鈴木幸一郎、評定所書役川名圓蔵、同所当分出役中嶋東一郎が、土山宿を立ち、草津泊りで水口を通過し、大津代官所へ向かっている。

天保一三年一二月、加藤家の地方役所から村々の庄屋年寄百姓共に対して申渡があり、騒動に伴い江戸から御留役関源之進・戸田嘉十郎が来て取り調べがあることについての対応を通知している（泉区有文書天保一三年萬留帳）。また、今後何か願い事を目論見大津へ行くよう誘う者があっても加わらないよう申し渡し、請書を提出させている。これと同類の森尻村の請書が、『天保義民録』133～136頁に収録されている（一一月付となっているが一二月の誤りか）。厳しい取り調べに伴い訴願や一揆が再発しないよう達している。この一揆再発への心配は、彦根藩が御用懸に調査させていた報告（坪田家文書）の中にも垣間見ることができる。

山村日記には一二月一九日、大津から安井一藤太が出役、松尾村庄屋喜兵衛、新城村庄屋吉郎兵衛を大津へ連れ帰ること、また、萬屋傳兵衛が召し状により出掛けたとある。

一二月二二日、三上藩陣屋役人の平野八右衛門に大津代官所へ出頭の指示があり、二八日まで三上藩陣屋役人の聞き取りが進められた（『天保義民録』）。

天保一四年正月七日の差紙（泉区有文書天保一三年萬留帳）では、戸田嘉十郎・関源之進から尋ねることがあるとして、平松村正蔵・文治、野川村佐右衛門・徳左衛門・甚左衛門、泉村冨田屋忠右衛門、上上村（植村）伊右衛門・嘉右衛門、栗太郡伊勢落村卯之介と村々庄屋・年寄に大津陣屋への出頭を求めている。

卯正月一六日未（午後二時頃）の上刻にきた差紙と帳面では、甲賀郡塩野村忠蔵、吉水村伊平、柑子袋村嘉平倅源右衛門、牛飼村三治郎、林村作右衛門倅音吉、三雲村清次、瀧村嘉平、三大寺村茂左衛門、岩坂村勇助倅治助、岩根村傳四郎、泉村平五郎、宇田村惣七、新城村久左衛門伜久四郎、深川村嘉七、池田村与左衛門、松尾村市三郎、上村善兵衛、下村六兵衛伜新五郎、倉治村七兵衛、水口美濃部安兵衛・与右衛門・又兵衛、西内貴村吉左衛門、杣中村佐平、中山村勇助、北内貴村庄治、東内貴村仁平内居弟忠五郎、今在家村久左衛門と二十五ヶ村の庄屋・年寄に出頭を命じてきた。

また、正月一六日亥（午後十時頃）の下刻に到来し一四日付の呼び出し状で、村々給々限人別帳持参の上大津陣屋（代官所）へ次の二三ヶ村に出頭を求めている。

上村	下村	堂村	三山寺	下山村	中畑村	美濃部村	松尾村	名坂村
林口村	宇田村	植村	伴中山村	畑村	八田村	酒人村	泉村	北脇村
朝国村	岩根村	花園村	正福寺村	菩提寺村				

天保一四の山村日記では、正月一五日、大津蔵元からの飛脚で、上池田村庄屋源七が騒動の時の出人数を二五人報告したところ少ないと厳しく糺され、五八人書付け届けたことを伝えてきた。そして、正月二四日昼時、二三日付戸田嘉十郎・関源之進からの水口宿庄屋十郎右ヱ門に召状が到来し、夜九ツ前（一二時前）に出立している。この日杣中村庄屋兵右衛門が入牢になったようだ。

正月二七日、七ツ頃（四時頃）御白洲へ酒人村庄屋金三郎と十郎右ヱ門が呼び出され、戸田嘉十郎から一〇月一四日酒人村より届出てからの始末を尋ねられ、その上で領主役人が出ていながら一人も召し捕らなかったのは問題で、重役の不行き届きで何れ呼び出すとも言われた。なお、二六日に御白洲へ出た時、岩根村弥八を見掛けたが、長々入牢しているので見るかげもなき姿で、信心気の毒に存じ候とも記されている。

二月六日、杣中村へ大津から召状が届き、四日付で、泉村はじめで一五ヶ村（泉村始り二而酒、植、宇、氏、北、東、西、虫、森、深、葛木、隠岐、神保、小佐活〆十五ヶ村）へ召状が届いた。一〇日までに村役一人、平百姓二人印形持参の廻状とのこと。なお、菅矢十郎が見舞に来て、去十月三上騒動の時遠藤但馬守より幕府への届書の写を持参されたので借用して写している。

また、五日夜十郎右衛門は古高周蔵から呼び出され、一揆の時の出役役人の名前書き出しを求められた。それを受けてか、二月七日物頭細野亘以下に大津から差紙が届いている。水口藩日記にも、関源之進・戸田嘉十郎から物頭・郡奉行・代官・地方役・表御徒目付・地方下役、去年百姓騒立の節出役の細野亘ほか一五人に二月六日付石原手代添翰付で七日大津表への召喚がされ、翌八日暁に大津へ向かった。

物頭	細野 亘・市橋総兵衛
郡奉行	岡田勘右衛門・高田勘右衛門
御代官	上崎弥作・松本文治
地方役	植野瀬兵衛・神谷牧太・下村直兵衛
表御徒目付	乙川隼太・松井久右衛門
地方御徒目付	徳野勝蔵・早川加八郎・山添弁五郎
御助	竹内又兵衛・松本小十郎

山村日記二月一三日の項には、徳原村酒市が大津から帰り、昨日（一二日）村々多分呼び出し、長々読み聞かせの上印を取られ、村々帰村仰せ付けられたと噂していた。上村、下村、畑村の帰村届けがあり、翌日北脇村・東内貴村の帰村の届があった。

二月一六日には、郷山八郎兵ヱが疥癬で亡くなっている。二四日、宇田村七右ヱ門が帰村していたが召状が来たので病気なので断ったが、病気でも連れてくるようにと言われ、昨日（一五日）駕籠で夏見村まで行ったところ亡くなり届けたことが記されている。また、二四日杉谷村庄屋九兵ヱが牢死したことが記録されている。二五日、新城村年寄役武兵ヱ病死の届、宇田村より年寄役三四郎、肝煎役三左ヱ門・利兵ヱと惣三郎・吉左ヱ門・平八・銀兵ヱ・文七・勘兵ヱの九人が、二二日帰村を仰せ付けられたが、年寄三四郎・惣三郎両人は村預け、他の者は他参留を仰せ付けられたと届けた。

二八日、大津より十郎右ヱ門よりの急用状で、昨二七日大庄屋は無難に帰村を命じられたことを伝えている。二七日には宇田村惣三郎病死のことが記されている。

ところで、天保一四年二月一一日甲賀郡・蒲生郡（野洲郡か）・栗太郡百ヶ村余が、一給限り三人が詰め、四つに分けて白洲に召し出された時、上段の関源之進が申し聞かせ尋ねることがあるとして神妙に承れと言い、中段の付添役人が懐中より巻物を取り出し高らかに読んだ中に次のような内容があった。

もとは三上村平兵衛が肥物値下げを名目に見分延べ引き歎願の参会をし、それより甲賀郡水口年番へ言い、年番とも水口郷宿萬屋傳兵衛宅で瞽者寄と唱へ、歎願の相談をした。そして、市原村治兵衛へ書状を出しそれより杣中村文吉に相談して、一四日夜村々歎願の廻文を森尻村徳右衛門方へ送り、それより一、二ヶ村へ送ったが後へ戻したようで、そこで、また杣中村より段々外村へ送り追々廻って、同一五日夜人気追々募り村々へ誘ひ行き、出ない村方には焼の毀のと言い、拠ん所なく人気誘われ三上村陣屋へ行き乱妨したことは甚だ不届きだ。相違ないかと言われ、戸田嘉十郎からは、十万日之書付を誠と思うかと問われたようだ。また、川筋見分のことは市野茂三郎の一存ではなく、公儀より厳命を蒙ったもので、市野茂三郎の侭になることではなく、新開空地のみが対象で、あるがままに申し出れば疑いは起こらず、この様なことにはならなかったと（深川山本家文書）。

また、二月二二日、加藤家の家臣細野亘外一五人について、厳重の取り計らいをすべきところ手弱の取り計らい方は不埒として口上書へ書判を認め、追って沙汰があろうと申し渡され、二四日大津から水口へ帰っている。また、三月二日関源之進・戸田嘉十郎からの達書が届くが、二月晦日付大津代官所の元締め手代添翰があり、大津での吟味中に騒ぎ立てるようなことがあった場合は出兵を求めていたが、必要がなくなったことを伝えている（水口藩日記）。

江戸送りそして裁許

三月朔日、関源之進・戸田嘉十郎が草津立、土山泊まりで江戸に向かい、発頭人等は四日大津立ち草津泊まり、五日水口を通り土山泊まりで江戸へ向かった。江戸送りの人々は次頁表の通りで、山村日記では壱三上村平兵衛から記されている。外に大津に残った入牢者として、岩根村庄内、氏川原村庄左ヱ門、岩根村久右ヱ門、泉村助次郎、石部長蔵、石部岩吉、石部三五郎、外二人は名前知らずとある。そして、一一日深川村庄屋安右ヱ門が桑名宿で死去を届け出た。

山村日記では、大津での取り調べが終わり四月一一日には、大津川庄（川村庄七）殿より御役所から騒動一条につき入牢者の牢入用書付巨細書帳面を渡され、来ル一五日までに命じられたとして、右帳面入封を送ってこられた。そこで、地方御役所へ伺の上領分村へ付分け村々へ廻状で通知している。四月一四日、岩根村源兵ヱ殿、杉谷村十左ヱ門明一五日上津、大津御役所へ牢入用納めのため村々惣代として登られるとして、取集金金六一両二朱一六〇文と記されている。

江戸送りとなった人々

籠の順 罪状	村名	役・名前	備考
十一番 発頭人	三上村（野洲市）	庄屋平兵衛	
十番 徒党之企	市原村（甲賀市甲南町）	庄屋治兵衛	
九番 徒党之企	宇田村（甲賀市水口町）	庄屋惣兵衛	石部宿にて病死
八番 徒党之企	杣中村（甲賀市水口町）	百姓平次	
七番 徒党之企	松尾村（甲賀市水口町）	庄屋喜兵衛	
六番 徒党之企	岩根村（湖南市）	庄屋弥八	
五番 同携り之者	深川村（甲賀市甲南町）	庄屋安右衛門	桑名宿にて病死
四番 同携り之者	氏川原村（甲賀市水口町）	庄屋庄五郎	藤枝宿にて病死
三番 乱妨頭	上野村（甲賀市甲賀町）	百姓九兵衛	
二番 同立交り	油日村（甲賀市甲賀町）	百姓惣太郎	
一番 十万日延日書付持	針　村（湖南市）	百姓文五郎	

五月四日、昨寅年川筋見分の時市野につき添った京同心の柴田清七・上田栄太郎が、江戸へ下っていった。江戸での取り調べが行われていたのであろう。そして、六月一五日には、五月二八日に岩根村弥八が江戸にて牢死したことが届けられている。それは、羽田村の親類の者からの情報であった。

また、七月二六日にはアヘン戦争の概略を記し、閏九月一三日江戸表御役替があり水野越前守が老中御役御免雁ノ間詰を仰せ付けられたことを記している。閏九月二九日には御料所御改革筋取調のことが差し止めになったことなども記している。

天保一四年山村日記一一月二〇日、植野瀬兵衛の情報として、一一月一一日江戸表にて川筋御裁許があり、市野茂三郎は御役御免小普請入逼塞、藤井鉄五郎・大坪本左ヱ門は追込、膳所家中の中村式右衛門は中追放となったことが伝えられている。

一一月二四日に物頭細野亘ほか一五名に京都から召状が到来し、泉村・岩根村・酒人村・宇田村・美濃部村、氏川原村・中山村にも、二七日出頭が命じられた。そして、一一月晦日の項には、二九日京都町奉行所で水口家中一六人が追込（押込）を命じられている。

また、一二月二日、書付を持ち帰った者、石打・縄引など乱妨者は、来る四日京都東御役所へ召し出しのことを村々が届出た。そして、一二月五日以降欠所の取り扱いが記されている。

泉村では、泉村役人は、天保一四年一一月二七日京都東町奉行所へ出頭を求められる。一一月二九日、泉村百姓助治郎は中追放を命じられる。泉村百姓平五郎、小前一七〇人九人惣代百姓二人、庄屋恒八、年寄平八、大吉右三人之内一人、百姓平治郎・源右衛門・百姓太三郎が、一二月四日に東町奉行所へ出頭を命じられている（泉区有文書　万留帳）。「川筋一件騒動言済書留置帳」に助治郎中追放が記されている。

更に、一二月四日より五日、六日召し出され、庄屋役に過料銭一〇貫文、年寄役両人に六貫文一人に三貫文宛、村過料は村高に応じ二三貫二〇〇文、平五郎書付物の過料は二貫文、勘六代太三郎に過料銭三貫文、合わせて四四貫二〇〇文とある。また、この書留には、卯（天保一四年）一一月の三上村庄屋平兵衛獄門札と上野村百姓九兵衛獄門札が記録されている。

平兵衛・九兵衛と文吉・平兵衛・治兵衛

三上村平兵衛の罪札では、「江州村々新開場御見分の儀巨細の糺し請候ては一同難渋致すべき旨、右見分猶豫の儀申し合わせ惣代を以て奉行所へ愁訴に及ばば自然願も相立つべきと存じるに付」、見分についての願は止められていたため、「肥物値段引き下げ方を重の名目にいたし、右見分猶予願致すべき旨村々の者共へ申し通し候故、銘々右を頼みに心得自然人気一致いたし所々において会合等相催し」、また、見分後に願い出ては手遅れになってしまい、村々挙げて勘定方旅宿へ歎願するより外にないと決心し、「右の趣杣中村文吉へ内談に及び、既に同人重立ち市原村庄屋治兵衛等談判の上廻状を差し出し」、野洲郡外二郡村々の者が徒党し人家等を打毀し、その上御勘定方旅宿前へ多人数が押し寄せ強訴に及び、御用物長持その他を打ち砕くなどの狼藉に及んだことは、公儀を恐れない致し方で不届き至極で、存命であれば三上村で獄門に処するとしている。

また、上野村百姓九兵衛については、見分猶予を杣中村文吉等が重立ち、三上村御勘定方旅宿へ村々挙げて歎願しようなどと横田川原へ人数集したとき、右人数立ち交わり場所で五反田村久太夫ほかの居宅打ち毀す旨杣中村平兵衛差図に随い、岩根村八右衛門とともに人数懸引等いたし、又ハ針村文五郎と石部宿その外所々において酒食差し出させ飲み食いし、その上徒党の者共と御勘定方旅宿前へ押し寄せ強訴したとき、見分猶予につき勝手俣に書面申請たいと平兵衛より調印または文言等を好み、渡し方猶予あるところ待ちかね、同人（平兵衛）指揮に任せ、先立ち八右衛門と旅宿門内へ取り出されていた御用書物長持を打砕いたことは、公儀を恐れない致し方で不届き至極で、存命であれば三上村で獄門に処すとしている。なお、後述の「三上騒動始末記」に三上村平兵衛差図とあるのは間違いで、『天保義民録』記載の杣中村平治差図も間違いと考えられる。

三上村庄屋の平兵衛は、杣中村の文吉に相談し、文吉が中心となって市原村治兵衛等に談判して回状を廻したこと、文吉等が中心となり三上村御勘定旅宿へ村々挙げて歎願しようとしたとき、上野村九兵衛は杣中村平兵衛の差し図に随い五反田村久太夫ほかの打ち毀しを岩根村八右衛門とともに進退し、針村文五郎と石部宿外で酒食を出させ、勘定方旅宿で平兵衛が日延べ證文のやり取りをしているとき、手間取っていたのを待ちかね平兵衛の指揮に任せて、九兵衛と八右衛門が御用物長持ちを打ち砕いたとされた。上野村九兵衛は獄門、針村文五郎と岩根村八右衛門は死罪となっている。そして、一揆現場での指揮をしていた杣中村平兵衛は、天保一三年一二月二五日大津の白洲で亡くなった、年四一才が浮かんでくる。文五郎は日延べ證文を持ち帰ったその人でもある。

平野八右衛門の報告にあるように、一揆の現場で「三四人心得候者」の中に杣中村の平兵衛や文吉がいたと考えられる。また、柑子袋村・針村・正福寺村のものによると三上村で市原村治兵衛の指示に従い小石を投げたことが知られ（柑子袋村文書）、治兵衛も一揆の現場に居た。

水口藩での取り扱い

さて、山村日記天保一五年正月晦日の項には、代官上崎弥作ほか一一名は正月二〇日公儀の追込は御免になったが、領主の差し控え引き籠もりのところ御免になった。三月一〇日物頭と郡奉行の四人が上京し御免になったようで、三月二三日領主の差し控えも御免になっている。

そして、天保一五年五月四日、川筋騒立一件につき、御領分村々不残御召になり、二九ヶ村は、寅四月・八月両度歎願書に調印し、未だ沙汰もない内に他領よりの誘いに騒ぎ立ち不埒につき追込を仰せ付けられ、騒立候者共は惣代一両三人ずつ呼び出しお叱りを受けた。

水口ミの部村・泉村・北脇村・宇田村・酒人村・岩根村・畑村・中山村・下村・堂村・上村・松尾村・稗谷村・新城村・小里村・今在家村・儀ヶ中村・深川村・上池田村・倉治村・杉谷村・塩野村・杣中村・森尻村・虫生の村・東内貴村・北内貴村・西内貴村・氏川原村

しかし、林口村・下田村・中畑村・山上村の四ヶ村は仰せを守り騒ぎ立てず神妙であるとされた。また、杉谷村松右衛門忰米吉は、騒動の時郡奉行付武器持に出たとき、竹槍で顔に疵を受けたが武器を大切にし神妙の至りと二貫文を下された。

五月八日、川筋一件につき当四月追込を仰せ付けられた村々庄屋・年寄・惣代の内、年寄・惣代は御免になった。五月一〇日、川筋掛り追込を仰せ付けられた村々庄屋が召出の上御免になった。そして、泉村の川筋一件騒動言済書留置帳では、天保一五年七月五日、村々役人から地方御役所へ、闕所の一二ヶ村が書き上げられ、願い出て領主の御慈悲で村への払い下げとなり有り難いとして一札を提出している（泉区有文書）。なお、欠所の村は次の一二ヶ村二三人とある。

岩根村五人、泉村一人助治郎、酒人村一人、氏川原村二人、西内貴村一人、
杣中村三人、杉谷村一人、深川村一人、新城村一人、伴中山村一人、宇田村五人、
松尾村一人

村々の場合　葛木・寺庄・北内貴・酒人

天保一三年一〇月二〇日付で、葛木村庄屋甚左衛門、年寄武兵衛・与平次、村惣代兵右衛門・与三右衛門から山上役所へ提出した「奉差上御請書」によると、一〇月一四日酉刻（六ツ　午後六時頃）深川村から「座頭年番市原村役人中」宛ての廻状を持参し隠岐村へ継ぎ立てるよう言ってきた。市原村→森尻村→深川村→葛木村→隠岐村へと継ぎ立てることが求められたものと考えられるが、市原村の添書がなかったので深川村へ持ち帰らせ、村人が出ないよう指示したという。ところが、子ノ刻（午前〇時頃）過より三、五ヶ村西の方より螺貝の音や人声

が聞こえてきたので、村方の取り締りをし、寅ノ刻（午前四時頃）から庄屋は御役所へ御届けに行った。その後、高野村・池田村辺から人声や螺貝の音が聞こえ、驚いているうちに夜明になった。一五日五ツ時（午前八時頃）頃深川村辺より人数凡そ百人ばかりが葛木村へ立ち入り、村端より一軒毎に「出ぬかへ」と呼び立て庄屋方まで来て、「早く人数出し可申」と罵り、「不出ニおゐて者即時ニ村中焼拂可申」などと言って、乱妨狼藉にも及ぶ様子であったので、居合わせた者が難を逃れるため「早速出し可申」と返答したところ、「直々引連参り可申旨」声々に申すので、仕方なく村端まで立ち出で彼是する内、追々大勢野田村辺より続いて寺庄村に押し合い、葛木村は隠岐村へ通達せず、その上この人数では不相応に思われるので、「多分不出ニおゐて者帰りかけニ乱妨可致旨」口々に言い立てた。そのため「大ニ恐怖致し」大原辺まで参り追々村方へ立ち戻った。その夜五ツ時（午後八時）頃に寺庄村で乱妨する音が聞こえまたまた驚き、当村へ乱入されるかも分からないため、やむを得ず立ち出で追々西の方へ行ったと記している。

天保一四年正月付、江州甲賀郡葛木村「人別調帳」では、一揆のとき村人四三人が出たことを報告している。この内、二二人は一〇月一五日に五つ半時（九時）に出て東方へ行って戻ったものであり、太蔵・九左衛門・弥右衛門の三人は一六日に村人を呼びに行ったものであると報告している。

寺庄村の場合は、天保一四年正月二六日の稲葉丹後守領の庄屋祐右衛門・年寄伊兵衛の報告では、四人が三上村辺まで、一六人が石部宿まで、一人が岩坂村まで、一人が三本柳まで、一人が野田村まで、四人が寺庄村端まで行った。松平大膳知行所の庄屋伊八・年寄権兵衛の報告では、弥兵衛は三上村まで行き石部で日延書写を渡され受け取り庄屋伊八へ預け、また五人が三上村辺まで、四人が石部宿まで、二人が三雲村分郷田川村まで、一人が杣中村まで、四人が深川村まで、一人が野田村まで、一〇人が寺庄村端まで行ったと公役（戸田嘉十郎・関源之進）に報告している。誰某倅とあるものが多く、やはり若い世代の者が多く参加したことは言えそうである。

水口領の北内貴村では、庄次郎（庄次）は十万日日延の書付を持ち帰った者で、村役人両人と水口舛市で厳しい吟味があり、村預けになった。また、顔に大痣があった弥右衛門倅久右衛門一九才は大災難であった。天保一四年正月一三日夜に水口升伝で召捕になり、大津へ引かれ入牢を仰せ付けられた。久右衛門の責めは厳しく病気になり宿下げになったが、宿屋安兵衛方で養生も叶わず二月七日に死去した。弥七は七日間入牢して帰村した。弥蔵・若右衛門は乱妨の咎を仰せ付けられ帰村した。またまた若右衛門・四郎右衛門・惣八・利右衛門・吉右衛門・茂兵衛・新七・弥蔵・藤右衛門・庄八・喜八・惣三郎・清右衛門・庄次の一四人が呼び出され、乱妨の咎を仰せ付けられ、その上他国留となり帰村した。庄屋役人村惣代両人の造用は金一七両で済んだ。

天保一四年一二月三日から京都へ他国留一四人が召し出され、村役と惣代四人が付添、銭一〇貫文庄屋役人、忠次・仁兵衛・弥右衛門三人に九貫文、あと一四人は一人につき二貫文宛、計二八貫文、高一〇〇石につき二貫文宛で一一貫五〇〇文、合計五八貫五〇〇文の過料（罰金）を仰せ付けられて帰村した。過料造用で一八両になり、騒動の最初から終わりまでの出費は金三五両になると記している（北内貴川田神社文書　K—29「覚書」）。

酒人村は村高五九八石四斗三升五合の内八〇石四斗七升一合が水口領、五一七石九斗六升四合が旗本内藤氏領であった。天保一四年二月一五日夜、市右衛門が死去した知らせを受け、八人が夜通し大津へ向かい、一七日には市右衛門世話料を雁金屋平蔵へ渡し、観念寺への市右衛門葬礼などを確認できる。観念寺の記録では「西利向還信士　酒人村　十四年二月十六日　市右衛門　五十一才」となっているようだ。京都町奉行所および大津代官所から召喚を受けた酒人村の村人は四八名を数え、同年の村高人別書上帳による酒人村総戸数六七軒で、四八名の延日数手間は、京都奉行所行　八七人、大津代官所行　四一〇人で、四九七人手間にのぼるという。なお、天保一四年一二月の「神泉苑町丹波屋入用扣」に四二貫九〇〇文の過料が記されている（藤田利昭「天保義民余録『川筋の一件控・覚帳』〜酒人区有文書より」（水口町郷土史会誌『みなくち』第六八号））。

四、一揆の記録と義民顕彰

甲賀郡に流布した一件記録「百足再来記」

近江天保一揆を発端から裁許までの一連の記録にまとめた史料に「百足再来記」と称される一揆記録がある。この記録は主に甲賀郡に流布し、更に周辺にも書き写されたものが確認でき、大きく二種類に分けられる。

東海道梅木の和中散で知られる大角弥右衛門家に残されている「実録百足再来記」（大角家本）は、嘉永四年（一八五一）七月八日甲賀郡牛飼村の直吉の話を聞いて、杉谷村の油荷持ちから借り受け筆写したとするもので、弘化四年（一八四七）中冬（一一月）「湖東樵渓中樹下姓」と記されていた。この写本に類するものとして、表題は異なるが、酒人の「甲賀騒動訳合之事」全一冊（井上家本）がある。これは嘉永五年三月一八日梅木村今井主水（野尻の人）が写したものを借用して写したとあるもので、大角家本からの写本の一つと考えられよう。

また、「嘉永四亥年　八月吉祥日」の年紀がある、甲南町上野川の「実録　百足斎来記」（金田家本）の帳末には「古の長き　むかでに　引替て　短き竿に　起る世の中」の歌が書き加えられている。寺庄区有文書には年紀もなく表紙も後補と考えられる「天保騒動記」（寺庄本）も「百足再来記」そのものである。

以上の記録には序文がないが、「百足再来記」には、序文を付され、絵入りのものがある。水口町北脇の林家蔵の絵入りで上下二巻の「百足再来記」（林家本）には、序文があり、一〇ヶ所一一点の絵が描かれている。また、絵自体は描かれていないものの、絵の入る場所に「○○の図」とタイトルと、各所に句や歌が記され序文がある「遊女物語」乾坤二冊（黒正文庫本）が残されている。外題はカムフラージュしたもので、この内題は「百足再来記」である。表紙裏には「深川村中井氏所持」「深川中井」、乾裏表紙内に「深川村中井久八郎」とある。序文に、作者は「薪する杣の千歳の庵主　谷某」、成立時期は「嘉永四歳弥生月」とある。なお、より原本に近い絵入り「百足再来記」下之巻（増田家本）、「深川村　増田氏所持」とあるものが服部勲氏により確認されている。また、慶応二年（一八六六）八月、水口塗師屋町井之上伊八（表紙は「米屋伊八」）が筆写した、序文ありで本文のみの一冊本（野洲市歴史民俗博物館蔵）もある。しかし、絵は絵心がないと写すことが出来ず、絵入りで序文入りのものは、深川村の増田氏によって成立した可能性が高い。

「百足再来記」はよくまとめられた一揆記録であるが、その成立は早く弘化四年（一八四七）以前で一揆の裁許が出されてから四年目頃には成立し、序文を付し絵入りのものも、嘉永四年（一八五一）に成立している。そして、甲賀郡を中心に書き写され流布したと考えられ、この一揆記録の存在を知り密かに借用し写し伝えた多くの人々が居たことに気づかされる。

もう一系統、もう少し簡略な「甲賀騒動由来書」や「三上騒動始末記」などと呼ばれる記録があり、これは野洲郡を中心に流布したと考えられる。「甲賀騒動由来書」系統本が先に成立したと考えられるが、「三上騒動始末記」系統本も嘉永七年以前には成立している。大津での取り調べの後江戸送りとなった段階までが前半で、凡その前半部に近い構成のものが甲賀地域の情報を元に、天保一四年三月の直後に成立しているようだ。

この野洲郡中心に確認される記録と同系統の写本に、隠岐村（甲賀町隠岐）の浅五郎が筆写した「近江国田畑御見分ニ付騒働写」（黒正文庫　岡山大学付属図書館蔵）がある。「三上騒動始末記」系統本の一冊であるが、表紙に実在しない「亀光元年」の年号が記されている。浅五郎が実在する人物なのか明らかでないが、新しい時代を希求する思いが込められていると考えられる。

義民の供養と顕彰

義民となった人々、処罰を受けた人々の全体を一堂に把握できる記録はない。寒さのため取調中に亡くなる人も多かった。野洲郡南桜村の記録では、一揆参加の有無に拘わらず参加者をでっち上げることも求められた向きがある。一揆の実態を把握することは容易ではない。『甲賀郡志』に収録された森山氏雑記には多くの人が把握されているが、その実態は今後の調査が必要であろう。

一揆から一年余り後の天保一四年一一月に幕府による裁許がなされ、関係者・関係村々に処罰が言い渡されて後、天保一五年五月水口藩での謹慎等も解かれたが、その天保一五年（一二月三日に弘化と改元）九月、大徳寺の僧光譽が義民の横死を憫み、藩主加藤越中守明邦の聴許を得て義金を募り、高さ一〇尺の無縁塔を大徳寺西隅に建てその冥福を修した。最も早い義民の供養塔である。

ところで、村で最も早く建てられた義民の供養塔は、杣中村西徳寺にある供養塔と考えられる。大徳寺と同じく五輪塔で、地輪の正面に次のように六人の義民の戒名、右側面に一揆の年月、石塔建立年月が刻まれている。

嘉永三年（一八五〇）四月の建立で、一揆のことを知る人々が、一揆を推進し義民となった人々の供養のために建立したものであろう。また、松尾村願隆寺の石塔などもこれに準じるものであろう。

（正面）

春山浄栄信士（栄吉）
安山良閑居士（平三郎）
正覚明智居士（平治）
三界萬霊
普覚浄聞居士（文吉）
眞月清観居士（平兵衛）
観誉道白喜順禅定門（茂平）

（右側面）

天保十三
寅十月日
嘉永三
酉四月建之

甲賀市水口町杣中　西徳寺の供養塔

明治元年（一八六八）九月の大赦令により一揆に関係した義民は罪人の立場から開放されることになるが、明治二年七月一二日、万石年番から大徳寺で「旧幕より御咎被仰付有之候百姓年番庄屋並村々之者三十六人」の法事執行の届けがあったので、参政中より金五両、玄米一俵、餅米一俵が下賜された（水口藩日記）。明治四年八月二一日に「御赦法要」が行われた三六名の戒名が記録されている（川村家史料）。宮津藩領の甲賀郡高嶺村元庄屋忠兵衛他二人についても、明治二年七月二二日の達で旧幕府において御仕置を仰せ付けられたが御免になった（宮津藩政記録）。

また、宇田村唯称寺の大きな塔婆には、惣平（惣兵衛）・忠平・宗三郎・金七の戒名が記されており、三十三回忌に当たる明治七年に執行されたものと考えられる。本格的な義民の顕彰は、明治になって罪が許されて以後のことと考えられよう。

本節最初に記した「天保義民之碑」は、明治三一年五月、甲賀郡内の人々により高さ三三尺の人造石で造られた。三雲の横田山の一支脈の「伝芳山」の名は、義民の遺芳を伝える碑が設けられたことによるものである。明治三一年一〇月一四日の祭文には、「生命財産を賭し進んで義挙の衝に当り三郡の民をして永く苛税の害を免れしむる。」とある。明治二八年三月三上山麓に建立された「天保義民碑」と対になるもので、明治二六（一八九三）年九月発刊の河邨吉三『天保義民録』は、明治二四年が義民の五〇年になることからの動きである。

なお、天保一三年一〇月八日、細野亘に送った藤谷弥八の書状（甲賀郡設鹿深館旧蔵の屏風装貼、『鹿深遺芳録』所収）が伝えられ、黄瀬平三郎漢詩や土川平兵衛辞世の歌（『天保義民録』）も知られるが、今後の検討に待ちたい。

処罰内容の割に著しい犠牲者の存在は、幕府の政策に反対した一揆であったればこそか。その後近江で広域の土地調査がなされなかったことからすると、義民の要求が通ったことになり、年貢増徴が容易でないことを知らしめ、幕府の崩壊を早めることになったのであろう。

一揆の指導者層の存在と、京都、大津そして江戸での取り調べに服した村の指導者であった人々、義民等自らが記録を残し語っているわけではなく、この人々の顕彰なくしては義民は浮かばれないのではなかろうか。義民顕彰が今日においても重要であることは間違いなさそうである。一揆の歴史的事実の追求は、義民顕彰の一翼を担うものでもあり、本節もその一助となれば幸いである。

顕彰活動の中で本来六尺一分のところ五尺八寸の検地竿を使用し、賄賂が横行したと一揆の正当性を強く主張する向きもあるが、検地竿については確認できない。戸田村の庄屋鵜飼彦四郎や南桜村の年寄清左衛門の記録も見、戸田嘉十郎らも認めるように市野の調査は巨細な調査であったようだが、推量して打ち出しを行ったともされることとの関係など更に検討が必要であろう。それぞれの村に即して検証することが必要であろう。

一揆参加者も史料により異なり、『甲賀郡志』では実際の人数は一万二千五百七十一人とあり、三上村の記録では四千人余りとするものもあり、平野氏の報告では山より見た者の話として凡そ四万人、遠藤氏から幕府への報告では二、三万人ともなっていて区々であるが、近江最大の百姓一揆であることに間違いなく、検地竿の不正が無くともこの一揆の意義をおとしめるものではないことを念のため付言しておきたい。

【補注】本稿は、「天保一揆と甲賀」(『甲賀市史』第三巻 道・町・村の江戸時代 第四章第四節 二〇一四年)の元原稿(二〇一三年)であり、最終稿は甲賀市史編纂室の協力により整理され、写真等が多数加えられているので参照されたい。

第四章

近江天保一揆の史料・記録

一、天保義民藤谷弥八の日記

はじめに

近江で最大の百姓一揆である天保一三年（一八四二）一〇月一四日から一六日にかけて発生した大一揆について、事後に一定の考えのもとにまとめられた一揆記録や物語化された記録によるのでなく、事件に直接かかわって作成された文書類の資料により事実の究明を行うことの大切さは先稿に述べたところである。[1]また、野洲郡における見分にかかる動向、一揆に至るまでの地域（村々）の動きの一端について紹介した。

甲賀郡における天保の一揆とその原因となった見分についての動向については『甲賀郡志』をはじめ各町史に記述されている。その中で注目される資料に、水口藩大庄屋山村日記がある。天保一揆の年の日記は現在所在を確認できないのが残念であるが、『水口町志』[2]により一揆に至る動向を述べると次のとおりである。

天保一三年正月一一日、市野茂三郎らは大津・信楽両代官所手代、京都奉行所与力らを従えて、関宿をたって石部宿へ行くため水口を通過した。その夜、水口領川筋村々は郷宿に集会何事かを相談した。一月一六日川筋見分[3]が無難に済むよう祈願のため日待ちとなり、大宮社へ参詣した。次いで、水口藩士井口多兵衛が大津へ行ったときの記事を収録しており、やや長くなるが、その内容は次の通りである。

市野らと同行することになった大津代官所手代本庄某に会ったときの話として、今回の検地はことのほかきびしく小物成見取などの引き上げをもくろんでいるのであるが、農民たちの情況はどうかと本庄が聞いたのに対し、井口は次のように答えたようである。今度の検地について農民は「御慈悲之御見分」であるといいきかされているので、もし小物成場の年貢引上げというようなことだとすると面倒なことになる。「精々取押可致心得候得共、御無慈悲之御見分与相成候而ハ騒立申間敷御請合ハ不被致」と答えた。あまり無慈悲な見分であったら百姓を騒がせない保証はできかねると答えたわけである。これを聞いた本庄が市野にこのことを伝えたところ、市野は「有無之言も無之只うつむいて思案之躰ニ相見之候由」であったという。井口と山村は「何分此侭ニ而ハ大変之元」になると噂し合ったという。

このことから、「十月の騒動は年初のこの時期に検地の当事者たちによってさえ予測されていたのであり、水口藩士をして騒動をおこさないという保証はできないとまでいわせている」とある。また、早くから見分を心配し、農民は無事に済むよう強く神仏に祈願している実際の一端をも確認できる。

表高と実高との違いがあり、厳しい検地であると小藩のうける打撃は大きく、水口辺は、宿場と街道の維持のために多くの出費を各村が余儀なくされ、その村を基盤とする領主は甚だ迷惑していた。水口藩はこの検地に主家の存亡がかかっているとまで憂慮したと伝えられていると記している。

「野洲川筋では大野村が最初の対象となったが、ここでは四町余の本田と、別に芝場を差出さしめられた」。水口領下の各村でも検地のおこなわれた村へ人を派して実情を調べ、たえず情報を交換して対策に腐心した。

三月九日川筋二〇村から地方役所へ嘆願書が上り、三月二一日大庄屋三人、年番庄屋四人が打揃って再度地方役所へ願書を提出し、水口藩側では江戸へ使者郡奉行樋口七郎兵衛を派遣した。藩領の農民たちはこの交渉に大きな期待を寄せていたなどと記している。

また、八月に入って近江八幡に近い岡山に登ったとき、市野ら二人の役人がふるいをおこし戸板にかつがれて降りた事件があり、人々は天狗か九のり様（岡山の城主であった九里氏）のたたりであると噂したこと、その噂が口から口へと伝えられ日記に記されたのは、農民たちが自分たちの抵抗の正当性、検地の不合理性を裏付ける話として取られたのであろうと記している。そして、それより前二月下旬、日野商人の頭領的存在であった矢野新右衛門が内々に新田開発資金一万余両の無利息一〇年賦上納を要求された事件についても記している。「こんな事件を通してもこの度の検地が、上は私領の領主から下は商人・農民にいたるまでの広汎な階層の一致した隠然たる反抗の空気の中でおこなわれていたことを知るのである。それにしては幕府の方も上納金一件など余りに思いつき的で計画性に富んだやり方とも思えない。」とも記している。

以上、多くを山村日記をもとに記されているようであるが、また、『甲賀郡志』にも幾つかの貴重な資料を収録している。[4]

藤谷弥八の日記

1. 藤谷弥八のこと

次に紹介する日記の筆者藤谷弥八について『八日市市史』第三巻[5]は、上羽田村の久保家の出身で、甲賀郡岩根村の庄屋をしており、一揆当時の生々しい内容に満ちた日記と一紙文書五通（弥八の長男貞次郎、妻きさ、宗太郎あて）が伝えられていること、藤谷家の菩提寺正栄寺に「天保十五寅年　建之」として五人の法名を刻んだ墓石があり、正面右から弥八の養父・養母、前妻、そして本人（源誉道誠篤順居士）、左端に後妻（前妻の妹、きさ）の順に刻まれていることを記している。

また、『鹿深遺芳録』(6)によると、藤谷弥八は、蒲生郡羽田村久保道一の二男で、寛政四年（一七九二）八月一二日生。幼名を門弥と云ひ字を道誠と称した。一四・五歳に至り、翻然沈毅重厚の性に移り深く文學に志し、蒲生郡郡大塚村の學醫大塚順達に就き讀書習字を修め、又京都の国学者里村昌逸の門人となり修學の傍ら和歌俳句を修め、赤邑と号した。

文化九年（一八一二）甲賀郡岩根村藤谷家の嗣子となり、名を永三郎と改め水口藩領の大庄屋を勤むるに及んで、更に弥八と稱し、郷村のために尽力した。弥八の姉か代は水口藩士細野亘に嫁ぎ、弟動は井上淳の義子であった。(7)天保三年（一八三二）二月より一〇月まで水口藩所領に係る各村を巡見し、荒蕪地開拓及森林植栽の方法を記して、細野亘を介して藩主に奏上したが、不幸にも検討の機会を得ずに終わったと云う。

天保一三年市野茂三郎の来郡に当たっては、同年四月八日単身その状況を探聞して帰り、同郡氏河原村庄屋山中庄五郎・宇田村庄屋藤田宗兵衛と会し予め対応策を相談した。(8)同年九月二六日各村の庄屋が会合し検地のことを議論したがまとまらず、この時弥八等は徒に議論して時を過ごしていては目的を達することはできないとして、終に強訴の決意を示し、深更に及んで終にまとまったという。翌二九日親族細野亘を訪れ前夜の会合の顛末を語り、夜間密に藩主に謁見を請うたと記す。(9)そして、一〇月八日弥八等は市野の次舎である三上の陣屋に至り検地の非法を抗議し中止を訴えようとしたが、民心激昂のため百姓一揆の状態となったことを記す。検地は中止となったが、捕らえられ拷問に遭い江戸送りとなり、同年四月二五日享年五二歳でなくなったこと、天保一三年一〇月二三日から翌年三月三日まで牢獄につながれていたことを記す。また、天保一三年八月一五日の夜細野氏を訪ね酒を酌み交わし帰りがけに詠んだ俳句「来るあきの　けふはいつくて　月見かな」、細野小右衛門に当てた書状や家族らに当てた遺書等を紹介している(10)。

2．岩根村の概要

岩根村は、野洲川中流域右岸の村で南を野洲川が流れ、北は十二坊山をはじめとする丘陵が広がり、蒲生郡と接している。集落は丘陵の麓に広がり、東村・西村・花園村にわかれていた。寛永石高帳では下総古河藩領で八九七石余、元禄郷帳では水口藩領で一二八三石余、天保郷帳では一四二九石余、永荒や川欠等も生じているようであるが、開発がかなり進んだようである。野洲川沿いを中心に本田以外の耕地かなり増加しており、三上村と同様に見分に伴う影響を大きく受ける状態にあったのであろう。また、水口藩領であり水口と密接に行き来があったが、石部

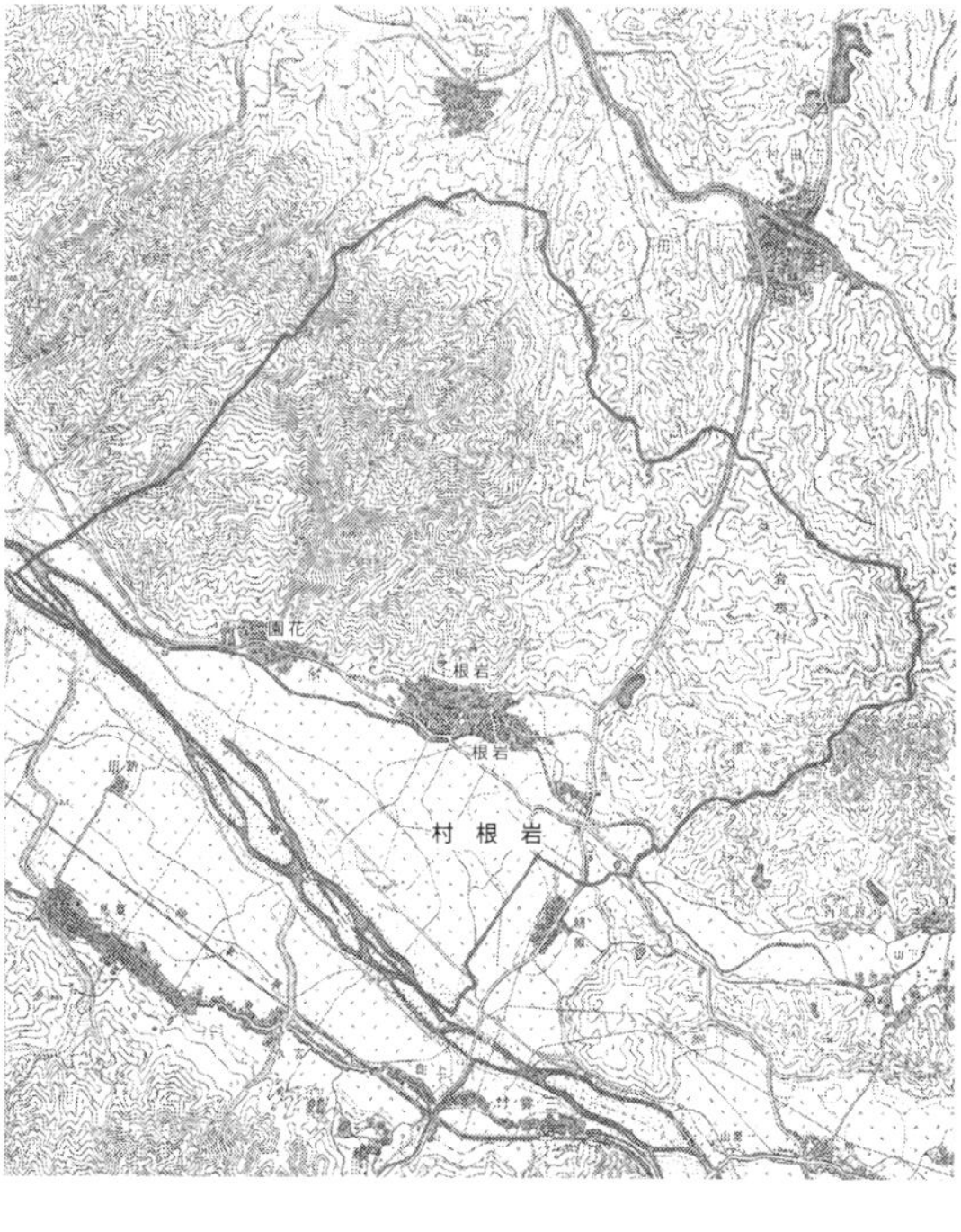

宿の助郷を勤めており、石部ともかなり行き来があったようだ。

村内には北側に天台宗善水寺・浄土宗正栄寺、東に浄土宗常永寺、花園に浄土宗正法寺があり、北側に高倉神社、丸山に国造神社・貴船神社、天王山に八坂神社、花園に八坂神社が鎮座する。善水寺は、元明天皇が和銅年間に国家鎮護の道場として創建した和銅寺を前身とし、延暦年中最澄がこの寺で法を修し香水を献じたところ桓武天皇が平癒したので、善水寺と号し比叡山別院になったと伝えている。本尊薬師如来座像（重要文化財）をはじめ多くの仏像を伝えていることで知られている。なお、天保一三年当時、弥八が西村の庄屋をし、庄内が東村の庄屋であった。天保一揆にかかわった義民としては、二人の庄屋以外に八右衛門・久右衛門・林七・岩次郎・作左衛門・清左衛門（後三名は花園）が知られている。[11]

3．藤谷氏日記

日記は「天保十三寅日記　藤谷氏」との表書きがある横帳で、天保一三年正月元旦から一二月二九日まで一年分を一冊に書き綴っている。一一月一九日までは天保一揆のため江戸送りとなった藤谷弥八が記し、一一月二三日以降は弥八の息子貞二郎が記したと考えられる。浅学のため読み誤りもあろうかと危惧されるが、以下見分と天保一揆に関係する記事を中心に順にたどりながら紹介したい。見分に伴う情報収集と準備が早くからなされていることを確認できる。「　」は、日記記載内容そのものである。

【一揆以前】

1月9日　「河筋一件ニ付」清七が山之上（竜王町）まで聞きに行った。

1月10日　横山（蒲生町）・川原（蒲生町市子川原か）まで清七が聞きに行った。[12]

1月11日　庄内と弥八が「川筋之義ニ付」水口へ行った[13]。

1月12日　水口より帰り、「川筋之義ニ付惣参会」した。

1月16日　「川筋一件ニ付」村一統が氏神へ御湯を献じた[14]。

1月21日　「川筋一件ニ付品々取調」に寄り合っていたところへ、水口から善水寺へ「祈祷之儀」を言って来られ、文七殿から伝言があったので、七ツ半頃（五時頃）から水口へ行き永徳屋に泊まった。

1月22日　早朝、山村様へ参り、それから丸屋で宇田村宗兵衛殿[15]にお目にかかり、「川筋之儀」を相談した。それから、お役所へ参上し、下道の反別帳と水帳とが異なるため相談した。それから、郷役所に行ってから帰り、帰りがけ伏見屋へ寄り一杯飲んで帰った。

1月23日　早朝善水寺へ行き、西分初寄。

1月24日　下道田地調べに行った。重兵衛殿・源兵衛殿両人が下筋へ聞き合わせに行った。

1月25日　早朝より水口へ行く。源兵衛殿両人「川筋之儀ニ付」大庄屋衆より山村様同道にて御役所へ行き、年番衆始手前・源兵衛殿、御奉行様始めお揃いの前で申し上げた[16]。

1月26日　「川筋之儀ニ付惣参会」をした。

1月28日　宮籠りをする。庄内殿が来られた。それは「川筋聞糺し之儀ニ付」大庄屋から呼ばれ下田（甲西町）へ参るとのこと。貞二郎は町屋よりの帰りに川合村（蒲生町）吉兵衛隠居へ立ち寄り、「川筋様子」を聞きただして帰り、その様子を庄内殿へ話した。

1月29日　重兵衛殿同道にて下田村へ立ち寄ったところ、横関村（西横関村が竜王町にあるが、近江八幡市に入る東横関村か）へ行くように吉右衛門殿が言われるので、新巻村（近江八幡市）から横山・川合（蒲生町）・

1月30日　小房村（蒲生町、上小房村・下小房村がある）へ聞き合わせ、それから直ぐ水口へ参り、山村様へ届け、牧太様へも同じように申し上げ、傳兵衛に泊まった。[17]
御奉行様始め、川原村へ出役された。下田村藤兵衛殿と又兵衛と両人下筋聞き合わされ、夜八ツ前頃帰られた。帰りがけ庄内殿へ立ち寄った。
2月2日　「川筋之儀ニ付」庄内殿方で東西寄。
2月3日　水口より川筋一統郷会所へお召しにつき参る。尤も、絵図の事を早々仰せ聞かされる。[18]
2月4日　水口から帰り、東庄屋へ惣寄。
2月5日　「東山下見、庄内殿方寄」
2月6日　「今日ゟ七日間心願也」
2月7日　「下之道未改吟味へ惣役人中行、中（昼）飯手前方（弥八家）ニ而」
2月8日　「昼迄東西寄、昼ゟ庄内同道石部辻寄行」
2月9日　早朝石部より帰る。東西寄り。水口絵師嘉十郎殿が来られ、役人中同道の上、田地を見に行く。
2月10日　庄内殿同道にて水口へ押切帳を持参する。尚又、大庄屋へ川筋一件明細帳をお目にかける。
2月11日　「水口嘉十郎殿新田地押改出来」、右一件につき東西寄りをする。尤も高持五石以上ばかり。
2月15日　「川筋一件ニ付」、東庄内殿と水口行。尤も御公役様は大野へお越しにつき、奉行様に庄屋ども願い出、同様大庄屋衆へ申し上げたところ、明日五ツ後地方御役所へ出るようおおせ付けられた。[19] 水口へ泊まる。
2月16日　「川筋一件ニ付」郷中庄屋の内一〇人程が五ツ時地方御役所へ出頭しお話し申し上げたところ、もっともにおおせられ、郷役所へ召し出された。仲村藤兵衛と言う仁と庄内殿と手前（弥八）三人で石部宿へ参った処、土山始四ケ宿より京都へ嘆願する積もりであった[20]。

3月5日　水口より通状が来た。右は「川筋一件」庄屋・年寄・村惣代の印形が要るとのこと。六日参会するよう仰せ越された。

3月6日　庄内殿両人水口行。「川筋一統嘆願之儀ニ付」水口泊り。

3月7日　水口より帰る[21]。

3月17日　東西役人寄り御検地帳字調べ。

3月18日　水口より庄内殿お呼びにつき代わりに参る。「尤川筋出役様ハ手先有様御尋之事[22]」

4月11日　山上より帰る。「尤夫々川筋一件聞合せ帰る」ところ、中山（日野町）より植え付け中大津へ引き取られた様子を聞き帰った。

4月17日　東西役人寄り御検地帳字調べ。

4月18日　「しバしバ降る、水口ゟ市原（甲南町）・儀が中（水口町嶬峨）へ行く」とのみ記している[23]。

5月12日　早苗ふり。

5月19日　庄屋役人一統田地字調べ。東田地始て。

5月24・25日　田地字改めを実施。

6月12日　「早朝より源兵衛両人小口村（竜王町）へ御公役様」出勤の場所を聞きに行く。

6月13日　源兵衛殿水口行。東西とも夜参会。

6月14日　田地字調べにつき東西寄り手前へ。草津より使い参る。

6月17日　東西寄、字調べ。

6月21日「川筋一条ニ付」水口へ行く。庄内殿両人。
7月5日☆「市原村治兵衛殿御出ニ付、御酒進ス。[24]」
7月23日 名寄帳・長帳調べをする。
7月25日 源二一人市三宅（野洲町）へ御公役様の様子を聞きに遣わす。奥右衛門殿・善右衛門殿両人江頭村（近江八幡市）へ同じことについて尋ねに遣わす。[25]
7月27日 奥右衛門と両人水口行。「訳ハ川筋聞合江頭村・仁保村聞糺シ申上候」
7月29日 川除下見分、庄内殿方寄り。
8月4日「川筋嘆願之儀ニ付庄内殿御出被下候事」
8月14日 村方夜参会。
8月18日 庄内殿水口へ御出につき早朝参る。
8月20日 庄内殿水口へ御出で下さる。
8月23日☆「天気、早朝より水口行、右川筋之儀に付座頭年番寄。尤嘆願之儀等有之ニ付」とある。
8月25日☆「天気、水口へ庄内殿両人座頭寄、川筋一条ニ行、訳ハ歎願之儀也」とあり、庄内と弥八の両名は水口へ座頭寄に行き、その訳は川筋見分に伴う嘆願のことであった。
8月26日 水口より帰る。
8月27日「壱朱寄致ス」
8月28日☆「雨降、座頭寄ニ而寄、川筋嘆願之儀御相談并肥物高直ニ付直下ケ等願之儀ニ付、十八ケ村泉村冨田屋太郎右衛門方へ寄合致ス」とあり、泉村冨田屋で川筋嘆願および肥物値下げ願いのため一八か村が座頭寄をおこなった。
8月29日　川除出役致す。手前も行く。夕飯に役人衆が一盃のまれた。
9月2日☆「二日　降、座頭寄旁川筋寄、尤座頭年番寄ニ付水口万傳寄、昼迄」とあり、この日水口宿万屋傳兵衛にて座頭年番寄をおこなった。(26)
9月3日　「雨降　右座頭川筋相談相済、泉村ニ而御姫様御通行拝見」とあり、前日の座頭の川筋相談が終了し泉村で姫様の通行を見てから帰宅した。
9月25日　「川筋之儀ニ付田地反別寄ニ」惣役人中が、弥八方に寄った。
9月28日　八幡へ「川筋一件」尋ねに遣わす。
9月29日　夜明より水口行、「右ハ山明、川筋一件届ケニ出候也」
10月朔日　細野氏他が山明に来る。
10月4日　東原六が「下筋へ川筋振合ニ聞合ニ」庄内殿より遣わされる。
10月9日　川筋御役人様から先触れが参ったので水口行き致す。
10月10日　庄内殿と弥八の両人が小篠原村へ御機嫌伺に行った。庄屋安右衛門殿新家で中野村東衛門殿に出合い、それより郷宿へ行き、市野様御本陣へ書附を差し上げたところ、御近習より御呼出しがあり、御暇を下されたので、八ツ半頃（午後三時頃）から甲賀坂越で帰った。清八が途中まで迎えにきた。役人中は東庄内殿へ寄られ、早々道造りなどの相談をした。(27)
10月11日　道造りが始まる。
10月12日　樋口様高田様が上下拾弐人で三上村へ御出役なされ、お供をした。三上村傳兵衛方で御休息、源三郎殿が御世話下され、御本陣と京都御役人様に御目にかかられ、四ツ頃（一〇時頃）三上を出発し夜半前に戻った。両奉行様は庄内殿へ泊られた。[28]

10月13日　や吉を三上へ遣わす。

【一揆のとき】

10月14日　「十四日　天気　水口より通状

急々申入度儀有之候間、此通状着次第郷宿へ向庄屋役人之内壱人宛可被罷出候、以上

大庄屋

右通申参る、東西役人寄る、永二郎方ニ而」とあり、大庄屋から急に郷宿へ庄屋役人の内一人出頭するよう呼び出しがあり、東西役人が集まって相談した。

10月15日　天気、水口へ行ったところ、上甲賀の方面で人気立っている様子なので、当領分（水口藩領）から一人も携わらないよう通知しているが、帰村の上厳しく申し渡すようにとのことであったので、東西の月行司から御公役様へ対し無礼等ないように触れさせた。昼より庄内殿と両人は三上村へ行、絵図面ならびに調帳面等を差し上げ、夜五ツ（一〇時頃）後帰宅した。そうしたところ、夜九ツ（一二時）頃早鐘・太鼓等の音が聞えたので、村方一統驚ぎ彼是しているうち、追々上向より海道筋を三上村へ押寄る様子を泉村より注進されたので、善水寺と正栄寺の釣鐘などを縄で巻き中へ藁を入れ、撞棒は切落した。追々人気立ち、岩根は一向に人足（村人）が出ないので、追っ付け両庄屋共を打ち砕く様に聞かれたので、御高札や書物等を御蔵へ入れ置き、村惣代両人と外に人足三人を頼んでおいて、同役方へ行っていた。そうしたところ、他所から追々入り込み、釣鐘・太鼓等を叩き出し、村方も大崩れ

になったので、水口へ願に人を遣わした。(29)

10月16日　天気、明六ツ（六時頃）後水口から御物頭一（市）橋總兵衛様が出役され、追々ほかの方々も出役なされた。(30)八ツ半（午後三時）頃より追々引き取ったとのことで案堵した。

【一揆のあと】

10月17日　水口へ御出役下されたので、夫々様へ御礼に両人庄屋が行った。

10月18日　京都の金兵衛殿が御出くだされた。

10月19日　庄内殿両人が三上村へ見舞に行った。尤も、先達て御奉行様御立寄の時の茶料として、傳兵衛方へ五百文を渡した。夜物参会。

10月20日　「座頭年番寄ニ付水口行」とあり、この日は泊る。

10月21日　水口より帰る。

10月22日　天気　呼び出しがあったので庄内殿が水口へ御出くだされた。

10月23日　石部宿より庄屋・年寄、傳四郎召連出頭するように言って来た。

10月24日　水口へ行、昼より庄内殿隠居にて東西組頭寄をし、「騒動之砌人数何程罷出候哉之儀」を相糺した。

10月25日　御年貢納入。その後より西寺にて東西寄。「人数何程与申儀」を調べた。

10月26日　庄内殿両人水口御公役様へ罷出たところ、久右衛門の事を御尋になり、召連出頭するよう仰渡された。久右衛門は水口へ行った。(31)夜通し寄合、漸々朝方相分れ、二八人ばかり調べた。

10月28日　「騒動一件ニ付」正栄寺で東西寄をした。夫より夜通し「三上へ参り候人数何程ト申事」吟味したが分からないので、入札で吟味したが分からない。そこで、「村方一統少々ニ而も踏出し候者付出し指上候様被成候事」と、ちょっとでも村を踏み出したものを書き出し報告することとなった。
10月30日　何かお尋ねがあるというので、庄内殿・重兵衛殿・や五郎殿・新太郎・銀蔵〆五人が水口へ行った。此方には何も無かった。
11月朔日　八幡より水口亘（細野亘）殿等四人がこられた。
11月2日　氏神様・秋葉山様へ御湯を献上する。
11月3日　水口行。清三郎両人、一六人の名前書御領主様へお目にかける。重兵衛殿・や五郎殿が石部より水口へ行かれ、夜半頃お帰りなさる。
11月4日　御年貢入れ。
11月5日　東西寄り合いをした。
11月6日　羽田村へ行く。水口（細野）亘殿・山上源兵衛殿三人羽田にて立ち会い甚平へ意見致す。羽田泊。
11月7日　羽田より帰る。今日久右衛門水口へお召しの由を申していた。庄内殿・十（重）兵衛殿も御出勤くださる。
11月8日　朝五ツ時（八時頃）九（久カ）右衛門・久兵衛・要治三人、庄屋・年寄・惣代〆六人、御公役様より御召につき参上した。日野屋金次殿方にて御糺になり、右三人者は叩かれた。
11月9日　庄内殿・清二郎殿が水口へ行かれた。「騒一件」に関してで、「人数書出不足ニ被思召候故」とあり、一揆参加人数不足と考えられたからであった(32)。
11月10日　平五郎殿両人水口へ行った。御公役御召出のうえ久右衛門が返され、八ツ（二時）頃連れ帰り、それより役人中寄り合い、一盃呑んだ。
11月12日　貞二郎が願心のため秋葉山へ参詣した。

11月13日　御年貢入れ。

11月15日　庄内殿両人「御出色御願い」のため水口へいった。御公役様御出役につき夕方より草津宿へ行った。

（14日　羽田行き）

源兵衛殿両人、昼頃より十兵衛殿・平五郎外一名召し捕らえに御出につき付き添ってくださった。

11月16日　草津朝日屋に逗留。

11月17日　雨降　右同断（草津に逗留）

11月18日　右同断（草津に逗留）、五ツ時（八時頃）より守山へ行。まる屋泊り。

11月19日　守山泊り。

（次に一頁半白紙、三日間記載なし）

【貞二郎の書き続き】

藤谷氏の日記は、一頁半の余白の後弥八息貞二郎が書き綴っている。一揆に伴う取り調べなどのことが記されているが、年貢の納入にかかわることも多く、これに伴う人々の行き来もかなりあった。やや繁雑ではあるが、以下、その内容などについても紹介しておきたい。

11月23日　関（三重県）立ち貞治（二）郎秋葉より帰村。「傳助・林蔵・勘三郎・原蔵・東五郎より六郎御召取、役人中御召に付皆々被参呉候」。

11月27日　「雨降　東喜兵衛・久右衛門・源蔵御召取」。羽田より使いが参られた。

11月28日　「天気　ひる後東仲々磯八・林七・男治・忠兵衛御召取、」羽田祖父上様に急ぎお話し申し上げたく申し遣わしたので、早々おいで下された。八木へだんだん頼むよう相談した。清七が伊勢から帰村し、岡田太夫様より一万度御祓い下されたお守りを請けて来て下された。役人衆より「ろふ（牢）見舞法度」とのことを言って来られた。

11月29日　「雨降　大津稲垣様御蔵屋敷御内八木十兵衛様御頼之儀有之候ニ付」、清七を召し連れ大津へ行った。

11月30日　大津から帰る。

12月朔日　羽田行。御免定十兵衛殿より預って来た。

12月2日　大津御役所より差紙が来た。（中略）山之上新二様が京小野へ御参詣くださる。京行の役人衆より惣代弥兵衛をもって替り呉れるよう申してきたので、忠二・源内・七郎左衛門・平五郎がまいられた。「尤、東林七之儀も有之候事[33]」。

12月3日　彦右衛門多賀へ代参。

12月4日　御年貢入れ。新二様小野より帰村。彦右衛門多賀より帰る。

12月5日　町屋より善助が来た。新二様は又々京行。夜半頃清三郎殿京より帰村。大津より半七の儀につき川崎屋勘兵衛と言うものが来た。尤も金子の儀であった。清三郎殿が来られ、昼まで咄した。

12月6日　雪降り、覚兵衛が帰村。ル印二〇石カツ部（勝部）蔵へ御拂米、同人が来られ、太郎左衛門相渡す。新二様帰村。昼より西分寄、清三郎殿。十兵衛殿水口行。

12月7日　西分寄、五百文取り替え遣わす。御年貢帳を清三郎殿と手前昼まで致し、昼から清蔵・清三郎殿両人がされた。

12月8日　天気　御代官様より、チ印三〇石草津野村屋御拂米太郎左衛門へ渡すよう仰せ越された。尤も御状が参ったので、清七を「カモト」へ遣わす。

12月9日　雪降り　下之通の年貢取。

12月10日　天気　西分寄り。美濃部助三郎殿御出下され、浜下し出切る。

12月11日　天気　水口行。

12月12日　天気　幾二・文四郎を羽田へ遣わした処、祖父様江戸へ下向の由承り帰って来たので、すぐ様手前参り御咄し申し上げた。尤も源治殿も御出くだされた。

12月13日　大雨降　手前・千二他所、昼より西分寄。

12月14日　手前羽田行、夜半頃帰村。西分寄。

12月15日　天気　清左衛門東酒屋傳右衛門駒坂（カ）へ参る。西分寄。山上より常治郎が留守中見舞に来た。

12月16日　天気　西分寄。三上鷲見氏へ金子受取に清七・文四郎を遣した。尤、證文を持たせておいた。金五〇両を慥に鷲見氏より清七・文四郎が受け取り、昼過ぎに帰って来た。東庄内殿へ海老三ばいを進上し、ぼら壱本を返礼にうけた。

12月17日　天気　水口行。金弐歩を松木殿へ遣し、上野様へぼら一本、奥嶋様へ長芋十本を進上する。（米）切手四石が、花（園）の善左衛門より入った。切手は奥嶋様へ差し上げた。

12月18日　（切手に関すること略）　清三郎殿、十兵衛殿と、西分の銀納直しに寄った。

12月19日　（銀納直しの件、略）

12月20日　山上伯父様より書状参る。七ツ頃より清七羽田へ遣わした。弥五郎殿・平五郎殿が京より帰村した。夜に入り清三郎殿・十兵衛殿見えられ、「忠兵衛一件并ニ口上等」を承った。[34] 四郎右衛門が伊勢参宮をしてくださった。

12月21日　天気　「羽田源二様御出被下入牢之儀御咄し仕候事、御代官様ゟ御出シ参ル、夜半頃源兵衛殿被見江候、尤も大津御役所様ゟ御飛脚参り候様被申聞候、差紙拝見致候処、手前・平五郎・組頭召連早々可罷出様之御差紙也、夫ゟ西分役人衆呼寄右之段品々咄し致シ、夜七ツ半頃ゟ手前組清八・平五郎組庄治、小遣與兵衛召連まいり候、尤與兵衛事ハ平五郎召連度由被申候ニ付、無余儀召連候事、大津かぎ屋ゟ父上様入ろ（入牢）之儀為知被呉候訳也、東西役人中ゟしをミ一箱進物ニ被呉候事」

12月22日　大風ゆきふり　「大津御役所江九ツ時ニ参り、手前・平五郎着届ケ致シ候処、早々御召出シ相成、先今日者宿屋へ引取候様追而御沙汰可有之様被仰聞御差宿被下、炭屋善助方ニ泊り候事、△金五両ト三百文手前持参、尤山上御伯父上様江御目ニ懸り候事」

12月23日　ゆきふり　「羽田ゟ知（カ）原様・只三郎様御出被下早々御咄シ申上候事、夜ニ入知原様丸善又々御出被下候事」

12月24日　ゆきふり

12月25日　天気　「五ツ時ゟ御召ニ付両人参ル、九ツ半頃ニ御白州江出ル、尤治兵衛・平二郎・惣兵衛・庄内殿、親父様・手前・平五郎・平二郎・善左衛門〆九人一所ニ出ル、尤三上江惣兵衛ゟ願の使ニ参り候御尋ニ付、有之催申上ル、先引取候様被仰聞候ニ付たまりへ居候処又候、両人平二郎・善左衛（門）御出、尤三上平兵衛ヲせめ候処へ参り候処、先刻申上候通り被仰聞先刻申上候通り申上候処、又々引取候様被仰聞候付引取居候処、夜六ツ半頃ニ宿屋江引取候様善助申参り候処、又々明日も五ツ時ニ御召之由善助ゟ承ル、尤丸善参り被呉候、早々御咄し申候事」

12月26日　ゆきふり　「五ツ時ゟたまりへ四人参り居候処、無御召咄しも一日其侭ニ居り候処、七ツ半頃先々御

用済之由申参ル、先引取候、與兵衛小野天神様代参」

12月27日　天気「無御召も候、丸善江金弐両預ケ置候事、尤勘四郎飯代也、母上様より専次へ米壱俵御遣シ被成候」

12月28日　天気「御召出しも無候間、與兵衛一先帰村為致大津之様子家内江申聞候、又家内之様承り参り候様申聞帰村為致候」

12月29日　天気「與兵衛・善助参ル、庄二帰村金壱両勘四郎段々頼ニ付、先かし致シ遣シ候、尤書附取置候事、壱貫文こふぼん代、手前分まん重弐百文子供に遣シ候事」

この後の動きについて「山村日記」（『甲賀郡志』下巻）によると、天保一四年一月二六日白州へ出たとき岩根村弥八を見かけたところ、長々入牢のため見る影もなき姿で気の毒に思われたことを記している。

一揆に至るまで

以上により、早くも天保一三年一月九日・一〇日には見分の様子を調査するため、岩根村の者が聞き合わせに行っていることが分かる。その結果を持って、翌一一日には二名の庄屋が水口へ行き、水口領川筋村々が郷宿に集会し相談したことが、「山村日記」とも対応して確認された。そして、幕府の見分役人がやって来たことや関係記事は、「川筋之儀ニ付」あるいは「川筋一件」・「川筋一条」といった呼び方をしており、このことは見分が湖水縁及び川筋の土地の調査であったからして当然とも言える。度々見分の状況把握に努めていることがよく分かる。

また、見分役人を迎えるについて、村内や水口藩との調整会議や村内で寄り合い（会合）を度々実施している。

一方、土地台帳の調査や土地の現況調査などの対応も当然ながら順々に実施して来ている。元禄郷帳や天保郷帳の石高からすると、岩根村はかなり土地の開発が進んで行っていたと考えられ、対応には苦慮したようである。そして、この見分がなんとか無事・無難に済むよう祈祷し願いを込めて参詣などしている。一月一六日には氏神へ御湯を献じており、この動きは水口における人々の動きとも等しいものがある。

一月二二日には後一揆の首謀者の一人とされた宇田村宗兵衛と面談し、「川筋之儀」を相談しており、七月五日、やはり一揆の首謀者の一人とされた市原村治兵衛が弥八をたずねて来ており、酒を出し熟談したようである。寄り合いの場以外にも接触がなされていたことが確認された。

三月九日川筋二〇村から地方役所へ嘆願書が上り、三月二一日大庄屋三人、年番庄屋四人が打揃って再度地方役所へ願書を提出したとされる直前の三月六日、庄内とともに「川筋一統嘆願之義」につき水口へ行っており、嘆願書を提出するについての相談が行われたことを知ることができる。このような早い時期の水口藩内の庄屋の動きは、見分の動向調査の上のことと考えられる。

事前の庄屋会議について、『天保義民録』では九月二六日水口宿の郷宿萬屋傳兵衛・丸屋金兵衛を会場として甲賀郡の庄屋会議がなされたというが、藤谷氏の日記から考えると八月と考えられる。このことは、「百足再来記」にも八月二六日であったことを記しており、『天保義民録』の時点で旧暦から新暦に読み替えるため一カ月後にずらせて記述したものと考えられる。その集会は一回のみという訳ではなく、八月二三日・八月二五日・八月二八日・九月二日について確認できた。会場も水口宿の郷宿萬屋傳兵衛・丸屋金兵衛に限る訳ではないようである。「百足再来記」や『天保義民録』などの八月二六日あるいは新暦九月二六日とされた集会は、数回にわたる庄屋会議の代表として記述されたと考えられる。それは、「百足再来記」などの一揆物語で既に行われている。

その会合について、日記では「座頭寄」「座頭年番寄」とされるが、そのような記述は先記の四回と一揆後の一〇月二〇日の合計五回のみである。この集会での議論の推移等について知ることはできないが、八月二三日は「座頭年番寄」・八月二五日は「座頭寄」・八月二八日は「座頭寄」で泉村を会場にし一八ケ村が集まったまった。九月二日は「座頭寄旁川筋寄」と記されるが「座頭年番寄」とも記され、一〇月二〇日は「座頭年番寄」であった。「座頭寄」と「座頭年番寄」の表記の違いが厳密に区別されているか否か明らかでないが、八月二五日は庄内と弥八両庄屋が参加したことが明らかであり、この日の参加が多かった可能性が考えられようか。これらの寄り合いの実態について他の資料により検討を進めることが必要と考えられる。今後、野洲郡大篠原村付近の村々に見られたようないくつかの集会の単位・段階、組合村の動向の把握をして行くことが必要であろう。

また、一〇月一二日、水口藩では郡奉行樋口七郎兵衛・高田弥左衛門の両名を送り込み談合を試みようとしていたと言う（『水口町志』上巻）。この日どんな交渉がなされたのか明らかでないが、一二名もおりながら、その上に弥八も同道していることが確認できる。

一揆のとき

一〇月一四日、大庄屋から急に郷宿へ庄屋役人の内一人出頭するよう呼び出しがあり、東西役人が集まって相談した。翌一五日、水口へ行ったところ、上甲賀の方面で人気立っている様子なので、水口藩領から一人も携わらないよう厳しく申し渡すよう指示があったので、東西の月行司から村内に触れさせた。その上で、昼より岩根村両庄屋庄内と弥八は三上村へ行き、見分のための絵図面ならびに調帳面等を差し出し、夜五ツ（一〇時頃）後帰宅したと記している。この時点では、大一揆になるとの思いはなかったのではなかろうか。

ところが、夜九ツ（一二時）頃早鐘・太鼓等の音が聞え、村人が驚いているうち、上手から海道筋（東海道か）

を三上村へ押し寄せるとのことを泉村（水口町大字泉）より知らされたので、善水寺と正栄寺の釣鐘などを縄で巻き中へ藁を入れ、撞棒は切落し撮き鳴らせないように処置した。次第に人が入り込んで来たが、岩根村は一向に人足（村人）が出て来ないため、両庄屋などを打ち砕くように聞かれたので、高札や文書等を御蔵へ入れ、村惣代両人と外に人足三人を頼んで番をさせ、同役方（庄内の所か）へ行っていた。そうしたところ、他所から追々人が入り込み、釣鐘・太鼓等を叩き出し、村方も大崩れになったので、水口へ人を遣わした。これは、一揆の状況の報告と救援要請であろう。

そして、強訴の当日となった一六日は天気で、明六ツ（六時頃）過ぎ、水口から物頭一（市）橋總兵衛が出役され、追々ほかの方々も出役された。八ツ半（午後三時）頃より追々引き取ったとのことあったので案堵したとある。

庄屋弥八らは、一揆勢がやってくることに対して、寺の釣鐘を鳴らせないように処置し、大切な村の記録を保全の対策を取り、村人が一揆勢に加担しないように尽力したように窺われる。そして、水口へ状況の報告をしている。庄屋としては、当然の処置であろう。村方が総崩れになり、一揆勢に参加するようになったあと、一六日の明六ツ（六時頃）すぎ水口藩から物頭市橋總兵衛が岩根村へやって来ており、弥八はそれを迎えたはずであり、一揆勢とともに三上村へ赴いたとは考えがたいと思われる。

一揆後の取り調べ

一揆の後について見ると、一〇月一七日、庄内と弥八の両庄屋が水口へ御礼に行った。一九日には両人が三上村へ見舞に行き、その夜惣参会し、続く二〇日、「座頭年番寄ニ付水口行」とあり、この日は水口に泊っている。

一揆後のことについて相談をしたものであろう。

二二日は天気で、呼び出しがあったので庄内が水口へ行った。二四日、弥八が水口へ行き、昼より庄内の隠居で東西の組頭寄をし、一揆の参加者の調査をした。二五日、御年貢納入後、西寺（正栄寺か）にて東西寄をし、一揆の参加者の調査をした。二六日、庄内と弥八両人が水口の取り調べ役人へ出頭したところ、久右衛門の事を尋ねられ、召し連れて出頭するよう仰渡された。このため、久右衛門は水口へ行った。夜通し寄り合いをし、漸々朝方に分れ、二八人ばかり調べた。二八日、「騒動一件ニ付」正栄寺で東西寄をした。それから夜通し三上へ行った人数を調査したが分からないので、入札で吟味したがそれでも分からなかった。そこで、ちょっとでも村を踏み出した者を書き出し報告することとなった。三〇日、何かお尋ねがあるというので、庄内・重兵衛・や五郎・新太郎・銀蔵の五人が水口へ行った。そのときは、弥八には何も無かった。一一月三日、清三（二か）郎と弥八が水口へ行き、一六人の名前書を領主へお目にかけた。重（十）兵衛・や五郎が石部より水口へ行き、夜半頃帰った。五日にも、東西寄り合いをし、七日、久右衛門が水口へ召し出され、庄内・十（重）兵衛が同行した。八日、朝五ツ時（八時頃）九《（久カ）》右衛門・久兵衛・要治三人と庄屋・年寄・惣代〆六人が召し出され、日野屋金次方で取り調べがあり、三人者が叩かれたことを記している。

一一月九日、一揆参加人数が不足だとのことで、庄内・清二郎が水口へ行った。一〇日、平五郎と両人（弥八）が水口へ行った。御公役に召し出されその上で久右衛門が返され、八ツ（二時）頃連れ帰り、それより役人中寄り合い、酒を酌み交わした。

そして、一五日、庄内・弥八両人は格別の願いのため水口へ行ったが、その願いの内容は明らかでない。その昼頃より十兵衛・平五郎外一名を召捕に来たようであり、弥八は源兵衛と夕方には草津宿へ行き逗留することになった。一八日五ツ時（八時頃）より守山へ行き、その日も次の一九日も守山宿に逗留したことを記している。おそらく、守山で取り調べがあったものであろう。(35) それ以後は、藤谷弥八は記載していない。

一一月一九日以後の藤谷弥八の行動については、「山村日記」によると、一一月二〇日石原清左衛門様御組方安井氏が水口宿へやって来て宇田村宗兵衛、岩根村庄内・弥八・八右衛門（平方）、深川村安右衛門、泉村助次郎（平方）等を差し出すよう、市橋總兵衛様よりの御頼として頼まれたので、評議のうえ渡さざるを得ないので、その儀を宇田村・岩根村へ伝えた。そして、一一月二一日大津石原様御組方へ徳野勝蔵様が御出でになり、宇田村宗兵衛、岩根村庄内・弥八・八右衛門等を引き渡しなされた。二二日宇田村宗兵衛・深川村安右衛門・小佐治村太郎兵衛・岩根村八右衛門は大津へ召し連れられ、二三日岩根村庄内・弥八が大津へ連れられたという。(36)

多くの村々が厳しい取り調べを受け、「江州村々之もの共徒黨一件科書」と表記された森山氏所蔵雑記(37)によると、岩根村では江戸送りとなり江戸で死亡した庄屋弥八が重追放、庄屋庄内が中追放、年寄平五郎が過料銭五貫文、百姓八右衛門が死罪（死亡）となったのをはじめ、厳しい取り調べと処罰を受けた。また、「百足再来記」には、三上村にて文書を引き裂き踏みにじったという岩根村の林七が、同牢者の前田平兵衛の知恵により処罰を受けずに済んだことも記している。当時の岩根村の構成やこれらの人々の関係について十分明らかではなく、今後この面からの検討も必要と考えられる。なお、弥八と姉婿の水口藩士細野亘との密接な関係をこの日記記録からも窺うことができる。

一方、見分の成り行きや取り調べの動向にたいして、神仏に祈り願を託す人々の動きを多く確認することもできた。

おわりに

以上、一揆に至るまでの経過と、一揆後の取り調べの動向の一端を具体的に知ることができた。その内容は、山村日記の内容とも対応するもので、度々の会合と事前調査の動向を知ることができ、今後の天保一揆研究に欠くことができないものと考えられる。

先に見たように、一揆に参加しないよう尽力し、自ら強訴の現場三上村へ赴いていない弥八が、一揆の現場三上村へ赴いたと確認される市原村田島治兵衛とともに江戸送りとなり命を落とさねばならなかったか。幕府の取り調べでは、強訴の現場へ赴いたか否かが大きく問題とされたのみでなく、一揆の動因の一つとなった事前の会議（そこで計画された嘆願などの方法や内容がどのようなものであったかいまだ明らかでないが）の指導者が厳しい追及を受けたようだ。それにしても、最終的な処罰の罪状に比して拷問による被害者がかなりに達することは、見逃すことができない。

ところで、『鹿深遺芳録』に収録された細野小右衛門（亘）に当てた八日付けの弥八の書状は、出発の際に認めたものと言い、領主の迷惑にならないように取り計らうこと、庄屋を引き連れ先方（市野茂三郎）へ出向くこと、「いづれ一命なきものと覚悟いたし候」と覚悟の程を認めていると言うが、この書状の位置づけと評価についてもいまだ検討を行っておらず、今後の検討が必要と考えられる。まだまだ近江天保一揆について明らかでないことが多く、ささやかながらその解明に努力して行きたい。

末筆ながら、資料の閲覧については、藤谷永久氏・藤谷道子氏にお世話になった。しかし図らずも、展覧会の資料調査でおせわになった藤谷道子氏が急逝された。心よりご冥福をお祈りするとともに、何が書かれているのか知りたいとおっしゃっておられたことに対し、不十分ながらこの紹介をもって報いたい。なお、全くの私事ながら、同じく急逝した母キミにも小稿を捧げることをお許し願いたい。

注

（1）「天保一揆史料について（1）――大篠原共有文書――」（『野洲町立歴史民俗資料館研究紀要』第四号　一九九四年三月。本書第二章一）
（2）「天保三上一揆」（『水口町志』上巻第五章第二節　一九六〇年二月）
（3）文書のうえでは「見分」と記されているが、天保の検地として説明されることが多い。
（4）「甲賀騒動」（『甲賀郡志』下巻第一六編第一三節　滋賀縣甲賀郡教育会　一九二六年（大正一五）六月）。なお、日野商人の頭領的存在であった矢野新右衛門に内々に新田開発資金一万余両の無利息一〇年賦上納を要求したことについては、天保期の新田開発を推進していた幕府の農政からみると、全くもって無計画な思いつきとすることはできないのではなかろうか。
（5）「天保近江検地と一揆」（『八日市市史』第三巻第一〇章第二節　一九八六年三月）
（6）『鹿深遺芳録』甲賀郡教育会　一九〇三年（明治三六）
（7）細野亘は、当時水口藩物頭で、一揆のときは森尻村次いで泉村横田川橋へ出動したが、一揆の後百日の閉門を命ぜられた。井上淳は、字を道猛、号を鶉居または虚瀬といい、享和三年（一八〇三）水口藩藩主加藤明陳の侍医となったが、文政元年二月三八歳でなくなった。その妻壽賀（里村昌逸の娘）が、動を養い継がせた。
（8）見分の状況については後述のとおり把握に努めている。四月八日山中庄五郎・藤田宗兵衛と会し相談したことについては明らかでないが、藤田宗兵衛とは、一月二二日に相談を行っている。
（9）九月二六日および九月二九日のことについては明らかでない。
（10）天保一三年八月一五日の夜詠んだという俳句や細野小右衛門（亘）に当てた八日付けの書状も興味深い。書状は、甲賀

(11) 郡町村会に保管されている貼り交ぜ屛風の中の一点。
(12) 甲賀郡町村会資料による。
(13) この日は何のためか記していないが、前日と同様であろう。弥八は九日羽田へ行き、一〇日久保源右衛門の出府を見送って五ツ頃(八時頃)帰途に就いている。
(14) この日の夜水口領川筋村々が郷宿に集会し何事かを相談したことは、「山村日記」に記されている。
(15) この日、水口では川筋見分が無難に済むよう祈願のため日待ちとなり、大宮社(水口神社)へ参詣した(先記)。一八日には貞二郎が田村参り(土山町田村神社)をしており、坂上田村麻呂の鬼退治にまつわる厄よけの神と知られ、地域の人々にとって災いである幕府の見分を含め厄よけため参詣したものか。なお、二〇日東西初寄がなされ、このときも見分のことが話題となっていたことであろう。
(16) 「山村様」は大庄屋で、「山村日記」をしたためた当人。宇田村宗兵衛は、弥八等と共に江戸送りとなった頭取の一人である。
(17) 二四日の聞き合わせは見分のことと考えられ、二五日は下筋聞き合わせの様子を報告したのであろう。
(18) 見分役人市野茂三郎らは、一月二六日は倉橋部村(近江八幡市)に泊まり、一月三〇日には林村(竜王町)泊まっており、この付近の村々の調査がなされていた(『蒲生郡志』『東桜谷志』)。傳兵衛は、後に「天保義民録」で九月二六日に甲賀郡の村々の本格的な庄屋会議が行われたという萬屋傳兵衛と考えられる。
(19) 見分に伴う未開発場などを記した絵図のことを指すか。
(20) 日野方面から大野村へ市野等がやって来たことは他の史料で確認できる。
京都への嘆願は宿場にかかわることであろうか。二月一七日帰宅した処、東西役人衆中お寄りくだされた。一八日には庄内殿両人は帳面を致し、役人中は道造り。一九日水口へ押切に参る。二六日昼より川原下を見分し、宿は藤谷氏であった。二八日惣役人東山田地改と、土地に関する調査をしきりに行っている。

(21)三月九日川筋二〇村から地方役所へ嘆願書が上ったことは、「山村日記」に記されている。なお、三月二一日大庄屋三人、年番庄屋四人が打揃って再度地方役所へ願書を提出したようである（先述、『水口町志』）。藤谷氏の日記には、三月一〇～一六日宇田村惣左（宗兵衛カ）と奈良春日大明神へ参り、願書を灯籠に入れ置いた。願書は、その後もったいないと思い見に行ったが紛失していたことを記す。見分に対する嘆願にかかわることをも願ったと考えたい。
(22)二三日には川除け御見分に来られたり、翌二四日水口そして羽田へいつて泊まるなどしている。
(23)市原村には田島治兵衛がいた。儀が中は水口町嶬峨の内。なお、五月一〇日八ツ時より水口行し、萬屋へ泊っている。一一日には倹約のことを庄屋年寄村惣代五人が呼ばれ厳重の申し渡しがあり、一八日には商売値下げにつき東西寄り、昼より東庄屋へ寄った。六月一日水口へ出向き倹約取締の申し渡しに請け印し、六月五日諸色値下げ一件につき、酒屋・油屋が厳しく仰せ渡された。
(24)市原村治兵衛は、藤谷弥八等と共に一揆の頭取として江戸送りとなった。
(25)七月中に江頭村の見分があり、七月二九日見分役人は江頭村を出立している（江頭共有文書）。
(26)この日水口の万傳で座頭年番寄を行っており、「川筋寄」ともあり、見分のことにつき議論したのではなかろうか。『天保義民録』では九月二六日甲賀郡の庄屋会議がなされたというが、九月二六日藤谷弥八は山行をし、夜にも西役人が寄っている。
(27)「十日、天気、庄内殿両人小篠原村へ御機嫌伺ニ行、右ハ庄屋安右衛門殿新家ニ而中野村東衛門殿江出合、夫より郷宿へ行、右宿ニ而相頼市野様御本陣へ「甲賀郡岩根村・・・」（文書の略図挿入）、右之書附差上候処、御近習より御呼出し、御暇被下候故、八ツ半頃より甲賀坂越ニ帰る。清八途中迄向ひニ参り候事。役人中ハ東庄内殿へ御寄被下、早々道造等之御相談被下候事」と記されている。庄屋安右衛門は、仙台藩領小篠原村の庄屋で、中野村東衛門は、仙台藩領大庄屋の灰谷東衛門と考えられる。
(28)「十二日、天気、樋口様高田様三上村へ御出役、尤上下拾弐人、手前儀ハ御供三上村傳兵衛方ニ而御休足（息）、源三郎

殿段々御世話被下、御本陣ニ而京都御役人様江御目ニ付、御出勤（カ）被成置、四ツ頃三上出立夜半前帰候、両奉行様庄内殿泊」とある。樋口・高田は水口藩郡奉行樋口七郎兵衛・高田弥左衛門のことで、水口藩ではこの両名を送り込み談合を試みようとしていたと言う。（『水口町志』上巻）

(29)「十五日、天気、水口へ行、上甲賀向ニ人気立様子相届得候ニ付、当御領分ゟ壱人ニ而も携候者無之様村々へ御通状ハ遣シ候得共、猶帰宅之上村方へ急度申渡候様厳物被仰渡候ニ付、東西共月行司ヲ以此度　御公役様へ対し無礼等仕候者無之様相觸させ候事、昼ゟ三上村へ庄内殿両人行、尤絵面并調帳面等指上候、夜五ツ後帰宅、然ル所夜九ツ頃早鐘・太鼓等之音聞得候ニ付、村方一統驚彼是致居候内、追々上向ゟ海道筋ヲ三上村ニ押寄候様子之所泉村ゟ注進ニ付、善水寺并正楽寺釣鐘等縄ニ而巻上、中へわらヲ入、つき棒者切落シ置候得共、追々人気立、岩根ハ一向人足不出由ニ付、追付両庄屋共こぼち候様相聞得候段、追々注進ニ付、御高札初手前方書物等御蔵へ入置、村惣代両人外人足三人頼（カ）置、同役方へ参り居候、然ル所他所ゟ追々入込釣鐘太鼓等叩出し、村方も大崩れ与成ニ付、水口へ御出張被成候圓治・年寄両人願ニ遣ス」とある。

(30) 物頭市橋總兵衛が岩根村出張したことは、一五日夜よりのこととして「山村日記」（『甲賀郡志』下巻、以下特に断らない限り同じ）にみえる。

(31) 久右衛門は、中追放の処罰を受けた者に対応するか。

(32) この日水口の地方役所で騒動に関係した村々を順に呼び出し厳しく吟味され、大庄屋三人が詰めていたことは、「山村日記」にも記されている。

(33)「百足再来記」には、林七が三上村で大切の御書などを引き裂き踏みにじったことを村へ帰って語ったことが記されている。このことと関係するものであろうか。

(34) 注(33)の林七のことに関係して「百足再来記」は、忠兵衛等が京都で取り調べを受け、林七が大切の御書などを破却したことに相違ないと申し上げ、その帰り忠兵衛は甥の林七の罪を自ら明らかにしてしまったことに責任を感じ京都幡枝村で自殺したことが記されている。このことに関係するものであろうか。

(35) 野洲郡では守山の脇本陣辻八兵衛方に取り調べの出張所が置かれ、大篠原村小澤甚七ほかの人々が呼び出しを受け京都町奉行へ引かれて行ったことが記されている。

(36) 『甲賀郡志』下巻

(37) 注(36)に同じ。森山氏所蔵雑記「江州村々之もの共徒黨一件科書」による岩根村で処罰を受けた人々は、次のとおりである。

庄屋	弥八	重追放(大庄屋兼帯、死亡)
庄屋	庄内	中追放
年寄	平五郎	過料銭五貫文
百姓	八右衛門	死罪(死亡)
百姓	作兵衛	中追放(作左衛門か)
百姓	久右衛門	中追放
百姓清左衛門下男	清蔵	中追放
穢多	茂兵衛	中追放のところ最寄穢多へ引き渡し
弥八伜	定次郎	叱り

【補注】本稿の初出は、「天保一揆史料について(2)——天保十三年藤谷氏日記——」(『野洲町立歴史民俗資料館研究紀要』第五号 一九九五年)である。本節最初に記した水口藩大庄屋山村日記の天保一三年分は、甲賀市史編纂過程で確認されている。

二、彦根藩御用懸の報告 ——神崎郡小幡村坪田利右衛門家文書——

はじめに

近江天保一揆は、天保一三年（一八四二）一〇月に起こった近江最大の百姓一揆である。[1] 一揆にかかわった人々は甲賀郡・野洲郡・栗太郡の農民たちで、三郡の人々は一揆の後幕府役人の厳しい取り調べを受け、拷問や体調を崩して亡くなった人々も少なくない。大津代官所での取り調べには、村々の人々が呼び出しを受け、公事宿に長く逗留することを余儀なくされた場合も多く、まさに難儀極まりなかった。

この近江天保一揆にかかわる記録が、五個荘町小幡（神崎郡小幡村）の商家坪田利右衛門家の文書[2]の中に残されていることは、『五個荘町史』で紹介され、その存在を知ることができた。[3] それによると、「これらの史料は彦根藩の指示に従って行われた情報収集報告を書き留めたもので、身近な事件として関心の高かったことを窺わせる」として、三つの報告が紹介されている。しかし、坪田家文書にはこれに関係した文書が五点あり、中には複数の報告を書き留めた文書もあって、九つの報告が含まれている。近江天保一揆研究上でも興味深い史料であると考えられるため、全貌を紹介したい。

一、坪田家文書中の近江天保一揆関係文書の概要

近江天保一揆関係文書は、滋賀大学経済学部史料館の文書番号で治安2～5・7とされた五点の文書で、各文書に含まれている報告を細分し、年代順に並べると表のようになる。

①〜⑨と番号を付したものが報告文であり、報告者は次のように変化している。

丸山村（元蒲生郡、現在近江八幡市）作平

市原野村（元蒲生郡、現在永源寺町）八十郎

↓

普光寺村（元神崎郡、現在彦根市）孫八

小幡村（元神崎郡、現在五個荘町）喜平次

↓

小脇村（元蒲生郡脇村、現在八日市市）四郎兵衛

小幡村（神埼郡、現五個荘町）利右衛門

そして、約一カ月あまりの間に九回もの報告がなされている。報告先は、明記されていない場合も多いが、判明するものでは彦根藩蔵奉行・南筋奉行・南筋代官へ宛てている。報告者六名の者は彦根藩領の村々の者であり、南筋奉行の管轄範囲の村々の者であった(4)。小幡村（五個荘町）利右衛門は、愛知川の無賃橋の建設に拘わった人物であろう。

（治安5）は、天保一四年正月五日付で出された普光寺村孫八・小幡村喜平次の帰村願いで、二人は一二月二二日より甲賀騒動一件について大津詰めを命じられ勤めて来たが、小脇村四郎兵衛と小幡村利右衛門が後詰めに大津へ参るので、明日（正月六日）から帰村を命じてほしいと願っている。そして、後詰めの二名と交替している(5)。

坪田家文書近江天保一揆関係報告書一覧表

年　月　日	報告（報告者・報告順番）	文書番号
天保 13. 12 中旬	市原野村（永源寺町）八十郎・ 丸山村（近江八幡市）作平の報告①	治安 4
(1842) 12.21 付	丸山村作平・市原野村八十郎の報告②	治安 4
12.22 以降	丸山村作平・市原野村八十郎の報告③	治安 4
12.25 付	普光寺村（彦根市）孫八・ 小幡村（五個荘町）喜平次の報告④	治安 4
天保 14. 正. 2 付	普光寺村孫八・小幡村喜平次の報告⑤	治安 4
(1843) 正. 5 付	普光寺村孫八・小幡村喜平次の報告⑥	治安 4
正. 5 付	普光寺村孫八・小幡村喜平次の帰村願い	治安 5
正.12 付	小脇村（八日市市）四郎兵衛・ 小幡村利右衛門の報告⑦	治安 2
正.15 以降	小脇村四郎兵衛・小幡村利右衛門の報告⑧	治安 3
正.18 以降	小脇村四郎兵衛・小幡村利右衛門の報告⑨	治安 7

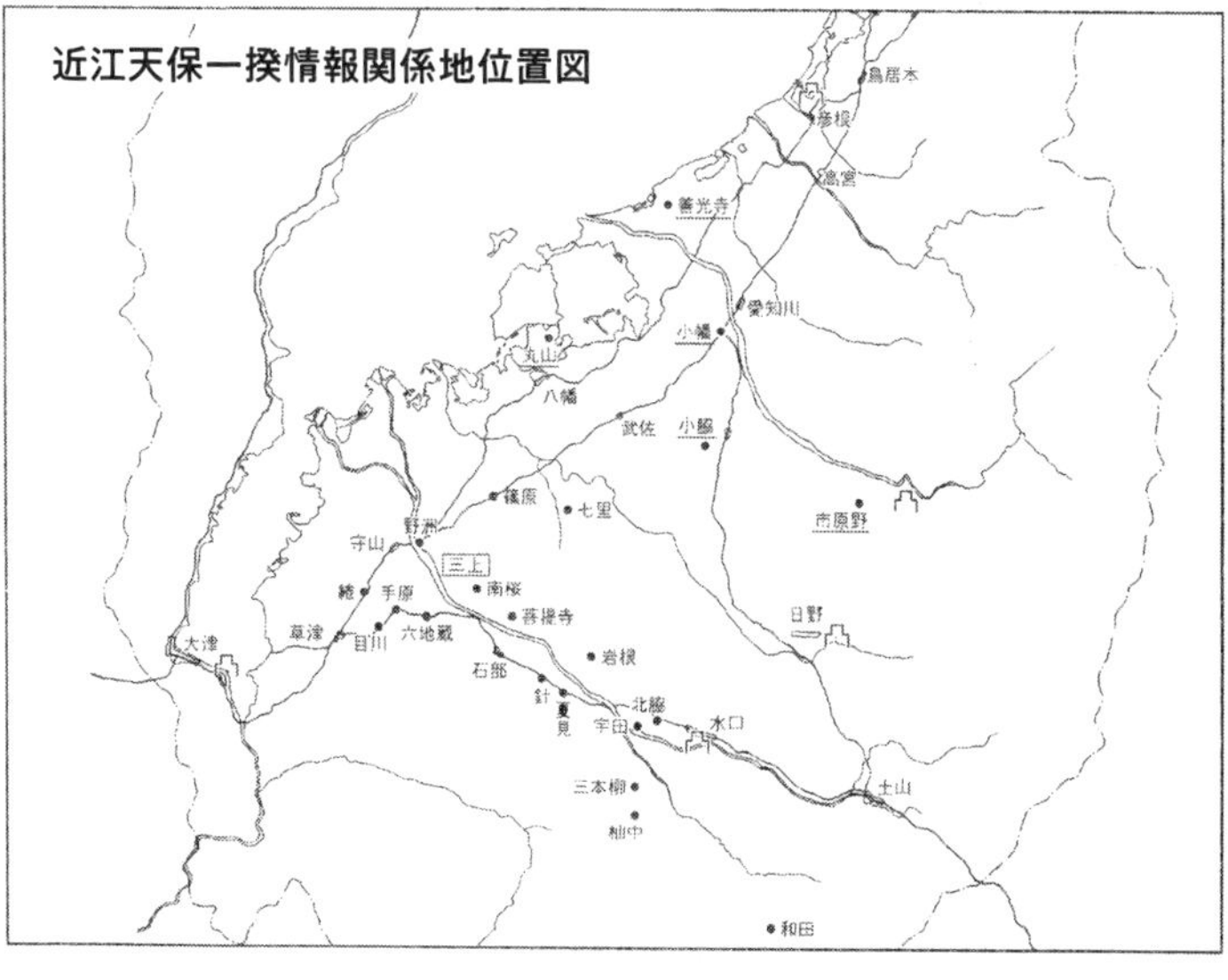

近江天保一揆情報関係地位置図

二、報告文書の内容

九回の報告内容を古い順に、文書の記述に従って紹介すると次のとおりである。

天保一三年（一八四二）

①一二月中旬、市原野村八十郎・丸山村作平の報告

・一二月一二日丸山村を出発し一三日大津へ到着。御蔵役所へ報告し、町宿川口海老屋市兵衛に止宿している。

・甲賀郡村々出頭者が追々召し捕りになる。京都・大津で合わせて一〇〇人ばかりで、この段階ではどこの村の誰か分からないと記している。しかし、市野茂三郎については、「市野茂三郎様江州を離れ勢州亀山宿ニ而切腹被成候由、又者縄ニ掛り被成候与歟申聴分ニ而御座候」と記しており、数少ない幕府勘定方市野茂三郎のその後の動向の風聞として興味深い。

・甲賀郡の者共徒党狼藉のことについて、水野越前守の指図で勘定留役関源之進・戸田嘉十郎が差し遣わされ、石原清左衛門大津陣屋（代官所）で取り調べるつもりであり、この一件の関係者を代官の配下の者に召し捕らえさせ、また、両名よりの指し紙で呼び出し吟味するので心得るように、渡辺右京配下の村々へ申し渡しおくように、申し渡しがあった。

・留役関源之進・戸田嘉十郎は、一三日晩草津宿泊まり、一四日四つ時大津へ到着。御供廻りは五、六人であり、変わることがあれば報告することを記している。

大津へ二名の者が到着して間も無い頃のことであり、以上のことは、渡辺右京知行所綣村代官西田金三郎より聞いたことであるとする。綣村は、栗太郡栗東町の大字で、当時旗本の渡辺三氏の知行所となっていた(6)。

②一二月二一日付、丸山村作平・市原野村八十郎の報告

・野洲村十蔵は、「甲賀騒動之砌」飯を炊き出したことが聞こえ召し捕りになり、取り調べのうえ入牢を命じられた。

・水口宿旅籠屋傳兵衛は、騒動のとき居宅の裏座敷で飯を食わせたことが聞こえ、大津代官所へまかり出るよう召状が届き、一二月二〇日に取り調べがある。

・一二月二〇日、戸田嘉十郎の旅宿が柳屋町から本福寺へ差し替えになり、丸屋町圓順寺（永順寺）・鍵屋町惣徳寺・船頭町専福寺（泉福寺）の三ケ寺の明け渡しを仰せ付けられた。京都の役方の手当に用意されたものか分からない。

・甲賀郡村々で召し捕りになった者共は、京都から大津へ移され、留め役の吟味（取り調べ）がされると承ったが、川々見分について村々極難渋になるようなことがあれば京都御役所へ願い出るべきのところ、そうもせず村々から一揆を起こし、「御公儀様敵対及徒党狼藉之段言語道断不届之至」である。しかし、騒動の企てには誰か発頭人がいるはずであり、隠さず白状するよう厳しい取り調べがあり、返答が不都合であった場合には拷問にかけ取り調べがなされるように聞いた。

・甲賀郡針村の者が、騒動のとき炊き出しをしたことが聞こえ召し捕りになった。また、夏見村名酒酒屋も同様で名酒三石ばかり飲ませたことが聞こえ、追々召し捕りになり取り調べを受けるように聞いた。村々は誠に迷惑だと申しているとのことである。

・関源之進・戸田嘉十郎については、次の記述がある。

関源之進様御年五拾才斗、戸田嘉十郎様廿一才与申事ニ御座候、嘉十郎様ハ誠ニ弁説宜敷立板ニ油を流ス如

く、御理解之時ハ涙之溢れ候様被　仰渡、拷問之節者大音ニ而厳重被仰候得者、御重役源之進様穏ニ被仰渡
早ク有躰申上候様ニ被仰、誠ニ此度之御吟味ハ不成容易事と申御儀ニ御座候

戸田嘉十郎は二一歳で弁舌明快で立て板に油を流す如くであり、納得された場合は涙があふれるように仰せ渡され、拷問のときは大声で厳しいこと、これに対し重役の関源之進は五〇歳程度と年も上で穏やかに話されると、早くもこの段階で対比して語られている。[7]

・水口領の岩根村庄屋正内[8]が召し捕らえられ吟味のうえ手鎖を命じられ、町宿川口鍵屋勘四郎へ御預けになった。伜が年貢勘定のことを尋ねたいので面会を求めたが会ってもらえないので、石原代官へ願い宿立の主一人が付き添って面会するよう命じられて面会し、「御年貢勘定方親ゟ一通り申含、尚又村方ニ而難渋之者共へハ金弐三両ツヽも貸遣し可申様申渡」、その外は一切話さなかった。そうしたところ、翌日召し出され吟味のうえ入牢を命じられた。

・一二月二〇日、発頭人ばかり五人が呼び出しになり、その中の一人は山伏で、「此者ハ至而口ヲ利申者」と聞いた。取り調べは算盤責がなされ、この責めに長く掛かると足に傷付くため、付き添っている御用医者が処置し、取り調べが中止（御免）になり引き退くとのことである。

・この度甲賀郡百姓一件について、石原清左衛門様は牢舎の者共へ格別の御慈悲を掛けられ、食事も一汁一菜にされた。寒中であるので蒲団も入れられているように聞いている。「誠ニ大切ニ御取扱被遊御憐愍之段、津内ニ而難有御思召と申聴分ニ御座候」と記している。

③一二月二二日以降丸山村作平・市原野村八十郎の報告

・一二月二一日から石部辺まで聞き合わせに行ったところ、このごろでは穏やかであると聞いた。しかし、手原村・六地蔵村そのほか所々で聞き合わせたところ、石部宿木屋八郎左衛門は召し捕りになり、その他三、四人ばかり召し捕らえられた。二〇日夕石部宿平松屋次郎兵衛が召し捕りになるところ、病気と申し立てて参らなかったとのことであり分からない。これらの者は身の上よろしきもので、先日注進申し上げたとおり、騒動のとき炊き出しをしたものと聴いた。なお、三上村平兵衛・宇田村惣兵衛という者は先だってより召し捕らえられ、どうなったかは分からない。和田村の者が先だって召し捕らえられたが大抵申し訳が立ったのか、先ずはうまく行っていると村方に知らせるように和田村金右衛門が話していたのを聴いた。

・膳所様の地方役人は領分からは一人も騒動参加者はないとお答えになったところ、目川村（栗太郡栗東町）で一人参ったものがあると聞こえ召し捕りになったため、膳所藩の地方役方役人が謹慎されたと承った。(9) 変わったことが分かったら早速注進するとも記している。

④一二月二五日付、普光寺村孫八・小幡村喜平治の報告

文書の書き出しには「乍恐口上書を以御届ケ奉申上候」とあり、宛て所は「上」（彦根藩蔵奉行、筋奉行、代官所）となっている。

・普光寺村孫八と小幡村喜平次の両名は一二月二二日大津につき御蔵役所へ御届けし町宿に泊まっている。

・甲賀郡騒動の発頭人を取り調べるため、百人余が牢舎・手鎖・町宿預けを命じられた。村役人であったり付き添いの者で当暮れの年貢勘定に係わっている者は、書き付けをもって留役へ願ったら代人でもよいとの仰せ渡しがあったとのことである。

・膳所様の領分では騒動参加者はないとお答えになったところ、先詰めの者から申し上げました通り、目川村で一名が召し捕らえになり、きつい取り調べのうえ拷問に掛けられたとのことであり、このため膳所の役方様が病気になったとか、謹慎なされたとか色々と噂された。今の所はとくに変わったことはない模様で、変化があり次第すぐに注進すると記している。

天保一四年（一八四三）

⑤正月二日付、普光寺村孫八・小幡村喜平次の報告

文書の書き出しは「乍恐口上書」となっており、彦根藩蔵奉行宛で、筋奉行・代官所へは出さずと注記されている。

・甲賀郡騒動発頭五、六人厳重に取り調べされたところ、その内杣中村文吉六〇才余りの者が一二月二三日牢死したため、文吉へ頭取をかぶせるように答えたので、一人ずつ呼び出し白状しないので夜四つ時までも取り調べされたと、百石町医者安藤外記から聴いた。

・入牢の者で返答ができた者は一二月二八日に八人ほど宿預けになり、町宿の者が一〇人ほど入牢を命じられたと同人から聴いた。

・御吉例三日（正月三日間）は取り調べが許され、四日から呼び出しになると聴いた。変わったことがあれば早速注進しますとある。

⑥正月五日付、普光寺村孫八・小幡村喜平次の報告

文書の書き出しは「乍恐口上書を以御届ケ奉申上候」とあり、宛て所は「上」(彦根藩蔵奉行、筋奉行、代官所)となっている。

・正月三日から甲賀郡へ聞き合わせに行った。南桜村(野洲町)報恩寺の住職は、元小幡村長宝寺の弟子であったので聞き合せに行って尋ねたところ、この南桜村は広幡様知行地が五百石、残り二五石余が多羅尾様支配地の村であるが、広幡様百姓神主南井隠岐と申す者が一二月に召し捕りになったことについて、庄屋武兵衛方へ村中が集まり、南井隠岐を石原様(大津代官)へ引き渡したことは、京都地頭所へ申し上げてから引き渡すべきところ、武兵衛一存の取り計らいは不行き届きであると申し立てた。その後、同村の定次郎が召し捕らえを命じられたところ、頭百姓内記と言う者が京都地頭所へ申し上げてから引き渡すと答えたところ、いまだそのままで何の沙汰もないとのことである。

・同村(南桜村)組頭四郎右衛門に一件を尋ねたところ、甲賀郡「百姓之定録」(平均あるいは自立できる所持高か)は五石以上で有ろうか、甲賀野洲騒動村々の五石以上之者を尋ねて廻った者がいるらしい。また、隠田を所持している者は凡そどれ程かも内々に調査したようであり、これはこの度召し捕らえの者に極難渋者もいるので諸費平均にするように考えられてのことであろうと言っておられた。

・「此度騒動発頭死罪与相極り、尚又御検地御竿入被為遊候歟」とあり、騒動の発頭人が死罪に決まったことや検地がなされるとかの噂、取り調べが長引いた場合、京都内裏の築地を廻ったならば赦免されるとの話もあり、村々が心配していることを同人から聴いた。

・石部宿の笠松屋藤四郎とはいささか知り合いなので訪れて尋ねたところ、地頭所から厳重に命じられているので取り合ってくれなかった。

以上聞き合せましたのでお届けします。追い追いまたご注進しますとある。

⑦正月一二日付、小脇村四郎兵衛・小幡村利右衛門の報告（治安2）

表紙に正月六日に大津へ着いて蔵役所へ届け、町宿に泊まったことを注記している。文書の書き出しは「乍恐口上書を以御届ケ奉申上候」となっており、文末の宛て先は「御奉行様　御元〆中様」で大津蔵奉行であろう。

・甲賀郡騒動の村々へ一昨日（一月一〇日）から出向き、喜平次と関係がある南桜村報恩寺へ尋ねに行ったが、和尚は年頭の挨拶に出ていて留守居に尋ねたが取り合ってくれなかった。

・蒲生郡七里村（竜王町）に知り合いがいるので一件を尋ねたところ、先詰めの者が申し上げたとおり、「杣中村文吉申仁人柄宜敷者ニ而、此度騒動発頭抔致し候者ニ而者無之候得共、旧冬牢死被致候故、右文吉江頭取にじり申候与歟風聞有之候与申居候、」とあり、杣中村文吉は人柄がよく騒動の発頭人となるような人ではなかったが、牢死したため文吉へ頭取をかぶせたとの噂があると言っていた。

・所々尋ねたが取り合ってくれず、草津宿の正浄寺へ行き、旧冬愛知郡大清水村常福寺に住んでいて知り合いなので尋ねたところ、騒動の村々ではまだ一人二人が召し捕らえられているとのことであった。

・岩根村庄屋正内[10]は、仙台領上羽田村大庄屋久保源右衛門の生まれで養子に参り、人柄がよいと聞いたと次の通り記している。

一、岩根村庄屋正内申者、出生仙台領上羽田村大庄屋久保源右衛門ゟ養子被参候、彼仁人柄宜敷者与聞合セ中候

・前文の南桜村報恩寺は帰寺致されたと思われるので、明日（一三日）にでも二人のうち一人が尋ねに行き、変

わったことがあれば早速注進します。

・「一、夫々聞合セ愚考仕候処、騒動村々先後悔致居候様子承り申候間、只今之処ニ而者再應騒動発候与ハ相見江不申候」とあり、聞き合わせた状況からすると、騒動にかかわった村々は先ず後悔しており、今のところ騒動が再発するとは考えられないと報告している。

なお、この報告文の次に、泰姫君逝去のため一月一四日〜一六日まで取り調べが中止となったことを記している。[11]

⑧天保一四年正月付け小脇村四郎兵衛・小幡村利右衛門の報告（治安3）

この報告は正月一五日以降と考えられ、文書の書き出しは「乍恐口上書を以御届ケ奉申上候」ではじまり、彦根藩蔵役所（奉行）・筋奉行・南代官所へ宛てたもので、大津逗留中、今月一五日東海道筋へ出向き聞き取ったことの報告となっている。

・東海道筋渡辺図書様知行所夏見村（甲賀郡甲西町）釜や忠右衛門は騒動のとき炊き出しをしたが、いまだ何の沙汰もない。他に茶渡世をしている者も飯を食わせたが、同様であると聴いた。

・綣村（栗太郡栗東町）利左衛門へ立ち寄って聞いたが、甲賀騒動一條を噂することは若き者に至るまでしてはならないと村役人へ印形を取られ口止めされているとのこと。

・篠原村[12]で往来の芝土手の普請場に村役人風の者がいたので、そこでしばらく休息し騒動の話に及んで聞いたところ、変わったこともなく、市野様検分の節は金十両余りの賄賂・使い物をしたとのことであった。

・現在大津には召捕人（逮捕者）と付添人がおよそ七百人ほどいる。旧冬より牢死した者が六、七人いるとのこと。

うち二人は拷問に掛けられて死に、江戸表へ早飛脚が立ったとなど、大津百石町の安藤外記から聞いた。以上あらましを申し上げます。変わったことがあれば早速注進します。

⑨正月一八日以降、小脇村四郎兵衛・小幡村利右衛門の報告（治安7）

文書の書き出しは、「乍恐口上書を以御届ケ奉申上候」とあり、彦根藩蔵役所（蔵奉行）・筋奉行・代官所へ宛てたものである。

・正月六日から大津に出て取り調べの様子を聞き合わせているものの外されないが、甲賀・野洲の科人はもちろん、その他付き添いの者や村役人風のものが入れ替わっていることを所々で見受けている。

・逗留中一月一八日、南桜村報恩寺へ行ったところ、本堂で二、三〇人ほど寄り合っていた。和尚に尋ねたところさして変わったことはないとのことであったが、寄り合いは大津へ召し捕らえられた者の付き添いが度々入れ替わっていては不都合であるので、確かなもの一両人付き添いと定めようとの相談であろうとのことであった。

・先詰めのものが申し上げた定次郎召し捕りのところ頭百姓内記が渡さなかったことについて尋ねたところ、そのことは未だそのままであると申された。

・和尚が、一揆参加者の心境を次のように語った。「和尚被申居候ニ者、騒動大勢引取候得者大風大水如入ル相成、銘々眼ヲさまし、此後ハ如何相成候哉与心配仕候」とあり、騒動が鎮まってからは大風大水の後のようにどうなるのかと心配している。

・膳所領石部宿東神主山本長次は喜平次と関係があったので、石部宿へ行き一泊して神主に聞き合わせたところ、この地は三上の近所であるため廻状は回らなかったとのことである。

・去る一〇月一五日夜、甲賀奥手から大勢やって来て家並みに戸を開けさせ、男は残らず同道するように言ったが、男は隠れたようである。しかし、七、八人ばかりは騒動中へ参ったので、現在大津表から召し状が来て出頭している。

・同宿地方役人木屋八郎兵衛は召し捕りになり、現在も入牢している。

・神主が申すには、「大津表江御召捕相成入牢又者町宿被仰付候者共家内相歎キ、氏神江大願相掛ケ日参致、落涙而已ニ而後悔致居候由、右ニ携候者共只今ニ而者青葉如入陽ニ相成居申候由与承り申候」とある。大津表へ召捕になり入牢あるいは町宿を命じられた者の家内は嘆き、氏神へ大願を掛けて日参し、涙を流して後悔していること、拘わった者は今では青葉をかんだようになっていると聞いた。

・水口近辺の北脇村に以前知った人がいるので聞き合わせに行ったところ、さして変わったことはなかった。しかし、菩提寺村馬喰が召し捕りになり厳しい拷問を命じられたが、この者は騒動のときは余所へ行っていて騒動の場所へは加わっていないことが分かり、許されて現在は帰村していると聞いた。

・甲賀郡東海道の泉渡し場から道が二つに分かれ、右は奥甲賀から伊賀へ通じ、この道筋より大勢が出て来て、最初宮津様領分三本柳村和助は大家で大庄屋ならびに酒造商売をしており、この者は市野様の手引きをしたなどと言って打ち壊した。

三、報告の特徴

彦根藩の指示による情報収集

まずこの報告は、直接一揆に関係した地域の人でなく、一揆に直接関係しなかった、恐らくは一揆の原因となった見分を受けなかった地域の村人の報告である。このため、比較的冷静で第三者的な報告内容となっている。そして、幕府の取り調べ役人関源之進と戸田嘉十郎が大津へやってくるのに合わせるように大津へ行き、情報の収集活動を行っている。それは、彦根藩の命、指示があってのことであり、彦根藩蔵奉行（大津）・南筋奉行や南筋代官所に当てて報告を度々行ったのであろう。

報告内容は、大津での取り調べの状況のみでなく、一揆に参加した村々やその周辺の村々に一揆のときのことや逮捕者や取り調べの様子を調査している。そして、⑦の報告中に「一、夫々聞合セ愚考仕候処、騒動村々先後悔致居候様子承り申候間、只今之処ニ而者再應騒動発候与ハ相見江不申候」とあり、今のところ騒動が再発するとは考えられないと報告しているように、一揆の再発の可能性についても調査し報告を期待していたのではないかと考えられる。

恐らくは、大津での取り調べが終了し、関源之進・戸田嘉十郎と江戸送りの科人が東海道を江戸へ向かうまで続いたことであろう。なお、水口藩役人のことは記されないが、膳所藩役人のことは記されている。

どうも、「これらの史料は彦根藩の指示に従って行われた情報収集報告を書き留めたもので、身近な事件として関心の高かったことを窺わせる。」程度に止まるものではないようである。大津での情報収集活動のみでなく、一揆にかかわった村々への情報収集も積極的に行っており、彦根藩の手先としての情報収集活動であったといえよう。このような活動は、彦根藩士武士ではできない情報収集活動であり、藩の表向きの情報収集を補完し、被支配者側の動向を見定めるうえで極めて重要であったと考えられる。彦根藩の必要によりなされたことであり、彦根藩の支配方式にもかかわるように思われる。隠密とも言えるようなこのような藩領の特定の村人による情報収集活動があったことは注目されよう。

このような百姓と武士との中間的な位置での「御用懸」の活動については、別稿を用意しているが、情報収集の必要性については、彦根藩の近江における役割と、蔵奉行への報告の面からは米価や物価の変動に関係深い一揆や地方の情報集積が考えられよう。

情報の入手経路（ニュースソース）

このような情報収集活動に対して、一揆に関係した村々の場合は、⑥の報告に、知り合いであった石部宿笠松屋藤四郎が取り合ってくれなかったように、領主から厳重に口止めされいることや、⑧の報告で綣村利左衛門が語ったように村役人に口止めをされていることが多かったようである。また、大津に出頭していた関係村の人々から直接に情報を得ることは少なかったようである。

このため、情報提供者が記されていない場合も多く、大津で入手した有力な情報提供者として大津の百石町医者安藤外記がいたことは注目されよう[13]。また、情報入手先として明らかな一つに、一般の村人でなく渡辺右京知行所の綣村代官西田金三郎もいた。

かなりの一揆関係者を出した村々や蒲生郡の村まで聞き合わせに行っているが、先記の口止めされた事情もあって、情報を得ることができた場合は大津に詰めた者の知り合いなどの関係者が多い。知り合いであった野洲郡南桜村報恩寺の住職や同村組頭四郎右衛門、蒲生郡七里村（竜王町）の知り合い、知り合いの草津宿正定寺、喜平次と関係があった石部宿東神主山本長次、甲賀郡北脇村の知り合いが確認できる。まさに、このような知り合いの人でないと情報を得ることができなかった。また、篠原村で村役人風の人を見かけ休息して、恐らく世間話から騒動のことに話を誘導することにより若干の情報を得たことなどは巧みである。

一揆指導者のこと

報告⑦で明確に述べているように、杣中村文吉は人柄がよく騒動の発頭人となるような人ではなかったが、牢死したため文吉へ頭取をかぶせたとの噂があったことに留意する必要があろう。報告②にあるように、取り調べでは発頭人を必要としており、その割り出しのためには厳しい取り調べがなされた。また、年貢勘定に際して「村方ニ而難渋之者共へハ金弐三両ツヽも貸遣し可申様申渡」した岩根村庄屋正内（庄内）のこと、報告⑦で人柄がよいと聞いたとされる岩根村庄屋正内（庄内）は、「出生仙台領上羽田村大庄屋久保源右衛門ゟ養子被参候」とあるため実は藤谷弥八のことである。藤谷弥八は、後「徒党企」の一人として江戸送りとなったその人である。杣中村文吉、すなわち黄瀬文吉は、土川平兵衛とともに市原村田島治兵衛の所へ行き、愁訴を企てたとされるその人である。[14] その二人の人柄について、極めて高い評価が与えられていたことは、当時の地域社会を考える上で注目されよう。

ところで、杣中村文吉の牢死により死去した人に罪をかぶせ担わせることにより処罰者を少なくしようという意図が働いた可能性があり、文吉の牢死以前と以後とに一揆企ての経過や関係者のかかわり、評価に違いを生じている可能性もあり留意する必要があろう。

炊き出しを行った人々

報告②にあるように、野洲村にも飯の炊き出しを行い、取り調べのうえ入牢を命じられた村人がいたとのことは、従来全く知られていなかったことである。わざわざ三上村まで赴き炊き出しをしたとは考え難く、三上村の下手隣村で、中山道沿いにある野洲村が一揆のときどうであったのか今後の検討が必要であろう。

また、一揆に至る事前の集会の場ともなったとされる水口宿旅籠屋傳兵衛が、騒動のとき居宅の裏座敷で飯を食わせたことが知られたこと、[15]甲賀郡針村の者が騒動のとき炊き出しをし召し捕らえになったこと、夏見村名酒酒屋も名酒三石ばかり飲ませたことが聞こえ召し捕られ取り調べを受けるとのことがわかる。

報告③では石部宿木屋八郎左衛門その他三・四人ばかりが炊き出しにより召し捕られ、石部宿平松屋次郎兵衛が炊き出しをしたことにより召し捕らえられることになったが病気と言って出頭しなかったとのことがわかる。報告⑧では夏見村釜や忠右衛門は騒動のとき炊き出しをしたが何の沙汰もないとのことで、同村の茶渡世をしている者も飯を食わせたが同様であるとのことである。

炊き出しをした人々も召し捕らえられ、場合によっては入牢を命じられたことがあったようである。

南桜村のこと

報告⑥では、百姓神主南井隠岐が一二月に召し捕りになり大津代官へ引き渡したことが問題となりっており、庄屋武兵衛方へ村中が集まり、京都地頭所へ申し上げてから引き渡すべきところ、武兵衛一存の取り計らいは不行き届きであると申し立てたとのこと。その後、同村の定次郎が召し捕らえを命じられた時、頭百姓内記と言う者が京都地頭所（領主広幡家）へ申し上げてから引き渡すと答えそのままとなっていることを記している。

報告⑨では、召し捕らえられた者の付添人が付き添いが度々入れ替わっていては不都合であるので、専任者の相談をしていたようである。

先の報告⑥正月三日で報告した定次郎召し捕りのところ頭百姓内記が渡さなかったことについては、報告⑨では正月一八日の聞き取りであるので一五日も経っていたがそのままであったとのことは、南桜村の領主で公家の広幡家を意識してのことであろうか。あるいは、先の取り調べ関係者があまりにも多かったためであるのか明らかでないが、同等となっていない場合があったようである。この取り扱いのばらつきは、先の炊き出しをした人々の扱いにも見られたところでもある。

領主広幡家は京都という比較的近い位置にあり、村とはかなり密接な関係を保っていた。幕府の見分役人市野茂三郎の見分に対しては早くから除外を願っていたようであり、村人の取り調べについても独自に対応をしており、検討が必要であろう。また、頭百姓内記の主張がそれなりに有効であったことは、幕府と領主を考えるうえで重要であろう。内記は百姓神主南井隠岐と同等の位置にあった者と考えられ、領主との関係では「独礼」と記されることもあり、一般の村人以上に領主役人と通じていたことも見逃せないであろう。

また、南桜村報恩寺和尚の語りからは、一揆勢のエネルギーに圧倒され一揆に加わったものがかなりいたことが予想される。そして、一揆勢が引き取った後は、大風大水が引いた後のようで、我に返りどうなるのかと心配する村人のことがそのまま語られている。なお、石部宿東神主山本長次も、一揆で召し捕らえられた人や家族について、拘わった者は今では青葉をかんだようになっており、後悔し、氏神へ願いに日参する家族の様子を語ったようである。一揆についての後悔の念は、多くの関係者が抱いた思いであったことは拭えない。それは、幕府から派遣された役人による厳しい取調のため、尚更のことでもある。とは言え、一揆勢のエネルギー、非常事態の状況を見逃すわけに行かないであろう。

おわりに

九回にも及ぶ調査報告には、あまり知られなかった一揆関係地域の動向や取り調べにかかわる伝聞が記されており、極めて興味深い史料である。一揆やその原因となった見分に直接関係しなかった彦根藩で、藩の命により彦根藩領の村人が継続的な情報収集活動を行っていたことも自体も興味深い。

集められた内容は、一揆関係地域や取り調べ地の人々からの聞き取りにより得た情報であり、一揆の直後、取調中に収集された情報であり、領主側へ提供された情報であった。遠くへ伝わった風聞・噂とは異なる情報である。

一揆情報は、災害・政治・対外情報と同様に特記すべき情報として日常的な情報空間を越えて伝えられており、日記などに書き留められた。そして、文化活動や経済活動を基盤としたネットワークも情報伝達のネットワークとして機能した。近世後期における商業流通活動の活発化は、災害や事件等の社会情報を支配者層が統制することが困難なものとしており、商人は農民よりも、都市は農村よりも情報収集が活発であったと言える[16]。

まさに、口止めされていたと言え、①～⑨の報告のような情報を集めることが可能であった。口止めがされていたため、かなり限定された人間関係に支えられての情報でもあった。間違いはあるものの、ある部分は風聞・噂の領域に含まれ、関係者に近い人々からの聞き書きによるものであり、僧や神主など村の情報を握っている人からの情報収集が有効であったことも示している。

中でも、事実と異なる場合がかなりあることが予想される風聞・噂は、人々の受け取り方を多く反映している場合が多く、検討を加え活用するとともに、風聞・噂の中に見られる人々の想い等汲み取って行くことも必要であろう。

まだまだ、甲賀・野洲・栗太の三郡以外の地域でも天保一揆関係資料が発見される可能性があることを示唆している。一揆は一定地域社会の中での矛盾の爆発としていろいろな人々に影響を与え、近江商人の営業活動の上でも一揆の情報は重要であったと考えられる。一揆の村へ商売に向かったという五個荘の商人山中利右衛門のことについては実話であるのか明らかでないが、近江商人が記録の中にとどめている可能性もあろう。県下各地から近江天保一揆の史料が発見され、内容の検討をへて一揆像がより明らかになることを期したい。(17)

末筆ながら、坪田家文書の閲覧については滋賀大学経済学部史料館の方々にお世話になり、殊に堀井靖枝さんや宇佐美英樹氏にお世話になった。所在等の情報については五個荘町の近江商人博物館（五個荘町歴史博物館）の林純氏に教えていただいた。五個荘町町史編さん事業の恩恵に浴すことができ、町史編さん事業の意義を再認識させていただいた。尽力されたかたがたにお礼申し上げたい。

注

（1）河邨吉三『天保義民録』（東京・高知堂）一八九三年一月、松好貞夫『天保の義民』（岩波新書）一九六二年一二月、大谷雅彦『夜明けへの狼火　近江国天保義民誌』（天保義民一五〇年顕彰実行委員会）一九九二年一〇月などの文献があり、顕彰と研究が蓄積されつつある。野洲町立歴史民俗資料館では一五〇年を記念して『燃える近江――天保一揆一五〇年――』（一九九二年一〇月）展覧会を開催し図録を作成した。

（2）滋賀大学経済学部史料館

（3）『五個荘町町史』第二巻第七章第三節、四九四頁〜四九六頁に「三上騒動の情報」の小項目を設け紹介されている。
（4）近江の彦根藩領二八万石の地は、南・中・北の三筋に分けて各筋に奉行二人をおいて地方支配を行った。南筋は、犬上川の川筋あるいは街道筋を大まかな目安にして南側の村々一八四か村、愛知郡の大半一〇〇か村と神崎郡三九か村・蒲生郡四五か村からなっていた。（『彦根市史』上冊）
（5）坪田家文書（治安二）にあるように、小脇村四郎兵衛と小幡村利右衛門は正月六日に大津に到着している。
（6）綣村は、寛永期には渡辺氏の一村一領主の支配形態を取っていた（『栗東町史』第二巻）が、天保郷帳（天保八年）では、旗本渡辺図書助五四六石三斗八升六合・渡辺久蔵二九九石八斗九升二合五勺・渡辺忠次郎二九九石八斗九升二合五勺の三人の相給であった。渡辺図書助・渡辺久蔵・渡辺忠次郎はそれぞれ近江に五〇〇〇石・一〇〇〇石・一〇〇〇石を領していたようである。渡辺右京知行所の記述は、この渡辺氏の事を指すのであろう。なお、甲賀郡内で東海道沿いの里夏見村四七六石八斗七升八合、山夏見村七七七石三斗三升六合も渡辺図書助の知行所であり（天保郷帳）、報告⑧では夏見村の情報が記されている。
（7）絵入り「百足再来記」には、「石原をかたき調への源のしん」の句が記されている。
（8）庄内。報告⑦では岩根村庄屋弥八のことを庄屋正内として伝えており留意する必要があろう。
（9）山本喜三雄「随想天保一揆」（『栗東町の文化』Vol.13、一九八七年一二月）によると、岡村の五左衛門、目川村茂兵衛、川辺村新助や林村平右衛門等の有力な指導者が連座したという。
（10）庄内ではなく庄屋弥八（藤谷弥八）のこと。
（11）泰姫君逝去は文恭院殿（一一代将軍徳川家斉）第五四子で、天保一四年正月三日死去した（新訂増補国史大系『続徳川実紀』第二篇）。
（12）篠原村は、野洲郡野洲町域にあたる小篠原村あるいは大篠原村に当たると考えられる。大篠原村では庄屋甚兵衛が一揆に加担したとして厳しい取り調べを受け亡くなっている。

(13) 町医者が多くの情報をもっていたことは、大坂で多くの情報を入手していた「浮世の有様」の筆者にも通じるのであろう。

(14)『天保義民録』。黄瀬文吉は天保一三年一二月某日京都二条城の獄中に没し、時に五七才であったという。

(15) 一揆の参加者の動向からすると、水口宿において一揆の当日に食事を与える必要があったものか疑問もある。噂と事実との関係については留意する必要があろう。

(16) 高部淑子「第10章 一揆情報と一揆」(岩田浩太郎編『民衆運動史2 社会意識と世界像』一九九九年 青木書店)。太田富康「幕末期における武蔵国農民の政治社会情報伝達」(『歴史学研究』六二五号 一九九一年)

(17) 近江商人博物館(五個荘町歴史博物館)の映像で紹介されている。

【補注】本稿の初出は、「天保一揆史料について(5)——神崎郡小幡村坪田利右衛門家文書——」(『野洲町立歴史民俗資料館研究紀要』第八号 二〇〇一年)であり、付録史料の翻刻は本書では省略した。初出稿を参照されたい。なお、南桜村についての情報は、南桜村年寄南井清右衛門の記述と違いがある。本書第二章七を参照されたい。

三、近江天保一揆の記録『百足再来記』

はじめに

近江天保一揆は、天保一三年（一八四二）一〇月に発生した近江最大の百姓一揆で、甲賀郡から発生し一揆勢が野洲郡三上村へ押し寄せた。一揆の直接の行動は、一〇月一四日～一六日にかけての三日間であり、琵琶湖の周辺や湖に流れ込む各川筋の土地で新開地などの見分のため幕府から派遣された勘定所役人市野茂三郎に、見分の一〇万日延期の證文を得て引き取った。幕府の改革に大きな影響を与えた一揆として注目されている。

この近江天保一揆のことを記した記録の中で、一揆に関係した地域を中心に写し継がれて蔭ながら普及し一揆のことを語り伝えた記録として『百足再来記』がある。この記録は、一定のストーリーを持ち、エピソードを交え物語的に組み立てられている。しかし、この記録には伝本が多いが故に若干の違いを確認することができる。この違いを見ることにより伝来のわずかな動きを知ることもできるように思われるが、研究は進んでいない。

義民伝承を研究して来られた横山十四男は、義民伝承研究対象を区分される中で、一部義民伝承を含み事件の全容をまとまった形で記した「騒動記」と、フィクション性の濃淡はさまざまであるが義民伝承がかなり含まれる「騒動物語」を区分されている。(1)アン・ウォルソールは、百姓一揆史料と言えるものが多様であり、事件の後に書かれ、あるいは編集され、事件の経過が首尾一貫した全体として記述された一揆史料を「一揆記録」と「一揆物語」に区分している。(2)「一揆記録」は、大体一揆の直後に書かれたものであり、多く藩側文書に依拠した武士の手になる記録と、三河の加茂一揆を記録した渡辺政香の『鴨の騒立』のような地方知識人が書いた記録、大庄屋・庄屋が書き残したものや少ないながら一揆指導者が書き残したものがあり、一揆の経過を研究するうえで重要な史料となるものである。一方、「一揆物語」は、事件の後三〇年から四〇年、あるいは一〇〇年もたってから書かれたものが多く、作者は無名であり、「一揆記録」と違ってフィクションを事実として扱っているとする。

『百足再来記』は、一揆から五〇年を意識しての出版である河邨吉三の『天保義民録』[3]をはじめとして、近江天保一揆研究の重要な資料として活用されて来たと考えられる。そして、従来の研究が、この種の一揆記録に多くをよっていることの限界と課題については若干の指摘を行ったところである。[4]しかし、このような物語的要素もある一揆記録についても、一揆の伝承・義民の伝承や顕彰を行う上で大きな意義があったことを考えると、この種の資料の内容や伝来等について検討することも一揆研究に欠くことができない作業である。以下、『百足再来記』について検討したい。

一、『百足再来記』の諸本

『百足再来記』の全文については、滋賀県地方史研究家連絡会編集の『近江の天保一揆——記録集Ⅰ——』に収録されている。[5]多くの記録の中でこの百足再来記系統の諸本として、次の四つが記され、明瞭な絵がある林仲三家所蔵本が翻刻紹介されている。

『百足再来記』絵入り　上下二巻　林仲三家所蔵
『実録百足再来記』　全一冊　大角弥右衛門家蔵
『三上山百姓騒動記』　京都大学農学部蔵
『遊女物語』　乾坤二冊　黒正文庫 岡山大学付属図書館所蔵

京都大学農学部蔵本は確認していないが、筆者が拝見させていただいたものには更に次のものがある。(6)

『天保騒動記』　全一冊　寺庄共有文書

『百足再来記實録』　全一冊　岡田英太郎氏所蔵

『百足再来記』　全一冊　山元正義氏旧蔵

『百足再来記』絵入り　上下二巻　林仲三家所蔵（以下、林家本と略す）

この記録については、上下二巻になっており、上巻下巻とも五枚ずつの絵が描かれていることが特徴的である。表紙書から北脇（現水口町大字北脇）の林仲市が筆記し所持したことがうかがえ、序文が付されている。内題も「百足再来記」で、序文の文頭は「さて爰に近江といへるは山高からずひくからず……」とあり、作者については「薪する杣の千歳の庵　谷某」とある。成立時期については「嘉永四歳（一八五一）弥生月日」とあり、序文の末に「由緒ある　まつの千歳の　墨をもて　しるせるふみも　色はかわらじ」との歌が記されている。本文の文頭は「抑近江野洲郡三上山一名ヲ百足山ト号シ麓ニ大騒動超（起）ル、其由来ヲ尋ルニ」で始まる前書きがある。次いで、次の七つの事書により記述される。

田堵野村五反田村乱妨之事

　并矢川社馬場先ニテ勢揃ヒノ事

三上村騒動之事

　并市野茂三郎姥ケ懐江隠るゝ事

針村文五郎本書持帰る事

附り　礒尾村正道之事
京都御奉行所御詮儀御下向之事　（これ以下が下巻）
附り　市原村治兵衛召捕る丶事
関源之進殿・戸田嘉十郎殿大津に御出役の事
京都ゟ科人大津に引渡しの事
加藤様・本多様御家中御咄しの事
附り　中村式右衛門返答六ケ敷事
関源之進殿・戸田嘉十郎殿御下向之事
並科人江戸表におもむく事

三上村平兵衛と上野村九兵衛の捨て札や伊奈遠江守の申し渡しなどを記し、文末に「此時御取上被成候過料銭五十七貫八百文とそ聞えけり」とあり、更に「かなしさハ　南無阿ミのかず見る　女房子」の句を記している。

『実録百足再来記』　全一冊　大角弥右衛門家蔵（以下、大角家本と略す）

この記録は、一冊本であり、序文が記されていないのが特徴である。文頭は「抑江州野洲郡百足山の麓ニ三上山に大騒動起る、其来由を尋るに……」で始まる。また、本文末「此時御取上ケ被成候過料銭五千七八貫文とそ聞しける」とあるが、句は記されていない。帳末に、嘉永四年（一八五一）七月八日弥右衛門が甲賀郡牛飼（水口町）直吉から話を聞いて借り受け筆写したことを記し、直接は杉谷（甲南町）の油荷持ちから借りたようである。また、その前の頁に「弘化四（一八四七）丁未中冬（一一月）ニ写之ト有　湖東樵溪中　樹下姓ト印有」とあり、裁許が言い渡され処罰が行われてから四年後（一揆から五年後）、この書『実録百足再来記』が成立しており、筆写されていたことを知ることができる。

『三上山百姓騒動記』　京都大学農学部蔵（以下、京大本と略す）

安政五年（一八五八）一一月下旬取写　多賀 島之坊とあるようであるが[7]、確認していない。

『遊女物語』　乾坤二冊　黒正文庫 岡山大学付属図書館所蔵（以下、黒正文庫本と略す）

本文は『編年百姓一揆史料集成』に紹介されている[8]。二冊本で、表紙には「遊女物語　乾」「遊女物語　坤」とあり、表紙裏には「深川村中井氏所持」「深川中井」、乾裏表紙内に「深川村中井久八郎」とある。内題は「百足再来記」とあり、もちろん序文も付いている。序文文頭は「佐須竹の近江の国といえるハ、山高からすひくからす、風雨時をたかへす、湖上のなミ静して、米の実のり替る年なく、……」で始まり、作者については「薪する杣の千歳の庵主　谷某」とある。成立時期については「嘉永四歳（一八五一）弥生月」とあり、序文の末に歌が記されている。本文の文頭は、「抑江州野洲郡百足山の麓に三上山に大騒動起る、其由来を尋るに、文政年中大久保今助と云者御公儀に願出、……」で始まり、二冊目（坤）文頭に「年玉」として漢詩を入れる。二冊目文末には「此時御取上被成候過料銭五千七八〆文とそ聞江けり」とあり、裏表紙に

「　　　　　　　　　　　中井氏
　かなしきハ　なむあミのかご　見る女房子　　　　」とある

筆写された原本には「肥物直下ケ寄の図」ほかの図が収録されていたようであるがそれは記されず、タイトル

程度が記されている。前出の絵入百足再来記と同系統写本と思われるが、図については別に検討を加える。

『天保騒動記』　全一冊　寺庄共有文書（以下、寺庄本と略す）

表紙および表題「天保騒動記」は後補と考えられ、内題もない全一冊本である。本文文頭は「抑江州野洲郡百足山之麓ニ三上村ニ大騒動起り、其来由を尋るに、文政年中大久保太助ト云者御公儀ニ願出、……」とあり、七つの事書があり、三上村平兵衛と上野村九兵衛の捨て札や伊奈遠江守の申し渡しなどを記し、文末は「此時御取上ケ被成候過料銭五千七貫文とそ聞へける」とある。序文は無く、絵図や俳諧なども記されていない。

『百足再来記實録』　全一冊　岡田英太郎氏所蔵（近江八幡市船木町、以下岡田家本と略す）

一冊本で、表裏表紙ともで五三紙、内題は「百足再来記」となっている。文頭「抑江州野洲郡百足山之麓三上村ト云所ニ大騒動起る、其由来を尋るに、文政年中大久保今助ト云者御公儀江願出、……」とあり、文末は「伊奈遠江守様被為仰渡候趣」を記した後、「此時御取上被成候過料銭五千七八貫とそ聞へける」とあり、「萬延元庚申（一八六〇）七月」の年号を記している。序文や俳諧などを欠く。

『百足再来記』　全一冊　山元正義氏旧蔵

序文が有り、序文の前に内題「百足再来記」を記す。序文文頭は「さ須竹の近江国といへル者、山高からス飛からス、風雨の時ヲたかへす、湖上波静ニテ、米の実登替年なく、……」とあり、序文末の「谷某」の記載ない。和歌の後に再度内題「百足再来記」を記す。本文文頭は「抑江州野洲郡百足山麓ニ三上村大騒動起ル、其由来ヲ尋ルニ、文政年中大久保今助ト云者御公儀願ひ出、……」とあり、文末は「此時御取上之過料銭五千七八貫トそ聞江ける」で終わり、川柳の句はない。現状では全一冊となっているが、二冊本の写しと考えられる。裏表紙の記載から吉村氏が所蔵していたことが分かるが、「明治四年（一八七一）未ノ五月写之　甲賀郡池田村（甲南町）吉村熊治郎」との記載を確認することができる。本来、甲南町池田に伝来した記録であることが分かる。

以上により、序文がない一冊本の百足再来記と、序文があり二冊本となった嘉永四歳（一八五一）弥生（三月）成立の百足再来記が大きく確認される。後者には、絵が描かれていたものが確認できる。一冊本の百足再来記が先に成立し、その時期も弘化四年（一八四七）一一月以前と考えられる。それは、一揆関係者に裁許が言い渡され処罰が行われてから四年以内となり、かなり成立が早く想定される。一冊本は更に『天保騒動記』（寺庄本）と『百足再来記實録』（岡田家本）萬延元庚申（一八六〇）七月筆写のみは、江戸送りとなった一一人の籠の順番が一〇番三上村庄屋平兵衛、一一番市原村庄屋治兵衛と成っており、二冊本を含め他は逆になっている。これにより二系列を区分することもできる。

序文なし一冊本百足再来記

『天保騒動記』（寺庄本）

↓

『実録百足再来記』（未確認）

↓

『実録百足再来記』弘化四（一八四七）丁未中冬（一一月）筆写本（未確認）

『実録百足再来記』（大角家本）嘉永四年（一八五一）七月筆写
『三上山百姓騒動記』（京大本）安政五年（一八五八）一一月下旬筆写多賀 島之坊
『百足再来記實録』（岡田家本）萬延元庚申（一八六〇）七月筆写

序文あり（二冊本が原形か）
『百足再来記』嘉永四歳（一八五一）弥生（三月）成立原本（絵入りか、未確認）
『遊女物語』（黒正文庫本、筆写元本は絵入り）
絵入り『百足再来記』（林家本）
『百足再来記』（山元家本、絵無し）明治四年（一八七一）五月筆写

二、絵入り系統『百足再来記』

現在確認できた絵入りあるいは絵が入っていたことが明らかな『百足再来記』は黒正文庫本と林家本の二冊である。この二冊の内容、殊に絵の配置と俳諧（落首）の配置がかなり異なっている所が認められる。俳諧は当初の一冊本には無かったものであり、序文を付加補筆し筆写した人の受け止め方を反映しており、当時の人々の受け止め方をも反映していると考えられ興味深い。

絵入りの林家本と絵の注記のみをする黒正文庫本の比較表の中で、林家本には（3）・（4）―1・（5）―1・（5）―2・（9）に該当する図は見当たらないようであり、林家本の（4）―1・2と黒正文庫本（6）―1・2が対応する可能性が考えられるが、図のタイトル内容に違いがある。林家本①②③⑤⑦のような図中の注記が、

黒正文庫本の元本に有ったのか否か、林家本で付加されたものなのかについても明らかでないが、その中には先に成立している一冊本の『百足再来記』には記されていない伝承も付加されている。②に注記されている竹槍で頬を突かれ治療を受けた高張持村人足松右衛門のことなどは、それに当たる。

絵は、黒正文庫本系統の方が多く記されており、林家本にある絵は黒正文庫本系統にはすべて含まれていると考えられる。また、林家本には、やや文意の取りにくい所なども見受けられる。黒正文庫本の元本が先か、林家本が原形なのかが問題になる。

林家本表書きによる所持者は「林仲市」とある。仲市氏については、安政元年（一八五四）生まれで、大正二年（一九一三）一一月に亡くなったとのことである。同一人物とすれば、林家本は少なくとも明治期に入ってから成立したと考えられる。江戸送りとなった人々との親子夫婦涙わかれの図の注記に「北脇縄手水口辺ニテ」と北脇の地名を入れてあることが、林仲市の付加説明である可能性が考えられようか。少なくとも、林家本とは異なる絵入り『百足再来記』元本の存在を想定せざるを得ず、今後の発見に期待したい。以下、上記二冊の絵入り系統『百足再来記』の内容を若干紹介したい。

序文

ところで、序文は後に付加されたものであるとはいえ、序文始めに三上山を百足山といい、百足退治の伝説に触れ、「此書を百足山再来記と唱エしは、しらぬ事のみ書集め、非か事のミ見る人これをとかむとも我しらず」[9]と、間違いが多くあるであろうとことわっている。序文の末ではこの一揆を語り伝え後読もうと志す人々のためにとの思いが綴られている。

次いで、「爰に天保十余りふたつなる年、鶏の啼東妻より旅衣着つゝなれて、よつの郡の湖辺山々川々あら原ハさらなり、洲寄の石原馬草飼、一野之末迄も多羅尾にせんと有りて、水野流れてつとひ来る、その聞えあふかたならす、町々在々安き心もなし」とあり、市野茂三郎の調査のことが記され、市野はもちろん手代が同行した石原代官や多羅尾代官、市野を派遣した水野忠邦のことを組み込み、人々の不安のことを記している。

そして、一揆の動きを略記し、「鯨波の声と聞えしハ、松風の音にて、浮寝鳥の波枕高ふ、遠近人の行来り振ひ、心も少し野洲川に狩得し獣もの二箕笠ハ、京・鎌倉・大津に市なせり、山と云その人々の其名さへ、末の世迄も高からむ、あらまししるす再来記、後の世迄も評定所、作者の善悪知らんと可致對決者也」とあり、捕らえられ厳しい取り調べを受けた多くの人々のことを、後世に伝えるためあらましを記すことが述べられている。更に、「猶難有の御代の幸に、此書も追て開田記と、人よむこゝろさす人々の草葉の蔭の手向艸、香花よりもいか斗り」と、序文の末ではこの一揆を語り伝え後に読もうと志す人々のためにとの思いが綴られている。

しかし、筆者については先記のとおり「薪する杣の千歳の庵主　谷某」とあるのみであり、成立年代は「嘉永四歳　弥生月日」とある。そして、序の最後に記された歌「由緒ある　まつ（松・末）の千歳の　墨をもて　しる（記）せるふみ（文）も　色はかわ（変）らじ」は、由緒ある松の墨で記したこの書も変わることが無いと、永く一揆のことを伝えようとする思いが込められている。

百足再来記に記された俳諧（本文中に挿入された句　落首）

絵入り系統本『百足再来記』には興味深い俳諧が記されている。黒正文庫本に最も多く記されているため、これを中心に紹介したい。なお、山元家本には序文の俳諧以外は記されていない。

『百足再来記』の対比（絵図および注記を中心に）

	『百足再来記』（林家蔵）	『遊女物語』（黒正文庫深川村中井氏所持）
外題	「百足再来記上ノ巻」	「遊女物語乾」
内題	「百足再来記」	「百足再来記」
（序文）		
文頭	「さて爰に近江といへるは山高からずひくからず、風雨時をたかへず、湖水の浪静にして、米の実のり替る年なく、……」	「佐須竹の近江の国といえるハ、山高からすひくからす、風雨時をたかへす、湖上のなミ静して、米の実のり替る年なく、……」
作者	「薪する杣の千歳の庵谷某」	「薪する杣の千歳の庵主谷某」
成立時期	「嘉永四歳（1851）弥生月日」	「嘉永四歳（1851）弥生月」
序文末	「由緒あるまつの千歳の墨をもてしるせるふみも色はかわらじ」	「由緒あるまつの千歳の墨をもてしるせるふみも色ハかわらし」
（本文）		
文頭	「抑近江野洲郡三上山一名ヲ百足山ト号シ麓ニ大騒動起ル、其由来ヲ尋ルニ、文政年中大久保伊麻助と云者御公儀エ願ヒ、……」 ①「水口宿天王町万屋伝兵衛方ニテ、甲賀郡ハ座頭寄ト名目ヲ附ケテ、座頭番市原村治兵衛と水口助郷年番ノ衆中立会近郷之庄屋ヲ呼出招キ寄セ内談之図、并野洲郡ハ戸田村御堂ニテ栗太郡之衆中も相共ニ、肥物之直段引下ケト名目ヲ附ケ内談有之候」 **【万屋傳兵衛にて相談の図】** 	「抑江州野洲郡百足山の麓に三上山に大騒動起る、其由来を尋るに、文政年中大久保今助と云者御公儀に願出、……」 「水口をかとふとめるやめくらより」 （見開き右ページ、右上に文字記載） (1)-1「肥物直下ケ寄の図」 （同見開き左ページ、右上に文字記載） (1)-2「水口萬や傳兵衛ニて座頭寄の図」 （見開き、右ページ右上に文字記載）
A	◎田堵野村・五反田村乱妨之事 并矢川社馬場先ニテ勢揃ヒノ事 ②-1「水口郡奉行高田弥左衛門・同断樋口七郎兵衛殿出張之図」 -2「矢川前ニテ寅十月十五日夕方ヨリ勢揃之図」 （二つで見開き） 「水口郡奉行樋口七郎兵衛殿、杉谷村庄屋西村九兵衛方へ尋合有テ九兵衛方へ行テ其帰リノ節エ、多人数集リ居ル所エ馬ニ乗テ矢川前迄来ル所、其跡ニ付ク、高張持村人足松右衛門、左ノほうヲ竹槍ニテツカレほう破レ、深川市場ノ音松之借家ニ豊後国ヨリ来ル医者高崎源例ト申人ニ」 「矢川社御殿ニテのわれけり」 	◎田堵野村・五反田村乱妨之事 并矢川社馬場先にて勢揃ひ之事 (2)-1「深川村の図」（見開き、右ページ） 「せきやぶり二度ハゆるさずゆけゆくな」 （同左ページ） -2「其二矢川社の図」 （見開き、左ページ上に文字記載）

		⑶「三本柳村乱法の図」 （見開き、左ページ下に文字記載） 「乱法ハ思ひの外の久太夫また傳兵衛と心ゆるした」（見開き左ページ上段に文字記載） ⑷-1「中村式右衛門殿甲賀の百姓に願の筋を御たづねの図」（見開き、左ページ上段に文字記載） -2「其二石部松原の図」 （見開き、右ページ右上に文字記載）
B	◎三上村騒動之事并市野茂三郎姥ケ懐江隠るゝ事 ③「三太寺村長古郡垣下油屋藤吉ト申者少々のぼせ有之候人にテ、此度の騒動ニ付弥々のぼセ、石部宿新道松原亀ケ渕辺にて簱ニにたる物をたずさえ、我此度の発頭人也、願之筋ハ申出よ、取次致さんと大音によばわり、故ニ村の人是を見附連帰らんととり巻き候へ共半々不成ニ付、大勢寄て連帰りけるとかや」 **【亀が淵白旗の図】**  （十万日日延べ証文） ④-1「遠藤但馬守御陣屋栗太郡三上村平野八右衛門取扱之図」 （見開き上段、十万日日延べ証文の後） -2「石部宿ニテ膳所家中中村式右衛門日延書附ヲ上甲賀郡之者へ壱枚ツヅ渡す図」 （同見開き下段） 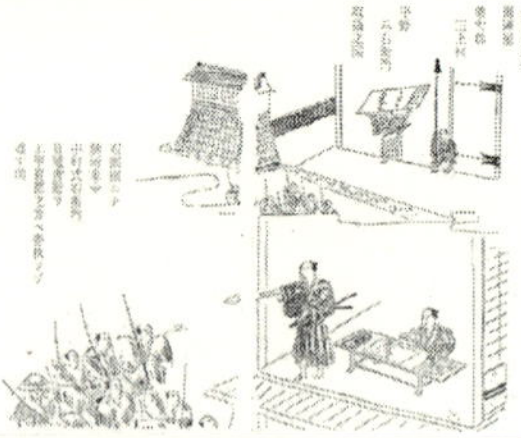	◎三上村騒動之事 并ニ市野茂三郎姥ケ懐江隠るゝ事 5)-1「市野様御旅宿ニ而三郡の百姓乱法の図」 （見開き、左ページに文字記載） (⑸-2「其二」 （見開き、右ページに文字記載）） （十万日日延べ証文） 「ゑんとふや十万日の日ものひる」 ⑹-1「願之筋御尋の図」 （共に、見開き右ページ下段に文字記載） 「うばかふところで一茂二もなく顔かくす」 （同見開き左ﾍﾟｰジ上段に文字記載） ⑹-2「其二十万日の日延相叶文五郎本書を頂く図」（見開き左ページ上段に文字記載）
C	◎針村文五郎本書持帰る事 附り、礒尾村正道之事 ⑤「下礒尾村正道ヲ針村文五郎人足ト共ニ正道ヲ送リ来ル処、杉谷村前野地蔵ニテ異事張故ニ、無處地蔵堂ニ押合致シ候得共、此処ニ正道すわる故ニ、無是非倉治村之庄屋ヲ頼ミニ参ル事」 （1ページ図あり、右上に文字記載）	◎針村文五郎本書持帰る事 附、礒尾村正道之事 ⑺「正道がことばにはりの文五郎」 （見開き、左ページ下段に文字記載）

		「其二」（右１ページ、右上に文字記載）
二冊目 外題	「百足再来記下ノ巻」	「遊女物語坤」 漢詩（後筆カ）
D	◎京都御奉行所御詮儀御下向之事 附り市原村治兵衛召捕るゝ事 ⑥「市原治兵衛召捕る、図」 「捕手之衆もやすに甲賀とうたぐりた」 （図左１ページ、文字は左ページ文末）  	◎京都御奉行所御詮儀御下向之事 附り市原村治兵衛召捕るゝ事 (8)「市原治兵衛召捕る、図」 （見開き、本文１行あり、左１ページ上段に文字記載） 「捕手衆もやすこふかとうたぐりた」 （同ページ左下に文字記載） (9)「土山宿ニて京都より御調の図」 （見開き、右ページ上段に文字記載、本文１行あり） 「坂ハてる　土山雨の　ふるひ声」 （同見開き左ページ左下に文字記載）
E	◎関源之進殿・戸田嘉十郎殿大津に御出役の事京都より科人大津に引渡しの事 ⑦「関源之進殿、石原御役所にて御せめの図」 「石原をかたき調への源のしん」 （見開き） 「一、此騒動に表にあざの有者と坊主と乱法を働き候と其聞え有処ニ、北内貴村弥右衛門伜久右衛門と申者おとなしき者にて、騒動の時には我家の門迄も出ぬ者を災難なる哉、召捕られ、そろばん責に出合ひ死にニけり、あわれ成る事共也」 	◎関源之進殿・戸田嘉十郎殿大津江御出役之事 京都ゟ科人引渡之事 「石原をかたきしらべの源之しん」 （見開きページ、本文３行の後下段に文字記載） (10)「関源之進殿石原御役所ニて御調の図」 （同見開き、左ページ左下に文字記載）

	⑧「戸田嘉十郎殿御尋之御調治兵衛返答之図」 「市原村治兵衛出役人御尋ニ付不憚返答申上ル事」 	(11)「戸田嘉十郎殿御尋之御調、治兵衛返答之図 (続き見開き、左ページ左下に文字記載) (見開き右ページ右上に文字記載)
F	◎加藤様・本多様御家中御咄しの事 附り中村式右衛門返答六ケ敷事	◎加藤様・本多様御家中御呼出し事 附り中村式右衛門返答六ケ敷事
G	◎関源之進殿・戸田嘉十郎殿御下向之事并科人江戸表におもむく事 ⑨「科人江戸下リニ付、北脇縄手水口辺ニテ親子夫婦涙わかれの図」 「かなしさや南無阿ミの篭見る女房子」 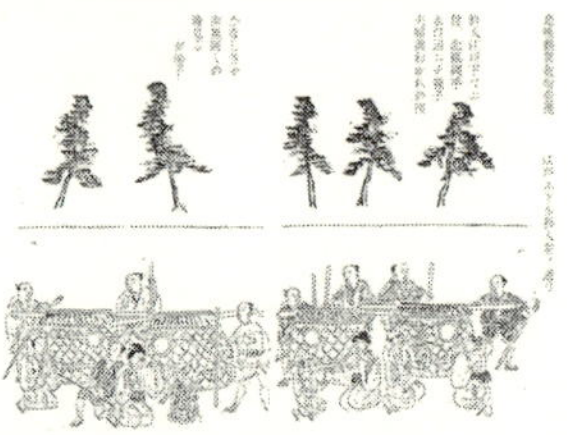 (江戸送り 11 名列記　第壱番針村百性文五郎 ~11 番三上村同（庄屋）平兵衛) (土川平兵衛捨て札) (上野村九兵衛捨て札) (伊奈遠江守仰渡) 「嬉しさや地ごくのミちもぜにですむ」「二条御役所え過料銭を納る図」 (図は次ページ見開き) ⑩「残る処の科人并庄屋ト石打かい吹き過料銭差上る図」(見開き) 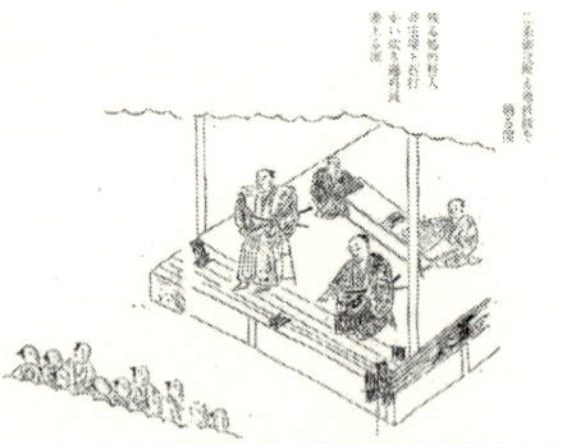	◎関源之進殿・戸田嘉十郎殿御下向之事 并ニ科人江戸表江おもむく事 「かなしさはなむ阿ミのかご見る女房子」 (見開き、左ページ左上に文字記載) (12)「水口宿の図罪人の女房子別れをおしむ図」 (見開きページ、右ページ右上に文字記載) (江戸送り 11 名列記　壱番針村百性文五郎 ~11 番三上村同（庄屋）平兵衛) (土川平兵衛捨て札) (上野村九兵衛捨て札) (伊奈遠江守仰渡) 「嬉しやちごくのミたもせにですむ」 (右ページ右端に文字記載) (13)「二条御役所江過料銭を納る図」 (左ページ左下に文字記載) 「其二」(見開き、文字は右ページ右上のみ)
(本文末)	(文末)「此時御取上被成候過料銭五十七貫八百文とそ聞ゑけり かなしさハ南無阿ミのかご見る女房子」	「此時御取上被成候過料銭五千七八〆文とそ聞江けり」 (裏表紙)「かなしさハなむあミのかご見る女房子」

(図は、滋賀県地方史研究家連絡会編『近江の天保一揆　―記録集Ⅰ―』による。)

「水口を　かとふとめるや　めくらより（寄）」

「肥物直下ケ寄の図」「水口萬屋傳兵衛ニて座頭寄の図」の前に置かれているが、「めくらより（盲寄）」＝座頭寄と考えられるのではなかろうか。これについては、後述したい。

「せきやぶり　二度ハゆるさず　ゆけゆくな」

水口郡奉行高田弥左衛門や樋口七郎兵衛が詰めている矢川社前を、一揆の勢が二度も押し通ったことを皮肉っている。

「乱法ハ思ひの外の久太夫　また傳兵衛と心ゆるした」

五反田村（甲賀町）久太夫および田堵野村（甲賀町）庄屋伝兵衛はともに「御見分先調役」であったと言い、「右両人者此度之御公役ㇳ内見分致候積りニ候故」打ち壊しを受けたと言う。「傳兵衛と心ゆるした」と言うのは、同役であり内見分をする予定であったことを指すのであろうが、「御見分先調役」の実態については明かでない。

「ゑんとふや　十万日の　日ものひる」

一揆の舞台となった三上村の領主遠藤家陣屋役人の御蔭で、十万日延べとなった喜びを詠んだものであろう。

「うばかふところで　一茂二もなく　顔かくす」

市野茂三郎が、三上山の姥ケ懐と言う洞穴に隠れたことを皮肉っている。

「正道がことばにはりの文五郎」

十万日の日延証文の本紙をめぐる礒尾村正道と針村文五郎のやりとりをやはり皮肉っている。「はり」は針の上にいるようだということと針村を掛けている。

「捕手之衆もやすにこふかとうたぐりた」

一揆関係者の捜索を行う役人も、野洲郡と甲賀郡の人々を疑った。

「坂ハてる　土山雨の　ふるひ声」

「坂は照る照る鈴鹿は曇る　あいの土山雨が降る」と歌われた馬子唄を踏まえ、取り調べの厳しさを「震い声」と語っている。

「石原を　かたきしらへの　源のしん」

大津代官石原清左衛門の役所での厳しい取り調べを行った幕府派遣の関源之進のことを述べている。

「かなしさは　南無阿ミのかご　見る女房子」

人々のために江戸送りとなり唐丸籠に入れられた人を仏と思う人々と、唐丸籠に入れられたその人とその妻子と子供のを見るにつけ悲しいことよと沈痛に詠んでいる。

「嬉しや　ちごくのミたも　せにですむ」

多くの罰金に当たる過料銭が命じられたことを皮肉っている。

少なくとも絵入り『百足再来記』の筆者は、絵をたしなむ人であったとともに、俳諧をたしなむ人であったことは確実であり、地域在住の文人の一人であったと考えられる。

三、百足再来記の成立と流布

黒正文庫本を見ると絵入り『百足再来記』の筆者は地域在住の文人の一人と考えられ、一冊本『百足再来記』の原本を書き記したのが誰か興味のあるところである。大角家本からすると、弘化四（一八四七）丁未中冬（一一月）筆写あるいは書いた人がおり、その時の原本の百足再来記の筆者はだれであるか明らかでないが、諸本の在り方からすると、一揆の発祥の地となった甲南町周辺の知識人こそがふさわしいのでないかと思われる。林家本で部分的に文意が通らない所も、寺庄本では明瞭であり、比較的古い時期の成立と考えたい。また、大角家本も甲南町に存在したものの筆写本である。恐らくは、甲賀郡で一揆の処罰が言い渡されて少なくとも四年以内の早い時期に成立していた。

筆写本は甲賀郡を中心に広がっており、大角家本のように栗太郡に伝えられたもの、京大本や岡田家本のように蒲生郡に伝えられた筆写本もある。しかし、序文が付加されたものあるいは序文と絵が付加されたものは、山元家本が本来甲賀郡池田村（甲南町）に伝来したものであると考えられることから、甲賀郡以外からは確認されていない。また、この『百足再来記』は、野洲郡内では山元家本を除いて伝来の事実は未だ確認されていない。これは、野洲郡には別系統の一揆記録が広く流布し人々に書き写されていたこととも関係するかもしれない。

大角家本に見られるように、牛飼村（水口町）油荷持ちが百足再来記の存在を知っていたこと、それを別（仲間）の杉谷村（甲南町）油荷持ちが持参したことにまず注目したい。牛飼村の油荷持ちは仲間の杉谷村油荷持ちから聞いたものと考えられ、天保一揆のことやその記録のことが話題となったことにも注目したい。そして、間の宿本陣で、多くの知識ある武士が宿泊し休憩し情報が集まってくる大角家の主が、この記録に興味を持ち、借り受け筆写し手元に保存したことにも注目したい。林家の本家林卯右衛門家は、代々北脇村の庄屋を勤めた家であった。また、蒲生郡（近江八幡周辺）でも書き写されて行つたことにも注目したい。尤も、蒲生郡鏡村（竜王町）玉尾家文書のように、事件の直後に聞き伝えた一揆の情報を日記に書き留めた例はいくつかある。

また、大角家本ではいつの時点で表題に「實録」が付加されたのか興味深い。岡田家本との関係でも興味がもたれるが、岡田家本の内題には「實録」は付加されていない。そもそも、百足山の麓に大騒動が起こったので、「百足再来記」としたようであり、百足退治の伝説に因んでいる。序文を付された『百足再来記』では、一揆勢が甲賀郡から三上村を目指してぞろぞろとやってくることも百足に比しているようである。

ところで、文末近くにある三上村土川平兵衛の罪札・上野村九兵衛の罪札や、野洲郡を中心に流布する別系統の一揆記録にほぼ同文のものが収録されている。また、亀ケ淵で老人が現れたエピソードなども別系統の一揆記録に収録されており、これとの関係を注目したい。百足再来記に比して記録的要素が強く、先に成立していたか、その内容が広く流布していた可能性を考えている。(10)

四、「座頭寄」について

甲賀郡の結束の要となったであろう「座頭寄」については、畑中誠治氏も?マークを付され、「座頭とは、郡内の村むらの庄屋・村役人のことで、いわば郡内村むらの自治的総会であった」と付記されている。(11)どうもこの実態については明らかでなく、従来の天保一揆研究の中では検討していないことが多い。

『百足再来記』では、野洲郡は肥物値下げを名目に集会をしたのに対し、甲賀郡は「座頭寄」と唱え八月二六日に水口宿万屋伝兵衛方で近郷村々庄屋役人が集合し、七七か村が集まったと記している。また、この時病気のため参加しなかった伴中山村與兵衛一人は、「末々迄何ノタヽリナカリケル」とも記している。

明治二六年に発行された『天保義民録』では、土川平兵衛・黄瀬文吉・田島治兵衛の相談の様子を記述する中で、田島治兵衛にむかっての黄瀬文吉の語りとして「足下は座頭取締役の年番なれば、座頭一条に事を托（託）し、速に郡中の庄屋を召集せられたし」と記述している。そして、九月二六日甲賀郡は一三七か村の内七〇余か村の庄屋が集まったと記している。

明治二四年一一月三〜一一日に日出新聞に連載された「甲賀蜂起録」には座頭寄と唱えて水口宿万屋伝兵衛方で集会し、中山村の与兵衛のことも記すが、参加村の数なども記さず軽く記述している。しかし、『京都滋賀新報』明治一五年八月一五日から四五回にわたって掲載された「三上颪琵琶激浪」では、「また、市原村の治兵衛杣中村の文吉ハ、同郡の坐敷寄（ざしきより）と唱へ、仝じく廻章もて八月廿六日水口宿の郷宿万屋傳兵衛方へ集会ありたしと相觸しかば、甲賀郡七十七ケ村の庄屋および村役人等ハ吾もくと集会なす、中にも水口の郷年寄（助郷傳馬を主どる村役）は第一番に詰めかけたり、その内伴中山村の與兵衛といへる者のみ薄々この催ふしの原因を知り少しの病疹に仮托来会せざりし、その他七十七ケ村のうちに應せざりし村もあり」と記している。

一方、『百足再来記』の末では、天保一四年一一月京都町奉行所で伊奈遠江守からの仰せ渡された内容の中に、「岩根村外七拾七ケ村ハ、右組合（岩根村外七七か村）座頭年番市原村次兵衛より相談をかけ、右（見分猶豫之儀）を頼ミ心得組合村々限示談之上、惣代をもつて水口宿郷宿傳兵衛方ニおいて会合抔致し」とある。[12]

この『百足再来記』の記述からすると、岩根村外七七か村が一つの村々の組合になっていたと考えられ、この組合村の会合が、座頭寄を名目にして水口宿の郷宿万屋傳兵衛方で行われたと考えられる。参加の村数については、七七か村の内に出席しない村もあったことは記される通りであろうと考えられる。当時、水口藩は甲賀郡では三四か村二万石を領し、天保郷帳による甲賀郡の村数は全部で一三七か村、総石高七万八一二八石余であった。岩根村外七七か村の広がりについては、水口藩領の村々のみではその半数に満たず、水口藩領の村々をすべて含むとしても更に少なくとも四三か村が加わる必要があった。

そして、七七か村が集まったと記した後に「且又市原村次兵衛より新宮社氏子江談しけれハ氏子者相談ニ乗さりける」とあり、新宮社の氏子圏の村がその呼びかけの中に含まれていなかった可能性が考えられる。新宮社は、新宮大明神と呼ばれた新宮神社（甲南町新治）と考えられ、その氏子圏は「新宮（新宮郷）九カ村」で、新宮上野村・龍法師村・柑子村・磯尾村・野田村・野尻村・倉治村・市原村（以上甲南町）・虫生野村（水口町）であった[13]。

しかし、『天保義民録』のように、甲賀郡全体の一三七か村の内七〇余か村の庄屋が集まったとの見方もあるが、『百足再来記』をそのまま読むと先のような解釈となろう。尤も、この『百足再来記』の記述自体が史実であるか否かの資料批判が必要であり、『百足再来記』の記述中の一揆参加者が実数より誇張されていることが指摘されている[14]。七七か村についても実数でない可能性も強く、確定は今後の検討に待ちたい。

ところで、座頭寄については、岩根村藤谷弥八の日記にも記述があり、八月二三日～九月二日の四回と一揆後の一〇月二〇日の合計五回関連記事を認められる[15]。九月二日の「座頭寄旁川筋寄」との記述は、まさに座頭寄を名目にしつつ市野茂三郎の川筋見分のことについて協議をしたことを書き留めていると見ることができる。その「座頭寄」が一回のみでなかったことも先に明らかにしたところである。

それでは、「座頭寄」とは何かについては、黒正文庫本『百足再来記』に記された俳諧「水口を　かとふとめるや　めくらより（寄）」がヒントを与えてくれていると考えられる。それは、水口萬屋傳兵衛にての座頭寄にかかわるものであり、差別語であるが「めくらより（盲寄）」＝座頭寄であったと考えることできる。「かとふとめるや」は、関係する村々の結束を堅くつなぎ止めたことを指しているようである。また、水口藩主加藤氏をも少しかけているのであろう。少なくとも、この黒正文庫本『百足再来記』が成立したときにはそのように筆記者をして認識されたはずである。座頭寄とはこの当時村々を徘徊し問題となっていた座頭の取り締まり対策を協議する場であったと考えられる。

座頭の取締については、この天保期において、座頭たちが祝銭を強要する動きが活発化しており、座頭たちの行為に困惑した村々が取締を求め、座頭を統括する当道座の仕置役所との間に、村が「取計料」を支払うことによって座が対処するという取り決めがなされた例が、大和国各地に多数みられるようになっていった[16]。そして、座頭のみでなく虚無僧などの村を巡在する者たちにも同様の対応がなされ、地域の治安維持が多きな課題となっており、その対策には、組合村による申し合わせがなされていた。摂津の例とし、天保一〇年一二月八日「廻在座頭諸勧化取締　組合弐拾九箇村」の記録に、天保一〇年一一月座頭仲間座本長一から吹田村庄屋小四郎へ宛てた書状で、廻在人は官位昇進のため順村し助力を請うものであるが不法の振る舞いをして廻在の本位に背くものが多くいることを記し、そのような者へはこの手紙を読み聞かせ、それでも聞かない者については通報するよう記している。これを受けて、一二月摂州島下郡淀領分一四か村・三宅郷八か村・味舌郷四か村・別府村組八か村（合計三四か村）と吹田村（あるいは三四か村の内か）組合二九か村の「村々申合之事」で廻在座頭諸勧化への対応を申し合わせ、「右之通村々為申合、諸入用之儀は例年十二月十日迄之内、村々惣代中立会可致割合候事」と村々惣代の会合と負担の割り当てを記している[17]。

このように廻在座頭諸勧化への対応取り締まりに伴う費用については、村々の総代が会合し負担の割り当ても行っていた。このような廻在座頭の取締についての組合村の例は、天保期の兵庫や和泉においても見ることができる[18]。まさに、このような廻在座頭の取締についての組合村の近江における例として、その広がりや組織の内容・実態については今後の検討が必要であるが、甲賀郡において確認できると言えそうである。そして、この座頭の取締についての組合村が、天保一揆を引き起こす基盤の一つとなったと考えられる[19]。

おわりに

今日わたしたちが見ることができる『百足再来記』は、天保期の大事件を後に伝えるべく執筆され、多くの人々が後に伝えるべく写し伝え、また新たな創意を加えて伝えられていることが確認できた。特に、絵入と序文が加わっていない段階のものと、それに絵と序文を加えたものの大きく二系統を確認できた。

その広がりは、甲賀郡を中心に蒲生郡へも広がっている。恐らくは、甲賀郡で一揆の処罰が言い渡されて少なくとも四年以内に成立しており、成立時期が早いことも特徴的である。一揆資料の分類からすれば、作者が明記されていないが「一揆記録」の内に考えることができそうである。一面では、成立時期からすると、「三上颪琵琶激浪」「甲賀蜂起録」や多くの語りが記されている『天保義民録』こそ、「一揆物語」とするにふさわしいように思われる。また、『百足再来記』の初本は未確認である可能性が高く、絵入本についても同様である。まだま だ埋もれた伝本があるものと考えられる。文面の内容についても未だ十分分析を行っておらず、更に検討が必要と考えられる。一方、野洲郡を中心に伝本が広がっていると考えられる一揆記録があるが、これらについても別途小論を用意したい。(本書四章四)

今回若干検討を加えた座頭寄については、この天保期ころ各地で問題となっていた徘徊する座頭などの取締のための相談の場であり、各地で組合村をなし協議し対策に当たっていたことからしても、甲賀郡にあっても組合村を形作っていたと考えられる。その実態は、野洲郡で肥物値下げの相談が幾つかの大小の場をもっていたように[20]、甲賀郡の座頭取締の結合にも幾つかの場があったものと考えられるが[21]、今後の検討課題であろう。

本稿を執筆するについては、早くから畑中氏が検討の必要性を示唆されていたことであり、甲南町商工会の依頼で一揆発祥の地矢川神社での七夕談議でお話しした内容および近江地方史家連絡協議会例会での話を元にしている。野洲町立歴史民俗資料館で平成八年度特別展「燃える近江――天保一揆一五〇年――」を開催し、多くの資料を閲覧させていただいた。故山元正義氏からは野洲町に奉職して間近いころに閲覧させていただいたが、資料の位置づけなど検討することなく過ごして来た。ささやかな小文をもって、閲覧させていただいた所蔵者各位にお礼申し上げたい。更に、末筆ながら畑中誠治氏や小林博氏・大谷雅彦氏・石川正知氏・池田宏氏・大谷安彦氏・杣庄章氏・川崎幸一氏から多くの示唆やご援助を受けた。記して感謝したい。なお、私事ながら、近江地方史家連絡協議会例会で報告した一九九六年一二月一日の朝に姉が亡くなった。この小文を捧げることをお許し願いたい。

注

(1)横山十四男『義民伝承の研究』一九八五年一月
(2)アン・ウォルソール「百姓一揆物語の歴史的性格」(『歴史評論』三九四号 一九八三年二月)
(3)河邨吉三『天保義民録』(東京・高知堂)一八九三年九月三日。小野武夫編『徳川時代百姓一揆叢談』上冊(刀江書院)に再録。滋賀県地方史研究家連絡会編近江史料シリーズ(8)『近江の天保一揆――記録集Ⅰ――』一九九三年三月にも再録。
(4)拙稿「近江天保一揆について――一揆の原因「天保検地」を中心に――」(畑中誠治教授退官記念論集『近江歴史・考古論集』一九九六年三月 本書第二章二)。『百足再来記』もいわゆる「物語的一揆記録」「一揆物語」とも述べたが、両氏の区分によると、「騒動記」あるいは「一揆記録」の部類に入ると考えられる。
(5)注(3)に前掲
(6)『天保義民録』によると、中村嘉兵衛・小山七郎兵衛が『百足再来記』などを所持していたようである。嘉永四年

（一八五一）谷某筆写したものを文久二年（一八六二）西村屋利助が更に筆写したらしい『百足再来記』（堀井弥佐郎蔵で二冊本の写しか）もあるようだが、確認できていない。

（7）前掲『近江の天保一揆——記録集Ⅰ——』。「多賀　島之坊」については、近江地方史家連絡協議会例会で報告した時、甲賀郡に見られる多賀の坊人に関係するのでないかとの指摘を受けた。その可能性を考えておきたいが、内容など確認のうえで再検討したい。

（8）青木虹二編保阪智補編『編年百姓一揆史料集成』第一六巻所収（三一書房）

（9）百足山再来記とあるのはこの書のこの部分のみであり、他の本にもみられない。なお、以下序文等の引用は黒正文庫本をもとに引用した。

（10）野洲町立歴史民俗資料館『燃える近江——近江天保一揆一五〇年——』一九九二年一〇月。「三上騒動始末記」（前掲『近江の天保一揆——記録集Ⅰ——』所収）。なお、伊奈遠江守の仰渡につていは、次に問題にする岩根村外七七か村のことが、『百足再来記』に付加された記事内容となっている。

（11）畑中誠治『近世近江の農民』一九九四年八月（滋賀県同和問題研究所）

（12）大角家本。「岩根村外七拾七ケ村者、右組合座頭年番市原村治兵衛ゟ相談を請、右を願心得組合村々限示談之上、惣代を以水口宿郷宿万屋傳兵衛方ニおゐて会合いたし」、寺庄本もほぼ同様である。

（13）日本歴史地名体系第二五巻『滋賀県の地名』一九九一年二月（平凡社）。なお、参考のために新宮（郷）九カ村の領主を天保八年（一八三七）の近江國郷帳で示すと次のようになる。ただし、（　）内は石高を示し、小数点は石を表す。極めて錯綜した支配の地域であり、加藤能登守領分が水口藩領であり、多羅尾靱負支配所が幕府領で多羅尾代官の支配地である。

新宮上野村	最上采女助知行	(199.25)
	多羅尾靫負支配所	(146.7426)
	稲垣若狭守領分	(13.766)
	神保八郎知知行	(11.3283)
	美濃部彦十郎知行	(11.3217)
	美部鉄之助知行	(11.32166)
	美濃部八蔵知行	(11.2887)
龍法師村	横田筑後守知行	(695.157)
	稲葉丹後守領分	(271.938)
	松平伯耆守領分	(150.275)
柑子村	内藤恵之助知行	(660.449)
上磯尾村	内藤恵之助知行	(349.443)
下磯尾村	多羅尾靫負支配所	(362.378)
	内藤恵之助知行	(11.629)
野田村	稲垣若狭守領分	(253.85064)
	堀田豊前守領分	(231.511)
	多羅尾靫負支配所	(9.78436)
野尻村	堀田豊前守領分	(604.715)
倉治村	稲葉丹後守領分	(203.898)
	加藤能登守領分	(198.753)
市原村	松平玄蕃知行	(229.213)
虫生野村	加藤能登守領分	(750.691)

(14) 畑中誠治「天保の一揆と栗東」（栗東町史編さん委員会編『栗東の歴史』第二巻近世編 第五章第三節 一九九〇年三月）

(15) 拙稿「天保一揆史料について（2）——天保十三年藤谷氏日記——」（野洲町立歴史民俗資料館『研究紀要』第五号 一九九五年三月 本書第四章一）

(16) 中川みゆき「廻在座頭の活動をめぐる地域社会の一動向」（奈良県立同和問題関係資料センター『研究紀要』第一号 一九九四年）

(17) 中山太郎『續日本盲人史』一九三六年八月（昭和書房）

(18) 藪田貫『国訴と百姓一揆の研究』終章第一節「国訴と郡中議定（補論）」。なお、このような組合村についてはさらにさかのぼって確認することができる。

(19) 林家本百足再来記の絵図の注には「甲賀郡ハ座頭寄ト名目ヲ附ケテ、座頭番市原村 治兵衛と水口助郷年番ノ衆中立会、近郷之庄屋ヲ呼出招キ寄セ内談之図」とある。この助郷年番衆の加担については、この林家本のみの記述となっている。因に、大角家本の本文は、「亦甲賀郡者座頭寄ト唱、寅八月廿六日水口宿郷宿万屋傳兵衛方ニて近郷近在村々庄屋役人、右萬傳方へ集会致シ相觸ける、水口郷年番不残参会いたし」とあり、「水口郷年番」が「水口宿助郷年番」とすれば、座頭寄に助郷年番衆が残らず参加したとのことになる。この実態についても、今後の検討課題であろう。

(20) 拙稿「天保一揆史料について（1）――大篠原共有文書――」（野洲町立歴史民俗資料館研究紀要）第四号一九九四年三月　本書第二章一）

(21) 注（15）に同。

【補注】本稿の初出は、「近江天保一揆の記録『百足再来記』のこと」（滋賀県地方史研究家連絡会『滋賀県地方史研究』第九号　一九九八年）で、比較表に印刷段階でずれがあったため修正した。絵入りの『百足再来記』は、林家本は明治に入ってからの写しと考えられるが、二〇〇五年矢川会館にて開かれたシンポジウムの時、服部勲氏から下の巻のみコピーを見せられた。それに収録されていた絵は林家本よりしっかりしており、絵入りの元本かと思われ、再調査の必要を感じた。その後残念ながらコピーもその原本も確認できずにきた。甲賀市史近世編執筆時に米田実氏・長峯 透 氏を煩わせ確認を御願いしたところ、原本の所在は明らかでなく、服部勲氏が翻刻されたもののコピーを二〇〇八年三月に提供いただいた。また、『甲賀市史』編さん過程でも関係史料が確認されている。本書第三章とともに『甲賀市史』第三巻 二〇一四年を参照されたい。なお、絵入り百足再来記に注記（比較表A②―2）されている竹槍で頬を突かれた高張り持村人足松右衛門は、山村日記から杉谷村松右衛門悴米吉と確認できる（本書第三章三）。

四、野洲郡に流布した一揆記録「三上騒動記」

はじめに

近江最大の百姓一揆である近江天保一揆は、一揆勢が押し寄せ一揆の舞台となった三上村に因んで「三上騒動」と呼ばれたり、一揆勢動員の中心となった地域の甲賀郡に因んで「甲賀騒動」と呼ばれた。一揆の直接の行動は、天保一三年（一八四二）一〇月一四日～一六日にかけての三日間であり、琵琶湖の周辺や湖に流れ込む各川筋の土地で新開地などの見分のため幕府から派遣された勘定所役人市野茂三郎に、見分の一〇万日延期を約束させ解散した。

この一揆研究には、一揆から五〇年目の記念を意識し出版された河邨吉三の『天保義民録』[1]をはじめ、喜多村俊夫[2]・松好貞夫[3]・苗村和正[4]・畑中誠治[5]・寺井秀七郎[6]・大谷雅彦[7]氏等の多くの研究がなされている。『天保義民録』をはじめとして、早い時期の研究の多くが、事件の後に書かれ事件の経過がまとめて記述された一揆記録をかなり多用して記述が進められてきた。近年の研究では、一揆そのものについての記録はかなり限られたものであるが、一揆の原因となった「見分」や一揆後の処罰にかかわる資料が数多く発見され、それらの新資料による一揆研究が深められつつある。

しかし、一揆の伝承や義民顕彰の問題を考えるとき、直接事件に関係した時間帯に作成された記録のみでなく、伝承やエピソードを含み、時には事実と異なる場合も予想される一揆物語や一揆記録についても検討を深める必要がある。

このような一揆記録の一つである『百足再来記』については、先に若干の検討をし、甲賀郡のおそらくは甲南町付近の人々によって成立し、甲賀郡を中心に流布した一揆記録であろうことを考えた(8)。ここでは、野洲郡を中心に流布したと考えられる一揆記録『三上騒動始末記』について検討したい。

一、『三上騒動始末記』の概要

『三上騒動始末記』については、滋賀県立図書館に所蔵さた一冊本があり、大谷安彦氏の報告がなされている(9)。表紙書などは次のようになったおり、嘉永七年（一八五四）二月に書き写されたものであるが、筆写した人が誰であるかは明らかでない。文末には、「難渋之村々後悔至極ニ末々之世間て相心得へき事に候也。」とあり、多くの出費を伴い後悔極まりないと教訓めいた締めくくりとなっている。また、「死よりも　逃るか市野の　御勘定十万日も　生きるてハなし」と狂歌でもって終わっている。

「三上騒動始末記」の構成は、事書により大きく一一の部分からなり、その内容により便宜的に記すと全体で次の三六の話など（○番号）からなっている。

表紙書「嘉永七年甲寅二月写之
　近江国新開御見分ニ付
　　三上騒動始末記之書置候」
内題「騒動始末記之」
文頭「発端、天保十二年丑十二月、従《ヨリ》御公儀様御見分御用ニ附、近江国川々筋田地・空地・新開場所御見分
役御勘定市野茂三郎様并……」

文末「……外ニ三郡之村々不残御調中壱ケ年余も相掛、諸入用多分ニ金高、雑費無限事、難渋之村々後悔至極ニ末々之世間て相心得へき事に候也

死よりも　逃るか市野の　御勘定　十万日も　生きるてハなし」

「三上騒動始末記」の構成

1. 発端

①天保一二年（一八四一）一二月　市野茂三郎外が仁保川筋を見分し、三上村の見分となった。
②天保一三年（一八四二）一〇月一四日夜四ツ時（一〇時頃）甲賀郡矢川社に人が集まり、一揆が起こる。
③水口藩加藤氏家来が矢川社に出張し、一五日朝には一揆勢は南甲賀へ退いた。
④田堵野村庄屋伝兵衛・五反田村庄屋久太夫が打ち壊される。上野領主藤堂和泉守様　御家来衆が出張のこと。
⑤一揆勢は寺庄村・深川市場村へ戻り店々に物を乞う。
⑥一五日暮れ方矢川馬場先へ水口藩家臣が防御に当たったが、その中を押し通り、多人数が森尻村庄屋徳右衛門方へ詰懸け居宅に乱暴した。
⑦杉谷村庄屋九兵衛へ六、七百人が押し寄せ、宅へ少々乱妨した。
⑧三本柳庄屋和助方へ詰め掛け居宅其外に乱妨し、酒造の大桶の輪を切るなどした。
⑨多人数が横田川原へ詰め懸け、ここに水口藩の家来衆が詰めた。凡人数二万余人、四方に早鐘・大鼓・鯨波《トキノコエ》があがり山も崩るようであった。
⑩田川で酒食を乞い、夏見村で名代の桜川という造酒屋へ詰め懸け呑み荒らし進んだ。

⑪夜明、石部宿東入口に膳所藩御家来衆が馬乗にて防いだが、石部川原に焚出しを用意させた。

⑫菩提寺村へ通り掛に役宅へ押寄せ乱妨した。亀ケ淵で三大寺村老人壱人が白旗のような物を竹の長竿に括り現れ、徒党の人々我差図に随へと言ったが、乱心者で村方より連帰った。

⑬桜村を通り野洲郡百足山之麓三上村御公儀旅宿へ詰懸け、凡四万余人が強訴した。乱妨を働き、見分十万日延引書付を請い、遠藤但馬守御陣屋御役人衆の取り扱かいで 書附が下された。

⑭一六日、八ツ時（二時頃）に鎮まり引き取った。三上村では焚出しを乞い、神社寺々の釣鐘・太鼓を打ち竹を切り竹槍などを携えた。御公儀様其外御一同の衆も無事で、出立され上京で逗留された。風説に「死ぬより逃《ニケ》か市野御勘定十万日も生られぬ御代」と聞かれた。

⑮京都御奉行から与力・同心衆が東海道土山宿・水口宿・石部宿・守山宿へ出張し甲賀郡・野洲郡の関係者を呼び出し、召し捕らえ、京都へ入牢となった。

⑯一二月中頃江戸表から勘定御留役関源之進・戸田嘉重（十）郎が来て、御調方は京都御番所より大津御陣屋へ引渡になり、卯（天保一四年）正月早々より関係者は厳敷御咎めがあり、入牢の労れで病死するものなどが続出した。村々庄屋・年寄・付添惣代の者には、寅十月、人気に誘引され出た人数の調査を命じられた。村々の宗旨帳面を差し上げ、御調中大津宿に四百ケ村が永々役宿に逗留した。

⑰卯二月、加藤能登守様御家来衆七五人、本多兵部太輔様之御家来衆一三五人に御尋があり、徒党之者の防のこと、中村式右衛門が石部宿で焚出しを指図し、又石部問屋所で十万日延引御書附を百枚村々の者へ渡し、百姓名前を記し置いたことの指図のこと御糺しにつき返答が難しかった。

⑱三郡の徒党の者に厳しいお咎めがあり、其節御出役様よりの御申達之儀、発頭人三上村平兵衛より市原村

庄屋治兵衛へ申遣し、水口宿万屋伝兵衛方へ座頭寄と唱え内談した。尤庄屋治兵衛は、是迄七七ケ村座頭年番役をしていた。治兵衛の所存は、横田川原へ人数集り、三上村御旅宿へ願書を以訴え出るつもりのところ、人気立、寄集の者共が御公儀様御旅宿へ乱妨狼籍に及んでしまった。後悔至極、相心得べし。

2.

⑲十万日延引之書付は公役へ取り上げげになった。

3.

十万日延引之書付の写

⑳書付の本紙は針村文五郎が請け取り、途中にて下磯尾村正道が乞い請け取り持ち帰り、二人が関係することとなり、正道は病死した。

4.

㉑卯（天保一四年）三月朔日、御公役二方が出立し、江戸で御伺のため、三月四日、一一人が江戸下りとなった。

石部・水口・土山宿の通りかかりに身寄妻子が暇乞いをした。

5.

㉒江戸下リ人数を列記（発頭・徒党企等の区分も記す）。

6.

㉓騒動の節、湖水浦に渡船は差留となり、勢多橋へ膳所本多様御家来衆が固めた。騒動の者共が京都へ押し寄せないように用意された。淀様御家来衆も駈馬で出張になり、井伊掃部頭様御家来衆も翌日小保志塚村又者武佐宿迄出張なったらしい。

㉔天保一四年二月中旬、大津宿において御調中に不思議に、半月程度の間西南の方に白気が現れた。

7．落着

㉕卯（天保一四年）一一月下旬、江戸表より京都御奉行所へ仰渡があった。御裁許のため京都御番所へ呼出になり、大津御役所牢屋に残る九人も出牢し京都御役所へ召寄になった。

㉖その節、去る寅（天保一三年）一〇月一五日夜、盗み金銭ねだりのため捕らわれた野路村出生の無宿日南と言う角力取が、京都へ操上げ入牢となった。

㉗大津出牢の者共も申渡があり、門前払・欠所追放になった。

㉘本多様御家来中村式右衛門は江戸十里四方近江国者御構、加藤能登守様一九人は押込ミ、遠藤様御陣屋詰二人は押込、本多様御家来衆二三人は押込、石原清左衛門様御手代衆二人は押込、多羅尾様御手代衆二人は押込、京都御与力御同心衆之内四人は押込を仰せ渡された。

㉙甲賀郡下磯尾村山伏八人押込、石部宿内之者手鎖一〇人、宇田村百姓江手鎖七人、氏川原村百姓二人手鎖、杣中村百姓へ手鎖二人、市原村百姓へ手鎖一人を仰せ渡された。

㉚三上村入口に罪札を建て三日間曝した。

三上村庄屋平兵衛の罪札

上野村百姓九兵衛の罪札

8．

㉛江戸下り咎人の面々は永々入牢労れのため途中で三・四人死去し、残りの者も江戸表で追々病死の風聞であった。大津人牢出牢の者は罪の軽重により申渡された。徒党内談会合に携りの者は、庄屋分は役義取り放ち、

その過料青銅五貫文宛を仰せ付けられ、酒食懸りの者は、御呵りを仰せ付けられた。

㉜甲賀郡重立、野洲郡・栗太郡一同之村々給々庄屋年寄不残過料銭を差し上げ、総高七〇〇〇貫文となった。公事宿のひどい飯と詰め込みのこと。

9.

㉝卯一一月、京都へ諸村召し出された節、伊奈遠江守様仰渡の写し書き

10.

㉞甲賀郡菩提寺村庄屋佐兵衛、土井大炊頭より白銀五枚御褒美のこと。

11.

㉟石部宿ほか重立懸りの村方の名前の列記、諸入用多分にかかり難渋の村々後悔至極であり、末々の世まで相心得べきこと。

㊱狂歌「死よりも逃るか市野の御勘定　十万日も生るてハなし」を文末に付記。

二、『三上騒動始末記』の諸本

『三上騒動始末記』とほぼ同様の内容をもつ一揆記録には次のようなものが知られる。表書きなども一様でないが、本文が「発端、天保十二年丑十二月、従御公儀様御見分御用ニ附……」などで始まるものが多い(10)。

・『甲賀騒動由来書』　大谷雅彦蔵（大谷家本）

・『甲賀騒動由来書』　粂川豊治蔵　明治二七年（粂川家本）

・『近江國河筋田畑御見分ニ附甲賀騒働之事』　故山本村路蔵（山本家本）
・『近江国田地御見分付騒働写　發端より御裁許迄記写』　故山崎樹太郎蔵　文久元年（山崎本）
・『近江國田地御見分ニ付発端より御裁許迄記之』　市木亨一蔵　文久四年（市木本）
・『近江国田畑新開場所御見分ニ付従發端裁許迄一宇記之』　里内文庫
・『近江国田畑御見分ニ付騒働写』　黒正文庫　岡山大学付属図書館所蔵
・『近江国新開御見分ニ附騒動始末記是』　嶋澤良一氏提供、狂歌あり
・『近江国新開御見分ニ付三上騒動始末記之書置候』　滋賀県立図書館所蔵、嘉永七年写　狂歌あり

なお、以下、諸本の特徴を列記しておきたい。

『甲賀騒動由来書』大谷雅彦蔵（以下大谷本と略記）

表紙端に「甲賀騒動由来書」と表題をつけ、内題は無く「発端、天保拾三年寅霜月」で始まる。表紙ともで二一紙の竪帳で、文末には俳諧は記されておらず、奥書などもない。大谷氏は、一揆の舞台となった三上村のうち山出に居住され、一揆の当時幕府の見分役人市野茂三郎の宿を勤めた大庄屋大谷治太郎家であり、治太郎は三上藩陣屋の地方役大谷治之助の兄で、陣屋の郡奉行平野八右衛門とは従弟の関係であった。古くから御上神社の社家であり、同社の秋祭りでは惣公文を勤める。(11)

表紙「甲賀騒動由来書」

文頭「発端、天保拾三年寅霜月　従御公儀様御見分御用ニ付、近江国川々筋村々田畑空地新開場所御見分役
御勘定市野茂三郎様并……」

文末「……外ニ数多之村々多分之金子諸入用相掛り難渋いたし、右者郡々村々一同百姓恐入後悔至り極末世ニ至迄可相心得へき事ニ存候、爰ニ、天保十四年卯二月中旬之頃、大津石原御役所ニ於諸村之者被召寄御調中ニ半月斗不思議成哉、西ニあたりて白気雲申酉之方ゟ一文字細竿之如あらわれ出、毎夜暮方より夜之四ツ時迄出申候、凶事か吉事か人申立不思議成かな、其節限り右を《カ》々も消止ミ申候、前段之訳合不軽騒動之成行乍憚末々迄風聞写置末々世々迄尋為記置候、右書付之義誠ニ恐入おゆるしたまゑ候かし」

『近江國河筋田畑御見分ニ附甲賀騒働之事』故山本村路氏蔵（山本家本）

表紙書などは次のとおりであるが、文頭の内題は無く、他の伝本と同様の本文の末には俳諧は記されておらず、周辺の状況、時の庄屋・年寄、「北村御見分之事」・「大津御役所ニ而強門之咄し」を書き加えている。山本家は野洲町北に居住され、地元北村の状況が記されていて興味深い。

表紙「天保十三年寅ノ十月
　近江國河筋田畑御見分ニ附甲賀騒働之事
　　発端より御裁許迄記写之　　」

文頭「御公儀様（御見分）御用ニ付、近江国川々筋村々田畑空地・新開場所御見分役御勘定方市野茂三郎様并ニ……」

文末「……其外ニ数多村々多分之金子諸入用相掛り難渋致候、右者郡々村々一同百姓恐入後悔至極末世ニ至迄恐入相心得へき事ニ候

一、爰に、天保十四卯年二月中旬之頃より、大津表御役所ニおゐて諸村被寄召御調申ニ、半月斗不思議成かな、西ニ当り白キ雲申酉之方より一文字ニ竿之如く顕れ出、毎夜暮方ゟ夜の四ツ時迄出申候、凶事か吉事か人々申立不思儀成かな、其節ニ限り右白キ雲消止ニ申候、前段之訳合不怪騒働之成行始メ而末々迄風聞写置、末之世ニ至迄茂尋心得之しるし置事御ゆるし給へ」

『近江国田地御見分付騒働写 發端より御裁許迄記写』故山崎樹太郎蔵（山崎家本）

帳面末の記載から、一揆の裁許が出されてから一八年目の文久元年（一八六一）七月、山崎八十右衛門が筆写した写本であることが分かる。文末には俳諧は記されていない。山崎氏は、一揆の舞台となった三上村のうち大中小路に居住し、屋号「吉右衛門」と呼ばれ、年寄役を勤めるとともに御上神社の秋祭りでは東座の公文を勤める家である。

表紙「天保十三年寅十月
近江国田地御見分付騒働写
發端より御裁許迄記写」

文頭「発端、天保十三年、御公儀様御見分御用ニ付、近江国川筋村々田畑・定（空）地・新開場所御見分役御勘定市野茂三郎様并……」

文末「……外ニ数多之村々多分之金子諸入用相懸り難渋致候、右は郡々村々一同百姓恐入後悔至極ニ末世ニ至り恐入相心得べき事ニ候
一、爰ニ、天保十四年卯二月中旬より、大津表御役所ニおゐて諸村被召寄御調申候ニ、半月斗不思議

成、西ニ当り白気雲出申酉之方ゟ一文字に竿の如く顕れ出、毎夜暮方より夜之四ツ時まで出申候、凶事か吉事か人々申立不思儀成、其節限り右白気雲消止之申候、前段之訳合不怪騒働之成行初より末くまで風聞ヲ写置末之世までも為心得之しるし置申候、御ゆるし給へ」

奥書「山崎八十右衛門　文久元辛酉歳（一八六一）七月写」

『近江國田地御見分ニ付　発端より御裁許迄記之』市木享一蔵（市木家本）

帳末の記載から、文久四年（一八六四）正月に飯田姓の人が筆写したものであると考えられる。山崎家本に類似すると思われるが、文頭の「発端、天保十三年」を欠くなどやや簡略なった所も見受けられる。文末には俳諧は記されていない。野洲町三上在住の市木氏が、京都の古書市にて購入されたものとのことである。

表紙「天保十三年寅十月中旬
近江国田地御見分ニ付
発端より御裁許迄記之」

文頭「御公儀様御見分御用ニ付、近江国川々筋村々田地空地・新開場所御見分役御勘定市野茂三郎様并……」

文末「……外ニ数多村々多分金子諸入用相懸り難渋致候、右郡々村々一同百姓恐入後悔至極り末世ニ至迄可恐可慎也
爰に、天保十四卯年二月中旬之頃ゟ、大津石原御役所ニおゐて諸村々罷出寄御調中ニ、半月斗不思議なるかな、西ニ当り白雲申酉之方ゟ一文字鎗竿の如くあらわれ出、毎夜暮方より夜之四ツ時まで出申

候、凶事吉事か人中立不思儀なるか事、其節限り右尤ニも消止事候、前段訳合不怪騒働ニ成乍憚末ニ迄風聞写置末々世々迄之尋為記置、右書付之儀誠に恐入御免可下候」

奥書「文久四甲子年（一八六四）正月吉祥日　飯田姓調之」

『近江国田畑新開場所御見分ニ付従發端裁許迄一宇記之』里内文庫（栗東歴史民俗博物館蔵　里内文庫本と略す）

里内勝治郎氏の収集資料中に収められている写本で、表紙ともで二〇紙からなる。文末にある大津で確認された白気雲の風聞は、付けたりのように記され、その後に漢詩が付されている。

表紙「天保十三年寅十月

近江国田畑新開場所御見分ニ付従發端

裁許迄一宇記之　」（一部欠損を類推復元）

文頭「発端、天保十三丑年十月、従御公儀様御見分御用ニ付、近江国川々筋田畑・空地・新開場所御見分役御勘定市野茂三郎様并……」

文末「……外ニ数多之村々多分之金子諸入用相懸り難渋いたし、右は郡々村々一同百姓恐入後悔至極末世ニ至り恐入相心得へき事ニ候

爰ニ、天保十四年卯二月中旬之頃、大津表御役所ニおいて諸村被召寄御調中半月はかり不思議成哉、西ニ当りて白気雲申酉之方より一文字ニ竿之ことく顕れ出、毎夜暮方より夜之四ツ時迄出申候、凶事か吉事か人々中立不思哉、其節ニ限り右白気雲消止ミ申候、前段之訳合不怪騒動之成行はしめより末々迄風聞写置末之世迄も為心得しるし置候事

王曰何以利吾国　大夫曰何以利吾家士庶
人曰何以利吾身　上下更征利而国老是曰頃奚　」

『近江国田畑御見分ニ付騒働写』黒正文庫（岡山大学付属図書館所蔵）

この文書の全文は『編年百姓一揆史料集成』第一六巻に収録し紹介されている。文末の記載から、隠岐村（甲賀町隠岐）の浅五郎が筆写したものであることが分かる。表紙の年号が「亀光元年」とあるところが他の伝本と異なっている。

表紙「亀光元年
　近江国田畑御見分ニ付騒働写
　　発端より御裁許迄　」

文頭「発端、天保十二年丑十一月従御公儀様御見分御用ニ付、近江国川々筋村々田畑空地新開場所御見分役御勘定市野茂三郎様并・・・」

文末「一、重立候懸り村方、石部宿・針村・正福寺村・岩根村・泉村・酒人村・宇田村・氏河原村・杣中村・市原村・杉谷村・深川村・儀（峨）添村上田村・新城村・伴中山・松尾村・油日村・上野村・水口宿、其外野洲郡野洲村・戸田村・三上村、外ニ三郡之村々不残御調中、壱ケ年余も相懸り、諸入用多分之金高雑費無限事、難渋之村々後悔至極ニ候、末々世迄も相心得へき事ニ候也」

奥書「隠岐邑浅五郎書」とある。狂歌無し

最後の「重立候懸り村方」の中に野洲村がこの写本のみに加えられて記述されている。この点でも他本と異なっている。

『近江国新開御見分ニ附騒動始末記是』嶋澤良一氏提供

蒲生郡に伝えられた写本で、県立図書館本と同様に文末に俳諧（狂歌）を収める。

表紙「天保十三寅歳

近江国新開御見分ニ附

騒動始末記是」

文頭「発端、天保十二年丑十一月、従御公儀様御見分御用ニ付、近江国川々筋村々田畑・空地・新開場所御見分役御勘定市野茂三郎様并……」

文末「……外ニ三郡之村々不残御調中壱ケ年余も相懸り、諸入用多分之金高、雑費無限事、難渋之村々後悔至極末世に至る迄相心得へき事ニ候

死のふより　逃るか市野　御勘定　十万日も　生るてはなし」

以上、同類の筆写本を紹介したが、それぞれ表題や書き出しなども一様でなく、少しずつの違いを確認できるが、それぞれの筆写の元となった元本を特定し、筆写の流れを確定して行くことは極めて難しい。しかし、その内容について見ると、大きく二つに分けることができる。それは、文末に天保一四年二月大津での取り調べ中に不思議な雲が現れたことを最後に記す写本と、最初に紹介した県立図書館本のようにそうでなく㉟で終わるものに分けられる。前者としては、大谷家本・山本家本・山崎家本・市木家本・里内文庫であり、後者としては県

立図書館本・嶋澤本・黒正文庫が考えられる。便宜的に前者を甲賀騒動由来書系統本、後者を三上騒動始末記系統本と呼ぶことにしたい。

文末の俳諧は、後者の写本にしかつかないようである。

三、甲賀騒動由来書系統本と三上騒動始末記系統本

ところで、三上騒動始末記系統本の構成については先に紹介したが、甲賀騒動由来書系統本の構成は少し異なっている。記述に若干の違いがあるものの、先の表示番号により順番を山本家本により示すと次のようになる。

1①〜⑱→㉑→㉒→2⑲→㉓→落着3㉕（㉗も追記）→㉘→㉙→㉚→⑳→
→4㉖→㉛→㉜→5㉞→㉟→6㉔

となり、教訓的な言葉で終わる。㉝や㊱の俳諧が記されていないのが特徴的で、勿論⑭のなかにも俳諧は記されていない。

細部について見ると、文頭の表現は若干違いがあることは先に示した通りであるが、⑤一揆勢が寺庄村・深川市場村へ戻り店々に物を乞うた記述は、山本家本では「寺庄村傳兵衛数多之人数罷こし、酒造江打掛り酒を乞、其外ニ焚出し食を乞」とあるが、県立図書館本では「扨寺庄村伝ニ数多人数罷越、酒造江打懸り、酒ヲ乞、其外焚出し食を乞ひ」とあり、三上騒動始末記系統本ではどれも傳兵衛という個人名とはしていない。しかし、山崎家本・里内文庫には「寺庄村傳へニ」・「寺庄村傳へ」としており、小さい点ではあるが筆写される過程で二つの系統が生じている。

⑦杉谷村庄屋九兵衛へ押し寄せた人数は、甲賀騒動由来書系統本では「五、六百人」となっている。この点、

三上騒動始末記系統本では「六、七百人」とはっきり別れる。

両方の系統とも⑨横田川原へ詰めかけた人数は凡二万余人であり、⑬三上村御公儀旅宿へ詰かけた人数は凡四万余人であるが、後者の人数について大谷家本と市木家本は分からないと記しており他と異なっている。大谷家本は「夫ゟ四方八方より押寄来ル人数、甲賀郡重其外野洲郡・栗太郡合而三郡人数七八里も詰懸、野洲郡百足山麓三上村方々ニおゐて御公儀様御旅宿江詰掛ケ人数之者共不知数」とあり、市木家本は「夫ゟ四方江押寄セ来り人数、甲賀郡重立其外野洲郡・栗田郡合而三郡人数七、八万茂詰ける、爰ニ又百足山乃麓三上村方ニおゐて御公儀様御旅宿江詰々掛人数之程ハ相不知」とある。市木家本は「人数七、八万茂」は他の諸本がどれも「人数七、八里も」などとあるため、本来的には七、八里の表現から派生した記述と考えられる。

⑭では俳諧が甲賀騒動由来書系統本には記されていないことは先に記したとおりであり、三上騒動始末記系統本には三冊とも記されている。「爰に風説ニ、死ぬより逃か市野御勘定十万日も生られぬ御代と、其節往来ニ而風聞ニ候」とあるとおり、聞き伝え付加されたか聞き伝えとして付加されたものと考えられる。

このように個々について違いを少しずつ認めることができるが、[12]極めて繁雑であるため大きく異なるところをさらに示すと、⑱の三郡の徒党の者に厳しいお咎めがあり、其節御出役様よりの御申達之儀が注目され、その部分の原文を紹介すると次のとおりである。

扨又三郡之村々徒党之企内談携り者、又者狼籍之乱妨之者、鐘つき・笛吹・状使之者共ニ至迄、厳敷御糺被遊候處、段々咎人被相分ケ御調へ被遊候、其節一同へ御申達シ之義ハ、発頭人三上村庄屋平兵衛ゟ市原村庄屋治兵衛へ申遣候、水口宿萬屋傳兵衛方ニて座頭寄ト唱會合致、水口最寄村々庄屋分立合、此度御見分請候てハ百姓一同難渋ト相成候相心得ニて、甲賀郡・栗太郡村々一同ニ申合惣代を以京都御奉行所へ願書を以罷出度申合、尤見分猶豫之願面にてハ恐入候、談合ニて肥物直（値）段引下ケ之義重ニ歎願いたし度所存ニて諸々會合致シ内談仕、尤庄屋治兵衛義ハ横田川原へ人数集方いたし、三上村御旅宿江歎願いたし度心得ニ取扱方致居候處、兎角百姓一同之人気立ニて不思御公役様方へ押寄狼籍働、壱人之心得違ニて万人之難ト相成、越度を請候義後悔」（山本家本）

扨三郡之村々徒党之者、内談携者、又者狼籍乱妨之者、鐘撞笛吹・状遣イ之もの迄、厳御咎被為遊候処、段々咎人被為分御調被遊候而、其節御出役様ゟ御申達之儀、発頭人三上村平兵衛ゟ市原村庄屋治兵衛江申遣し、水口宿万屋伝兵衛方へ座頭寄と唱江、重立候庄屋分、水口宿最寄之庄屋分、此度御見分請候而者百姓一同難渋と相心得候而、会合いたし内談仕。尤庄屋治兵衛義、是迄七十七ケ村座頭年番役致し候。此者元来所存、横田川原江人数集り方致し、三上村御旅宿江願書を以訴出候心得ニ居候処、一同百姓之人気立候処、寄集之者共、御公儀様御旅宿江乱妨狼籍ニ及候。元壱人之心得違ひ発意致候ゟ事起、万人之難渋と相成、越度受候義後悔至極、来世ニ至り候而相心得へき事ニ候。（滋賀県立図書館本）

山本家本で棒線を付した部分が、滋賀県立図書館本では記述されておらず、一方滋賀県立図書館本に棒線を付した部分が山本家本には記述されていない。これは、単なる新しい事実の付加のみでなく、内容の変更であり、それなりの理由と根拠があるはずである。

ところで、甲賀騒動由来書系統本と三上騒動始末記系統本の前後関係について明言して来なかったが、筆者は前者が先に成立したものと考えている。この点からすると、⑱について甲賀騒動由来書系統本で肥物値段引下げを名目に会合をしたことを記述していたにもかかわらず、三上騒動始末記系統本ではこの点を削除し、庄屋治兵衛が「七十七ケ村座頭年番役」をしていたことを付加し、更に最後に戒めの言葉を付加したと考えられる。そして、「七十七ケ村座頭年番役」の記述は、『百足再来記』において記述された内容と対応する可能性が高い。肥物値段引下げを名目にした会合については野洲郡では明らかに確認できた内容であるが、甲賀郡では例を見ない記述である。やはり野洲郡では肥物値段引下げを名目にした会合が事前協議の場となり、甲賀郡では座頭寄が相談の場となったものであろう。甲賀騒動由来書系統本はおそらく野洲郡で成立し、三上騒動始末記系統本は甲賀郡を中心に流布した『百足再来記』の記述内容に影響を受けて成立した写本と考えられ、甲賀郡の事情に通じた人あるいは『百足再来記』の記述内容を知っていた人が筆写し書き加えと修正を行ったものと考えておきたい。

また、㉝の伊奈遠江守仰渡の写書についても、甲賀騒動由来書系統本には全く記述が無く、三上騒動始末記系統本には記述され、勿論このことは『百足再来記』に収録されている内容である。伊奈遠江守仰渡の内容と先記の「七十七ケ村座頭年番役」の記述が関連している点も注目される。そして、三上騒動始末記系統本の黒正文庫本が甲賀郡隠岐村（甲賀町隠岐）の浅五郎が筆写し所持したものであることは甲賀郡に伝えられた写本として興味深い。

三上騒動始末記系統本は、県立図書館本から少なくとも嘉永七年（一八五四）二月以前に成立しており、甲賀騒動由来書系統本についても、年紀の記述された写本で古い物は文久元年（一八六一）であるが、当然に嘉永七年（一八五四）二月以前に成立していたものと考えられる。恐らくは、『百足再来記』成立以前の時期に成立したものではなかろうか。⑫の亀ケ淵で三大寺村老人一人が白旗のような物を竹の長竿に括り現れ、徒党の人々我差図に随へと言ったが、乱心者で村方より連れ帰ったとのエピソードは、『百足再来記』とも共通し、文章の表現でもかなり近い表現の部分を認めることもできる。『百足再来記』の成立時期については、弘化四年（一八四七）一一月以前天保一四年（一八四三）一一月以降の時期に考えられ、甲賀騒動由来書系統本もこの時期『百足再来記』に先立って成立したものと考えられる(13)。

ところで、甲賀騒動由来書系統本の文末は、里内文庫本では「騒動之成行はしめより末々迄風聞写置末之世迄も為心得しるし置候事」で終わるが、大谷家本では「乍憚末々迄風聞写置末々世々迄尋為記置候、右書付之義誠ニ恐入おゆるしたまゐ候かし」とあり、山本家本では「騒動之成行始メ而末々迄風聞写置、末之世ニ至迄茂尋心得之しるし置事御ゆるし給へ」とあり、山崎家本では「騒働之成行初より末へまで風聞ヲ写置、末之世までも為心得之しるし置申候、御ゆるし給へ」とあり、市木家本では「騒働ニ成乍憚末ニ迄風聞写置末々世々迄之尋為記置、右書付之儀誠に恐入御免可下候」とある。「おゆるしたまゐ候かし」とか「御免可下候」とはだれに対する言葉であるのか興味深いが、恐らくは一揆関係者に比較的近い位置にあった人、そのような人なればこそ出てくる言葉でなかろうかと考えるのは筆者の思い込みであろうか。

ともかく、ここに見た一揆記録の成立事情を図示すると次のようになろうか。

近江天保一揆記録の成立過程の概略図（案）

甲賀騒動由来書系統本の成立 → 三上騒動始末記系統本の成立
天保一四年（一八四三）一一月以降　　嘉永七年（一八五四）二月以前
←
百足再来記の成立 → 序文入り・絵入り百足再来記の成立
弘化四年（一八四七）一一月以前　　嘉永四年（一八五一）三月

四、野洲郡北村付近の動向と村人の想い

『近江國河筋田畑御見分ニ附甲賀騒働之事』（山本家本）では、北村（野洲町北）付近の動向と村人の想いが本文末に付加されていた。この全文を紹介すると次の通りである。

右見分之御公役前文之通り市野茂三郎様、京・大津・信楽之御役人を同々ニて中山道ヲ御下り被遊、仁保川筋北へり古川村邊迄御見分、夫ゟ南へり高木村・小南村ゟ野田・安治村邊ゟ西川原・木部・虫生・八夫村ゟ中北村ゟ北村江御うつり被成、落合悪水樋之上ニて御休被成御茶を揚、北堤ゟ八ノ坪ニて又小休、同御茶揚る事、夫ゟ海道筋字中多之道へ御入被成北村御泊り、御本陣西遊寺殿、御勘定方様油屋惣三郎方、京方様ハ北村氏方ニ而候、大津石原様役人者徳四郎方、信楽多羅尾様御役人ハ酒屋又右衛門方、地頭様三上御役人様茂左衛門方也、年寄衆年番高前之者四五人ツヽ、割合致シ御もてなし申上、下方之者ハ人足おくり、人足ハ村中浄専寺揃集り居、夫ゟ永原・紺屋町・上永原・辻町邊ゟ小篠原へ御入、續ひて三上村両三日御見分有而右之騒働有之候間、心おほへ之為に一寸記置

扨、江頭村者御見分請不申候ニ付三十日斗り御滞留ニて六ケ敷噂に相聞へ候

北村庄屋北村大（弾）右衛門
同　徳四良
同　茂左衛門
年寄　又四良
同　甚助

同　庄蔵
同　三郎兵衛
同　庄左衛門

北村御見分之事

御公役市野茂三良様御出被遊当村民図帳御改被遊候処、往古戸田采女頭様新御けん地被入候處、當郷中ニて永あれ《(荒)》合壱反三畝有之候所、内三畝御用捨ニて、八ノ坪樋ノ尻ニて字抜立持主次郎助之畑はやし并地面、定七林シ田地をかけ同所八ノ坪也、三右衛門林田地ヲかけ、源七茂同様、甚七茂同様、神ら田木村源太夫・伊平迄竿を入、都合壱反分新開ニ被遊候得共、右様之騒働ニ相成候間なをざり

大津御役所ニ而強門之咄し

仁保川筋野洲川筋川合村々庄屋年寄村惣代給々不残大津役所へ被召出、右発頭人ハ勿論其懸り之者共応其科ニそろばん責とゆう樫之三角物三本之上へすわらせ、ひさの上に十六七貫弐拾貫目茂有そふな石をだかし、其上へ人あかりゆする有様、ちハはしる眼もあてられぬ有様を見せ、右役人物を糺し被遊候事長々ニ相成、入用おひたゝ敷事候、何事も納り済候後ニても右之責を思ひ出せハ、眼先ニ見へ身之毛よ立おそろ敷事

ここで明らかなことは、市野茂三郎等の一行は、仁保川（日野川）筋の北辺を古川村（近江八幡市古川町）辺りまで見分し、それから南辺の高木村・小南村（ともに野洲町）から野田・安治村辺りから西川原・木部・虫生・八夫村（以上中主町）、そして、中北村（野洲町）を経て北村へ入った。村の北端部分の「落合悪水樋」の上で休

憩があり、御茶を出した。「北堤」（家棟川沿い）から村の東角の「八ノ坪」で小休止となり御茶を出した。それから朝鮮人街道筋から「字中（仲）多」の道から村へ入り北村で一泊した。

市野が宿泊した本陣は西遊寺で、勘定方は油屋惣三郎方、京方（京都町奉行所役人）は北村氏方、大津代官所役人は徳四郎方、信楽多羅尾代官所役人は酒屋又右衛門方、三上藩役人は茂左衛門方にそれぞれ宿泊した。「年寄衆年番高前之者四、五人ツ、割合」でもてなしした。「下方之者ハ人足おくり」とし、浄専寺に集めた。北村の後は、永原・紺屋町・上永原・辻町辺りから小篠原へ入り、続いて三上村で両三日見分があって騒動となり、心覚えのために記し置くとある。

大まかな見分役人の巡村のルートが記述され、高木村以前については極めて一部しか記されていないようであるが、その後については凡そ順に記しているようである。北村の見分は、凡そ村の回りを一巡して村に入ったようである。

次いで「江頭村者御見分請不申候ニ付三十日斗り御滞留ニて六ケ敷噂に相聞へ候」とあり、江頭村の見分に三〇日程滞留し容易に済まなかったことが噂話として記されている。このことは、別稿で一部を紹介したことと も対応する。(14) 次に庄屋三名、年寄五名の名前を記述している。

「北村御見分之事」では、具体的な見分での協議内容が記され、延宝七年の検地帳にある永荒一反三畝ある中で三畝は「御用捨」され、字八ノ坪・字抜立付近で「竿を入」一反分が「新開」にされたと記す。新開場などと意図する場所を特定し、一定の減免を行い、該当部分のみ実地測量を行ったようである。

「大津御役所ニ而強門之咄し」では、仁保川筋野洲川筋村々の庄屋年寄村惣代が支配所毎に大津代官所へ召し出され、発頭人や関係した者に対する算盤責めの「眼もあてられぬ有様」を見せられ、問いただされ、それも長期に及び費用がかさんだことを記す。そして、すべてが納まった後でも責めの様子を思い出すと身の毛もよだつ恐ろしいことであると記している。この書を筆写した人は、取り調べの場に出頭させられた一人であったのであろう。やはり、人々に強い恐怖心と強い印象を残させずには置かなかった。

おわりに

ここに見た甲賀騒動由来書系統本で出所の明らかな写本は、現在のところ野洲郡の写本四点であり、野洲郡で成立した可能性が高く、野洲郡を中心に流布したものと考えられる。一揆関係者の手前、一揆の記録を止めることあるいは筆写することが憚られる様子を記した記録もある。

一方、後に成立したと考えられる三上騒動始末記系統本では教訓的な言葉で締めくくるようになっており、伝承される中での微妙な変化をうかがうこともできるように思われる。また、『百足再来記』あるいは同様の記録などの影響を受けて付加されたと考えられる内容もあり、伝承内容の付加もなされて行っている。三上騒動始末記系統本では、明らかに甲賀郡の人が筆写した写本が伝えられ、甲賀郡へ流布するとともに蒲生郡へも伝えられている。

甲賀騒動由来書系統本の成立時期は、一揆にかかわった人々に裁許が言い渡された天保一四年（一八四三）一一月以降の比較的早い時期に成立したと考えられる。甲賀郡で成立し甲賀郡を中心に流布した『百足再来記』の成立が弘化四年（一八四七）一一月以前であることが分かっており、この『百足再来記』に先行して成立したものと考えられる。

この記録を書き留め写し伝承することを憚りながらも、伝える必要を痛感した人々が何人もいたことをかいま見ることができる。そして、一揆の伝承あるいは義民の伝承は、一揆の後時間を置かず成立していた。近江天保一揆の記録は、他の一揆に比べても多いと言えるのではなかろうか。それは、一揆の広がりとともに、この一揆の性格にも関係している。当時の村の庄屋・年寄などの村役人が多く関係し、処罰をも受け、村を引っ張っていた人々が多くの関心を持たざるを得なかったことにもよるのであろう。そして、この一揆記録は、筆写される中で教訓的な要素が強くなるが、よりまとまった『百足再来記』の伝承内容が甲賀郡を中心に普及して行くようである。今後更に、一揆の伝承過程についても検討を深めて行きたい。

注

（1）河邨吉三『天保義民録』一八九三年九（東京・高知堂）、小野武夫編『徳川時代百姓一揆叢談』上冊（刀江書院）に再録、滋賀県地方史研究家連絡会編近江史料シリーズ（8）『近江の天保一揆——記録集Ⅰ——』一九九三年三月にも再録。
（2）喜多村俊夫「近江検地史上に於ける天保年間湖東三上山検地の性格」（『経済史研究』一九四一年一二月、『近江經濟史論攷』（大雅堂）一九四六年一〇月に再録）
（3）松好貞夫『天保の義民』（岩波新書）一九六二年一月
（4）苗村和正「天保十三年十月十三日の三上村」（『湖国と文化』第五四号一九九一年）、同『日本史のなかの湖国』（文理閣）一九九一年。
（5）畑中誠治「天保の一揆と栗東」（栗東町史編さん委員会編『栗東の歴史』第二巻近世編第五章第三節一九九〇年三月）、同『近世近江の農民』一九九四年八月（滋賀県同和問題研究所）
（6）寺井秀七郎（『野洲町史』第二巻通史編二）、同『義民庄屋土川平兵衛』一九八二年四月
（7）大谷雅彦『夜明けへの狼火近江国天保義民誌』一九九二年一〇月（天保義民一五〇年顕彰実行委員会）

（8）拙稿「近江天保一揆の記録『百足再来記』のこと」（『滋賀県地方史研究』第九号 一九九八年）。本書第四章三。
（9）大谷安彦「三上騒動始末記」（『滋賀県地方史研究紀要』第八号 一九八一年）、前掲『近江の天保一揆――記録集Ⅰ――』に再録。
（10）『野洲郡史』下に『三上山邊騒動一件記録』（文久元年（一八六一）三月の写し）の抜粋が収録されているが、これは別系統の史料と考えられる。
（11）注（7）『夜明けへの狼火近江国天保義民誌』。明治二七年の粂川家本は未確認であるが、大谷家本の写しであろうか。
（12）⑯卯（天保一四年）正月早々よりの関係者取り調べに伴う大津宿に逗留した村数が、甲賀騒動由来書系統本では三四百ケ村で、三上騒動始末記系統本は四百ケ村となっている。⑰卯二月、御尋があった本多兵部太輔の家来は、甲賀騒動由来書系統本では一三〇人で、三上騒動始末記系統本は一三五人となっている。中村式右衛門が石部で写し渡した十万日延引の書付の数は三上騒動始末記系統本では百枚となっているが、甲賀騒動由来書系統本では異なっている（「九枚」と記載か）。
（13）三上騒動始末記の構成の中で、甲賀騒動由来書系統本と三上騒動始末記系統本の両方の最初に共通する1 ①～⑱は、⑱は「後悔至極、相心得べし」のように教訓的な記述で、一まとまりの話が終わったような表現になっている。ここまでは大津代官所での取り調べまでの内容である。また、甲賀騒動由来書系統本では1 ①～⑱→㉑→㉒がまとまった話となっており、これは江戸送りとなった部分までである。そして、その後にはいくつかの聞き書きが付加されたようになっている。恐らく、このような段階的な付加がなされて行った可能性が高い。これについては別稿で検討し明らかにしたい。
（14）拙稿「近江天保一揆について――一揆の原因「天保検地」を中心に――」（畑中誠治教授退官記念論集『近江歴史・考古論集』一九九六年三月）。本書第二章二。

付記

本稿の内容の多くは、近江地方史研究会の一九九七年二月の例会で報告したものであり、出席者の方々から多くの示唆を受けた。また、一九九二年一〇～一一月に野洲町立歴史民俗資料館で開催した秋期特別展『燃える近江――天保一揆一五〇年――』に多くをよっており、その後ささやかながら検討を進めて来た近江天保一揆調査研究の一部である。末筆ながら、資料所蔵者の方々に御礼を申し上げるとともに、近江天保一揆の研究者で終始指導助言をいただいた畑中誠治先生や大谷雅彦先生に、厚くお礼申し上げます。

【補注】本稿の初出は、「天保一揆史料について（3）「三上騒動始末記」――野洲郡に流布した一揆記録――」（『野洲町立歴史民俗資料館研究紀要』第六号　一九九九年）である。その後「弘化四年二月写」と記された三上騒動始末記系統本（筆者蔵）が確認され、その成立が弘化四年に遡ることが考えられる。本書第五章参照。

一揆で犠牲となった義民の顕彰活動が地に着いた活動となるためには、研究活動と連携し、研究成果に裏付けられた顕彰活動となることが大切と考えられる。一般的に住民運動が度々の学習会を積み上げながら活動が進められるように、一揆の実態を学習し歴史的意義を再認識するための学習活動が大切である。他の地域の義民・一揆についての現地研修を含む学習も有効である。また、近江天保一揆のように広域な一揆の場合、関係地域の旧甲賀郡と旧野洲郡地域の顕彰活動同士の交流と連携も意義深いことである。このことは、天保義民土川平兵衛顕彰会でも既に積み重ねられていることでもある。

そして、一揆・義民研究でもこのことを意識し、郷土史研究の交流と連携が有益であり、大事件が地域に及ぼした影響や時代背景などについても明らかにする努力が必要と考えられる。そもそも、何のために一揆研究をするのかはそれぞれの立場により違いがあるが、少なくとも、地域の大事件の解明は地域の歴史を理解する上で重要であり、特に近江天保一揆の場合は、近代の予兆の把握、既に見た組合村の存在と議論の場の存在が確認できることは興味深い。

天保一揆は幕末に近く、史料が多い。一揆史料は多くは領主側の史料、風聞が中心で、事実を把握するのが容易でないが、村役人が多く関係したため、取り調べを含め関係史料が多い。土地の調査が原因であるため、村々の土地の状況を知る手がかりになる。また、事前の相談がなされ組合村と地域の村々の結びつきを解明する手がかりになる。未だ触れられていない史料もあり、二回の展示で紹介したものも十分活用できていないものもある。

村平兵衛と上野村九兵衛の罪札

早くから知られていた基本的な史料の再確認も必要である。たとえば、天保一四年(一八四三)一一月二九日、京都町奉行所で一揆に関係した人々を呼び出し裁許が言い渡され、三〇日から三日間立てられた三上村庄屋土川平兵衛と杉谷村九兵衛の罪札の文面が多くの史料に掲載されている。『天保義民録』や「百足再来記」や「三上騒動始末記」といった記録にも収録されている。平兵衛の罪札の内容には違いがほとんど無いが、九兵衛の罪札については若干の違いが認められる。

三上村の隣の村である南桜村の年寄を勤めていた南井清左衛門が書き残した記録である天保一四年一二月「甲賀騒動裁許書」記載文は次の通りである(傍線は筆者)。

江州野洲郡三上村 病死 平兵衛

此者儀強訴徒黨之儀ニ付而も兼而嚴重之御觸も有之候処、江州新開場御見分之儀巨細之糺請候而者一同難渋可致与、右見分猶豫之儀村々申合惣代を以奉行所江及愁訴候へ者自然願も可相立与存付、尤見分之儀ニ付而者決而願ケ間敷義いたし間敷与、領主より別段申渡しも有之候上ハ容易ニ発言も難致、併手段を以取計必定顕申間敷与、肥物直段引下ケ方を重モ之名目ニ致、右見分猶豫願可致与村々之者共江申通候故、銘々右賴ニ心得自然人気一致いたし所々におゐて会合相催、又者野洲川筋村々見分有之候跡ニ至り奉行所へ出頭いたし候而者心手後れニ可相成与、此上ハ村々挙而御勘定方旅宿江歎願いたし候より外有之間敷与決心いたし、右之趣杣中村文吉江及内談、既同人重モ立市原村庄屋治兵衛等談判之上廻状差出し、野洲郡外弐郡村々之者共徒黨致シ人家等打毀、其上御勘定方旅宿前江多人数押寄セ強訴、剰御用物長持其外打砕品々及狼藉候次第ニ至候段、不恐公儀いたし方、右始末不届至極ニ付存命ニ候得者三上村ニおゐて獄門ニ行へくもの也

江州甲賀郡上野村 病死 九兵衛

此者之儀強訴徒黨之儀ニ付而者兼而厳重之御觸を有之候処、江州村々新開場見分有之を難渋ニ存、見分猶豫之儀杣中村文吉等重立、三上村御勘定方旅宿江村々挙而歎願可致与、横田川原江人数集方致候節、右人数ニ交場所ニおゐて五反田村久太夫其外之もの共居宅可打毀旨、杣中村平兵衛差図ニ随ひ岩根村八右衛門倶ニ人数懸引等いたし、又者針村文五郎一同石部宿其外所々におゐて酒飯爲差出呑喰いたし、其上徒黨之もの共一同御勘定方旅宿前江押寄セ及強訴候セツ、見分猶豫之儀ニ付勝手侭之書面申請度旨、右平兵衛より申出調印又者文言等相好、渡方猶豫有之候を待兼同人指揮ニまかセ、此もの先キ立八右衛門一同旅宿門内ニ取出有之御用書物長持打砕候段、不恐公儀いたし方右始末不届致極ニ付、存命ニ候得者三上村ニおゐて獄門ニ行へき者也

九兵衛の罪札で「杣中村平兵衛差図ニ随ひ」とある部分が、大角家本「実録百足再来記」でも同文、「絵入り百足再来記」林家本では「杣中村平兵衛指図ニ随ひ」とある。しかし、野洲郡に流布した「甲賀騒動由来書」(大谷家本)では「杣中村平治差図ニ随ひ」となっており、嘉永七年の年紀がある「三上騒動始末記」では、「三上村平兵衛差図ニ随ひ」となっている。この罪札の比較をすると、別表の通りとなる。

三上村平兵衛差し図と記す「甲賀騒動訳合之事」(井上家本)は嘉永五年の年紀があり、嘉永四年七月写の「実録百足再来記」(大角家本)と同系統の写本と考えられるが、後者では三上村平兵衛でなく杣中村平兵衛と成って

上野村九兵衛の罪札の比較表

史　料	重立者	打毀差図者	猶予書面申出者	備　考
天保年間騒動記　寺庄	杣中村文吉等	杣中村平兵衛	平兵衛	
実録百足再来記　大角家本	杣中村文吉等	杣中村平兵衛	平兵衛	弘化４年写の嘉永４年７月写
実録百足再来記　金田家本	杣中村文吉等	杣中村平兵衛	平兵衛	嘉永４年８月
百足再来記実録　船木岡田家本	杣中村文吉等	杣中村平兵衛	平兵衛	万延元年７月
甲賀騒動訳合之事　酒人井上家本	杣中村文吉等	三上村平兵衛	平兵衛	嘉永５年、大角家本系統
百足再来記　深川村増田氏本	杣中村文吉等	杣中村平兵衛	平兵衛	絵入り
遊女物語（百足再来記）　黒正文庫	杣中村文吉等	杣中村平兵衛	平兵衛	絵入り　深川村中井氏
百足再来記　林家本	杣中村文吉等	杣中村平兵衛	平兵衛	絵入り
百足山再来記　野洲市歴史民俗博物館蔵	杣中村文吉と	杣中村平兵衛	平兵衛	慶應２年８月水口塗師屋町井上伊八
甲賀騒動裁許書　南井家文書	杣中村文吉等	杣中村平兵衛	平兵衛	
騒動写発端より御裁許迄記写　山崎家本	杣中村文吉等	杣中村平兵衛	平兵衛	文久元年７月写
騒動写発端より御裁許迄記写　黒正文庫	杣中村文吉等	杣中村平兵衛	平兵衛	亀光元年
発端より御裁許迄記　市木享一本	杣中村文吉	杣中村平治	平治	文久４年正月
甲賀騒動由来書　大谷家本	杣中村文吉	杣中村平治	平治	
騒動風聞写　発端ｙ御裁許迄記　中畑家本	杣中村文吉	杣中村平治	平次	
発端より御裁許迄記　古川本	杣中村文吉	杣中村平治	平次	
甲賀騒動之事発端ゟ御裁許迄記写　北山本家本	杣中村文吉等	杣中村平治	平治	
三上騒動始末記	杣中村文吉	三上村平兵衛	平兵衛	嘉永７年２月写
三上颪琵琶激浪	杣中村文吉等	杣中村平兵衛	平兵衛	明治 15 年８月～
甲賀蜂起録	杣中村文吉等	杣中村平兵衛	平兵衛	明治 24 年 11 月
『天保義民録』	杣中村文吉	杣中村平治	平治	
『天保の義民』		杣中村平治	平治	

いる。筆写間違いと考えざるを得ない。なお、『甲賀郡志』に収録された中辻氏雑記に「三上村平兵衛差図」とあるとするが、中辻氏から提供されたコピーでは「杣中村平兵衛」とあり、郡志の筆写間違いと考えざるを得ない。

このような違いが、伝播の経路を少なからず示しているように思われる。総ての記録が残っているわけでもなく、残った記録の総てを確認することは不可能であるが、伝播の経路を読み解いていくことも必要であろう。なお、『天保義民録』とそれ以前の明治の記録とでは差し図者が異なっていることも確認しておきたい。

この罪札によると一揆の現場で「見分猶豫之儀ニ付勝手侭之書面申請度旨、右平兵衛より申出調印又者文言等相好」、十万日日延べを求めたのが杣中村平兵衛であったことになり、「天保義民録」に収録された天保一四年一二月言い渡しがあったという平野八右衛門の宣告状[1]で三上村の本陣で見分猶予の書面に印形が無くては証拠にならないなどと杣中村平兵衛が言ったとある。義民録所収の上野村九兵衛の罪札には「見分猶豫之儀に附勝手侭之書面申請度旨、右平治より申し調印又は文言等相好」とある。しかし、平治でなく平兵衛の方が平野八右衛門への宣告状と一貫していて矛盾がない。このことは、先の比較から初期の記録で杣中村の平兵衛とあることと矛盾しない。微細なことと思えるが、一揆の現場で渡り合い十万日日延べ證文を導き出した中心人物のことであるので確認しておく必要がある。その杣中村の平兵衛がどのような人物であったのか興味が湧くが、『天保義民録』の「天保義民録拾遺」の黄瀬平治の項にその弟であり、天保一三年一二月二五日、大津の白洲で鞭扑の下に斃るとある。時に四一才で、大津市小川町浄土宗観念寺の過去帳に真月清傾信士として記されている。(2) 兄平治と共に一揆の舞台にいたと考えられ、『天保義民録』の著者河郁吉三は、黄瀬平治が「市野茂三郎に迫り検地無期の中止を為さしむ」とあり、そう考えた。『天保義民録』では、平野八右衛門から見分見合わせの證文に押印したものを請取ったのが黄瀬平兵衛で、それを同志に示した上で、大谷治之助に戻し十万日日延べの旨を書くように平野に取次を求め、平野は藤井鉄五郎に求め藤井と大坪本左衛門等と相談して作ったとしており、黄瀬平兵衛の働きを記している。しかし、これは、物語となっており詳しく事実を確認してのことではなかろう。ともあれ、両人が一揆の場にいた可能性は高い。『天保義民録』刊行時点では一揆から五〇年が経過し、物語化している部分があるものの、今日では確認できない史料も見て記述されている。史料の引用部分は、修正されていない限り貴重な記録である。誇張され、独断で記述された部分を除き、ふるい分けしながら事実を確認していくことが大切である。

一揆の参加者数と義民

さて、諸史料による一揆参加者数は、色々である。そもそも実数を把握することは出来ず、見かけの感想程度でしかないと思われる。とはいえ、参考に比較表を示すと、次の通りである。三上村に押し掛けた百姓は四万人

諸記録に見る一揆の参加者数

	史　料	横田川原	三上村	所蔵等
1	甲賀騒動発端記	凡二万余人	五六万人	南井家文書
2	甲賀騒動由来書	弐万余人	不知数	大谷家文書
3	天保拾三年寅十月日 近江国田地御見分ニ付騒動風聞写　発端ゟ御裁許迄記之	凡二万人余	不知数	中畑家文書
4	天保十三寅年十月中旬 近江国田地御見分ニ付　発端より御裁許迄記之	凡二万余人	相不知	市木家本
5	天保十三年寅十月 近江国田地御見分付騒働写　発端より御裁許迄記写	凡二万余人	凡四万余人	山崎樹太郎家文書
6	天保十三寅年十月 近江国田畑新開場所御見分ニ付従発端御裁許迄一宇記之	凡二万余人	凡四万余人	里内文庫本
7	天保十三年寅ノ十月 近江国河筋田畑御見分ニ附甲賀騒働之事　発端ゟ御裁許迄記写之	凡二万余人	凡四万余人	山本家文書
8	嘉永七年甲寅二月写之 近江国新開御見分ニ付　三上騒動始末記之書置候	凡人数弐万余人	凡四万余人	滋賀県立図書館蔵
9	亀光元年 近江国田畑御見分ニ付騒動写　発端より御裁許迄	凡二万余人	凡四万余人	黒正文庫
10	天保十三寅歳 近江国新開御見分ニ附　騒動始末記是	凡二万余人	凡四万余人	嶋澤本
11	近江国田畑御見分ニ附騒働　発端より御裁許迄記	人数弐万余人	人数凡百万人余	古川蔵　弘化四年二月写
12	実録百足再来記	人数凡三四万人余	人数凡六七万余	大角家文書
13	天保騒動記（表紙書は後筆　百足再来記）	人数凡三四万人余	人数凡六七万余	寺庄区有文書
14	実録百足再来記	人数凡弐三万余	人数凡六七万余	金田家文書
15	遊女物語（絵入り百足再来記の写）	人数凡弐三万余	人数凡五六万余	黒正文庫
16	絵入百足再来記	人数凡弐三万余	人数凡五六万余	林家本
17	天保義民録	凡二万余人	総勢四万余人	
18	10月17日平野八右衛門の報告		凡四万人計	天保義民録所収
19	10月23日遠藤但馬守の報告	凡壱万人程	凡弐三万人程	天保義民録所収
20	10月27日遠藤但馬守の報告	凡壱万人程	凡三万人余	山村日記　天保14年2月6日項
21	三上安之丞「御公役御出之節日記」		四千人餘	本書2章4所収
22	江州甲賀郡騒立一件并ニ不思議成白雲出候図書記録帳		凡人数四千人余	近江の天保一揆－記録集Ｉ－

（1～7は甲賀騒動由来書系統本、8～11は三上騒動始末記系統本）

とは考えがたく、四千人程度かあるいはそれ以下が現実に近いのではなかろうか。

古川蔵とした弘化四年（一八四七）二月写の「近江国田地見分附騒働発端より御裁許迄記」に百万人余とあるのは、四万人を百万人と書き誤っているように思われる。この写本は、最後の狂歌はないものの本文中（一揆後京都町奉行所の探索までの間）に記されていて、三上騒動始末記系統本と考えられる。[3] 帳末に「弘化四未二月写之　松尾氏　定吉」とあり、さらに別書体のため後筆と思われる「所持　深尾平助」の文字と角印が押されている）。年紀は弘化四年と早いが、本文書き出しも「従天保十三年之丑十一月之事なり」と年号と干支がずれており、誤字や当て字、追記も多く気になる写本である。表紙と本文頭は写真の通りである。この史料は地域から流出した史料の一つで、出所が明らかでない。出所不明の史料が増大することは悲しむべき事態である。史料の研究もさることながら、地域の史料が地域から流出しないようにすることが大切である。ともあれ、多くの心ある人々が大事件の記録を筆写し伝えようとしたことは明らかで、今後更に史料が発見されることと思われる。

また、一揆で犠牲となった義民を把握するだけでも容易でないように思われる。義民全体ではないが、今後の参考のため明治四年八月御赦法要時の精霊回向記記載の甲賀郡の義民の表を左に掲げておきたい。この表を参考

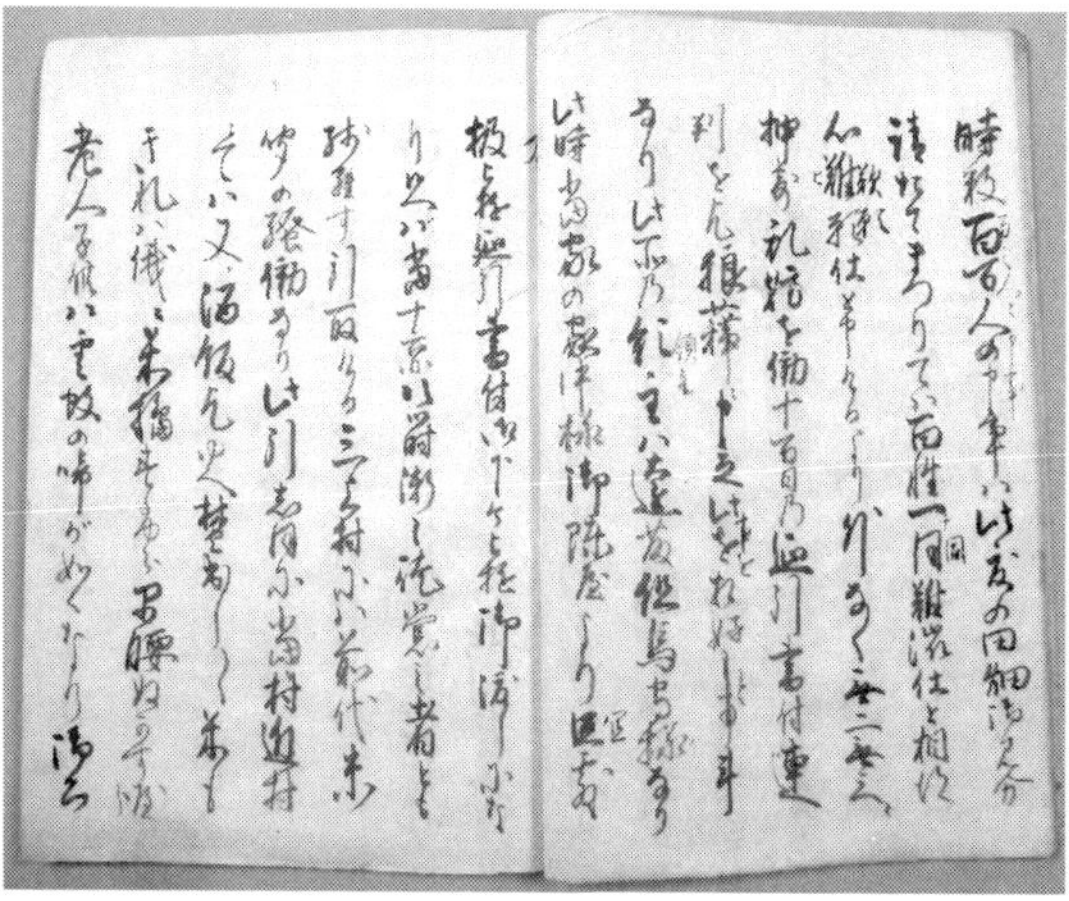

「近江国田地見分附騒働発端より御裁許迄記」（著者蔵）

明治４年（1871）８月御赦法要時の精霊回向記記載の義民

記載順	戒名	村名	名前
1	台誉至徳法山居士	杉谷村	九平（九兵衛）
2	真誉道宗音禅定門	宇田村	惣平（惣兵衛）
3	天誉宗眼禅定門	宇田村	宗三郎（惣三郎）
4	相誉実音禅定門	宇田村	金七
5	随誉西順禅定門	宇田村	忠平
6	随岳教順信士	宇田村	彦治郎
7	登誉成覚禅定門	宇田村	新八
8	幸山源道信士	宇田村	金平
9	松源院村司教善居士	松尾村	喜平（喜兵衛）
10	覚誉量観信士	深川村	安右ヱ門（安右衛門）
11	本光院源誉道誠篤順信士	岩根村	弥八
12	得法院忍誉不退道樹居士	岩根村	庄内
13	観山浄喜信士	岩根村	八右ヱ門（八右衛門）
14	諦空聴善信士	岩根村	忠平（忠兵衛）
15	西刹定入信士	花園村	作右ヱ門（作左衛門）
16	頓岳證入信士	花園村	清右ヱ門（清右衛門）
17	晋覚浄聞居士	杣中村	文吉
18	正覚明智居士	杣中村	平次郎（平治）
19	安山良開居士	杣中村	平三郎
20	真月清観居士	杣中村	平兵衛
21	確翁道見居士	杣中村	兵右ヱ門（兵右衛門）
22	春山浄栄信士	杣中村	栄吉
23	観誉道白喜順禅定門	杣中村	茂平
24	紫光明雲信士	杣中村	忠左ヱ門
25	正誉空法覚道禅定門	氏川原村	庄五郎
26	報誉真光察還禅定門	氏川原村	庄左ヱ門（庄左衛門）
27	春岸浄喜禅定門	水口郷山丁	八良平
28	光覚自生信士	北内キ村（北内貴村）	久右ヱ門（久右衛門）
29	義貫成勇信士	西内キ（西内貴村）	吉右ヱ門（吉右衛門）
30	学道宗全禅定門	酒人村	金三郎
31	西刹向還信士	酒人村	市右ヱ門（市右衛門）
32	西誉勇進禅定門	泉村	介右衛門（助右衛門）
33	安誉楽法行願禅定門	伴中山村	傳三郎
34	誓誉願廣信士	新城村	吉良平
35	正誉至道念真禅定門	市原村	治平（治兵衛）
36	哀誉愍慈道禅定門	市原村	政右衛門

にすると、甲賀市水口町松尾の願隆寺にある義民の供養塔に刻まれた三人の戒名は、（中央）「松源院村司教善居士」は松尾村の庄屋中藪喜兵衛、（向かって右側）「真誉實道宗音禅定門」は宇田村庄屋惣兵衛、（左側）「本光院源誉道誠篤順居士」は岩根村庄屋藤谷弥八の戒名と考えられ、何故一緒に刻まれているのか不思議である。

近江天保一揆の史料と課題

精霊回向記は水口城資料館展示のものと河村吉三により筆写された守山市新庄の川村家文書中で確認した。両者間に矛盾はなく、筆写史料の有効性を示している。また、川村家文書中の天保一揆関係史料は、『天保義民録』執筆に伴い調査され筆写された史料があり、今日では確認できない資料が含まれている。たとえば、天保一三年一一月森尻村庄屋徳右衛門の文書は[4]、組合村の動きを知ることができる貴重な史料である。

近江天保一揆の史料については、先ず一揆の原因となった幕府の土地調査（勘定方市野茂三郎ほか）関係史料が、調査を受けた村々では見分役人からの廻状、事前の準備、見分当日対応、見分経費等記録の存在が考えられ、調査を受ける予定であった村々でも情報収集、廻状、事前準備の関係史料が残されている可能性がある。一揆の廻状や呼び出し状[5]、十万日日延べ証文とその写などは、取り調べの過程で取り上げられた。

史料として多いのが、一揆後の取り調べ関係史料である。京都町奉行所からの探索、天保一三年一二月〜天保一四年二月までの戸田嘉十郎・関源之進による大津代官所での取り調べ関係の呼び出しや求められた返答や報告に関係した記録、さらには当時の日記類や覚書などが存在する。天保一四年一一月〜一二月、京都町奉行所での処罰の仰せ渡し関係の史料も考えられる。

また、その後の二次的史料である一揆の記録類、一揆の一件記録や風聞なども写されて広がった。代表的な一件記録が、既に紹介した「百足再来記」や「三上騒動始末記」・「甲賀騒動由来書」などである。更に、一揆の研究書、随筆や歴史小説なども加わっていく。『天保義民録』で語りが再現されているように、創作の可能性にも留意する必要がある。

本書第二章一節で紹介した土川平兵衛が同藩領の上永原村庄屋に宛てた書状とそれに伴う大篠原での対応に関する記録は貴重である。また、本書第四章一節で紹介した藤谷弥八の日記や書き置きは貴重な史料である。しかし、一揆の中心人物は記録をほとんど残していない。このため、かなり幕府の取り調べ記録に頼ることになり、一揆の真実に迫るのは容易ではない。一揆記録に記された風聞等の内容は、事実関係の検証が必要である。大事件を知ろうとした人々、伝えようとした多くの人々がいたこと、人々の受け止め方などが一揆記録への付記などから少なからず窺える。

個別藩領内や旗本領内では領主側も百姓側も対応が異なっていた。例えば、文政三年（一八二〇）野洲郡服部村陣屋での上田氏領の騒動の場合は、京都町奉行所は取り上げることもしなかった[6]。近江天保一揆の場合は、個別藩領・旗本領を超え広域で、且つ幕府の土地調査に反対する一揆であったので対応が全く異なっていたと言えよう。それにしても、彦根藩領や仙台藩領では土地調査の対応が異なっていたようで、江戸時代は平等な社会でなく、対応の違いもある意味で当然の社会で、その矛盾に対する不満は深まったことであろう。三上村での土川平兵衛の対応や江頭村での村役人の対応などでも、少しでも後の負担を少なくしようと村役人の努力がなされた。その場所は、単なる未使用地、未開発地でなく、コモンズとして入会地・共有地である場合も多く、それぞれに歴史もあり、村落間の矛盾を顕在化させることにもなった。

しかし、たびたび新開場や開発可能な場所の調査に来村され、負担が増していくことへの不満も勿論あり、既に指摘しておいたが、市野茂三郎等の土地調査のこと、事前の組合村での相談のこと、天保一三年一〇月一六日の一揆当日前後のこと、一揆後の取り調べ、特に大津での関源之進・戸田嘉十郎の取調のこと、天保一四年一二月に言い渡された裁許内容のこと、特に凡そ半紙百枚に記された内容、裁許後の村々の幕末～近代、一揆の伝承、一揆記録・顕彰に関係することなど解明すべき課題は多い。

やはり、基礎史料の紹介と共有が大切であり、可能な限り、拙い史料紹介を重ねていきたいと思う。一揆参加者の実態、取り調べと処罰の実態、一揆記録の伝播など今後更に検証が必要と思われる。そして、不断に義民顕彰と一揆研究の点検・見直しを行うことが大切である。真実を明らかにすることは容易でない。そして、義民の思いを知ることは容易ではないが、真摯な一揆解明の努力無しには義民が浮かばれないのではないかと思える。本書がその一助になれば幸いであり、顕彰活動に取り組まれる方々に役立てば幸いである。村々の情報収集と見分と取調役人への対応を知り、組合村を発見したことは、当時の社会やその後の地域を考える上で有益である。

注

（1）『天保義民録』一九六～一九七頁
（2）『天保の義民』一六八頁。
（3）平成二一年一二月の黒崎書店古書目録で見掛けたもの。
（4）『近江天保一揆とその時代』収録の史料1、甲賀郡森尻村ノ書付（写）
（5）注（4）掲載。伴中山の三十八社神社の記録中に唯一残されていた。
（6）拙稿「文政三年（一八二〇）旗本上田氏領の騒動」（『淡海文化財論叢』第八輯　二〇一六年）

あとがき

私にとって、近江天保一揆研究の軌跡は、大変遠回りな道であった。最初にこの一揆に興味を持ったのは大学三回生の時で、三雲の天保義民之碑前で行われた一九七二年一〇月一五日の天保義民祭に、一人で見学に行った（表紙写真）。この事件は広範囲に及んでおり卒論程度では取り扱えないことを感じた。その後、野洲町に奉職し、自分で言うのもおこがましいが、文化財保護行政の中での野洲町での一応専門職の初代として、苦労がそれなりにあった。地域の文化遺産の保存のことや次代を担ってくれる人々のことを思うと、自らのやりたいことに終始することは到底許されなかった。

初期は訳も分からずに、発掘調査をしながら公民館の文化祭の手伝いや野洲町美術展覧会の立ち上げの仕事をさせていただいたことなども懐かしい思い出であり、公民館や社会教育の方々に応援いただきながら邁進した。埋蔵文化財の技師も順次任用されて増加し、自らは町史編纂の事務局の仕事を三年させていただいた。そして、新しく開館する野洲町立歴史民俗資料館（銅鐸博物館）の開館準備の仕事から歴史資料の担当として携わらせていただけたことは幸いだった。

私が近江天保一揆の研究を進めることが出来るようになったのは、一揆から一五〇年の一九九二年（平成四年）に野洲町立歴史民俗資料館の特別展『燃える近江――天保一揆一五〇年――』を担当させていただいてからであった。それは、野洲町に奉職して一八年目のことであった。その後、展覧会を通じて拝見させていただいた史料を、資料館の研究紀要に紹介させていただくようになった。以来、近江天保一揆を自らの中心テーマと考えてきた。

天保一揆の基礎史料紹介の第一歩として、土川平兵衛の書状が残されていた大篠原共有文書の紹介（本書第二章一節）以後、筆者が拝見させていただいた基礎的史料の紹介に努めてきて、一〇回に及ぶ。そのささやかな史料紹介を進める中で、史料に基づく天保一揆観の醸成、検証の必要が痛感された。

特に、一揆の原因が、六尺一分の検地竿を使用すべきところに五尺八寸の検地竿を用いて不正な土地の打ち出しを推進したことにあると説明される点や、幕府の見分役人市野茂三郎が賄賂をはじめ如何にひどい行為を行ったかを説明し一揆の正当性を述べるなど、初期の顕彰活動では有効であっても、真実には少し離れている。一揆の説明に事実の裏付けが十分でない伝承が加わっており、第二第三段階の顕彰活動にはふさわしくない。とはいえ、三上自治会での「義民の心を生かすまちづくり」の取り組みは、天保義民一五〇年記念事業を推進し、第九回目の全国義民サミットを野洲で開催し、毎年四月二五日に義民土川平兵衛の墓前祭、一〇月一五日に天保義民祭を執り行い、「義民の心をまちづくりに生かそう」をスローガンに取り組まれている。

私事ながら、図らずも退職の三年前に、生まれ住んだ地域の歴史的建造物「旧日夏村役場・産業組合合同庁舎」（ヴォーリズ建築、現日夏里館）の保存に取り組まねばならなくなった。地域の歴史や文化を大切にすることを呼びかけてきた者として、身近な文化遺産の危機に背を向けることはできなかった。また、保存に取り組まねば後悔することを避けられないと感じ、何処まで出来るか分からないものの、多くの時間等を割くことになった。

六〇歳で定年を迎え、三年間再任用で野洲市歴史民俗博物館に御世話になることになり、不十分ながらも一定のまとめをし、御世話になった人々にお返しともしたいと焦ったが、それも出来ないまま今日に至ってしまった。
本格的な学術書としての出版には及ばないが、これまでの歩みの一定のまとめとしておきたかった。野洲市に関わることが多かったため、野洲地域の情報が多く、三郡に及ぶ大一揆と言いながらバランスが悪いのも事実である。なお、『甲賀市史』近世編の執筆に携わらせていただくことが出来たことは幸いであった。ともかく、これまで紹介してきた史料紹介を中心に本書を取りまとめた。

本書を構成する各節の多くは、長年にわたり発表してきたものから成なっている。全面的に書き直すことはせず、原則的にはそのままとした。このため同様な言及があり重複する部分もあるが、研究上の進展による大きな訂正や補足は意外に少なく、気付いたことは補注において言及した。
本書を構成する各章節の原題と初出は以下の通りである。

第一章　「近江天保一揆の顕彰と研究の歩み」　書き下ろし
第二章一　「天保一揆史料について（1）　大篠原共有文書」
（『野洲町立歴史民俗資料館研究紀要』第四号　一九九四年）
第二章二　「近江天保一揆について――一揆の原因「天保検地」を中心に――」
（畑中誠治教授退官記念論集『近江歴史・考古論集』滋賀大学教育学部歴史学研究室　一九九六年）
第二章三　「天保一揆史料について（4）――仙台領市三宅村・小篠原村の動向を中心に――」
（『野洲町立歴史民俗資料館研究紀要』第七号　二〇〇〇年）
第二章四　「天保一揆史料について（6）――一揆の舞台三上村を中心として――」

（『野洲町立歴史民俗資料館研究紀要』第一〇号　二〇〇三年）

第二章五　「天保一揆史料について（7）――永原共有文書を中心に――」

（『野洲市歴史民俗博物館研究紀要』第一一号　二〇〇五年）

第二章六　「近江天保一揆と野洲村　近江天保一揆史料紹介（8）」

（『野洲市歴史民俗博物館研究紀要』第一六号　二〇一二年）

第二章七　「近江天保一揆と南桜村　近江天保一揆史料紹介（9）」

（『野洲市歴史民俗博物館研究紀要』第一七号　二〇一三年）

第二章八　「近江天保一揆と野洲郡の村々――近江天保一揆史料紹介（10）――」

（『野洲市歴史民俗博物館研究紀要』第一八号　二〇一四年）

第三章　「天保一揆と甲賀」（『甲賀市史』第三巻第四章第四節）の二〇一三年の元原稿。一部削除した部分もあるため、ここに収録した。

第四章一　「天保一揆史料について（2）――天保十三年藤谷氏日記――」

（『野洲町立歴史民俗資料館研究紀要』第五号　一九九五年）

第四章二　「天保一揆史料について（5）――神崎郡小幡村坪田利右衛門家文書――」

（『野洲町立歴史民俗資料館研究紀要』第八号　二〇〇一年）

第四章三　「近江天保一揆の記録　『百足再来記』のこと」

（滋賀県地方史研究家連絡会『滋賀県地方史研究』第九号　一九九八年）

第四章四　「天保一揆史料について（3）「三上騒動始末記」――野洲郡に流布した一揆記録――」

（『野洲町立歴史民俗資料館研究紀要』第六号　一九九九年）

第五章　「近江天保一揆と義民伝承の一端」　書き下ろし

今回収録にあたっては、写真資料などはほとんど省略し、史料の翻刻部分も省略している。このため最初の掲載誌も確認いただければ幸いである。体系的に史料紹介をして来たわけでないため、不統一の感は免れないが、その時々の出会いと歩みを示している。なお、近江天保一揆に関係する史料はまだまだ残っている。今後、史料紹介を進める中で一揆の真実に迫っていきたいとも思う。

本書が成るにあたっては、実に多くの方々にお世話になった。このテーマの研究を始めるについては、畑中誠治先生・寺井秀七郎先生・大谷雅彦先生をはじめ地域の皆さんに御世話になった。三年の限られた野洲町史編纂（概説編）のなかで各自治会の方々に協力いただくことができ、町史編纂協力員のみなさんに御世話になった。そして、町史編纂協力員→資料館協力員→野洲市歴史民俗博物館の協力員に繋がり、資料館協力員の方々の尽力で資料館友の会が生まれ、学び合う場を醸成いただいた。

慌ただしく日々に負われ史料を読み解く時間もない状況で、平成四年度（一九九二）に始まった博物館友の会での古文書を読む会の時間、その二時間だけは古文書を読むことができ有難かった。幸い、平成二二年度から天保一揆関係史料を一緒に読み進めることになった。友の会の会長をされた市木修氏・長安幸子氏・山本徳治郎氏・吉川弘和氏をはじめ、友の会の古文書を読む会で部会長を務めていただいた三久保茂右衛門氏・山本徳治郎氏・荒川淳平氏・井川加壽子氏・井上淑子氏をはじめ、部会員の皆さんに感謝したい。

地域の博物館の厳しい状況も経験したが、地域の歴史的建物保存に関わるようになり、まちづくりにも関心を持つようになって、地域の歴史や文化を伝えていく上で地域の博物館の重要性を更に認識するようになった。多くの人々の支援により地域の博物館が充実していくことを念願して止まない。地域の先祖の営為＝地域の歴史を大切にしたまちづくりこそ、今の私たちが目指すべきことであるように思える。

最後になったが、一揆関係の子孫の方々や史料所蔵者や天保義民顕彰に関わる方々の努力に敬意を表するとともに、一々書き上げていないが、ご協力いただいた方々に感謝申し上げ、今後も義民の方々が浮かばれる助になるよう、一揆の真実を求めていきたいと思う。

本書の出版については、まず妻重子の後押しと、友人の支援を受けた。そして、サンライズ出版の尽力をいただき、曲がりなりにも一冊の本に仕上げていただいた。御世話になった皆さんに感謝したい。

二〇一七年一二月

古川与志継

著者略歴
一九五一年　滋賀県生まれ
一九七四年　滋賀大学教育学部卒業
二〇一二年　野洲市歴史民俗博物館退職
現在　柏原宿萬留帳調査員／天保義民土川平兵衛顕彰会顧問
〔主要編著〕
『燃える近江　天保一揆一五〇年』『近江天保一揆とその時代』
『自治とまちづくりの原点　旧日夏村役場・産業組合合同庁舎』

近江天保一揆の基礎的研究

二〇一八年（平成三〇）四月二五日

著　者　古川与志継

発行者　岩根順子

発行所　サンライズ出版株式会社
郵便番号　五二二―〇〇〇四
滋賀県彦根市鳥居本町六五五―一
電話　〇七四九―二二―〇六二七

制　作　株式会社ケイエスティープロダクション

印　刷　サンライズ出版株式会社

ISBN978-4-88325-639-6 C0021